高水平制度型开放

标志性重大成果丛书

总主编——汪荣明

副总主编——闫海洲

中东欧八国开放型经济体贸易投资体系研究

廖 佳 张 琳 尚宇红 ———— 著

Study on the Trade and Investment
System of the Eight Open Economies in
Central and Eastern Europe

经济管理出版社

ECONOMY & MANAGEMENT PUBLISHING HOUSE

图书在版编目（CIP）数据

中东欧八国开放型经济体贸易投资体系研究 ／ 廖佳，
张琳，尚宇红著. -- 北京 ：经济管理出版社，2025. 6.
ISBN 978-7-5243-0179-0

Ⅰ. F150. 5

中国国家版本馆 CIP 数据核字第 2025SQ3154 号

组稿编辑：张巧梅
责任编辑：张巧梅
责任印制：张莉琼
责任校对：王淑卿　蔡晓臻

出版发行：经济管理出版社
　　　　　（北京市海淀区北蜂窝 8 号中雅大厦 A 座 11 层　100038）
网　　　址：www. E-mp. com. cn
电　　　话：（010）51915602
印　　　刷：北京飞帆印刷有限公司
经　　　销：新华书店
开　　　本：720mm×1000mm/16
印　　　张：32. 5
字　　　数：601 千字
版　　　次：2025 年 6 月第 1 版　　2025 年 6 月第 1 次印刷
书　　　号：ISBN 978-7-5243-0179-0
定　　　价：88. 00 元

前　言

　　一个完整和成熟的中国特色社会主义开放型经济学学科体系的构建，在立足中国的同时，毫无疑问也需要借鉴世界上典型国家和地区在现代化转型、经济开放等进程中的有益经验、教训，吸纳、综合世界经济发展与增长的一般性经验规律和相关国际经济学理论的合理养分，以起到"他山之石，可以攻玉"的效果。

　　本书研究的八个中东欧国家（波兰、匈牙利、捷克、斯洛伐克、斯洛文尼亚、罗马尼亚、保加利亚和克罗地亚）都是 20 世纪 90 年代初开始实行政治制度和经济制度同时转轨的国家，到 90 年代中后期转轨任务基本完成，形成了对外经济高度依赖的开放型经济体，目前在经济上仍处于追赶西欧发达国家的进程中。转型后的中东欧国家开放型经济体总体发展势头良好，既有成功的经验，也有失败的教训，作为和中国的经济改革开放转型过程有类似经历的样本，研究其转型后近 30 年的经济演化过程，特别是其开放型经济体系建设和发展的经验得失，对我们构建中国特色开放型经济学科可以起到难得的对比借鉴作用，值得进行系统的梳理和研究。选择这八个国家，是考虑到目前中东欧国家的范畴（见中国—中东欧合作官网）里属于转型的欧盟成员国就这八个，其他或是非转型国家，或属非欧盟成员国，情况比较复杂，缺乏代表性和参考性。

　　中东欧作为一个地缘政治概念，由于其独特的地理位置及政治、民族、宗教历史，一直是国际政治学、经济学、人类学和社会学等领域研究的一个重要话题。特别是自 20 世纪 90 年代以来，"转型学"成为学者们研究的一门显学。学者们从不同的角度研究了中东欧国家的转型，代表性的著作如朱晓中教授主编的

《中东欧转型20年》，该书总结了中东欧转型20年的成绩与问题，提出关于转型的若干基本问题，对匈牙利、阿尔巴尼亚、波兰、捷克与斯洛伐克进行了转型个案研究，并进一步探讨了中东欧转型与欧洲一体化进程以及中国与中东欧国家的关系。马细谱研究员和李少捷研究员主编的《中东欧转轨25年观察与思考》探讨了中东欧国家转轨的共性与特性，分析了欧盟东扩及其影响、中国与中东欧和欧盟的合作关系。近几年关于中东欧国家转型的研究著作有中国社会科学院俄罗斯东欧中亚研究所高歌研究员在2022年主编的《中东欧转型30年：新格局、新治理与新合作》，该书从中东欧转型的历史与现状入手，探讨在国际政治经济新格局下中东欧地区的治理与地区合作。另外，孔寒冰教授的《中东欧：观察与思考》一书中也收录了多篇关于中东欧的研究成果。

总体而言，前人学者对于中东欧地区的研究已经相当深入和成果卓著，但主要是从国际关系、国际政治等角度研究中东欧国家的人文、历史、政治和国际关系，从经贸关系角度研究中东欧国家的成果相对较少。本书聚焦于转轨后成功入盟的八个中东欧国家开放型经济体，对其转轨以来的贸易、投资体系进行系统研究，分析其贸易投资的相关特征，为中国—中东欧贸易投资合作提供参考和借鉴。

国内关于具体国别的专门研究，特别是开放经济体的研究，主要集中在美国、德国、日本等发达国家，对本书涉及的中东欧八国还没有专门的系统性论述著作，本书研究有望对此作出补充。中国—中东欧国家合作机制是发展中欧合作的重要平台和补充机制，本书有望增进对中东欧国家经济体特别是开放型经济体的了解，进而推动中国—中东欧国家的经贸合作，同时也为中国—中东欧国家的企业合作提供有益的参考。

本书的结构安排遵循总—分—总的逻辑顺序。第一章中东欧八国开放经济体概况，对中东欧国家自2004年首批入盟以来的宏观经济概况、对外货物贸易情况、贸易平衡度、主要贸易伙伴、产品结构体系以及对外直接投资情况等进行了总体阐述，并进行了横向比较和评述。第二章至第九章为国别贸易篇，分别对波兰、匈牙利、捷克、斯洛伐克、斯洛文尼亚、罗马尼亚、保加利亚和克罗地亚自转型以来的贸易总体情况、贸易发展阶段性特征、参与全球价值链供应链情况以及与中国的经贸关系进行了系统阐述，并对该国的典型经贸政策和措施进行了总结。第十章至第十七章为国别投资篇，分别对八国的投资体系进行了系统研究，包括该国的利用外资情况、商业与政策环境以及经济环境。第十八章至第二十章为综合篇，第十八章对中东欧八国外商投资情况进行了横向比较，并对中国企业投资中东欧国家提出了相应政策建议；第十九章比较了中东欧八国金融体系改革情况，并探讨了其对中国的启示；第二十章对中东欧国家整体数字经济竞争力进行了比较，因为数字经济的发展代表了中东欧国家未来的经济发展潜力。

本书的写作分工如下：第一章由上海对外经贸大学中东欧研究中心首席专家尚宇红教授撰写；前言、第二章至第九章，以及第十九章由上海对外经贸大学中东欧研究中心廖佳副教授撰写；第十章至第十八章以及第二十章由上海对外经贸大学中东欧研究中心张琳副教授撰写。本书贸易篇的数据指标计算由上海对外经贸大学研究生陈源帆、余胡怡、陈静静、赵芸和石晏豪完成，全书由廖佳进行统稿和校对。

本书是上海对外经贸大学高水平制度型开放标志性重大成果丛书之一，也是国家社科基金一般项目 21BGJ039 的阶段性成果。感谢上海社会科学院世界经济研究所徐明棋教授、复旦大学经济学院沈国兵教授和上海外国语大学全球治理与区域国别研究院刘洪钟教授的中肯建议，当然文责自负。由于时间仓促，全书可能存在错漏或不尽之处，恳请各位专家学者不吝批评指正！

上海对外经贸大学中东欧研究中心

2024 年 7 月 31 日

目 录

国别贸易篇

综合篇

第一章

中东欧八国开放经济体概况

第一节　中东欧八国宏观经济概况

一、宏观经济增长情况

2004~2023 年中东欧八国中，波兰、罗马尼亚和斯洛伐克三国国内生产总值实现比较快速的增长，增长速度均超出了同期世界 GDP2.85% 的年均增长率，而保加利亚、捷克、斯洛文尼亚、匈牙利和克罗地亚五国 GDP 增长相对缓慢，低于世界平均水平。在宏观经济方面，波兰取得了最快的也是最稳定的发展。各国具体经济增长情况如表 1-1 所示。

表 1-1　2004~2023 年中东欧八国 GDP 年均增长率　　　单位：%

国家/地区	2004~2008 年	2004~2014 年	2004~2023 年
波兰	5.22	3.78	3.74
罗马尼亚	7.30	2.96	3.24
斯洛伐克	7.86	3.92	3.18
保加利亚	6.66	2.75	2.76
捷克	5.39	2.20	2.16
斯洛文尼亚	5.00	1.30	2.04

国家/地区	2004~2008 年	2004~2014 年	2004~2023 年
匈牙利	2.37	1.02	1.91
克罗地亚	4.11	0.44	1.77
世界	3.78	2.97	2.85

资料来源：世界银行，按 2015 年不变价格计算。

从表 1-1 可以看出：①在加入欧盟初期①，除匈牙利和克罗地亚外，其余六国宏观经济均得到了较快的增长，表明加入欧盟至少在短期内促进了其宏观经济的发展；②受 2009 年全球经济危机及之后欧债危机的影响，2008~2014 年八国宏观经济增长均出现了较大程度的放缓，特别是在地理上相对靠南欧的克罗地亚、匈牙利、斯洛文尼亚三国受负面冲击最大；③八国在 2014~2023 年的 GDP 较 2004~2014 年基本上都保持了较高的增长速度，经济复苏迹象明显，特别是在 2009~2014 年受到经济危机冲击明显的克罗地亚和匈牙利等国家的经济发展得到了快速修复。

二、失业率

根据世界银行的统计数据，2004~2023 年中东欧八国的失业率情况如表 1-2 所示。从表 1-2 可以看出，在此期间八国失业率呈现快速下降趋势，除了 2009 年有所反弹，其他年份几乎均为下降趋势，特别是加入欧盟后的失业率下降趋势尤为明显，表明加入欧盟显著改善了其就业水平。到 2023 年，除克罗地亚和斯洛伐克外，其他六国的失业率水平均保持在世界平均水平（4.96%）之下，其中，波兰在就业方面取得的成就最大，失业率从 2004 年的 19.07% 下降到了 2023 年的 2.91%，这也是其宏观经济成就在此期间较其他七国表现最好的一个重要原因。与此同时，克罗地亚在就业方面的成就最差，这在劳动要素方面也解释了其宏观经济表现最差的原因。

表 1-2　2004~2023 年中东欧八国失业率　　　　单位：%

国家/地区	2004 年	2008 年	2009 年	2014 年	2019 年	2023 年
波兰	19.07	7.12	8.17	8.99	3.28	2.91

---

① 波兰、捷克、斯洛伐克、匈牙利（这四国也称为维谢格拉德集团，以下简称 V-4）和斯洛文尼亚于 2004 年加入欧盟，罗马尼亚和保加利亚于 2007 年加入欧盟，克罗地亚于 2013 年加入欧盟。

国家/地区	2004 年	2008 年	2009 年	2014 年	2019 年	2023 年
斯洛伐克	18.21	9.51	12.02	11.54	5.76	5.84
克罗地亚	13.66	8.53	9.20	17.29	6.62	6.06
保加利亚	12.04	5.61	6.82	11.42	4.23	4.30
捷克	8.30	4.39	6.66	6.11	2.02	2.59
罗马尼亚	7.72	5.79	6.86	6.80	3.91	5.60
斯洛文尼亚	6.02	4.38	5.87	9.69	4.45	3.63
匈牙利	5.83	7.82	10.03	7.73	3.42	4.13
世界	6.45	5.94	6.51	6.02	5.58	4.96

注：失业率＝总失业人数/劳动力总数。

资料来源：世界银行。

三、通货膨胀

根据世界银行按 GDP 平减指数计算的年通胀率，2004～2023 年中东欧八国的通货膨胀水平如表 1-3 所示。

表 1-3　2004～2023 年中东欧八国通货膨胀率　　　　　单位：%

国家/地区	2004 年	2008 年	2009 年	2014 年	2019 年	2022 年	2023 年
保加利亚	5.58	8.10	3.94	1.34	5.24	16.18	7.51
捷克	4.05	2.01	2.59	2.58	3.89	8.55	8.56
克罗地亚	3.63	5.51	2.98	0.14	1.99	8.55	8.52
匈牙利	5.09	4.81	4.20	3.69	4.79	14.23	14.75
波兰	4.92	3.89	3.79	0.47	3.03	10.62	10.73
罗马尼亚	15.46	16.02	4.09	1.71	6.81	13.20	12.17
斯洛伐克	5.74	2.86	-1.16	-0.19	2.49	7.48	10.13
斯洛文尼亚	3.36	4.47	3.40	0.46	2.29	6.48	8.88
世界	5.63	7.85	2.33	1.94	2.40	7.33	5.14

注：按 GDP 平减指数衡量的通货膨胀（年通胀率）。

资料来源：世界银行。

从表 1-3 可以看出，2004～2021 年中东欧八国总体物价稳定，变化趋势基本和全球平均水平保持一致，且多数时候略低于全球水平，这也在一定程度上反映了经济的稳定发展趋势。2022~2023 年受到地区冲突的影响，欧洲能源价格大幅提升，导致了中东欧八国的通货膨胀率一致大幅攀升，特别是匈牙利和波兰通货膨胀率超过了两位数，由此八国的经济增长受到了负面冲击，2022 年和 2023 年的 GDP 增长率一致出现了较大幅度的下降，捷克和匈牙利在 2023 年甚至出现了负增长①。

四、对外贸易依存度

根据世界银行数据算出的 2004~2023 年中东欧八国对外贸易依存度如表 1-4 所示。

表 1-4　2004~2023 年中东欧八国对外贸易依存度　　　　单位：%

国家/地区	2004 年	2008 年	2009 年	2014 年	2019 年	2023 年
斯洛伐克	139.65	162.07	136.24	178.03	183.49	181.53
斯洛文尼亚	111.56	134.73	113.12	145.55	158.64	161.33
匈牙利	123.45	158.33	145.00	168.39	160.75	157.30
捷克	113.49	123.74	112.80	157.57	141.77	138.92
保加利亚	93.06	124.69	92.69	130.27	124.69	118.60
克罗地亚	81.61	82.02	69.95	85.38	100.73	109.92
波兰	71.45	80.91	75.27	92.57	102.69	109.54
罗马尼亚	60.63	65.17	58.47	83.38	84.50	83.04
世界	51.43	61.33	52.14	59.10	55.98	57.93

注：对外贸易依存度=货物和服务贸易总额占 GDP 的比重。

资料来源：世界银行。

从表 1-4 可以看出：①2004~2023 年中东欧八国对外贸易依存度一致远高于世界平均水平，总体达到了世界平均水平的 2 倍以上，反映了八国非常明显的外向型经济特征，经济发展均一致高度依赖于外部经济体，经济发展更容易受到外

---

① 根据世界银行的数据，八国（2021 年、2022 年、2023 年）GDP 增长率分别为：波兰（6.93、5.64、0.16）、捷克（3.55、2.35、-0.31）、匈牙利（7.06、4.58、-0.91）、斯洛伐克（4.77、1.87、1.60）、斯洛文尼亚（8.23、2.46、1.59）、罗马尼亚（5.71、4.11、2.15）、保加利亚（7.66、3.93、1.85）。

部冲击；②2004~2023年八国对外贸易依存度上升趋势明显，表明其对外部经济体的依赖程度越来越高；③同期各国对贸易依赖度的大小排序基本没有变化，基本体现了经济总量越小对外贸易依存度越高的特征，从而越容易受到外界经济，特别是欧盟经济发展的影响。

第二节 中东欧八国对外货物贸易概况

一、对外货物贸易增长情况

（一）贸易总额增长

根据联合国商品贸易统计数据库（UN Comtrade）汇总的2004~2023年中东欧八国对外货物贸易情况如表1-5所示。

表1-5 2004~2023年中东欧八国对外货物贸易总额年化增长率　　单位：%

国家/地区	2004~2008年	2008~2013年	2013~2019年	2019~2023年	2004~2023年
波兰	23.96	1.38	3.33	8.70	7.98
保加利亚	24.97	1.41	1.84	9.24	7.79
罗马尼亚	24.28	0.79	3.77	7.54	7.77
斯洛伐克	25.63	3.05	1.44	6.47	7.65
捷克	21.42	1.10	3.73	6.23	7.04
斯洛文尼亚	17.26	−1.71	4.55	12.47	7.01
克罗地亚	16.18	−5.02	4.47	10.51	5.43
匈牙利	17.02	−0.91	2.44	6.40	5.27
EU-15	11.87	−1.17	0.29	4.07	3.03

资料来源：作者根据 UN Comtrade 数据库计算而得，且为现价美元计而得的名义年化增长率。①

考虑到2009~2010年的全球经济危机与欧债危机的影响，以及疫情与地区

---

① EU-15 表示15个老欧盟成员国，包括德国、法国、意大利、英国、荷兰、瑞典、比利时、西班牙、芬兰、丹麦、希腊、爱尔兰、卢森堡、葡萄牙和奥地利。英国在2019年脱离欧盟，为保证统计数据的可比性，这里依旧把英国统计在 EU-15 的范围内。

冲突的影响，这里把 2004~2023 年中东欧八国的对外货物贸易增长情况分为四个子期间：2004~2008 年为正常年份，同时也是除克罗地亚之外其他中东欧七国加入欧盟的初期；2008~2013 年为受世界经济危机与欧洲危机影响的时期，同时 2013 年也是克罗地亚加入欧盟的时间；2013~2019 年为经济复苏的年份；2019~2023 年为受疫情与地区冲突影响的时期。从表 1-5 可以看出，2004~2023 年中东欧八国的对外贸易变化趋势和其宏观经济（GDP）的变化趋势几乎是一致的，对外贸易增长在 2004~2023 年均远高于老欧盟成员国的平均水平，且在入盟初期（2004~2008 年）增长最快，随后受经济危机和欧债危机影响迅速下降，2013 年后逐步恢复，近年来对外贸易增长得到进一步提高，超过了 2004~2023 年的平均增速，对外贸易的增长有力地促进了其宏观经济的增长。

（二）出口增长与贸易平衡度

表 1-6 进一步考察了中东欧八国 2004~2023 年的出口增长情况，从中可以看出：①中东欧八国 2004~2023 年出口增长率均较高，一致远大于老欧盟 15 国的出口增长水平，且结合表 1-5 可以看出其出口增长速度一致大于进口增长增速，这改善了八国的贸易平衡度，使其获得了较大的贸易利得；②就各期间来看，与贸易总额的变化趋势基本一致，加入欧盟初期（2004~2008 年）出口增速最快，2008~2013 年受世界经济危机及欧债危机的影响出口增长缓慢，不过除克罗地亚外其他 7 个国家的出口增长仍旧均好于老欧盟 15 国的情况，2013~2019 年出口增长缓慢恢复，近年来出口增长出现加速趋势，这得益于其经济强劲发展和出口贸易结构的改善；③就八国出口增长的比较来看，匈牙利的出口表现最差，而在初期出口增长较慢的斯洛文尼亚和克罗地亚近年来出口增长明显加速，缩小了同期和其他五国出口增长的差距。

表 1-6　2004~2023 年中东欧八国对出口货物贸易年化增长率　　单位：%

国家/地区	2004~2008 年	2008~2013 年	2013~2019 年	2019~2023 年	2004~2023 年
保加利亚	22.67	5.59	2.11	9.39	8.63
波兰	23.54	3.47	3.59	8.93	8.61
罗马尼亚	20.60	5.81	2.70	6.82	7.96
斯洛伐克	25.98	3.95	0.91	6.82	7.85
捷克	22.08	2.03	3.58	6.16	7.36
斯洛文尼亚	16.50	-0.43	4.64	12.18	7.20

续表

国家/地区	2004~2008 年	2008~2013 年	2013~2019 年	2019~2023 年	2004~2023 年
克罗地亚	15.18	-2.04	4.99	9.66	6.09
匈牙利	18.18	-0.04	2.08	6.65	5.67
EU-15	11.22	-0.54	0.15	3.67	2.95

资料来源：作者根据 UN Comtrade 数据库计算而得，且为现价美元计而得的名义年化增长率。

由于中东欧八国 2004~2023 年出口增速均快于进口增速，其贸易平衡度得到了较大的改善，贸易平衡度的具体情况如表 1-7 所示。从表 1-7 可以看出：①2008 年前中东欧八国基本处于贸易逆差阶段，2013 年之后多数国家贸易平衡水平得到了较大的改善，其中维谢格拉德四国达到了贸易平衡水平，且逐渐超过了老欧盟的平均水平；②工业比较发达的维谢格拉德四国和斯洛文尼亚的贸易平衡度提升最快，且工业水平最发达的捷克多数年份处于贸易顺差状态，而工业基础较差的保加利亚、罗马尼亚和克罗地亚在考察期间内基本处于贸易逆差状态，且克罗地亚始终处于较大幅度的贸易逆差状态，虽然有改善的趋势，但没有本质的变化。

表 1-7　2004~2023 年中东欧八国贸易平衡度

国家/地区	2004 年	2008 年	2013 年	2019 年	2023 年
捷克	0.99	1.03	1.13	1.11	1.11
匈牙利	0.92	0.99	1.09	1.04	1.06
波兰	0.84	0.82	0.99	1.02	1.04
斯洛伐克	0.95	0.97	1.05	0.99	1.01
斯洛文尼亚	0.90	0.86	0.97	0.98	0.96
保加利亚	0.69	0.61	0.86	0.89	0.89
罗马尼亚	0.72	0.59	0.90	0.80	0.76
克罗地亚	0.48	0.46	0.58	0.61	0.58
EU-15	1.01	0.96	1.03	1.01	0.98

资料来源：作者根据 UN Comtrade 数据库计算而得，贸易平衡度=出口总额/进口总额。

二、对外货物贸易的地理体系

中东欧八国 2004~2023 年对外贸易地理市场情况如表 1-8 和表 1-9 所示。

表 1-8   2004~2023 年中东欧八国出口市场份额　　　　　单位：%

国家	年份	前五大出口目的地及其市场份额					TOP5 合计	EU-28
波兰	2004	德国	意大利	法国	英国	捷克	51.9	80.7
		30.0	6.1	6.0	5.4	4.3		
	2023	德国	捷克	法国	英国	意大利	49.8	79.7
		27.8	6.3	6.2	4.9	4.6		
捷克	2004	德国	斯洛伐克	奥地利	波兰	英国	60.3	87.5
		36.2	8.2	5.9	5.2	4.7		
	2023	德国	斯洛伐克	奥地利	波兰	英国	57.0	85.2
		32.8	7.7	7.3	4.9	4.2		
匈牙利	2004	德国	奥地利	英国	法国	意大利	55.5	84.5
		31.6	7.2	5.6	5.6	5.5		
	2023	德国	意大利	罗马尼亚	斯洛伐克	波兰	46.8	80.3
		26.1	5.8	5.3	5.0	4.6		
斯洛伐克	2004	德国	捷克	奥地利	意大利	波兰	61.8	87.2
		28.6	13.6	7.9	6.4	5.4		
	2023	德国	捷克	波兰	匈牙利	法国	52.8	81.6
		21.0	12.1	7.3	7.1	5.3		
斯洛文尼亚	2004	德国	意大利	克罗地亚	奥地利	法国	57.6	77.2
		21.6	13.0	9.1	7.5	6.5		
	2023	瑞士	德国	意大利	克罗地亚	奥地利	62.8	57.0
		27.2	13.5	8.6	7.8	5.7		
罗马尼亚	2004	意大利	德国	法国	土耳其	英国	58.3	75.6
		21.2	15.0	8.5	7.0	6.6		
	2023	德国	意大利	法国	匈牙利	保加利亚	47.2	75.3
		20.8	10.2	6.3	5.7	4.2		
保加利亚	2004	意大利	德国	土耳其	希腊	比利时	49.1	62.7
		13.1	10.2	10.0	9.9	5.9		
	2023	德国	罗马尼亚	意大利	土耳其	希腊	41.3	61.4
		13.7	9.2	7.2	5.8	5.5		
克罗地亚	2004	意大利	波黑	德国	奥地利	斯洛文尼亚	65.3	65.8
		22.9	14.4	11.2	9.4	7.5		
	2023	意大利	德国	斯洛文尼亚	波黑	匈牙利	52.6	68.9
		12.2	12.2	11.2	10.1	6.9		

资料来源：作者根据 UN Comtrade 数据库计算而得。

表 1-9　中东欧八国 2004~2023 年进口市场份额　　　　单位: %

进口结构	年份	前五大进口来源地及其市场份额					TOP5 合计	EU-28
波兰	2004	德国	意大利	俄罗斯	法国	中国	50.8	68.9
		24.4	7.9	7.2	6.7	4.6		
	2023	德国	中国	意大利	USA	荷兰	46.2	56.1
		20.6	12.3	5.0	4.5	3.9		
捷克	2004	德国	斯洛伐克	中国	意大利	波兰	52.5	72.5
		31.8	5.4	5.3	5.2	4.8		
	2023	德国	中国	波兰	斯洛伐克	意大利	54.9	59.0
		20.9	17.6	8.0	4.4	3.9		
匈牙利	2004	德国	奥地利	俄罗斯	意大利	荷兰	53.6	73.7
		29.3	8.1	5.6	5.6	4.9		
	2023	德国	中国	奥地利	波兰	斯洛伐克	46.5	70.6
		22.6	6.6	6.1	5.8	5.4		
斯洛伐克	2004	德国	捷克	俄罗斯	意大利	奥地利	56.8	68.9
		23.4	13.5	9.3	5.6	4.2		
	2023	德国	捷克	中国	波兰	韩国	48.2	56.5
		14.5	10.2	7.4	5.9	5.6		
斯洛文尼亚	2004	德国	意大利	法国	奥地利	克罗地亚	55.4	76.1
		17.7	17.5	8.4	8.2	3.6		
	2023	瑞士	中国	德国	意大利	奥地利	58.0	47.6
		16.9	15.7	10.7	9.1	5.6		
罗马尼亚	2004	意大利	德国	法国	俄罗斯	土耳其	50.1	66.3
		17.2	14.9	7.1	6.8	4.2		
	2023	德国	意大利	匈牙利	波兰	中国	46.3	74.2
		19.4	8.7	6.5	6.2	5.5		
保加利亚	2004	德国	俄罗斯	意大利	土耳其	希腊	48.5	57.2
		14.6	12.4	9.8	6.0	5.7		
	2023	德国	土耳其	罗马尼亚	意大利	俄罗斯	40.7	60.4
		12.4	8.2	6.8	6.7	6.6		
克罗地亚	2004	意大利	德国	俄罗斯	斯洛文尼亚	奥地利	53.7	71.0
		17.0	15.5	7.3	7.1	6.8		
	2023	意大利	德国	斯洛文尼亚	匈牙利	奥地利	52.2	77.1
		14.5	14.2	11.5	6.4	5.5		

资料来源: 作者根据 UN Comtrade 数据库计算而得。

从表1-8可以看出：①中东欧八国2004~2023年出口市场高度集中在以欧盟为主的欧洲市场，市场份额均在60%以上，特别是波兰、捷克、匈牙利和斯洛伐克在欧盟的市场份额基本在80%以上，表明中东欧国家的出口市场长期被锁定在欧盟内部市场里，这种结构不利于其出口的进一步扩展。②中东欧八国前五大市场的集中度在2004~2023年均出现了比较明显的下降，特别是除V-4之外的四国，市场份额下降幅度接近10个百分点，且除克罗地亚外，其他七国在欧盟的市场份额均略有下降。进一步考察还可以发现，在欧盟内部中东欧八国出口市场份额的下降主要来自老欧盟成员国，而新欧盟成员国有明显提升的趋势。这些出口市场份额的变化趋势表明在欧盟内部中东欧国家正在积极寻找老欧盟国家之外的新市场，这种出口市场趋于分散的趋势对稳定中东欧八国的出口增长具有积极作用。③在实现出口市场多元化与分散化方面，斯洛文尼亚的表现最好，2004~2023年对欧盟的出口份额下降了20个百分点，虽然主要市场仍然在欧洲，但这一变化趋势对斯洛文尼亚未来出口的发展是非常有利的；其他七国的出口市场虽然仍旧锁定在欧盟内部，但也出现了从老欧盟成员国市场向新欧盟成员国市场转移的明显趋势。这些变化趋势表明中东欧八国出口市场结构得到了一定程度的改善。

从表1-9可以看出：①与出口结构类似，中东欧八国的进口市场也比较集中，主要集中在以欧盟为主的欧洲市场，不过相比出口市场的集中程度明显偏低。②在前五大进口来源地方面，五大进口市场的份额变化趋势和出口变化趋势基本一致，除捷克和斯洛文尼亚的进口集中度略有提高外，其他六国的市场集中度均有下降，但下降幅度较出口市场略小。③2004年加入欧盟的波兰、捷克、斯洛伐克、斯洛文尼亚和匈牙利从欧盟进口的占比有比较明显的下降，除匈牙利外其他四国均有10个以上百分点的降幅，特别是斯洛文尼亚从欧盟进口的占比下降了近30个百分点。而2007年加入欧盟的罗马尼亚和保加利亚以及2013年加入欧盟的克罗地亚反而增加了从欧盟的进口份额，不过该增加主要来自新欧盟成员国，老欧盟成员国的进口占比和其他中东欧国家一样还是呈下降趋势。

综合表1-8和表1-9可以看出：①中东欧八国对外贸易的地理市场结构主体仍旧长期被锁定在欧盟市场，不过在欧盟内部市场有逐步从老欧盟成员国向新欧盟成员国扩展的趋势，进而优化了其在欧盟内部的市场结构；②进口世界、出口欧盟的基本对外贸易格局没有本质的变化，表明其在欧盟内部的生产分工地位处于"加工厂"的位置，这也是其生产要素（主要是劳动力和土地价格较低）的相对比较优势所决定的；③八国均有多元化、分散化的对外贸易发展趋势，特别是积极寻找欧盟之外的出口市场，这一变化对其贸易的稳定发展是有利的。

三、对外货物贸易的产品结构体系

按经济大类划分的中东欧八国 2004～2023 年出口产品与进口产品结构变化情况如表 1-10 和表 1-11 所示。

表 1-10　2004～2023 年中东欧八国出口产品结构　　　　单位：%

国家/地区	2004 年				2023 年			
	中间品	资本品	消费品	未分类	中间品	资本品	消费品	未分类
波兰	53.7	11.5	26.0	8.8	49.7	14.3	35.9	0.2
捷克	60.3	18.3	13.1	8.3	47.2	19.8	32.7	0.3
匈牙利	50.6	26.1	17.8	5.5	55.6	14.7	28.4	1.2
斯洛伐克	54.5	10.0	15.1	20.3	40.1	10.7	48.9	0.2
斯洛文尼亚	54.9	11.1	25.5	8.5	68.5	9.9	21.2	0.4
罗马尼亚	48.4	7.2	37.4	7.0	58.0	10.8	28.6	2.6
保加利亚	49.9	6.0	31.5	12.6	57.9	10.9	24.8	6.5
克罗地亚	40.1	23.8	26.5	9.6	50.1	14.0	35.6	0.3

资料来源：作者根据 UN Comtrade 数据库计算而得，2004 年为经济大类第 4 版分类标准，2023 年为第 5 版分类标准，表 1-11 同。

表 1-11　2004～2023 年中东欧八国进口产品结构　　　　单位：%

国家/地区	2004 年				2023 年			
	中间品	资本品	消费品	未分类	中间品	资本品	消费品	未分类
波兰	54.5	18.8	14.6	12.1	56.2	13.1	28.7	2.0
捷克	57.2	17.3	16.5	9.0	55.8	17.0	27.0	0.2
匈牙利	57.2	18.4	12.9	11.5	60.2	14.1	23.6	2.1
斯洛伐克	56.4	14.7	14.2	14.6	59.8	11.8	28.1	0.2
斯洛文尼亚	55.9	14.8	17.0	12.4	64.6	9.9	25.2	0.3
罗马尼亚	53.4	16.8	15.6	14.2	57.6	14.2	26.8	1.3
保加利亚	45.2	14.4	15.5	24.8	55.5	12.7	27.2	4.6
克罗地亚	40.5	19.9	22.6	17.0	42.6	12.8	44.4	0.1

资料来源：作者根据 UN Comtrade 数据库计算而得。

一般而言，中间品和资本品出口比重的增加，特别是中间品出口比重的增加，代表了产业结构更深融入世界分工，进而代表了产业结构的提升。从表1-10可以看出：①2004～2023年中东欧八国出口贸易中均是以中间品和资本品贸易为主，代表了其产业比较高地融入了国际分工之中；②波兰、捷克、匈牙利、斯洛伐克和克罗地亚的中间品和资本品出口份额占比在2004～2023年出现比较大的下降，表明其产业的国际分工地位有所下降，而斯洛文尼亚、罗马尼亚和保加利亚则出现了比较明显的上升。

在进口产品结构方面，从表1-11可以看出：①总体上和出口结构类似，进口产品以中间品和资本品为主，但消费品占比在2004～2023年有明显的提升；②除捷克外，其他七国进口中间品占比均有所提高，进一步佐证了中东欧八国在进口、出口方面以欧盟市场为主的国际分工地位。

第三节　中东欧八国外国直接投资概况

一、外国直接投资规模

中东欧八国外国直接投资分外国企业到这八国的直接投资（称为外国直接投资流入）和本国企业到外国的直接投资（称为对外直接投资流出）两种情况，其规模的大小可用流入/流出额占GDP的比重来表示。2004～2022年这八国外国直接投资净流入占GDP的比重与其对外直接投资净流出占GDP的比重如表1-12和表1-13表示。[1]

表1-12　2004～2022年中东欧八国外国直接投资净流入占GDP的百分比

单位：%

国家/地区	2004～2008年	2008～2013年	2013～2019年	2019～2023年	2004～2022年
匈牙利	28.5	7.2	9.7	44.5	17.2
保加利亚	19.7	6.8	3.1	3.7	7.9

---

[1]　限于数据的可得性，目前可以获得的权威对外直接投资数据均只能到2022年。

续表

国家/地区	2004~2008 年	2008~2013 年	2013~2019 年	2019~2023 年	2004~2022 年
捷克	6.2	3.5	3.8	4.0	4.4
罗马尼亚	7.3	2.6	2.7	3.1	3.8
克罗地亚	5.9	3.6	2.4	5.1	3.8
波兰	4.8	2.5	2.8	4.2	3.6
斯洛伐克	6.4	2.8	2.3	1.7	3.4
斯洛文尼亚	2.5	0.6	2.7	3.0	2.2
世界	3.7	2.9	2.6	1.9	2.8

资料来源：作者根据世界银行数据计算而得。

表 1-13　2004~2022 年中东欧八国对外直接投资净流出占 GDP 的百分比

单位：%

国家/地区	2004~2008 年	2008~2013 年	2013~2019 年	2019~2023 年	2004~2022 年
匈牙利	26.1	5.7	8.1	43.0	15.3
捷克	2.2	2.1	2.5	2.0	2.2
斯洛文尼亚	2.7	0.4	1.0	2.0	1.4
斯洛伐克	0.9	1.2	1.4	0.9	1.3
波兰	1.6	0.8	1.0	1.2	1.2
保加利亚	1.2	1.0	1.1	1.0	1.0
克罗地亚	0.9	0.8	−0.1	0.5	0.4
罗马尼亚	0.3	0.0	0.4	0.5	0.3
世界	3.9	2.8	2.2	1.8	2.6

资料来源：作者根据世界银行数据计算而得。

从表 1-12 可以看出：①2004~2022 年，除斯洛文尼亚外，其他七国外国直接投资净流入规模均高于世界平均水平，表明其对外国投资的需求均比较高，特别是匈牙利，其外国直接投资净流入在 18 年间平均占 GDP 的比重高达 17.2%；②八国在加入欧盟初期（2004~2008 年）的外国投资净流入规模较大，这反映出初期这些国家的外国直接投资需求比较高，其投资环境也相对更好；③2008 年后，受经济危机和欧洲危机的影响这一规模迅速下降，随后缓慢恢复，但除匈牙利之外近年其他国家的外国投资净流入规模恢复都非常缓慢。

从表1-13可以看出：①2004~2022年，除匈牙利外，其他中东欧七国对外直接投资净流出规模明显低于世界平均水平，表明这些国家对外直接投资的能力普遍偏低，企业的国际竞争力较差；②在考察的各子期间，这一规模的变化除匈牙利和斯洛文尼亚的变化特征与外国直接投资净流入类似外，其他中东欧六国并无明显的变化特征，均一致长期处于较低水平且同其宏观经济实力具有高度的正相关性，宏观经济相对比较弱的罗马尼亚、保加利亚和克罗地亚对外投资净流出规模远远低于世界平均水平，也低于其他中东欧五国。

结合表1-12和表1-13还可以看出，2004~2022年，中东欧八国外国直接投资净流入规模高于其对外直接投资净流出的规模，表明这些国家均处于国际直接投资净流入的阶段，八国的企业国际投资竞争力还比较弱，国际资本的流入对其宏观经济的影响比较大，特别是对外国直接投资流入规模比较大的匈牙利和保加利亚的影响更大。

二、外国直接投资分布

分国别的对外直接投资统计数据很难有统一的数据来源，在国际货币基金组织的数据库（IMF DATA）里包含了几乎所有双边国家间2009~2022年的国际直接投资数据，但在该数据库中报告国和其伙伴国对同一期间的流入及其对应的流出报告数据常有不一致的地方，这里尽可能采用报告国（也是研究对象国）报告的数据。考虑到2009年经济危机及其后欧债危机对国际投资的冲击，这里选择了经济发展比较正常的2012年为起始时间与2022年的数据做比较分析，而且2013年也是克罗地亚加入欧盟的时间，选取2012年作为起始年份可以比较准确地反映中东欧八国加入欧盟初期的外国直接投资状态。

中东欧八国2012年和2022年对外直接投资和其吸引到的外国直接投资情况如表1-14和表1-15所示。

表1-14　2012年和2022年中东欧八国对外直接投资分布　　　　单位：%

国家	年份	前五大对外直接投资流出目的地及其比重					TOP5合计	EU-28
波兰	2012	卢森堡	塞浦路斯	英国	荷兰	瑞士	56.8	77.4
		21.8	10.2	10.1	7.4	7.2		
	2022	卢森堡	捷克	德国	英国	塞浦路斯	47.9	76.5
		16.7	14.0	6.7	5.4	5.1		

续表

国家	年份	前五大对外直接投资流出目的地及其比重					TOP5 合计	EU-28
捷克	2012	荷兰	斯洛伐克	塞浦路斯	爱尔兰	保加利亚	81.6	92.0
		48.7	13.3	8.5	6.8	4.3		
	2022	荷兰	卢森堡	塞浦路斯	斯洛伐克	英国	70.2	88.2
		23.8	21.6	9.4	8.0	7.4		
匈牙利	2012	瑞士	卢森堡	美国	韩国	塞浦路斯	71.9	39.0
		32.8	26.9	7.1	2.7	2.4		
	2022	阿联酋	美国	荷兰	乌拉圭	瑞士	70.1	21.4
		38.1	11.5	7.8	6.4	6.3		
斯洛伐克	2012	捷克	塞浦路斯	奥地利	波兰	英国	77.9	78.8
		55.1	10.6	6.6	3.7	2.5		
	2022	捷克	波兰	奥地利	匈牙利	英国	74.8	81.2
		54.0	8.9	5.0	3.9	2.9		
斯洛文尼亚	2012	克罗地亚	塞尔维亚	波黑	北马其顿	俄罗斯	73.9	40.0
		26.9	24.7	10.3	6.4	5.6		
	2022	克罗地亚	塞尔维亚	波黑	俄罗斯	北马其顿	76.5	46.9
		35.8	21.2	7.2	6.3	6.0		
罗马尼亚	2012*	哈萨克斯坦	保加利亚	法国	意大利	摩尔多瓦	83.9	46.1
		24.4	20.9	14.2	13.4	11.0		
	2022*	保加利亚	摩尔多瓦	塞浦路斯	荷兰	法国	122.0	49.9
		29.9	26.8	22.4	21.4	21.4		
保加利亚	2012*	北马其顿	罗马尼亚	意大利	塞尔维亚	乌克兰	115.5	(25.0)
		38.3	23.2	21.3	17.8	15.0		
	2022	罗马尼亚	马绍尔岛	荷兰	塞尔维亚	希腊	42.9	56.9
		13.5	9.4	7.7	6.7	6.2		
克罗地亚	2012	波黑	叙利亚	塞尔维亚	斯洛文尼亚	利比里亚	73.3	19.9
		17.8	17.1	14.9	14.8	8.7		
	2022	斯洛文尼亚	波黑	开曼群岛	塞尔维亚	马绍尔岛	76.6	33.9
		22.5	18.4	17.9	10.0	7.8		

注：表中数据为报告国截至当年年底的对外直接投资头寸（Outward Direct Investment Positions，该值近似于投资存量，这里把其当作投资存量来解释），表 1-15 同。* 表示数据来源于投资目的地国家的报告，表 1-15 同。（ ）数据表示负值，由于个别国家个别年度的投资存量（Investment Positions）可以为负值，年度对全球的存量也可能是负值，并前几大投资目的地的占比可能会超过 100%。

资料来源：国际货币基金组织数据库（https：//data. imf. org/regular. aspx）。

表 1-15　2012 年和 2022 年中东欧八国吸引到的外国直接投资分布　　单位：%

国家	年份	前五大外国直接投资流入国及其比重					TOP5 合计	EU-28
波兰	2012	德国	荷兰	法国	卢森堡	意大利	58.0	87.7
		15.1	14.7	12.3	10.2	5.6		
	2022	荷兰	德国	卢森堡	法国	西班牙	62.7	90.5
		19.3	16.9	14.1	8.0	4.3		
捷克	2012	荷兰	德国	奥地利	卢森堡	法国	67.1	87.5
		29.0	14.0	12.9	6.2	5.0		
	2022	荷兰	卢森堡	德国	奥地利	法国	63.1	88.1
		17.5	15.6	14.0	9.6	6.4		
匈牙利	2012	卢森堡	爱尔兰	德国	美国	加拿大	50.9	60.3
		14.5	10.7	10.4	7.9	7.4		
	2022	卢森堡	瑞士	加拿大	阿联酋	开曼群岛	71.3	40.5
		26.6	19.4	12.3	7.0	6.0		
斯洛伐克	2012	荷兰	奥地利	德国	意大利	捷克	64.3	90.6
		21.0	15.8	11.6	8.5	7.4		
	2022	荷兰	奥地利	捷克	韩国	德国	65.9	89.1
		22.9	15.9	13.4	7.1	6.5		
斯洛文尼亚	2012	奥地利	瑞士	意大利	德国	法国	64.0	81.8
		35.7	11.1	8.2	7.2	6.5		
	2022	奥地利	卢森堡	瑞士	德国	克罗地亚	50.9	60.3
		22.8	11.7	11.3	9.1	9.1		
罗马尼亚	2012	荷兰	奥地利	德国	法国	意大利	65.7	88.3
		23.1	17.4	11.4	8.8	5.0		
	2022	荷兰	德国	奥地利	意大利	塞浦路斯	60.7	89.1
		21.9	13.0	12.0	7.5	6.3		
保加利亚	2012	荷兰	奥地利	希腊	英国	塞浦路斯	52.2	79.6
		19.5	13.9	7.3	5.8	5.8		
	2022	荷兰	奥地利	德国	瑞士	希腊	43.7	78.3
		14.6	10.1	7.7	5.9	5.5		
克罗地亚	2012	奥地利	匈牙利	德国	荷兰	卢森堡	74.3	93.3
		34.8	14.0	11.2	8.2	6.0		
	2022	奥地利	荷兰	卢森堡	匈牙利	意大利	63.8	89.0
		19.0	12.5	12.0	10.2	10.1		

资料来源：国际货币基金组织数据库（https：//data.imf.org/regular.aspx）。

从表 1-14 可以看出：①中东欧八国 2012 年和 2022 年对外直接投资的目的地均比较集中，除波兰和保加利亚外，其余六国的前五大投资目的地占比均达到 70% 以上，即便是波兰在此期间前五大投资占比也达到了 47% 以上；②前五大投资目的地主要集中在德国、荷兰、卢森堡、英国、法国和意大利等欧盟发达经济体，以及中东欧八国周边的一些邻国，投资目的地比较集中，高度集中的投资市场结构表明其国际投资竞争力有限；③在此期间中东欧八国对外投资的前五大目的地变化较大，每个国家的前五大目的地均有三个以上的变化或顺序调整，其中匈牙利、罗马尼亚、保加利亚和克罗地亚的第一投资目的地也出现了调整，这在一定程度上反映了其产业国际竞争力相对较弱，需要不断调整投资市场；④在投资多元化和集中化方面，八国出现了两个相反的方向，波兰、捷克、匈牙利和斯洛伐克四国的投资市场采取了多元化策略，市场集中度有下降趋势，而斯洛文尼亚、罗马尼亚、保加利亚和克罗地亚的投资市场集中度在趋于集中；⑤在欧盟市场方面，波兰、捷克和斯洛伐克三国在此期间对欧盟市场高度集中，且变化幅度不大，平均达到 80% 以上，表明这三国产业和欧盟长期保持了比较稳健的密切关联。而其他五国对欧盟市场的依赖均在 50% 以下，特别是匈牙利在欧盟的投资在此期间的投资比重大幅下降了约 18 个百分点，表明其产业和欧盟的联系在逐渐疏远。不过除匈牙利之外，在欧盟投资比重较低的中东欧四国在欧盟的直接投资占比有比较明显的上升趋势，表明在投资层面其产业和欧盟的联系在不断强化。

从表 1-15 可以看出：①2012 年和 2022 年中东欧八国流入的外国直接投资来源地比较集中，前五大来源国占比基本在 50% 以上，虽然较其对外投资的市场集中度较低，但来源国更集中，10 年间基本稳定来源于德国、荷兰、卢森堡、奥地利、法国和意大利等欧盟发达经济体，表明这些国家的跨国公司长期占据了中东欧八国的外资主体；②来自欧盟的直接投资占据了绝对主体，除匈牙利和斯洛文尼亚的个别年份外，来自欧盟的直接投资占比均在 80% 左右，基本垄断了这些国家的外国投资市场，且欧盟的外资份额还略有提高或稳定的高比例趋势，这一趋势只有匈牙利和斯洛文尼亚例外，两个来自欧盟的投资比重均下降了约 20 个百分点，且到 2022 年底在匈牙利的外国投资主体已不再是欧盟，来自欧盟成员国的直接投资占比已经从 2012 年的 60.3% 下降到了 40.5%，这进一步佐证了以上匈牙利产业正在同欧盟产业关联疏远的推断；③在外国直接投资来源的集中化方面，匈牙利、波兰和斯洛伐克的来源地进一步集中化，特别是匈牙利前五大来源地的直接投资占比提高了 20 个百分点。其余五国的来源地占比均出现了下降趋势，特别是斯洛文尼亚这一比例下降了近 15 个百分点，集中度的下降意味着外国投资更加多元化，有利于其经济发展。

第四节　本章小结

在宏观经济方面，2004～2023 年波兰、罗马尼亚、斯洛伐克宏观经济实现了高于全球平均增速的较快增长，保加利亚、捷克、斯洛文尼亚和匈牙利发展速度缓慢低于全球平均水平，克罗地亚表现较差，比世界平均水平低 1 个多百分点。加入欧盟的初期八国宏观经济得到了一致较为快速的发展，但随后受 2009 年世界经济危机及其后的欧债危机冲击，八国宏观经济全面放缓，特别是经济体量较小的克罗地亚、斯洛文尼亚和对外部经济依赖度高的匈牙利，受到的负面冲击最大。20 年来八国物价总体稳定，失业率显著下降，但对外经济的依存度大幅提高，经济体对外开放程度进一步扩大，但过高的对外经济依赖并不必然有利于其经济的稳定发展和产业国际竞争力的提升，实际上八国的多数在国际分工中的地位还略有下降趋势。

在对外贸易方面，2004～2023 年八国虽然实现了对外贸易的较快增长，远高于老欧盟成员国的平均水平，对外贸易的不平衡度也得到了较高的改善，但长期大部分对外贸易市场被锁定在欧盟市场内部的格局，也局限了其对外贸易的进一步发展，局限了其产业结构的升级，多数中东欧国家中间品贸易份额下降而消费品贸易占比上升。在突破欧盟内部贸易市场锁定方面，斯洛文尼亚最为成功，其对欧盟的出口比例下降了 20 个百分点且进口市场下降近 30 个百分点，但主体依旧没有突破欧洲市场，其他七国 20 年来对欧盟市场的依赖度虽有下降趋势，但始终都保持了高度的依赖，特别是出口市场依赖度更高。20 年来八国进口世界、出口欧盟的基本贸易格局进一步强化了其在欧盟内部"生产工厂"的分工角色，中东欧八国在欧盟之外的进口比重一致得到非常显著的提升，而出口方面在欧盟内部市场比重，除斯洛文尼亚外有大幅下降外，其他七国仅有小幅下降，有的甚至还有提高。

在外国直接投资方面，2012～2022 年中东欧八国在对外直接投资和吸引外国直接投资两个方面都取得了较快的增长，其中，吸引外国直接投资的规模（相对于其 GDP 而言）除斯洛文尼亚外均高于世界平均水平，但对外直接投资规模却非常低，除匈牙利外，其他七国对外投资规模基本是大幅低于世界平均水平。八国一致属于外国直接投资净流入国，表明其国际竞争力相对较弱。在吸引外国直接投资区域，除匈牙利和斯洛文尼亚外，其他中东欧六国的吸引到外国直接投资10 年来 80% 以上始终来自欧盟，斯洛文尼亚来自欧盟的直接投资虽然下降了 20个百分点，但依旧保持了 60% 的份额，而匈牙利来自欧盟的直接投资份额从 60%下降到了 40%，欧盟之外的直接投资已经占据了主体。在对外直接投资领域方面，10 年来中东欧八国表现不同的格局，捷克、斯洛伐克和波兰在欧盟内部的直接投资始终保持在 80% 左右的水平，且比重变化不大；斯洛文尼亚、罗马尼亚和保加利亚在欧盟内部的投资平均不到一半，且比重有上升趋势，特别是保加利亚在欧盟内部的投资占比大幅提升；匈牙利和克罗地亚在欧盟内部的直接投资均不到 40%，但表现正好相反，匈牙利对欧盟内部直接投资比重下降了约 18 个百分点，而克罗地亚上升了约 14 个百分点。

　　总体来说，中东欧八国的对外开放经济程度都非常高，经济发展高度依赖外部市场，且长期高度被锁定在欧盟内部，在欧盟之外的市场拓展比较成功的只有匈牙利和斯洛文尼亚，其他六国均有向欧盟之外市场也有积极的拓展，但收效甚微，没有改变其对外经济体的基本格局。

　　中东欧国家在欧盟之外市场的积极对外拓展也为中国—中东欧国家合作带来了机会，近年来，中国已经成为波兰、捷克、匈牙利和斯洛伐克的第二大进口贸易伙伴国，斯洛伐克的第三大贸易伙伴国以及罗马尼亚的第五大进口贸易伙伴国。我们应该抓住中东欧国家积极向欧盟之外寻求经济合作的需求，积极加强同中东欧国家的经贸关系，特别是在投资领域，目前中国和这八个中东欧国家的投资对彼此都是微不足道的，还有很大的挖掘潜力。我们可以利用这些中东欧国家积极吸引外国投资的机会，把中国的优势产能布局到这些国家，并通过这些国家实现进军欧洲市场的目的，如何在欧洲大市场特别是欧盟大市场拓展我们的优势产能对我们的经济发展至关重要。

国别贸易篇

第二章

波兰贸易体系研究

波兰位于欧洲中部，国土面积 31.27 万平方公里，是中国—中东欧合作机制中国土面积最大的中东欧国家，人口逾 3776 万人。波兰自 1989 年政治经济体制转轨以来，先后于 1999 年加入北约，2004 年加入欧盟，2007 年成为申根协定会员国，迅速建立了多党议会制和开放型经济体制。自此之后，波兰的经济增长快速，其人均 GDP 从 1992 年的 1547 美元提高到 2022 年的约 18243.5 美元①。波兰的经济总量在欧盟位列第六，其经济总量、吸引外资数量及对外贸易等方面均居中东欧国家之首。

第一节　波兰进出口贸易总体情况

由于联合国贸易统计数据库波兰的贸易数据从 1994 年才开始有，本书选择了 1994~2023 年作为波兰贸易特征的研究对象。图 2-1 为波兰 1994~2023 年的进出口贸易额，可见波兰在过去近 30 年的发展过程中经济环境更加开放，吸引了更多的国内外企业投资和进入市场，此外，波兰经济的发展和改革使得其企业在国际市场上变得更具竞争力。波兰的企业不仅能够提供具有竞争力的产品和服务，还能够提供相对较低的成本，吸引了更多的贸易伙伴，推动了贸易额的增加。2023 年波兰的贸易总额达到 6960.74 亿美元，比 1994 年增长了 17 倍，年均

---

① 资料来源：《对外投资合作国别（地区）指南——波兰（2023 年版）》。

增长率10.5%。波兰在大多数年份贸易处于逆差状态，近几年贸易逆差减少，2023年实现贸易顺差，差额为132.6亿美元。

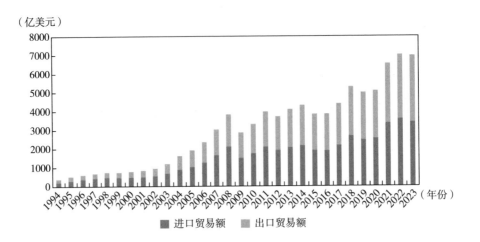

图 2-1　1994~2023 年波兰进出口贸易额

资料来源：UN Comtrade 数据库。

第二节　波兰经济贸易发展的阶段性特征

波兰的经济发展大体分为以下三个阶段：

一、第一阶段：转型期（1990~2003 年）

1990 年东欧剧变后，众议院批准了《巴尔塞罗维奇计划》，将波兰经济从中央计划经济迅速转变为自由市场经济。

如图 2-2 所示，波兰在转变为自由市场经济的可观测的 10 年间贸易额稳步增长，自由市场经济的实施使波兰能够更好地适应全球化的经济环境，并通过市场开放自由竞争、推动经济多元化和提高国际竞争力等方式促使波兰的双边贸易额稳步增长且保持贸易顺差。

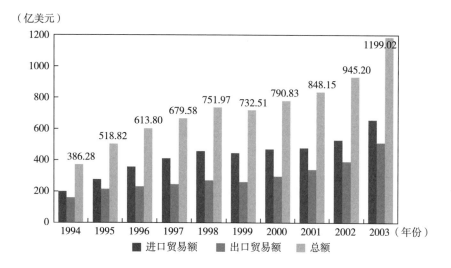

图 2-2　1994~2003 年波兰贸易额

资料来源：UN Comtrade 数据库。

　　分行业来看，表 2-1 反映了波兰 1994~2003 年其贸易产品结构的变化趋势。在这一时期内，机电仪器和交通工具类产品作为波兰的重要出口类别，呈现持续上涨的趋势，从 1994 年的 26.94% 上涨到 2003 年的 39.91%。相反，化矿金属则在转型期呈现逐渐下降的趋势，从 1994 年的 32.11% 降低到 2003 年的 26.30%。说明波兰在这段时间内经历了产业结构的转型。机电仪器和交通工具类产品的出口占比上升，可能反映了波兰在这些领域的生产能力增强和竞争力提升。这可能是由于波兰在机电仪器和交通工具制造方面具有技术优势和市场竞争力。另外，化矿金属类产品的出口占比下降，可能意味着波兰在这一领域的竞争优势减弱或者需求减少。这可能是由于国际市场竞争加剧或者波兰自身产业结构调整。

表 2-1　1994~2003 年波兰行业贸易总额占比　　　　　　单位：%

年份	农食产品	机电仪器和交通工具	化矿金属	纺织鞋帽	橡塑皮革	玩具钟表	木材纸张非金属
1994	11.59	26.94	32.11	12.52	5.42	4.31	7.11
1995	10.58	28.06	31.14	11.77	6.15	4.43	7.87
1996	10.97	31.22	28.77	10.76	6.13	4.62	7.53
1997	10.39	32.48	28.48	9.87	6.30	4.95	7.53

年份	农食产品	机电仪器和交通工具	化矿金属	纺织鞋帽	橡塑皮革	玩具钟表	木材纸张非金属
1998	9.33	36.51	25.72	9.82	6.32	4.75	7.56
1999	8.20	37.29	25.86	9.22	6.65	4.93	7.84
2000	7.19	37.86	28.04	7.86	6.76	4.73	7.57
2001	7.41	38.21	27.37	7.78	6.92	4.80	7.50
2002	7.10	39.43	26.40	7.35	7.22	4.82	7.68
2003	6.98	39.91	26.30	6.64	7.54	4.96	7.67

资料来源：作者根据 UN Comtrade 数据库计算所得。

这一时期波兰的主要出口目的国为德国、荷兰、俄罗斯、意大利、英国、法国、美国、丹麦、捷克和瑞典（见表 2-2）。1994 年德国为波兰的第一大主要出口目的国，占波兰贸易总额比重为 35.56%，远超其他国家，十大主要出口目的国占波兰出口贸易的比重为 71.37%。

表 2-2　1994~2003 年波兰主要出口目的国贸易占比　　　单位：%

年份	德国	荷兰	俄罗斯	意大利	英国	法国	美国	丹麦	捷克
1994	35.56	5.80	5.25	4.90	4.48	3.91	3.39	3.11	2.50
1995	38.39	5.64	5.57	4.92	4.01	3.58	2.72	3.01	3.05
1996	34.43	4.74	6.69	5.51	3.89	4.37	2.27	3.00	3.39
1997	33.01	4.68	8.38	5.89	3.76	4.43	2.64	2.94	3.55
1998	36.30	4.80	5.67	5.91	3.89	4.72	2.72	2.75	3.63
1999	36.18	5.28	2.59	6.58	4.02	4.86	2.77	3.08	3.80
2000	35.55	5.09	2.68	6.39	4.52	5.25	3.17	2.71	3.76
2001	35.00	4.76	2.90	5.44	5.03	5.46	2.36	2.58	3.95
2002	32.81	4.52	3.23	5.55	5.23	6.09	2.68	2.77	3.99
2003	32.68	4.51	2.81	5.78	5.07	6.16	2.23	2.36	4.05

资料来源：作者根据 UN Comtrade 数据库计算所得。

1994 年德国为波兰的第一进口来源国，占波兰总进口的比重为 27.27%，其次为意大利、俄罗斯、英国、荷兰、法国、美国、瑞典、奥地利（见表 2-3）。与出口目的国相似，主要进口来源国大部分也都是欧盟成员国。

表2-3　1994~2003年波兰主要进口来源国贸易占比　　　　单位：%

年份	德国	意大利	俄罗斯	英国	荷兰	法国	美国
1994	27.27	8.30	6.72	5.15	4.46	4.38	3.52
1995	26.66	8.55	6.75	5.18	4.54	4.90	3.93
1996	24.65	9.91	6.80	5.85	3.75	5.42	4.17
1997	24.09	9.90	6.36	5.49	3.62	5.92	4.52
1998	26.47	9.37	5.05	4.90	3.81	6.46	3.78
1999	25.25	9.37	5.83	4.59	3.75	6.84	3.61
2000	24.23	8.39	9.57	4.46	3.54	6.47	4.44
2001	24.27	8.31	8.92	4.16	3.54	6.84	3.40
2002	24.62	8.43	8.10	3.88	3.50	7.01	3.29
2003	24.64	8.56	7.75	3.72	3.38	7.10	2.61

资料来源：作者根据 UN Comtrade 数据库计算所得。

二、第二阶段：融入欧盟快速发展期（2004~2011年）

2004年，波兰加入了欧盟。如图2-3所示，在加入欧盟后，波兰的贸易额一直保持在快速增长的状态。2003年的环比增长率为26.85%，在2004年加入欧

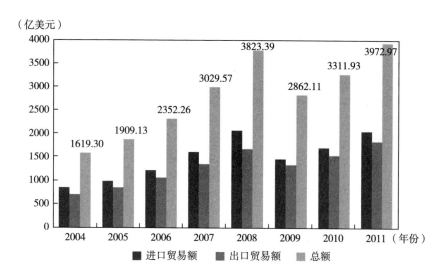

图2-3　2004~2011年波兰贸易额

资料来源：UN Comtrade 数据库。

盟后，环比增长率高达 35.05%，此后几年也一直保持着高速增长的状态，2005～2008 年分别为 17.90%、23.31%、28.79%、26.20%。此外，贸易差额相对于上一阶段缩小了。2009 年由于受到全球金融危机和欧债危机的影响，波兰的贸易额出现负增长，贸易额由 2008 年的 3823.39 亿美元骤降至 2862.11 亿美元，但随后几年波兰的出口贸易情况逐渐回暖，表明波兰的出口具备一定的竞争力与抗风险性。

分行业看，由表 2-4 可知，波兰在欧盟成员时期仍然维持着原先的变化趋势，即机电仪器和交通工具的占比逐渐上涨，这说明波兰在这一时期仍然处于产业结构调整的状态下。化矿金属的比重逐年上升至将近 30%，纺织鞋帽、橡塑皮革、木材纸张非金属这三行业的比重则变化不大，可见波兰的贸易产业结构重心在机电仪器和交通工具上。

表 2-4　2004～2011 年波兰行业贸易总额占比　　　　单位：%

年份	农食产品	机电仪器和交通工具	化矿金属	纺织鞋帽	橡塑皮革	玩具钟表	木材纸张非金属
2004	7.37	40.55	27.40	5.80	7.19	4.70	6.99
2005	8.27	39.40	28.37	5.17	7.34	4.64	6.81
2006	8.09	40.36	28.51	4.59	7.53	4.40	6.51
2007	8.29	40.85	28.30	4.31	7.49	4.28	6.47
2008	8.59	41.05	29.19	4.19	7.00	4.06	5.92
2009	10.22	42.40	25.21	4.70	7.10	4.26	6.12
2010	9.66	41.01	27.61	4.37	7.47	3.96	5.92
2011	9.72	38.25	29.79	4.33	7.96	4.14	5.80

资料来源：UN Comtrade 数据库。

波兰 2004 年加入欧盟后，整体格局未发生变动，德国仍然为波兰的主要出口目的国，占比为 25%～30%，在波兰对德国的出口贸易额逐年增加的情况下，波兰加入欧盟后与其他国家的贸易往来更加频繁，从而降低了德国的比重。德国、意大利、法国、英国、捷克、荷兰、俄罗斯、瑞典、比利时为波兰的前九大出口国目的国，总占比 66.7%（见表 2-5）。此外，这十大出口目的国大多数为欧盟成员国。总而言之，波兰加入欧盟对于波兰的出口贸易是存在一定的帮助的。

表 2-5　2004~2011 年波兰主要出口目的国贸易占比　　　　单位：%

年份	德国	意大利	法国	英国	捷克	荷兰	俄罗斯	瑞典	比利时
2004	30.00	6.11	6.04	5.40	4.32	4.29	3.85	3.49	3.20
2005	28.22	6.14	6.22	5.59	4.56	4.16	4.43	3.08	2.98
2006	27.10	6.53	6.23	5.71	5.54	3.84	4.30	3.21	2.76
2007	25.87	6.59	6.08	5.94	5.54	3.82	4.63	3.22	2.68
2008	25.08	5.98	6.21	5.76	5.70	4.02	5.19	3.18	2.55
2009	26.11	6.82	6.95	6.42	5.86	4.21	3.67	2.68	2.41
2010	26.03	5.98	6.83	6.34	5.93	4.38	4.21	2.97	2.37
2011	25.98	5.36	6.13	6.47	6.21	4.36	4.54	2.85	2.32

资料来源：UN Comtrade 数据库。

　　波兰 2004 年加入欧盟后，德国仍为波兰的第一进口来源国，占波兰总进口的比重为 24.37%，其次为意大利、俄罗斯、法国、中国、捷克、荷兰、英国、瑞典、西班牙。与 1994 年的主要进口来源国相比，波兰从中国的进口相对于除德国以外的国家大幅增加了，同时波兰与欧盟中大国的进口贸易也逐渐增多（见表 2-6）。2008 年美国次贷危机和欧债危机发生后，波兰从中国的进口比重进一步扩大，增长到了 9.48%，这为中国后续建立中国—中东欧合作机制奠定了基础。美国这一时期不再是波兰的前十大进口来源国之一。

表 2-6　2004~2011 年波兰主要进口来源国贸易占比　　　　单位：%

年份	德国	意大利	俄罗斯	法国	中国	捷克	荷兰	英国
2004	24.37	7.87	7.25	6.72	4.61	3.62	3.49	3.32
2005	24.67	7.07	8.85	6.00	5.41	3.58	3.42	3.10
2006	23.99	6.79	9.67	5.48	6.14	3.49	3.15	2.87
2007	24.02	6.84	8.74	5.10	7.16	3.46	3.41	3.11
2008	23.07	6.50	9.76	4.73	7.98	3.58	3.44	2.84
2009	22.34	6.80	8.58	4.61	9.30	3.61	3.63	2.95
2010	21.70	5.59	10.45	4.31	9.48	3.70	3.68	2.69
2011	22.19	5.32	12.20	4.17	8.66	3.70	3.72	2.57

三、第三阶段：欧债危机后动荡发展期（2012 年至今）

　　2012 年，波兰发布"2020 国家发展纲领"（National Development Strategy

2020），希冀打造"活跃的社会、富有竞争力的经济和高效的国家"，提高波兰的生活水平，GDP 达欧盟平均值的 74%~79%，使波兰成为一个高效现代型经济国家。

如图 2-4 所示，波兰发布"2020 国家发展纲领"后，其双边贸易额也保持着相对稳定的增长且贸易收支平衡，由 2012 年的 3710.34 亿美元增长到 2023 年的 6960.74 亿美元。2020 年，由于全球范围内实施的封锁措施和旅行限制，波兰经济活动大幅度放缓，这是自 2008 年国际金融危机以来最严重的经济衰退，波兰的对外贸易因此也受到一定的冲击。波兰在受到疫情冲击的当年，双边贸易额增速明显放缓，但是随后又回到了高增长率的双边贸易额，再次验证了波兰出口的强势竞争力与抗风险性。

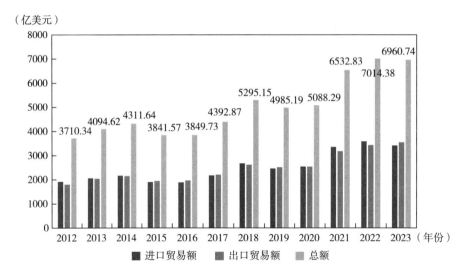

图 2-4　2012~2023 年波兰贸易额

资料来源：UN Comtrade 数据库。

分行业来看，由表 2-7 可知，机电仪器和交通工具行业在波兰总贸易额中的占比仍然在不断提升，但在 2009~2020 年出现一定的波动，占比维持在 40% 左右，化矿金属行业则在该段时期中出现小幅下降的趋势。此外，波兰的其他行业的占比变动趋势仍然维持着原先的变动趋势。这意味着这些行业的出口规模和比例相对稳定，没有出现明显的变化，这可能是由于这些行业的竞争力相对较弱，或者市场需求相对稳定。

表 2-7 2012~2023 年波兰行业贸易总额占比   单位：%

年份	农食产品	机电仪器和交通工具	化矿金属	纺织鞋帽	橡塑皮革	玩具钟表	木材纸张非金属
2012	10.64	37.48	29.89	4.17	7.83	4.61	5.37
2013	11.29	38.34	28.13	4.26	8.04	4.48	5.46
2014	11.05	38.69	27.34	4.62	7.92	4.84	5.54
2015	11.19	40.97	24.30	4.95	7.83	5.15	5.61
2016	11.30	40.61	23.31	5.36	8.05	5.61	5.75
2017	11.37	39.44	24.63	5.16	7.95	5.82	5.63
2018	11.07	39.16	24.85	5.50	7.93	5.61	5.87
2019	11.65	39.75	23.89	5.90	7.46	5.97	5.38
2020	12.43	39.15	22.67	6.68	7.50	6.10	5.48
2021	11.25	38.26	24.60	6.37	7.98	6.06	5.48
2022	12.14	36.49	27.91	5.89	7.82	4.24	5.50
2023	13.11	39.66	25.24	5.88	7.34	4.00	4.76

资料来源：UN Comtrade 数据库。

表 2-8 列示了 2012~2023 年波兰出口主要目的国的贸易占比，从中可以看出，加入欧盟后，波兰从单一依赖德国，到对欧盟国家的整体贸易依赖度上升，除德国以外的其他欧盟国家占波兰出口比重不断上升。除欧盟国家外，乌克兰是波兰在欧洲的重要贸易伙伴。美国作为域外国家，则是波兰在欧盟外的重要出口目的地。德国仍然是波兰的第一大出口目的地，只是其比重在不断下降，表明波兰的出口贸易目的地更加优化和多元化，整体出口格局更加优化。

表 2-8 2012~2023 年波兰主要出口目的国贸易占比   单位：%

年份	德国	英国	捷克	法国	俄罗斯	意大利	荷兰	乌克兰
2012	24.91	6.77	6.20	5.83	5.51	4.89	4.44	2.94
2013	24.99	6.53	6.14	5.62	5.30	4.33	3.96	2.80
2014	25.93	6.37	6.26	5.60	4.39	4.53	4.14	1.96
2015	26.88	6.81	6.52	5.57	2.93	4.80	4.39	1.70
2016	27.00	6.61	6.49	5.49	2.95	4.80	4.41	1.95
2017	27.21	6.36	6.35	5.58	3.14	4.91	4.33	2.16
2018	28.15	6.19	6.36	5.55	3.06	4.60	4.52	2.01

续表

年份	德国	英国	捷克	法国	俄罗斯	意大利	荷兰	乌克兰
2019	27.48	6.05	6.16	5.81	3.12	4.63	4.38	2.10
2020	28.92	5.73	5.91	5.58	2.99	4.22	4.24	2.23
2021	28.65	5.08	5.99	5.70	2.77	4.43	4.34	2.22
2022	27.77	4.81	6.61	5.74	1.41	4.60	4.64	2.83
2023	27.84	4.94	6.28	6.16	1.04	4.58	4.57	3.26

资料来源：UN Comtrade 数据库。

这一时期德国仍然为波兰的第一进口来源国，占波兰总进口的比重为22%左右，波兰从中国的进口比重进一步扩大，最高达到了14.80%的占比。波兰对俄罗斯的进口逐年减少，特别是2022年后，波兰与俄罗斯的关系紧张，2023年波兰对俄罗斯的进口仅占其进口总额的0.76%。2023年，德国仍然为波兰的第一进口来源国，占波兰总进口的比重为20.56%，中国的占比小幅度降低到12.29%，但仍然占据第二进口来源国的地位，远超除德国以外的其他国家，表明中国已成为波兰最重要的贸易伙伴之一（见表2-9）。

表2-9 2012~2023年波兰主要进口来源国贸易占比　　单位：%

年份	德国	俄罗斯	中国	意大利	法国	荷兰	捷克	美国	英国
2012	20.93	14.60	9.02	5.03	3.92	3.79	3.59	2.61	2.38
2013	21.51	12.29	9.39	5.22	3.80	3.85	3.62	2.67	2.59
2014	21.70	10.80	10.61	5.26	3.72	3.72	3.52	2.49	2.53
2015	22.61	7.57	11.80	5.18	3.72	3.78	3.35	2.72	2.66
2016	22.90	6.12	12.44	5.10	3.90	3.74	3.51	2.92	2.55
2017	22.69	6.77	12.15	5.02	3.85	3.70	3.51	2.96	2.34
2018	22.40	7.34	11.57	5.02	3.65	3.61	3.42	2.84	2.42
2019	21.38	6.49	12.33	4.98	3.62	3.75	3.39	3.21	2.25
2020	21.91	4.52	14.45	5.01	3.45	3.94	3.17	3.10	2.11
2021	21.06	6.00	14.80	4.99	3.35	4.09	3.20	3.09	1.61
2022	20.92	4.64	13.14	4.65	3.01	3.73	3.10	4.42	1.83
2023	20.56	0.76	12.29	4.95	3.39	3.89	3.31	4.52	1.86

资料来源：UN Comtrade 数据库。

总体来说，波兰的进口贸易结构变动并不大，即波兰与欧盟成员国的贸易更为密切，但在发展的过程中也逐步与亚洲国家建立起相对密切的进口贸易关系。

第三节　波兰参与全球价值链供应链情况

一、各行业出口贸易增加值变化情况

全球价值链贸易增加值是指在全球价值链中，各个国家通过生产过程添加的价值总和。它有助于国家了解自身的经济表现，还可以揭示全球贸易中的增值流动和利益分配情况。这对于制定贸易政策、推动产业升级和国际合作等方面都具有重要的指导意义。

根据表 2-10 可知，波兰各行业出口贸易增加值占比最高的为 M&Eq 的租赁和其他商业活动。M&Eq 代表机械和设备（Machinery and Equipment），租赁和其他商业活动是指在这个行业中提供机械和设备租赁服务以及其他商业活动的企业。这些企业可租赁各种类型的机械和设备给其他企业使用，如建筑工地上的重型机械设备、生产线上的自动化设备等。此外，这些企业还可能提供与机械和设备相关的其他商业活动，如设备维护、安装、技术支持等服务。表明波兰在这个行业的生产环节中添加了较多的价值，说明波兰在该领域的专业化、技术水平和市场竞争力较高。

表 2-10　2000 年、2007~2021 年波兰主要行业出口贸易增加值变化　单位：%

年份	C30 M&Eq 的租赁和其他商业活动	C20 批发贸易和佣金贸易，机动车和摩托车除外	C21 零售业，汽车和摩托车除外；家居用品维修	C23 内陆运输	C12 基本金属和金属加工	C19 机动车、摩托车的销售、保养、修理；燃料零售	C15 运输设备	C13 机械
2000	8.65	8.64	6.36	5.54	5.48	2.11	4.13	4.20
2007	9.30	7.18	6.62	5.58	6.57	3.13	5.47	4.81
2008	9.94	7.67	6.16	5.14	6.00	3.16	5.62	4.98
2009	9.59	8.56	7.22	5.48	5.13	4.82	5.29	3.93

续表

年份	C30 M&Eq 的租赁和其他商业活动	C20 批发贸易和佣金贸易，机动车和摩托车除外	C21 零售业，汽车和摩托车除外；家居用品维修	C23 内陆运输	C12 基本金属和金属加工	C19 机动车、摩托车的销售、保养、修理；燃料零售	C15 运输设备	C13 机械
2010	9.30	10.64	8.36	4.93	4.58	6.47	3.84	3.41
2011	9.40	9.64	8.03	5.57	5.28	6.11	4.40	3.42
2012	9.76	10.52	7.85	5.82	5.17	6.15	4.14	3.70
2013	9.80	10.30	7.59	5.64	5.35	5.94	4.25	3.90
2014	10.17	10.19	7.68	5.62	5.37	5.90	4.23	3.93
2015	10.82	9.86	7.47	5.44	5.34	5.70	4.24	3.93
2016	9.33	9.92	7.55	5.54	5.34	5.77	4.27	3.97
2017	9.61	9.34	7.59	5.61	4.84	5.80	4.19	4.02
2018	13.15	9.16	8.98	6.96	5.19	4.37	3.70	3.52
2019	12.24	8.99	8.22	6.03	6.05	3.88	3.68	3.99
2020	12.32	9.05	8.35	7.03	5.99	3.94	3.78	3.93
2021	11.57	8.57	8.12	6.80	6.17	3.84	4.00	4.12

资料来源：UIBE GVC 数据库。

二、GVC 前向参与度 &GVC 后向参与度变化情况

全球价值链的前向参与度和后向参与度是衡量一个国家或地区在国际分工体系中深度融入全球经济一体化程度的重要指标。前向参与度和后向参与度的提升都体现出一个国家在全球价值链中的地位提升。GVC 前向参与度指的是一个国家或企业在全球价值链中所处的位置，即其在供应链中的上游位置。一个国家或企业的 GVC 前向参与度越高，意味着它在价值链中的位置越靠近最终产品的生产环节，其提供的产品或服务对最终产品的贡献程度越大。GVC 后向参与度即其在供应链中的下游位置。一个国家或企业的 GVC 后向参与度越高，意味着它在价值链中的位置越靠近最终产品的销售环节，其接收到的产品或服务对最终产品的贡献程度越大。

如图 2-5 所示，波兰的 GVC 后向参与度整体而言都高于其 GVC 前向参与度，意味着波兰在价值链中的位置更靠近最终产品的销售环节。此外，波兰 GVC

后向参与度在波兰的不同阶段都呈现出上升的趋势，表明波兰在全球价值链中的地位逐渐向下游环节转移，说明波兰的经济在向更高附加值环节发展，具备了更多的市场、销售和分销能力。波兰可能加强了其营销和销售能力，提升了产品的品牌价值和市场占有率。同时，波兰可能也在加强与其他国家或企业的合作，扩大对最终产品销售环节的参与。相应地，波兰的 GVC 前向参与度相对于后向参与度的变化不太明显，仅在 2017 年后呈现出小幅度下降的趋势。

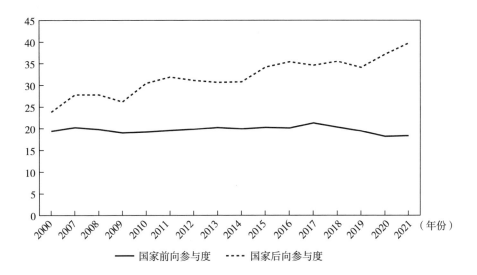

图 2-5　2000 年、2007~2021 年波兰国家前后向参与度

资料来源：UIBE GVC 数据库。

三、GVC 地位变化情况

GVC 地位计算方式来源于王直对 GVCP 的测算方式，即将一国在全球价值链中的位置定义为前向生产长度与后向生产长度的比值。

具体计算公式为：

GVCP = plv_GVC / ply_GVC

其中，plv_GVC 是基于产业关联的前向联系计算的生产长度，表示一国产业部门到全球价值链末端的平均生产长度；ply_GVC 是基于产业关联的后向联系计算的生产长度，表示其他国家投入品到一国产业部门最终产品之间的距离。两者之商即为 GVC 相对上游度，该数值越大，表明该国产业在全球价值链的地位越高。

前向生产长度与后向生产长度数据来源于 UIBE GVC 数据库 2000 年、2007～2021 年波兰前向生产长度与后向生产长度，采用波兰 2000 年、2007～2021 年各行业占总贸易额的比重加权于各行业 GVCP，得出一国 GVCP 变化情况。

如图 2-6 所示，波兰的全球价值链地位稳定在 0.90～0.94，意味着波兰的经济在全球价值链中有较为多元化的参与。这意味着该国的产业结构相对均衡，不过度依赖某个特定的产业或部门。此外，稳定的 GVCP 反映了该国的贸易环境相对稳定，在全球价值链中具备一定的技术能力和创新水平，即在生产和供应链过程中能够提供高质量的产品和服务，并持续地进行技术创新和升级。

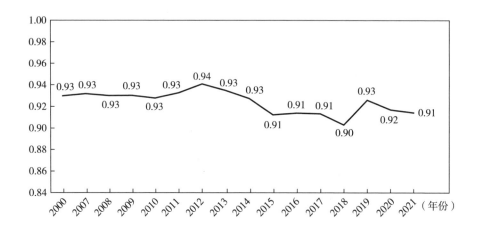

图 2-6　2000 年、2007～2021 年波兰国家 GVCP 变化情况

资料来源：UIBE GVC 数据库。

第四节　波兰与中国的经贸关系

一、波兰进口和出口中国的商品结构

按海关（HS）2 级编码分类，出口产品可以划分为 98 个子行业，从而得出不同商品的进出口情况。

如表 2-11 所示，波兰出口中国方面，2012～2023 年主要出口商品结构编码 85 占比最高，这表明它可能是波兰对中国最重要的出口行业之一。编码 84 在多数年份中占比也较高，表明它代表的行业也是出口的重要组成部分。编码 85、编码 84 这两大产品在 2023 年的占比均远远高于其他产品，分别为 26.04%、21.65%，这两类产品占波兰出口中国产品的比重为 47.69%。其余产品的比重较小且相对稳定。总而言之，波兰总体对中国的出口商品结构格局变化不大。

表 2-11 2012～2023 年波兰对中国主要出口商品结构以及占比变化 单位：%

年份	85	84	95	62	94	61	64	90	87	39
2012	29.80	24.18	3.05	4.81	3.30	3.31	2.55	2.33	2.03	2.08
2013	33.27	23.21	2.80	4.20	3.12	3.11	2.57	2.13	1.96	2.11
2014	32.00	21.70	3.74	4.33	3.63	3.22	2.69	2.26	1.93	2.15
2015	33.18	21.88	3.82	4.31	3.68	3.29	2.40	2.50	1.97	2.08
2016	33.53	20.49	4.05	4.50	3.83	3.23	2.48	2.55	2.12	2.22
2017	32.50	18.98	5.79	4.31	3.95	3.19	2.59	2.54	2.28	2.32
2018	30.77	19.48	5.34	4.23	4.00	3.25	2.71	2.96	2.42	2.37
2019	29.30	19.64	4.62	4.04	4.54	3.45	2.82	3.49	2.45	2.37
2020	33.01	19.44	4.29	4.25	4.08	3.39	2.41	3.06	2.18	2.48
2021	34.08	18.45	4.32	3.48	4.70	3.06	2.40	2.92	2.62	2.57
2022	25.66	21.10	3.91	2.56	2.24	3.74	3.39	2.50	3.15	2.97
2023	26.04	21.65	4.05	2.41	2.04	3.73	3.52	2.85	3.61	3.19

资料来源：作者根据 UN Comtrade 数据库计算所得。

根据表 2-12 可以看出，波兰对中国 2012～2023 年的主要进口商品为编码 74、编码 84、编码 85。这三类商品占 2023 年波兰对中国的进口贸易额的比重为 55.36%。其余产品的比重较小且相对稳定。总体而言，这些数据点凸显了中国与波兰之间贸易的多元化和技术含量，同时也体现了全球化背景下产业链和供应链的合作特点。

表 2-12 2012～2023 年波兰对中国主要进口商品结构以及占比变化 单位：%

年份	74	84	85	94	87	40	90	4	39	73
2012	36.16	9.01	9.67	4.42	5.13	4.01	1.49	0.70	2.25	3.28

续表

年份	74	84	85	94	87	40	90	4	39	73
2013	34.66	10.61	10.06	4.83	3.19	4.64	1.48	1.77	2.52	1.21
2014	32.37	13.03	12.02	5.99	3.04	4.27	1.96	2.79	2.75	1.91
2015	34.08	14.24	10.85	6.42	2.78	4.05	1.95	2.33	3.03	2.16
2016	20.97	15.15	15.39	7.66	4.44	5.38	2.56	1.86	3.40	1.76
2017	26.76	14.52	12.04	6.98	4.70	4.71	4.40	2.35	3.16	1.78
2018	22.44	16.18	13.34	7.49	4.06	4.49	4.21	2.38	3.83	1.65
2019	24.49	18.69	11.80	5.68	4.50	5.26	3.62	3.30	3.06	1.79
2020	18.88	24.64	11.95	3.79	3.81	4.45	3.27	4.41	2.49	1.39
2021	26.46	18.84	12.63	2.99	4.58	3.50	5.01	4.24	2.18	1.64
2022	18.98	23.58	13.96	1.22	4.36	2.31	5.09	4.01	2.45	1.88
2023	23.24	22.61	9.51	1.27	6.06	2.46	5.12	3.15	2.82	2.35

资料来源：作者根据 UN Comtrade 数据库计算所得。

二、波兰进口和出口中国的要素结构

按照国际标准 SITC 一位数分类，对外贸易产品可分为 0~9 类，其中第 0~4 类为初级商品，包括食品和供主要食用的活动物，饮料及烟类，非食用原料，矿物燃料、润滑油及有关原料和动植物油脂及蜡等，一般归类为资源密集型产品；第 6 类为皮革制品、橡胶制品、木制品（不包括家具）、纸板、纺织纱线和制品、钢铁、金属制品等，第 8 类为家具及其零件、床上用品、旅游用品、服装、鞋子等，一般归类为劳动密集型产品；第 5 类为化学品及有关产品，第 7 类为机械和运输设备，第 9 类为杂项制品和其他未分类产品，我们将这三类产品归为资本密集型产品。

表 2-13 和表 2-14 反映了 2012~2023 年波兰对中国进出口产品要素结构的占比变化。根据表 2-13 可知，波兰对中国 2012~2023 年出口产品要素结构以劳动密集型和资本密集型产品为主。其中，劳动密集型产品的占比逐渐下降，从 2012 年的 51.57%下降至 2023 年的 43.49%；而资本密集型产品的比重则逐渐上升，从 2012 年的 36.92%上升至 2023 年的 45.42%。资源密集型产品的比重则基本保持不变，在 11%左右。

表 2-13　2012~2023 年波兰对中国出口要素结构以及占比变化　单位：%

年份	资源密集型产品	劳动密集型产品	资本密集型产品
2012	11.51	51.57	36.92
2013	17.43	49.42	33.15
2014	16.95	50.26	32.80
2015	12.28	52.27	35.45
2016	13.64	44.12	42.24
2017	11.37	51.09	37.54
2018	12.75	48.43	38.82
2019	13.48	46.94	39.58
2020	15.43	39.13	45.44
2021	11.73	46.61	41.66
2022	13.50	36.53	49.97
2023	11.09	43.49	45.42

资料来源：作者根据 UN Comtrade 数据库计算所得。

表 2-14　2012~2023 年波兰对中国进口要素结构以及占比变化　单位：%

年份	资源密集型产品	劳动密集型产品	资本密集型产品
2012	2.97	37.88	59.15
2013	2.57	35.89	61.54
2014	2.39	38.85	58.75
2015	2.07	37.94	60.00
2016	2.00	39.34	58.66
2017	2.06	41.32	56.62
2018	2.12	41.98	55.90
2019	2.04	42.78	55.18
2020	1.66	39.61	58.73
2021	1.33	37.96	60.71
2022	2.12	38.65	59.23
2023	2.16	38.18	59.67

资料来源：作者根据 UN Comtrade 数据库计算所得。

根据表 2-14 可知，2012~2023 年波兰对中国的进口产品要素结构变化相对稳定，资源密集型产品的进口维持在 2% 左右的比重，在三大要素结构中占比最小。资本密集型产品是波兰从中国进口的主要产品类别，比重占到将近 60%，劳动密集型产品进口占波兰进口总额的 38% 左右。上述波兰对中国的进出口商品要素结构基本相似，其中在资源密集型产品上波兰具有相对比较优势。在资本密集型和劳动密集型产品上两国相互出口差异性产品，中国在资本密集型产品上具有相对比较优势。

三、波兰进口和出口中国的技术结构

这里参考 Lall 按出口产品科技含量的分类方法，在国际贸易标准分类（SITC）两位代码分类的基础上把中国出口产品分为低科技含量、中等科技含量和高科技含量三大类。

表 2-15 和表 2-16 反映了波兰在 2012~2023 年对中国出口和进口技术结构占比变化情况。

表 2-15　2012~2023 年波兰对中国出口技术结构及占比变化　　单位：%

年份	低科技含量产品	高等科技含量产品	中等科技含量产品
2012	73.41	5.62	20.97
2013	74.46	5.42	20.12
2014	73.34	6.53	20.12
2015	74.00	6.54	19.46
2016	67.26	10.60	22.14
2017	69.26	8.37	22.38
2018	67.67	10.15	22.19
2019	66.98	10.15	22.87
2020	62.59	9.99	27.42
2021	64.75	10.23	25.02
2022	60.88	13.43	25.69
2023	65.85	7.93	26.22

资料来源：作者根据 UN Comtrade 数据库计算所得。

表 2-16　2012~2023 年波兰对中国进口技术结构及占比变化　　单位：%

年份	低科技含量产品	高等科技含量产品	中等科技含量产品
2012	51.23	34.77	14.00

续表

年份	低科技含量产品	高等科技含量产品	中等科技含量产品
2013	48.78	36.92	14.31
2014	50.72	34.79	14.49
2015	49.69	35.25	15.05
2016	50.26	34.31	15.43
2017	51.80	32.33	15.87
2018	52.62	30.43	16.95
2019	52.74	29.40	17.87
2020	50.11	32.37	17.52
2021	48.51	33.06	18.43
2022	52.36	26.54	21.09
2023	51.31	26.46	22.23

资料来源：作者根据 UN Comtrade 数据库计算所得。

　　如表 2-15 所示，按照技术结构分类，波兰对中国出口的低科技含量产品占总出口的比重最大，占比达到 2/3，2012 年为 73.41%，2023 年则缓慢下降到了 65.85%，其间存在小幅度的升降。另外，波兰的中等科技含量产品的占比略有提升，2012 年为 20.97%，2023 年增长到 26.22%。另外，波兰对中国出口的高等科技含量产品呈现先上升后下降的趋势，从 2012 年的 5.62% 上升到 2016 年的 10.60%，随后又降低到 2023 年的 7.93%。综上，波兰在对中国的出口中，仍然以低科技含量产品为主要出口商品。这可能是因为波兰的制造业主要集中在传统行业，缺乏高科技产业的发展。然而，波兰对中国出口的中高等科技含量产品的比重有所提升，可能表明波兰在某些高科技领域的制造能力有所增强。另外，低科技含量产品的比重下降可能反映了中国制造业的升级和转型，逐渐减少了对低技术含量产品的进口。而中等科技含量产品的比重上升可能意味着中国在中等科技领域的制造能力有所提升。

　　如表 2-16 所示，中国对波兰出口产品的技术结构以低科技含量产品为主，约占波兰进口中国产品的 50%，高等科技含量产品的占比大约为 35%，中等科技含量产品的占比大概在 15%。值得注意的是，近两年波兰对中国进口产品中高科技含量产品的占比下降，2023 年的占比下降至 26.46%，而中等科技含量产品的占比上升，2023 年的占比为 22.23%。可能跟近两年中国在高科技领域面临一些瓶颈有关。

四、波兰进口和出口中国的经济用途结构

联合国货物贸易统计中经济大类把所有的贸易品划分为 19 类，并按其最终的用途属性归结为消费品、中间品、资本品和广泛用途类产品四大类。表 2-17 和表 2-18 反映了 2012~2023 年波兰出口到中国以及中国出口到波兰的经济用途结构及占比情况。

表 2-17　2012~2023 年波兰对中国出口经济用途结构以及占比变化　单位：%

年份	广泛用途类产品	消费品	中间产品	资本品
2012	19.79	49.29	20.27	10.65
2013	11.26	59.84	20.21	8.70
2014	14.45	53.40	20.35	11.80
2015	7.18	34.09	53.85	4.89
2016	7.16	38.34	49.98	4.52
2017	24.33	48.30	23.85	3.52
2018	27.06	40.31	29.59	3.04
2019	10.69	42.72	38.28	8.31
2020	19.80	40.72	21.35	18.13
2021	17.77	52.38	20.25	9.60
2022	24.47	50.42	13.93	11.18
2023	17.19	46.48	27.58	8.75

资料来源：作者根据 UN Comtrade 数据库计算所得。

表 2-18　2012~2023 年波兰对中国进口经济用途结构以及占比变化　单位：%

年份	广泛用途类产品	消费品	中间产品	资本品
2012	15.38	45.29	28.44	10.89
2013	27.51	45.20	19.51	7.77
2014	11.51	50.12	32.53	5.85
2015	10.91	69.39	13.86	5.84
2016	6.88	31.75	44.79	16.59
2017	5.66	30.12	41.43	22.80

续表

年份	广泛用途类产品	消费品	中间产品	资本品
2018	25.10	28.01	38.63	8.25
2019	25.45	22.49	47.44	4.61
2020	11.98	30.61	46.18	11.22
2021	13.74	42.11	32.68	11.47
2022	17.12	38.78	38.13	5.96
2023	16.09	39.03	34.95	9.93

资料来源：作者根据 UN Comtrade 数据库计算所得。

如表 2-17 所示，波兰对中国出口的广泛用途类产品、消费品、资本品的占比随着时间的推移均略有下降，其分别从 2012 年的 19.79%、49.29%、10.65% 降低到 17.19%、46.48%、8.75%。相反，中间产品的比重则在稳定上升，从 2012 年的 20.27% 上升到 2023 年的 27.58%。波兰对中国出口的产品更多地倾向于中间商品，而不是其他三种经济用途的产品。这可能是因为波兰出口到中国的主要产品是铜及其制品、木材、汽车零部件和配件、转换器、纺织机械和乳制品，这些产品往往作为生产过程中的中间商品使用。而且，波兰的农业、矿业和矿山机械工业、化学工业、汽车工业、家电生产、木材家具工业等是其支柱产业，这些产业的产品很多是作为中间产品进入生产链的，而不是最终消费品。

如表 2-18 所示，2012 年波兰对中国进口的中间产品占比为 28.44%，到 2016 年显著上升至 44.79%，之后虽有波动，但整体呈现上升趋势，到 2023 年占比为 34.95%。2012 年，波兰对中国进口的消费品占比为 45.29%，2015 年达到峰值 69.39%，之后逐年下降，到 2023 年降至 39.03%。2012 年波兰对中国进口的资本品占比为 10.89%，之后几年有所下降，到 2019 年降至最低点 4.61%，2023 年略有上升至 9.93%。波兰对中国进口的广泛用途类产品占比波动，2012 年占比为 15.38%，2013 年上升至 27.51%，之后波动下降，到 2018 年降至 25.10%，2023 年略有下降至 16.09%。其中 2016 年数据显示了与其他年份相比的显著不同，中间产品占比最高，而消费品和广泛用途类产品占比显著下降，资本品占比上升。这可能是由于特定年份的经济环境或政策变化导致的。到 2023 年，波兰从中国进口的产品结构相对均衡，中间产品、消费品和资本品的占比均在 10% 左右，显示出波兰对中国各类产品的多元化需求。综上而言，波兰对中国的中间产品依赖度逐渐增强，这些产品可能用于波兰的制造业和进一步加工。消费品占比先增后减反映了波兰消费者对中国消费品需求的逐渐饱和或市场多样化。

第五节　波兰典型经贸政策及措施借鉴

一、农产品政策

2004 年 5 月加入欧盟后，波兰开始执行欧盟统一对外经济政策，并相应调整波兰对外经济法律。其中，相关贸易政策就包括关于欧盟农产品出口的规定（欧委会规定〈EEC〉No. 3911/92）。共同农业政策（CAP）是欧盟农产品贸易保护制度的核心内容，它为欧盟区内的农业生产及贸易提供财政补贴及出口补贴，近年来这两种补贴占到了欧盟总预算的 40% 左右。加入欧盟给波兰农业带来巨大收益，据欧盟统计，700 万波兰农民入盟后的收入增加了 35%。除农民从欧盟获得直接补贴外，波兰还从欧盟获得农村落后地区发展基金，2004~2006 年该基金总额将达 18 亿欧元。另外，波兰还采取了一系列政策措施，保证主要农产品价格和市场的稳定。主要包括关税限制，政府干预性收购粮食、猪肉、黄油和奶粉，粮食和烟叶收购价补贴，动物制品出口补贴，奶粉生产补贴，对淀粉生产企业和土豆种植户给予补贴等。另外，对盐碱地改良、农药和生物技术应用、农用燃油、优质鲜奶生产、造林等进行补贴[1]。

二、数字贸易政策

数字化转型是波兰"国家重建计划"五大支柱之一，计划投资约 49 亿欧元，建设网络基础设施，确保数字通信基础设施和电子服务解决方案发展，利用突破性技术、数字教育、提高波兰数字能力，加强数字网络安全。主要法规包括《电信法》《支持电信业务和网络发展法案》等[2]。

---

[1]　https：//www.globserver.cn/%E6%B3%A2%E5%85%B0/%E5%86%9C%E4%B8%9A.

[2]　资料来源：《对外投资合作国别（地区）指南——波兰（2023 年版）》。

2021 年，维谢格拉德集团四国总理签署《数字宣言》，建立数字事务领域的共同合作框架和工作层磋商机制，与确保欧盟数字化转型资金有关的合作关系，建立专门从事数字主题的科研中心之间的永久合作，包括计算基础设施和数据、大数据、工业 4.0、云技术、高性能计算（HPC）、量子计算、人工智能（AI）、机器人技术、机器学习、区块链、物联网（IoT）、网络安全、智能和数字技能和能力、电信等，为数字经济创造跨境投融资机会。

2021 年发布的欧盟贸易政策通讯《开放、可持续和自信的贸易政策》反映了数字贸易日益增长的重要性。该通讯指出，贸易政策将在实现欧盟与数字化转型相关的目标方面发挥至关重要的作用。欧洲企业依赖数字服务，而且这种情况只会增加。

2023 年 6 月 27 日，欧盟理事会授权欧盟委员会与新加坡和韩国就数字贸易协定展开谈判。这些独立的数字贸易协定应建立在欧盟与伙伴国的现有贸易框架之上，并与之相辅相成。谈判还建立在欧盟与韩国和新加坡达成的《数字伙伴关系和数字贸易原则》方面的合作和趋同之上。

三、特殊经济区域规定

波兰经济特区采取公司制运作，由中央和地方政府占主要股份的公司管理，公司代表政府向企业发放特区经营许可，经济特区内的企业可享受税收减免。波兰 16 个省共设有 14 个经济特区，仅占波兰国土面积的 0.08%。《支持新投资法案》生效后，税收减免突破地域限制，波兰全部领土视为一个统一的投资区，只要投资项目满足相关要求，可在波兰境内任何区域落户发展并享受现有经济特区的优惠政策。现有 14 个特殊经济区内企业继续享受原有优惠政策，特殊经济区政策将于 2026 年到期废止。

根据欧盟地区公共援助规定，在人均 GDP 低于欧盟平均水平 75% 的地区投资可以给予公共补贴，投资者可享受的各类补贴和豁免的总限额取决于投资地点发展程度。最发达的华沙地区资助限额为合格费用（Eligible Expenditures）的 10%；其他地区根据发达程度，资助限额分为 20%、25%、35% 和 50% 四档，中型企业资助限额可在原限额基础上增加 10%，小微企业可增加 20%。

四、进出口政策

2004 年 5 月 1 日波兰成为欧盟成员国后，与欧盟其他成员国的贸易遵循欧盟内部统一大市场原则。波兰与非欧盟国家（第三国）贸易适用欧盟共同政策措施和手段，如共同贸易、共同关税表等。欧盟与第三国签订的国际贸易协议直接适用于波兰。波兰政府主要负责发放进出口许可，以及因经济以外的原因，如保护人类和动物的健康，规定进出口的限制（根据成立欧洲共同体条约第36条）。

第三章

匈牙利贸易体系研究

匈牙利是欧洲第九大国家，是中欧维谢格拉德集团成员之一。匈牙利在1989年成为一个多党制国家，开始了市场经济改革。这一时期被称为匈牙利的"转型时期"，在这段时间内，匈牙利逐步放弃了中央计划经济模式，开始向市场经济体制转型。其改革措施包括私有化国有企业、推动市场竞争、吸引外国投资等，旨在提高经济效率、促进经济增长和吸引国际资本。市场经济改革的实施为匈牙利经济的发展奠定了基础，使其逐渐融入全球经济体系。①

匈牙利于1999年加入北约，2004年加入欧盟，这两个组织的加入标志着匈牙利在国际事务中的地位和影响力得到了提升，加强了与其他国家的合作，也为匈牙利的经济、安全和外交关系带来了新的机遇和挑战。匈牙利作为一个中等发达国家，其经济发展水平在中东欧地区占据显著地位。2021年的人均GDP达到了约1.84万美元，显示了其经济的强劲实力。2022年，匈牙利GDP增长率达到4.6%，其对外货物贸易总额同比增长10.91%，进一步证明了其经济的活力。

近年来，匈牙利在营商环境方面表现卓越，在中国—中东欧国家合作综合指数排名中始终位居榜首。匈牙利实施的"向东开放"政策与中国的"一带一路"倡议成功对接，为中匈两国之间的经贸合作注入了新的动力，推动了双方经济的共同发展。②

---

① Csaba Lentner. East of Europe，West of Asia Historical Development of Hungarian Public Finances from the Age of Dualism to the Present ［M］. Paris：L'Harmattan Publishing，2020.

② 资料来源：《对外投资合作国别（地区）指南——匈牙利（2023年版）》。

第一节 匈牙利贸易总体情况

1992~2022 年，匈牙利的贸易额从 209.29 亿美元增长至 3158.04 亿美元，增长幅度达到了约 15 倍，2022 年年增长率达到 10.91%。其中，进口额从 108.74 亿美元增长到 1642.64 亿美元，年增长率为 8.2%，出口额从 100.55 亿美元增长到 1515.40 亿美元，年增长率为 6.85%，贸易处于逆差状态（见图 3-1）。

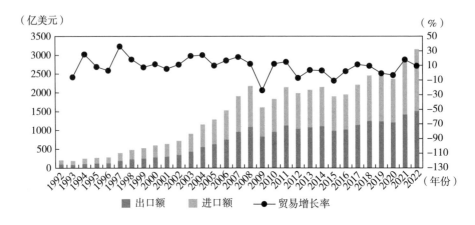

图 3-1 1992~2022 年匈牙利贸易规模变化

资料来源：作者根据联合国商品贸易统计数据库整理计算所得。

第二节 匈牙利经济贸易发展的阶段性特征

从 1992 年至今，根据货物进出口情况，匈牙利贸易发展大致可以分为以下三个阶段。

一、第一阶段：低水平发展阶段（1992~2003 年）

如图 3-2 所示，这一时期匈牙利对外贸易均保持逆差，且逆差规模在逐渐扩大，匈牙利的货物贸易总逆差额从 1992 年的 8.19 亿美元增长到 2003 年的 47.14 亿美元。货物进口额增长较货物出口额增幅更大，2003 年匈牙利货物进口额增长至 478.81 亿美元。1997 年，匈牙利作为一个小型开放型经济，避免了亚洲金融危机的冲击，贸易增长率高达 40.65%。

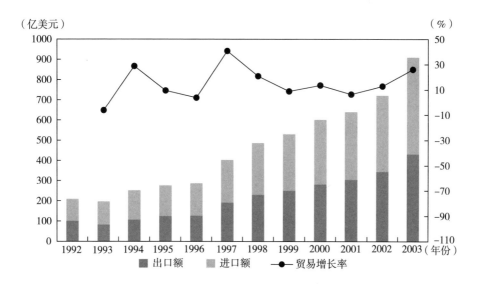

图 3-2　1992~2003 年匈牙利贸易规模变化

资料来源：作者根据联合国商品贸易统计数据库整理计算所得。

（一）行业情况

按海关（HS）2 级编码分类，出口产品可以划分为 98 个子行业，22 个大类，本书用双边出口七大类产品（HS2 级编码分类）的结构变化，来替代在行业视角下匈牙利进出口结构的变化。

农食产品包括 HS01-24 章，机电仪器和交通工具包括 HS84-93 章，化矿金属包括 HS25-38、HS72-83 章，纺织鞋帽包括 HS50-67 章，橡塑皮革包括 HS39-43 章，玩具钟表包括 HS71、HS94-97 章，木材纸张非金属包括 HS44-49、HS68-70 章。

表3-1反映了匈牙利1992~2003年出口产品结构的变化。在这一时期内，机电仪器和交通工具、农食产品、纺织鞋帽为匈牙利的重要出口类别。1992年，机电仪器和交通工具占整体出口比重最大，为37.66%，其次为农食产品（22.66%）和纺织鞋帽（16.01%）。在该阶段，匈牙利机电仪器和交通工具出口占整体出口的比重呈上升趋势，2003年其比重达到78.50%。

表3-1　1992~2003年匈牙利出口各类产品占比　　　　单位：%

年份	农食产品	机电仪器和交通工具	化矿金属	纺织鞋帽	橡塑皮革	玩具钟表	木材纸张非金属
1992	22.66	37.66	8.96	16.01	6.33	3.06	5.32
1993	17.71	48.53	9.44	11.72	5.29	2.83	4.48
1994	20.13	42.18	9.42	13.46	6.40	3.28	5.12
1995	21.25	40.42	9.98	12.02	7.29	3.64	5.42
1996	15.45	54.06	7.82	9.78	5.33	2.79	4.77
1997	13.29	61.18	6.84	8.10	5.07	1.15	4.36
1998	11.34	63.10	6.06	7.95	4.70	2.46	4.38
1999	8.74	67.58	5.56	7.61	4.23	2.16	4.12
2000	8.56	65.39	6.83	7.19	5.17	2.69	4.16
2001	9.27	65.90	7.57	7.45	5.11	0.45	4.26
2002	8.25	64.47	7.03	6.31	4.71	5.27	3.95
2003	4.07	78.50	3.88	5.60	0.58	3.59	3.79

表3-2反映了匈牙利1992~2003年进口产品结构的变化。在这一时期，机电仪器和交通工具、化矿金属为匈牙利的重要进口类别。1992年，机电仪器和交通工具占整体进口比重最大，为39.29%，其次为化矿金属（27.48%）和纺织鞋帽（10.98%）。在该阶段，匈牙利机电仪器和交通工具进口占整体进口的比重呈上升趋势，2003年其比重达到72.28%；纺织鞋帽进口占整体进口比重呈下降趋势，从1992年的10.98%下降至2003年的2.26%；橡塑皮革进口占比呈上升趋势，从1992年的5.64%上升至2003年的6.50%。

表3-2　1992~2003年匈牙利进口各类产品占比　　　　单位：%

年份	农食产品	机电仪器和交通工具	化矿金属	纺织鞋帽	橡塑皮革	玩具钟表	木材纸张非金属
1992	6.19	39.29	27.48	10.98	5.64	3.59	6.82

续表

年份	农食产品	机电仪器和交通工具	化矿金属	纺织鞋帽	橡塑皮革	玩具钟表	木材纸张非金属
1993	8.11	29.12	31.66	12.20	6.81	4.16	7.94
1994	9.39	26.59	31.07	12.09	7.58	4.30	8.97
1995	7.46	30.23	29.32	11.69	8.30	3.88	9.12
1996	7.08	27.02	32.15	12.10	8.86	4.00	8.80
1997	5.73	47.44	21.21	8.93	7.40	2.67	6.61
1998	5.10	53.73	16.36	8.07	7.28	3.23	6.23
1999	3.84	57.74	14.93	7.38	7.11	3.25	5.76
2000	3.43	58.17	17.08	6.12	6.75	3.04	5.41
2001	3.63	58.66	16.75	6.08	6.71	2.84	5.33
2002	3.76	59.05	16.43	5.74	6.71	2.68	5.63
2003	3.73	72.28	11.70	2.26	6.50	0.59	2.93

（二）主要贸易伙伴

2003 年匈牙利向全球出口了价值 430 亿美元的产品，这一金额比 1992 年的 100.5 亿美元增长了 4.28 倍。表 3-3 反映了匈牙利从 1992～2003 年对主要出口对象出口比重的变化。匈牙利在 1992～2003 年主要出口市场包括德国、澳大利亚、意大利和法国。其中德国长期为匈牙利货物出口比重最大的国家，具有明显优势。1992 年匈牙利对德国的出口份额为 28.65%，所占比重最大，其次为澳大利亚（10.73%）及意大利（8.93%）。1992～2003 年，匈牙利出口意大利比重有所下降，2003 年下降至 5.81%。匈牙利出口荷兰比重逐渐上升，2003 年上升至 4.11%。2003 年，中国在匈牙利主要出口对象中上升至第 28 位。

表 3-3　1992～2003 年匈牙利出口对象比重　　　　单位：%

年份	德国	澳大利亚	意大利	法国	荷兰	美国	英国	俄罗斯	罗马尼亚	波兰
1992	28.65	10.73	8.93	3.32	2.29	3.29	2.02	13.41	1.79	1.27
1993	27.82	10.43	7.55	3.58	2.35	4.20	2.36	11.15	1.99	1.90
1994	28.20	10.88	8.47	3.55	2.53	4.02	4.34	7.54	1.84	2.07
1995	29.18	10.15	8.37	4.12	2.94	3.16	3.08	6.45	2.79	2.54
1996	29.72	10.31	7.94	3.80	2.75	3.56	2.99	5.96	2.12	2.90
1997	36.82	11.20	5.74	3.70	2.79	3.08	3.30	4.96	1.60	2.62

年份	德国	澳大利亚	意大利	法国	荷兰	美国	英国	俄罗斯	罗马尼亚	波兰
1998	36.33	10.49	5.49	3.76	4.67	4.50	3.52	2.80	2.41	2.22
1999	38.38	9.59	5.90	4.49	5.18	5.19	4.48	1.42	1.87	2.08
2000	37.27	8.69	5.89	5.23	5.42	5.25	4.12	1.62	2.04	2.15
2001	35.61	7.92	6.25	5.96	4.60	5.00	4.31	1.55	2.51	2.00
2002	35.42	7.09	5.78	5.66	4.24	3.49	4.70	1.32	2.28	2.12
2003	33.94	8.11	5.81	5.75	4.11	3.14	4.58	1.52	2.59	2.27

表3-4反映了匈牙利1992~2003年对主要进口对象的进口比重变化。匈牙利在1992~2003年主要进口市场包括德国、意大利、奥地利、俄罗斯、法国、美国、英国。1992年，匈牙利从德国进口的货物价值为25.92亿美元，2003年这一数值上升至116.82亿美元。在该时期，俄罗斯占匈牙利进口的份额从1992年的16.47%下降至2003年的6.20%。而中国货物在这一时期占匈牙利的进口份额显著上升，从1992年的0.37%上升至2003年的6.92%。2003年，中国在匈牙利主要进口对象中上升至第3位。

表3-4 1992~2003年匈牙利进口对象比重　　　　　单位：%

年份	德国	意大利	中国	奥地利	俄罗斯	法国	日本	美国	波兰	英国
1992	23.84	6.39	0.37	14.59	16.47	3.12	2.42	2.91	1.62	2.90
1993	23.51	6.58	0.63	12.70	14.71	3.65	3.02	2.99	1.27	2.80
1994	23.38	6.99	0.68	12.01	12.00	3.42	2.70	3.10	1.33	3.92
1995	23.72	8.00	0.83	10.89	11.55	3.99	2.23	3.12	1.62	2.91
1996	23.67	8.16	1.19	9.54	12.40	4.26	2.25	3.53	1.83	3.27
1997	26.82	7.32	1.36	10.43	8.63	4.35	3.25	3.74	1.67	3.41
1998	28.14	7.53	1.69	9.58	5.96	4.78	3.84	3.83	1.68	3.39
1999	29.24	7.71	2.18	8.94	5.82	4.69	4.10	3.46	2.10	3.05
2000	25.60	7.50	2.93	7.38	8.07	4.37	5.30	3.81	2.03	3.17
2001	24.92	7.86	3.96	7.39	7.03	4.69	4.62	4.23	2.31	2.95
2002	24.31	7.55	5.54	6.90	6.07	4.81	4.18	3.67	2.53	2.84
2003	24.50	7.07	6.92	6.27	6.20	4.80	4.23	3.21	2.77	2.71

二、第二阶段：快速发展阶段（2004~2011年）

2004年，匈牙利成为欧盟的正式成员国，贸易增长率高达27.46%。匈牙利货物出口额大幅增加，从2004年的555.67亿美元增长至2008年的1087.67亿美元。2008年国际金融危机爆发，匈牙利受到严重冲击，2009年货物出口额下降至831.95亿美元，贸易增长率跌至-26.1%。2010年匈牙利进入了欧尔班主政时代，欧尔班经济学应运而生，对外贸易额恢复增长，2011年货物出口额上升至1122.92亿美元。匈牙利对外贸易从2004年逆差49.15亿美元，变为2011年顺差98.63亿美元（见图3-3）。

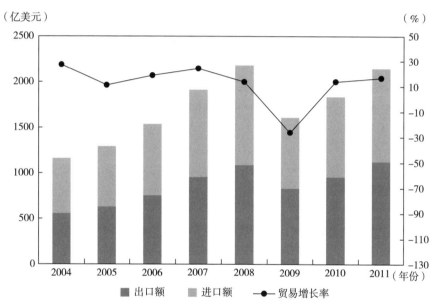

图3-3　2004~2011年匈牙利货物进出口额与贸易增长率

（一）产业情况

表3-5反映了匈牙利2004~2011年其出口产品结构的变化。在这一时期内，机电仪器和交通工具、化矿金属为匈牙利的重要出口类别。2004年，机电仪器和交通工具仍占整体出口比重最大，为64.65%，但在该阶段这一比重呈下降趋势，2011年下降至60.06%。化矿金属和农食产品的出口占整体出口比重逐渐上升，化矿金属的出口占比从2004年的13.02%上升至2011年的16.79%，农食产品的出口占比从2004年的6.95%上升至2011年的9.00%。

表3-5　2004~2011年匈牙利出口各类产品占比　　　　单位：%

年份	农食产品	机电仪器和交通工具	化矿金属	纺织鞋帽	橡塑皮革	玩具钟表	木材纸张非金属
2004	6.95	64.65	13.02	4.39	4.63	2.54	3.46
2005	6.63	64.32	14.23	3.64	5.17	2.41	3.36
2006	6.24	65.42	14.58	2.89	5.30	2.13	3.23
2007	6.62	60.79	13.09	2.26	4.95	1.88	3.08
2008	7.84	63.60	15.84	2.05	5.10	1.92	3.46
2009	8.56	63.79	14.27	2.17	5.18	2.07	3.73
2010	8.19	63.71	14.89	1.98	5.57	1.96	3.57
2011	9.00	60.06	16.79	2.11	6.14	2.18	3.61

表3-6反映了匈牙利2004~2011年其进口产品结构的变化。在这一时期，机电仪器和交通工具、化矿金属、橡塑皮革为匈牙利的重要进口类别。机电仪器和交通工具进口占整体进口的比重也呈下降趋势，从2004年的55.13%下降至2011年的48.40%。而化矿金属和农食产品的进口比重呈上升趋势，化矿金属的进口占比从2004年的23.23%上升至2011年的30.43%。农食产品的进口占比从2004年的4.13%上升至2011年的6.10%。

表3-6　2004~2011年匈牙利进口各类产品占比　　　　单位：%

年份	农食产品	机电仪器和交通工具	化矿金属	纺织鞋帽	橡塑皮革	玩具钟表	木材纸张非金属
2004	4.13	55.13	23.23	4.33	5.83	1.83	5.09
2005	4.54	53.80	25.51	3.69	5.80	1.75	4.50
2006	4.38	53.28	27.37	3.26	5.59	1.60	4.13
2007	4.28	50.59	24.68	2.80	5.38	1.44	3.64
2008	5.21	51.07	30.01	2.66	5.55	1.42	3.71
2009	6.09	52.04	27.20	2.97	5.68	1.44	4.03
2010	5.63	52.56	27.73	2.64	5.96	1.30	3.77
2011	6.10	48.40	30.43	2.95	6.51	1.47	3.73

（二）主要贸易伙伴

2011年，匈牙利向全球出口了价值1122.91亿美元的产品，这一美元金额是2004年的555.67亿美元的1.58倍。匈牙利在这一阶段主要出口市场包括德国、罗马尼亚、澳大利亚、意大利、法国、英国、波兰。其中德国长期为匈牙利货物出口比重最大的国家，但在这一时期其比重呈下降趋势，从 2004 年的 31.54% 下降至 2011 年的 24.62%。匈牙利对罗马尼亚的出口比重在这一阶段逐年上升，从 2004 年的 3.2% 上升至 2011 年的 6.05%。

2011 年，匈牙利向全球进口了价值 1024.29 亿美元的产品，这一美元金额是 2004 年的 608.82 亿美元的 1.69 倍。匈牙利在这一阶段主要进口对象包括德国、俄罗斯、中国、奥地利、波兰等。德国在这一阶段仍是匈牙利最大的进口对象，但其进口份额略有下降，从 2004 年的 27.12% 下降至 2011 年的 23.86%。俄罗斯与中国所占进口份额逐年上升，分别从 2004 年的 5.9% 与 7.53% 上升至 2011 年的 8.66% 与 8.39%。

三、第三阶段：高水平发展阶段（2012～2022 年）

2012 年 4 月，中东欧和中国合作机制正式启动，匈牙利积极参与了这一合作机制。匈牙利对外贸易总额从 2012 年的 1998.04 亿美元增长至 2022 年的 3158.04 亿美元。其中，匈牙利货物进口额大幅增长，从 2012 年的 952.07 亿美元上升至 2022 年的 1642.64 亿美元。匈牙利对外货物贸易从 2012 年顺差 83.91 亿美元，变为 2022 年逆差 127.25 亿美元。贸易增长率从 2012 年的 -7.41% 上升至 2022 年的 10.91%（见图 3-4）。

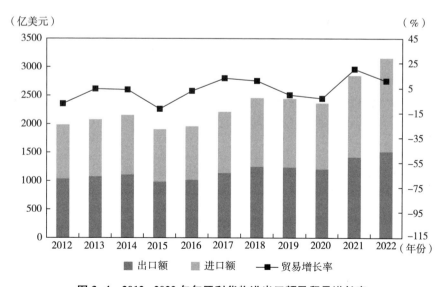

图 3-4　2012～2022 年匈牙利货物进出口额及贸易增长率

（一）产业情况

表3-7反映了匈牙利2012~2022年出口产品结构的变化。在这一时期，机电仪器和交通工具、化矿金属、农食产品为匈牙利的重要出口类别。机电仪器和交通工具出口占整体出口的比重于2012~2016年有所波动，2017年其比重为54.53%，随后呈上升趋势，2022年达到74.31%。化矿金属的出口比重有所下降，从2012年的22.61%下降至2022年的13.22%。

表3-7　2012~2022年匈牙利出口各类产品占比　　　单位：%

年份	农食产品	机电仪器和交通工具	化矿金属	纺织鞋帽	橡塑皮革	玩具钟表	木材纸张非金属
2012	10.45	55.76	22.61	2.40	1.16	3.61	4.02
2013	9.81	56.44	22.33	2.60	1.19	3.65	3.98
2014	8.20	61.30	18.81	3.84	1.17	3.21	3.47
2015	8.51	60.19	18.73	3.95	1.39	3.55	3.69
2016	7.23	66.49	15.34	3.70	1.32	3.10	2.81
2017	9.55	54.53	22.03	4.93	1.70	3.64	3.62
2018	7.78	58.53	20.95	4.77	1.45	3.22	3.29
2019	5.76	71.95	13.70	3.31	0.88	2.18	2.22
2020	5.02	76.15	11.65	2.94	0.53	1.82	1.88
2021	5.97	69.91	15.30	3.30	0.64	2.32	2.56
2022	5.27	74.31	13.22	2.72	0.54	1.72	2.22

表3-8反映了匈牙利2012~2022年进口产品结构的变化。在这一时期，机电仪器和交通工具、化矿金属、橡塑皮革为匈牙利的重要进口类别。机电仪器和交通工具进口占整体进口的比重逐步上升，从2012年的41.59%上升至2022年的58.95%。化矿金属和橡塑皮革的进口占比有所下降，橡塑皮革的进口占比从2012年的17.04%下降至2022年的11.00%。

表3-8　2012~2022年匈牙利进口各类产品占比　　　单位：%

年份	农食产品	机电仪器和交通工具	化矿金属	纺织鞋帽	橡塑皮革	玩具钟表	木材纸张非金属
2012	7.79	41.59	26.62	2.37	17.04	1.39	3.19
2013	7.23	41.62	26.25	2.52	17.64	1.54	3.21
2014	7.02	42.71	26.33	1.38	17.60	1.75	3.22
2015	6.91	45.19	23.32	1.36	18.17	1.82	3.23
2016	4.45	65.26	13.89	0.92	11.80	1.29	2.39

年份	农食产品	机电仪器和交通工具	化矿金属	纺织鞋帽	橡塑皮革	玩具钟表	木材纸张非金属
2017	4.55	63.94	15.31	0.85	11.76	1.24	2.35
2018	4.08	63.57	16.17	0.79	11.75	1.27	2.37
2019	4.29	64.64	15.62	0.78	11.04	1.38	2.26
2020	4.57	65.00	14.91	0.76	11.00	1.45	2.32
2021	4.25	61.73	17.40	0.68	12.23	1.47	2.25
2022	4.39	58.95	21.47	0.61	11.00	1.45	2.14

（二）主要贸易伙伴

2022 年，匈牙利向全球出口了价值 1642.64 亿美元的产品，这一美元金额是 2012 年的 952.07 亿美元的 1.73 倍。匈牙利在这一阶段主要出口对象包括德国、意大利、罗马尼亚、斯洛伐克、澳大利亚等。2012 年，德国为占匈牙利出口份额最大的国家，占 38.96%，其次为斯洛伐克，占 9.31%。德国和斯洛伐克所占匈牙利出口份额逐年下降，2022 年德国占 23.2%，而斯洛伐克占 4.73%。2022 年，占匈牙利出口比重排名前三的国家为德国、意大利、罗马尼亚。

匈牙利在这一阶段主要进口对象包括德国、中国、澳大利亚、俄罗斯、斯洛伐克等。德国作为匈牙利最大的进口国，其进口份额在这一阶段有所下降，从 2012 年的 24.57% 下降至 2022 年的 20.87%。中国占匈牙利的进口份额从 2012 年的 7.42% 上升至 2022 年的 8.08%。

第三节　匈牙利参与全球价值链供应链情况

一、匈牙利行业出口增加值

增加值贸易分析框架能够区分进口品价值的来源和出口品价值的最终去向，并对各个国家在多个环节的增加值进行分解，增加值贸易已经成为全球经济联动最重要的驱动力。本书根据 UIBE GVC 数据库 2000~2021 年的数据，发现机电设备租赁和其他商业活动、批发贸易和佣金贸易（机动车和摩托车除外）、运输设备、电气和光学设备长期为匈牙利出口增加值主要贡献行业。2000 年机电设备租赁出口增加值为 15.65 亿美元，电气和光学设备出口增加值为 13.67 亿美元（见图3-5）。2021年机电设备租赁出口增加值增加至 128.42 亿美元，占据主导地位（见图3-6）。

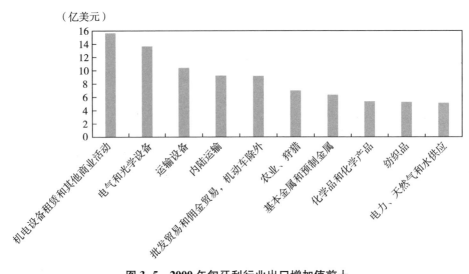

图3-5　2000年匈牙利行业出口增加值前十

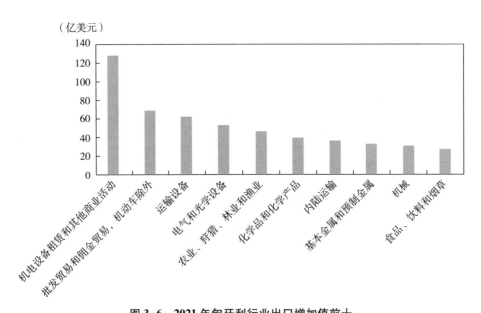

图3-6　2021年匈牙利行业出口增加值前十

2000 年，匈牙利第一产业的出口增加值为 12.59 亿美元，2021 年第一产业出口增加值上升至 66.55 亿美元，约为 2000 年的 5 倍。匈牙利的农场所有权关系等基本结构趋于稳定，相关技术也取得了进步，且 2004 年以来欧盟的转移支付促进了金融稳定（见图 3-7）。

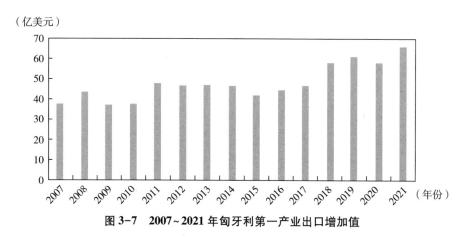

（亿美元）

图 3-7　2007~2021 年匈牙利第一产业出口增加值

2000 年，匈牙利制造业的出口增加值为 62.42 亿美元，2021 年制造业出口增加值上升至 315.45 亿美元，约为 2000 年的 5 倍（见图 3-8）。制造业出口增加值变化较小，2000~2021 年总体呈上升趋势。制造业中的子行业—汽车制造业，对出口的贡献非常大，汽车制造商对出口的贡献率约为 20%。

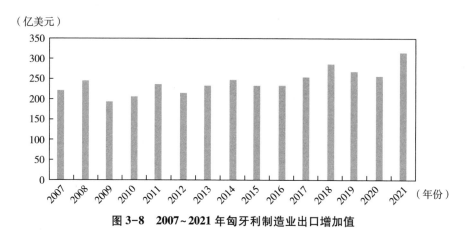

（亿美元）

图 3-8　2007~2021 年匈牙利制造业出口增加值

2000 年，匈牙利服务业的出口增加值为 62.5 亿美元，2021 年服务业出口增加值上升至378.98亿美元，约为2000年的6倍（见图3-9）。总体而言，2009~2017年，匈牙利服务业出口增加值占总出口增加值比重稍有缩减、幅度相对而言不大，而2018年匈牙利服务业出口增加值占总出口增加值比重迎来大幅上升，至2019年该数值达到50.98%。

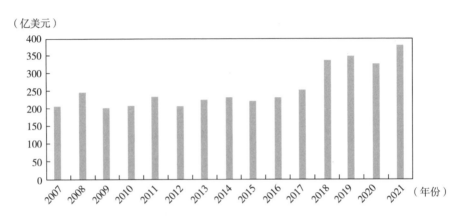

图3-9　2007~2021年匈牙利服务业出口增加值

第一产业的子部门——农业与狩猎部门出口增加值在2000~2021年增加了39.32亿美元，2000年农业与狩猎部门出口增加值为7亿美元，2021年为46.32亿美元，约为2000年的6.7倍。农业与狩猎部门出口增加值占总出口增加值的比例在2000~2021年变化了1%。

2000年电力、天然气等供给部门出口增加值为5.13亿美元，2021年该数值上升至16.87亿美元，约为2000年的3倍。而电力、天然气等供给部门出口增加值占总出口增加值的比例长期处于下降趋势，在2000~2021年变化了-1.52%（见表3-9）。

表3-9　匈牙利各部门的出口增加值占总出口增加值百分比（部分展示）单位:%

部门	2000年	2011年	2021年	2000~2021年变化	2011~2021年变化
农业、狩猎	15.09	6.22	6.09	1.00	-0.14
采矿业、采石业	0.34	0.34	0.44	0.11	0.11
制造业、回收	1.18	1.24	1.45	0.26	0.21
电力、天然气等供给行业	3.73	2.76	2.22	-1.52	-0.55

续表

部门	2000 年	2011 年	2021 年	2000~2021 年变化	2011~2021 年变化
建筑业	1.42	0.78	1.54	0.13	0.77
金融中介机构	2.77	2.70	2.63	-0.13	-0.07
房地产行业	3.28	2.57	3.36	0.08	0.79
公共管理、国防	1.80	0.93	1.07	-0.74	0.13
教育产业	0.30	0.30	0.54	0.25	0.24
医疗和社会工作	0.17	0.20	0.29	0.12	0.09

资料来源：作者根据 UIBE GVC 数据库的数据自行编制。

二、GVC 前向和后向参与度

GVC 参与度是指一个国家或行业参与全球价值链的程度。GVC 参与度可用于解释一国或行业在价值链生产中与上下游产业的关联。GVC 参与度可按照嵌入方式分为 GVC 前向参与度和 GVC 后向参与度。

在考察年份，匈牙利总体的后向参与度都高于前向参与度，这意味着其在全球价值链中一直处于下游环节。匈牙利 GVC 后向参与度从 2007 年的 46.41 上升至 2015 年的 55.53，随后又下降至 2021 年的 48.48。其前向参与度长期维持在 14 左右，于 2018 年达到 16.82，随后维持在 16.2 左右（见图 3-10）。

图 3-10　2007~2021 年匈牙利 GVC 前向参与度与后向参与度

（一）匈牙利行业 GVC 前向参与度

根据 UIBE GVC 数据库 2000~2021 年 35 个产业的数据（部分年份 C35 数据缺失），机电设备租赁和其他商业活动、水运、木材及木制品和软木制品、采矿和采石等行业为匈牙利 GVC 前向参与度长期排名靠前的行业。2000 年，匈牙利 GVC 前向参与度排名第一的行业为酒店和餐饮业，其参与度约为 32.83，其次为机电设备租赁和其他商业活动行业，其参与度约为 26.62。其余排名前十的行业 GVC 前向参与度皆为 20 左右（见图 3-11）。

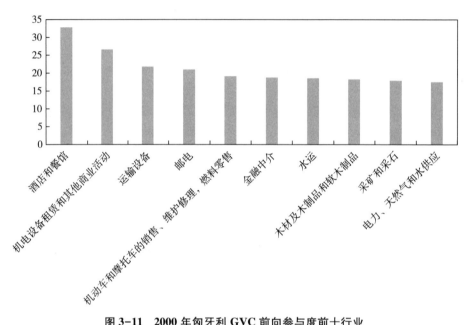

图 3-11　2000 年匈牙利 GVC 前向参与度前十行业

2021 年匈牙利 GVC 前向参与度前十行业变化较大，采矿和采石业从 2000 年的行业第九跃升至 2021 年的行业第一，其 GVC 前向参与度涨至 38.02。基本金属和预制金属，木材及木制品和软木制品，纸浆、纸张、纸制品、印刷和出版，零售贸易（机动车和摩托车除外）、家居用品修理，内陆运输，这五个行业 GVC 前向参与度均为 25 左右（见图 3-12）。

2007~2021 年匈牙利各行业 GVC 前向参与度变化较大，水运行业长期呈下降趋势，从 2007 年的 39.9 下降至 27.3。采矿和采石，其他支持和辅助运输活动、旅行社的活动等行业 GVC 前向参与度长期呈波动上升趋势，GVC 前向参与度在 20~40 范围内变化。

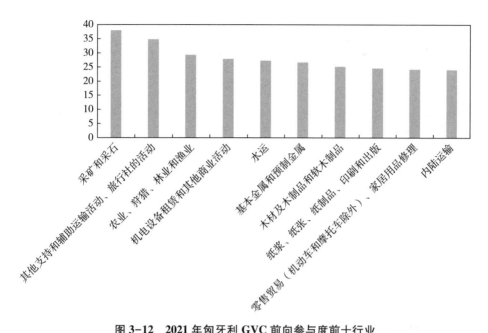

图 3-12　2021 年匈牙利 GVC 前向参与度前十行业

（二）匈牙利行业 GVC 后向参与度

根据 UIBE GVC 数据库 2000~2021 年 34 个产业的数据（C35 数据缺失），电气和光学设备，运输设备，焦炭、精炼石油和核燃料，皮革、皮革制品和鞋类，纺织品等长期为匈牙利 GVC 后向参与度靠前的行业。

2000 年，匈牙利 GVC 后向参与度最高的行业为电气和光学设备，其参与度为 65.07，其次为运输设备，其 GVC 后向参与度为 60.19。其余后向参与度前十行业如焦炭、精炼石油和核燃料，皮革、皮革制品和鞋类，纺织品，航空运输等，GVC 后向参与度均为 50 左右（见图 3-13）。

2021 年，焦炭、精炼石油和核燃料成为匈牙利 GVC 后向参与度第一的行业，其后向参与度为 73.09，与排行第二的运输设备的 71.48 相差不大。橡胶和塑料、纺织品和纺织品、机械、基本金属和预制金属这四个行业 GVC 后向参与度均在 50 左右（见图 3-14）。

2007~2011 年，电气和光学设备为匈牙利 GVC 后向参与度第一行业，最高值为 2010 年的 72.68。自 2012 年起至 2021 年，焦炭、精炼石油和核燃料成为匈牙利 GVC 后向参与度第一的行业，其参与度从 2007 年的 57.83 一路上升至 2021 年的 73.09。运输设备的 GVC 后向参与度也长期呈上升趋势，从 2007 年的

61.58 上升至 2021 年的 71.48。其余 GVC 后向参与度前十行业总体变化不大。

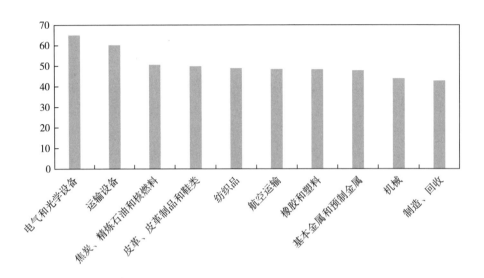

图 3-13　2000 年匈牙利 GVC 后向参与度前十行业

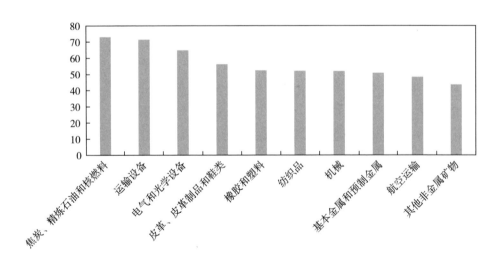

图 3-14　2021 年匈牙利 GVC 后向参与度前十行业

三、GVC 地位变化

根据 UIBE GVC 数据库 2000~2021 年的数据进行计算，教育、房地产活动、金融中介、焦炭、精炼石油和核燃料以及卫生和社会工作这五个行业长期为匈牙利 GVC 地位较高的行业。

2000 年，匈牙利 GVC 地位最高的行业为房地产活动，其 GVC 相对上游度为 1.219；其次为焦炭、精炼石油和核燃料，该行业 GVC 相对上游度为 1.218，两者相差不大（见图 3-15）。

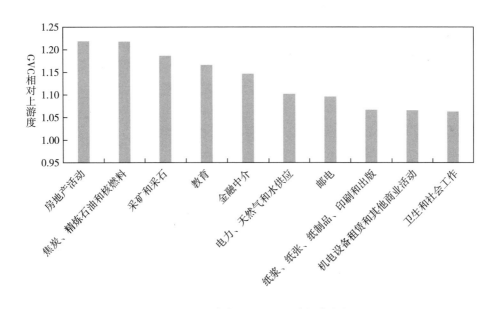

图 3-15　2000 年匈牙利 GVC 地位前十行业

2021 年，匈牙利 GVC 地位最高的行业为教育，其 GVC 相对上游度为 1.23，相比 2000 年增加了 0.059；房地产活动的 GVC 地位排行业第二，其 GVC 相对上游度为 1.18，相比 2000 年的数据减少了 0.036。机动车和摩托车的销售、维护和修理，其他社区、社会和个人服务，电力、天然气和水供应这三个行业的 GVC 相对上游度均为 1.1 左右（见图 3-16）。

2019 年与 2021 年，教育都为匈牙利 GVC 地位最高的行业，2019 年其 GVC 相对上游度为 1.26，2021 年为 1.23。金融中介 GVC 相对上游度在 2012~2017 年长期为 1.2 左右，变化不大。其他行业如施工以及机动车和摩托车的销售、维护和修理 GVC 地位长期呈上升趋势。

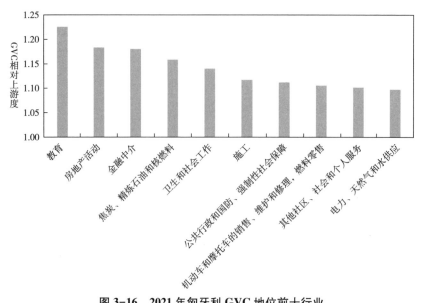

图 3-16　2021 年匈牙利 GVC 地位前十行业

第四节　匈牙利与中国的经贸关系

1997 年，中匈签署了关于中国加入世界贸易组织的双边市场准入协议，就此，中匈经贸关系迅速得到提升，匈牙利从中国进口产品价值持续上升。2000 年以来，中匈两国关系继续升温，双方关系由建设性伙伴关系逐步上升为全面战略合作伙伴关系。2010 年，匈牙利在欧尔班政府的带领下出台"向东开放"政策，该政策旨在发展匈牙利与欧美国家固有的外交和经济关系的同时，着力加强与东方国家间的经贸关系。[1]

2012 年 4 月 26 日，中国—中东欧国家合作正式启动，合作覆盖贸易、投资、基础设施建设、金融、教育、文化等多个领域。2013 年，中国提出共建"一带一路"倡议，得到匈牙利政府的积极响应，两国政府共同签署《关于共同推进丝绸之路建设的谅解备忘录》，这也是中国同欧洲国家签署的首个共建"一带一路"合作文件。"向东开放"政策与共建"一带一路"倡议的对接再次推进了双边关系的发展。

---

[1]《中国同匈牙利的关系》，载中华人民共和国外交部，https://www.fmprc.gov.cn/web/gjhdq_676201/gj_676203/oz_678770/1206_679858/sbgx_679862/。

为了支持双边贸易和投资合作的发展，中国和匈牙利在金融领域也开展了广泛的合作。例如，2017 年匈牙利中央银行与中国银行正式签订了《银行间代理协议》及《人民币清算账户合作协议》。双方银行之间建立了清算和结算机制，不仅有助于匈牙利中央银行实现其投资组合的多样化，更通过与中国银行的紧密合作，使其能够以更高效、更便捷的方式开展人民币结算业务，进一步推动两国金融领域的合作与发展。①

近年来，中国在匈牙利参与了一些基础设施项目的建设，这些项目不仅改善了匈牙利的交通状况，也为中国企业提供了更广阔的市场和发展空间。例如，匈塞铁路（匈段）是一项里程碑式的中匈合作项目，同时也是"中国—中东欧合作"的旗舰项目。自 2021 年 10 月开工建设以来，该项目已经成功跨越多个关键阶段，并在 2022 年 7 月全面转入施工高峰期。匈塞铁路（匈段）预计将于 2025 年 7 月全线开通运营，为地区间的互联互通和经济发展注入新的活力。②

中匈两国政府高度重视彼此间的经贸关系，通过高层互访、经贸磋商等方式推动双边经贸合作不断向前发展。此外，双方还签署了多项贸易和投资便利化协议，为两国的经贸往来提供了法律和政策保障。图 3-17 展示了匈牙利 1992~2022 年对中国进出口额及贸易增长率。

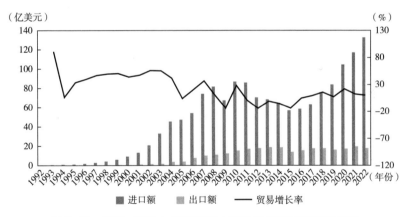

图 3-17　1992~2022 年匈牙利对中国进出口额及贸易增长率

资料来源：作者根据联合国贸易统计数据库计算。

---

① 中国银行．中国银行与匈牙利政府签署系列合作协议．2017 年 1 月 24 日．https：//www. bank-of-china. com/aboutboc/bi1/201701/t20170124_8525113. html。

② 光明日报．匈牙利："向东开放"遇见"一带一路"．2023 年 10 月 24 日．https：//news. gmw. cn/2023-10/24/content_36913589. htm。

一、商品结构

根据国际贸易标准分类方法（SITC），商品结构共分 10 个门类，表 3-10 和表 3-11 中罗列了部分匈牙利与中国进出口货物的商品结构情况。

表 3-10　匈牙利出口中国货物商品结构　　　　　单位：%

年份	食品和活动动植物产品	除燃料外的非食用未加工材料	未列明的化学及有关产品	主要按材料分类的制成品	机械和运输设备	杂项制品	其他
2012	0.00	0.44	1.07	1.27	93.28	3.91	0.00
2013	0.09	2.23	4.23	6.66	75.03	11.44	0.31
2014	0.73	1.65	3.80	7.23	74.39	11.81	0.39
2015	2.41	1.17	6.28	6.39	71.69	11.45	0.61
2016	3.09	0.87	5.80	5.50	72.85	11.26	0.63
2017	2.33	0.99	5.04	4.04	76.11	10.87	0.62
2018	0.91	1.65	8.69	7.40	67.40	13.02	0.93
2019	0.71	2.71	13.11	12.22	56.22	13.77	1.26
2020	0.70	1.51	8.99	12.24	64.00	11.63	0.94
2021	0.48	2.14	7.74	12.19	65.99	10.76	0.69
2022	0.60	1.82	8.05	9.03	61.17	15.76	3.57

表 3-11　匈牙利进口中国货物商品结构　　　　　单位：%

年份	食品和活动动植物产品	除燃料外的非食用未加工材料	未列明的化学及有关产品	主要按材料分类的制成品	机械和运输设备	杂项制品	其他
2012	0.49	0.47	1.37	7.22	67.30	23.15	0.01
2013	0.28	0.12	1.92	5.26	85.38	6.13	0.92
2014	0.32	0.14	2.32	6.06	83.24	7.10	0.81
2015	0.28	0.14	3.51	6.67	80.63	7.81	0.95
2016	0.28	0.13	3.27	7.14	79.13	9.18	0.87
2017	0.28	0.17	4.47	8.00	75.20	11.30	0.57
2018	0.28	0.20	5.18	7.89	69.63	16.36	0.46
2019	0.23	0.24	4.86	8.88	71.34	14.11	0.34
2020	0.25	0.12	5.16	11.00	59.29	23.97	0.22
2021	0.26	0.14	6.89	8.41	71.44	12.41	0.44

续表

年份	食品和活动动植物产品	除燃料外的非食用未加工材料	未列明的化学及有关产品	主要按材料分类的制成品	机械和运输设备	杂项制品	其他
2022	0.22	0.17	9.23	9.28	61.29	13.56	6.25

如表 3-10 所示,2012~2022 年匈牙利向中国出口的机械和运输设备所占比重最大,但其占比有下降趋势,从 2012 年的 93.28% 下降至 2022 年的 61.17%。匈牙利向中国出口的非食用未加工材料较少,2022 年仅占 1.82%。

如表 3-11 所示,这一阶段匈牙利从中国进口的主要产品同样为机械和运输设备,其占比有下降趋势,从 2012 年的 67.30% 下降至 2022 年的 61.29%。匈牙利从中国进口的化学有关产品及制成品占比在这一阶段有所上升,分别从 2012 年的 1.37% 与 7.22% 上升至 2022 年的 9.23% 与 9.28%。

二、要素结构

根据国际贸易标准分类方法(SITC)可以粗略地把出口产品划分为资源密集型、劳动密集型和资本密集型产品①,据此 1997~2003 年匈牙利进出口中国的产品结构可用表 3-12 和表 3-13 表示(部分年份 4 类"动物及植物油、脂肪及蜡"数据缺失)。

表 3-12 匈牙利出口中国货物要素结构

年份	资源密集型产品		劳动密集型产品		资本技术密集型产品	
	出口总额(美元)	占比(%)	出口总额(美元)	占比(%)	出口总额(美元)	占比(%)
2012	46198325	2.55	243981396	13.47	1520462644	83.97
2013	50678548	2.54	361553005	18.10	1585074997	79.36
2014	56637900	2.63	410422909	19.03	1689165920	78.34

---

① 国际贸易标准分类(Standard International Trade Classification,SITC)按一位编码分类把出口产品划分为 SITC0-SITC9 十大门类,其中 0 类为"粮食及活动物"、1 类为"饮料及烟叶"、2 类为"除燃料外的非食用未加工材料"、3 类为"矿物燃料、润滑油及有关物质"、4 类为"动物及植物油、脂肪及蜡"、5 类为"未列明的化学及有关产品"、6 类为"主要按材料分类的制成品"、7 类为"机械和运输设备"、8 类为"杂项制成品"、9 类为"未列入其他分类的货物及交易"。进一步为简化分类,第 0~4 类可以粗略地认为是资源密集型产品(或初级产品),第 5 类、7 类、9 类可以粗略地认为是资本技术密集型产品,第 6 类和 8 类可以认为是劳动密集型产品。当然这只是粗略的划分,用于出口产品结构的初步考察,更深入的研究需要比较精准的分类方法。

年份	资源密集型产品		劳动密集型产品		资本技术密集型产品	
	出口总额（美元）	占比（%）	出口总额（美元）	占比（%）	出口总额（美元）	占比（%）
2015	74394464	4.14	320579071	17.84	1401810262	78.02
2016	101015958	4.50	376312136	16.77	1767243061	78.73
2017	101341063	3.81	396979087	14.91	2164759226	81.29
2018	76512298	3.23	484171861	20.42	1810796514	76.36
2019	73643538	4.42	433055195	25.99	1159702213	69.59
2020	56159985	2.72	492441531	23.87	1514170812	73.40
2021	75448393	3.05	568340829	22.95	1832133426	74.00
2022	73255848	3.20	567933829	24.79	1650047135	72.02

表3-13　匈牙利进口中国货物要素结构

年份	资源密集型产品		劳动密集型产品		资本技术密集型产品	
	进口总额（美元）	占比（%）	进口总额（美元）	占比（%）	进口总额（美元）	占比（%）
2012	21237231	0.39	548267379	10.13	4842778189	89.48
2013	22388364	0.42	610203721	11.38	4727845293	88.20
2014	28462052	0.55	676621662	13.16	4435013254	86.28
2015	20659302	0.43	691990784	14.49	4064226774	85.08
2016	21151726	0.43	794449087	16.32	4051364817	83.24
2017	25273656	0.48	1021297459	19.30	4244728668	80.22
2018	34010950	0.53	1546560902	24.25	4796776410	75.22
2019	35891593	0.50	1645933030	22.99	5476072877	76.50
2020	34774478	0.39	3153098709	34.97	5829187191	64.65
2021	43977673	0.45	2045565888	20.82	7735860170	78.73
2022	45940366	0.43	2450889455	22.83	8236733986	76.74

如表3-12所示，匈牙利对中国出口的资本技术密集型产品占比从2012年的83.97%下降至2022年的72.02%；而出口的劳动密集型产品从2012年的13.47%上升至2022年的24.49%。在这一阶段，匈牙利对中国出口的资源密集型产品价值于2017年达到1.01亿美元，占比维持在3.81%。

如表3-13所示，这一阶段匈牙利进口中国的主要产品仍为资本技术密集型产品，但占比有所下降，从2012年的89.48%，最低下降至2020年的64.65%，随后于 2022 年达到 76.74%。匈牙利从中国进口的劳动密集型产品比例有所上升，从 2012 年的 10.13% 上升至 2022 年的 22.83%。

三、技术结构

参考欧盟中央银行（ECB，2005）按出口产品科技含量的分类方法，在国际贸易标准分类（SITC）两位代码分类的基础上把中国出口产品分为低科技含量、中等科技含量和高科技含量三大类。[①]

如表 3-14 所示，2012~2022 年匈牙利出口中国的中等科技含量产品占全部产品的比重有所下降，从 2012 年的 63.20% 下降至 2022 年的 39.71%。该时期匈牙利出口中国的低科技含量产品占比最少，从 2012 年的 5.40% 波动上升至 2019 年的 12.88%，于 2022 年达到 9.44%。

表 3-14　匈牙利进出口中国货物技术结构　　　　　单位：%

年份	匈牙利出口中国			匈牙利进口中国		
	低科技含量产品	中等科技含量产品	高科技含量产品	低科技含量产品	中等科技含量产品	高科技含量产品
2012	5.40	63.20	22.55	5.43	9.02	76.17
2013	7.09	63.74	25.48	6.35	8.72	80.68
2014	8.45	59.76	28.20	7.34	10.78	77.11
2015	9.41	59.03	27.34	8.05	13.85	72.96
2016	8.89	62.40	25.07	8.72	15.49	70.04
2017	7.13	65.34	23.83	11.46	16.48	66.67
2018	9.39	55.39	29.80	15.72	17.16	61.25
2019	12.88	36.58	41.55	13.25	17.11	63.91
2020	12.50	45.05	35.45	13.46	16.23	65.22
2021	12.51	42.60	38.19	10.97	20.71	61.50
2022	9.44	39.71	37.69	12.81	22.94	51.59

---

① 各类产品对应的 SITC 二级代码（本书均采用 SITC3 的分类标准）分别为：低科技含量产品（00、01、02、03、04、05、06、07、08、09、11、12、61、65、83、84、85、63、82、64、66、67、68、69 和 SITC-3）；中等科技含量产品（51、52、53、54、55、56、57、58、59、62、71、72、73、74、78、79）；高科技含量产品（75、87、88、76、77）。

这一阶段匈牙利从中国进口的高科技含量产品仍占比最大，但其占比逐渐下降，从 2012 年的 76.17% 下降至 2022 年的 51.59%。匈牙利从中国进口的低科技含量产品最少，从 2012 年的 5.43% 上升至 2018 年的 15.72%，于 2022 年达到 12.81%。

四、经济用途结构

按 BEC 中的基本类型来界定，根据 1998～2022 年数据（2021 年数据缺失）计算三大基本货物类别的构成。

如表 3-15 所示，2012～2022 年，匈牙利向中国出口的主要货物仍为中间货物，但占比有所下降，从 2012 年的 72.82% 下降至 2022 年的 45.39%。这一时期匈牙利向中国出口的资本货物和消费品占比有所上升，2022 年两项数据分别为 23.47% 和 12.29%。

表 3-15　匈牙利进出口中国货物经济用途结构　　　　单位：%

年份	匈牙利出口中国			匈牙利进口中国		
	资本货物	中间货物	消费品	资本货物	中间货物	消费品
2012	22.37	72.82	2.19	25.60	65.64	7.26
2013	18.44	69.95	4.68	37.24	54.04	7.83
2014	19.32	61.39	5.70	31.64	58.56	9.08
2015	15.78	51.30	9.50	20.75	69.88	8.43
2016	16.05	42.91	9.91	23.64	65.57	9.93
2017	18.95	38.02	7.73	26.98	62.22	10.23
2018	21.88	39.69	11.57	26.01	58.47	15.10
2019	26.93	55.46	13.88	25.43	62.52	11.73
2020	25.05	47.79	11.36	35.87	51.87	12.04
2021	—	—	—	—	—	—
2022	23.47	45.39	12.29	21.74	59.68	12.28

注：2021 年数据缺失。

该时期匈牙利从中国进口的主要货物也为中间货物，占比在 60% 上下浮动。匈牙利从中国进口的资本货物占比有所下降，2022 年下降至 21.74%；但从中国进口的消费品比例有所上升，2022 年该数据为 12.28%。

第五节　匈牙利典型经贸政策及措施借鉴

匈牙利在农业政策、经济投资和数字经济发展上均表现出积极的姿态。通过简化农业资金申请流程、吸引外资和推动数字化战略，匈牙利为农民和企业创造了有利的环境。同时，尽管在数字经济领域仍面临挑战，但匈牙利政府已制定明确的战略计划，为未来的发展奠定基础。这些举措不仅有助于匈牙利自身的发展，也为国际合作带来了广阔的机遇。

一、农产品政策

匈牙利农业政策的重点是支持中小型农业企业的发展。匈牙利农民非常清楚如何获得农业补助金。事实上，每年近 17 万匈牙利农民可以获得欧盟数千亿福林的直接拨款。自 2015 年以来，作为农村发展计划的一部分，多达 21.6 万份申请获得了赠款。欧盟在匈牙利发放的赠款中有很大一部分是规范性的，这意味着赠款的规模取决于农业用地的公顷数或牲畜投资组合的规模，以及农民是否遵守一系列法规。在 27 个欧盟成员国中，匈牙利采用了最严格的制度之一，规定 1200 公顷以上的大型农场不符合标准区域补贴的条件。就农村发展计划的农业投资赠款而言，匈牙利向中小型家族企业划拨了 80% 的资金，而大型企业最多只能申请总资金的 20%。此外，在农业和环境管理计划中，匈牙利引入了一种有利于小型农场的递减制度。作为该制度运作和透明度的一个重要因素，匈牙利在农业补贴支付方面拥有最严格和最完善的监测系统之一，该系统不仅要经过严格的认证，而且还要定期接受欧洲联盟委员会和欧洲审计院的审查。[①]

匈牙利农业部积极倡导在 2020 年后引入一个更加简化和"农民友好"的欧盟共同农业政策（CAP），多数欧盟成员国都支持这一政策方向，旨在简化资金申请流程，同时确保稳定的粮食生产，这对匈牙利农业十分有利。新政策确保欧盟能够有效地服务其出口市场，成员国不应直接利用 CAP 资金单方面为自己的

---

① Where does the EU money go? To small – and middle – sized farming businesses, https：//abouthungary. hu/blog/where-does-the-eu-money-go-to-small-and-middle-sized-farming-businesses.

农民提供资助，如果较富裕的成员国这样做，将使较贫穷的成员国处于严重不利地位，成员国应当提高对欧盟预算的贡献，包括 CAP 付款。①

二、经济政策

匈牙利是一个开放的经济体，其实力在很大程度上取决于投资和出口，因此"任何提高匈牙利在外贸领域知名度的事件都有助于其经济增长"。② 匈牙利政府致力于吸引外国投资，特别是在汽车、生物制药、通信、电子、健康产品、食品加工和绿色经济等关键领域。为了支持这些投资，匈牙利在其优惠政策总体框架内提供有力支持，并利用从欧盟获得的补贴资金重点扶持研发、数字化和环保项目，特别强调对中小企业的投资。

匈牙利政府通过现金和事后补贴形式，为企业的基础研究、产业研究和实验研发提供资金支持，补贴比例和额度根据项目类型而定。补贴政策涵盖了数字化革新、人力资源开发、渔业、一体化交通发展、经济发展和创新、区域发展、协调执行以及环境与能源效率项目等多个领域，旨在促进社会和经济的可持续发展。匈牙利政府致力于简化资金申请流程，确保政策的有效实施，以便外国投资者能更便捷地获得所需的支持。政府通过实施"向东开放政策"，扩大与亚洲和其他新兴市场的贸易和合作，以缓解不利的国际经济环境带来的冲击。尽管在2024 年初，匈牙利经济面临地缘政治不确定性、高利率环境、通货膨胀压力以及全球需求疲软的挑战，但匈牙利政府和经济专家预计，随着国际冲突与危机的逐渐消退，匈牙利国内需求将增加，推动经济实现稳健增长。③

三、数字贸易政策

匈牙利在数字经济领域的发展具有一定的优势和潜力，但也存在一些不足之处。根据欧盟委员会发布的《数字经济与社会指数（DESI）》④，匈牙利在联通

---

① Hungary is pushing for a simpler, "more farmer-friendly" common agricultural policy（CAP）in the EU, https：//abouthungary. hu/news-in-brief/hungary-is-pushing-for-a-simpler-more-farmer-friendly-common-agricultural-policy-cap-in-the-eu.

② Hungary to host World Export Development Forum，https：//abouthungary. hu/news-in-brief/hungary-to-host-world-export-development-forum.

③ 中华人民共和国商务部. 匈牙利外商投资补贴政策简介. 2021 年 7 月 2 日 . http：//hu. mofcom. gov. cn/article/ztdy/202107/20210703172553. shtml.

④ The Digital Economy and Society Index（DESI），https：//digital-strategy. ec. europa. eu/en/policies/desi.

性方面表现良好，主要归功于其对快速和超高速宽带的广泛采用，以及对下一代超快速宽带（NGA）基础设施的高度覆盖；匈牙利电子商务市场发展迅速，但匈牙利在人力资本、互联网服务使用、数字技术集成与数字公共服务领域略低于欧盟平均水平。

匈牙利"将其外交政策服务于其对外经济目标"，并为企业和个人打造了一个名为"数字匈牙利"的数字贸易平台。匈牙利积极改革数字公民服务，推出国家数字空间，将更广泛的匈牙利数字服务向公民开放。

匈牙利分别于2014年、2015年和2016年陆续通过了《2014~2020年国家信息传播战略》、数字成功计划（the Digital Success Programme，DJP）和DJP2.0，为数字经济的发展提供了明确的战略方向。匈牙利财政部分别于2017年和2018年发布了《伊林尼计划——匈牙利创新产业发展的方向》和《匈牙利融合计划2018—2022》，提出了针对ICT行业（即信息和通信技术行业）和中小企业的具体措施。对ICT公司和IT领域运营的中小企业提供有针对性的支持，包括产品与服务营销、国际市场进入等；鼓励教育机构与ICT公司合作，培养专业人才，支持ICT初创公司进入国际市场；支持ICT解决方案的开发和引入，特别是在中小企业领域设计和引入基于云的以及其他在线公司服务和解决方案。

2019年匈牙利实施5G战略，计划在匈牙利的健康产业、人工智能、金融科技和区块链等领域制定战略。与此同时，几个大型项目的实施工作持续进行。例如，超高速互联网计划、现代企业计划、支持企业数字化发展计划以及电子政务和电子卫生的发展。①

综上所述，匈牙利在数字贸易政策方面采取了全面而系统的规划，从融合计划到具体的ICT行业和公司信息交流计划，再到针对不同领域的数字经济发展战略，以及具体的项目实施计划，都旨在推动匈牙利的数字化进程，支持数字经济的发展，提升匈牙利在全球数字经济中的竞争力。

---

① 饶远. 匈牙利数字经济发展现状与合作机遇［J］. 数字经济，2023，（Z1）：2-9.

第四章

捷克贸易体系研究

　　捷克是中欧维谢格拉德集团成员国之一，1993 年与斯洛伐克和平分手，成为独立主权国家，成功实现转轨。1999 年加入北约，2004 年加入欧盟，2006 年被世界银行列入发达国家行列。在自然资源上，捷克褐煤、硬煤和铀矿蕴藏丰富，其中褐煤和硬煤储量约为 134 亿吨，分别居世界第三位和欧洲第五位①。石油、天然气和铁砂储量甚小，依赖进口。其他矿物资源有锰、铝、锌、萤石、石墨和高岭土等。从经济角度上看，捷克主要有机械制造、化工、冶金、纺织、制鞋、木材加工、玻璃制造和啤酒酿造等工业部门。在东部欧洲国家中，捷克拥有高水平的人类发展指数。捷克的出口对象是欧盟成员，尤其是德国。目前该国经济大多已经私有化，包括银行和电信业。早在 2009 年之前，中央政府就计划要继续私有化能源业和布拉格机场。2009 年捷克经济协会针对捷克经济学家的一项调查证明，大多数经济学家认为捷克大多数经济部门可以实现更多自由化。自奥匈帝国时期起，捷克就是东欧经济最为发达的地区，拥有一个高度工业化的经济体。捷克于 2007 年 12 月 21 日成为申根公约成员国，取消了同周边国家的边境限制。捷克工业基础雄厚，外贸依存度较高，近年来实行积极、平衡、稳健的经济政策，增长势头强劲。

第一节　捷克出口贸易总体情况

　　图 4-1 为捷克 1993~2023 年双边贸易额，可见捷克在过去近 30 年的发展过

---

　　① 资料来源：《对外投资合作国别（地区）指南——捷克（2023 年版）》。

程中经济环境更加开放，吸引了更多的国内外企业投资和进入市场，此外，捷克经济的发展和改革使得其企业在国际市场上变得更具竞争力。捷克的企业不仅能够提供具有竞争力的产品和服务，还能够提供相对较低的成本，吸引了更多的贸易伙伴，推动了贸易额的增加。

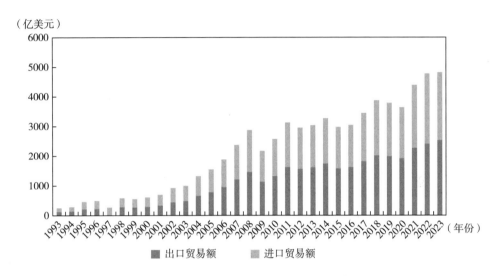

图 4-1　1993~2023 年捷克进出口贸易额

注：1997 年捷克出口贸易额缺失。

资料来源：UN Comtrade 数据库。

第二节　捷克经济贸易发展的阶段性特征

捷克的经济贸易发展大体分为三个阶段。

一、第一阶段：转型期（1993~2003 年）

因为工业基础优秀，人口相对较少，1993 年以后，捷克斯洛伐克顺利地挺过了"休克疗法"，完成了大规模私有化。

如图 4-2 所示，捷克在独立之后的可观测的 10 年间贸易额稳步增长，从

1993 年的 255.96 亿美元的贸易额增长到 2003 年的 999.60 亿美元。

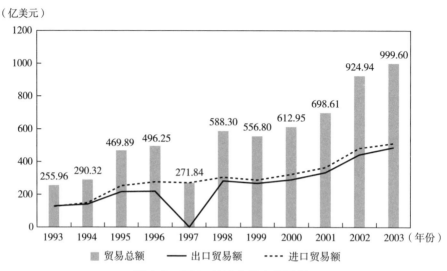

图 4-2　1993~2003 年捷克贸易额

注：1997 年捷克出口贸易额缺失。

资料来源：UN Comtrade 数据库。

　　分行业来看，表 4-1 反映了 1993~2003 年捷克贸易产品结构的变化趋势。在这一时期，机电仪器和交通工具类产品作为捷克的重要出口类别，除 1997 年数据缺失外，其余年份大多呈上涨的趋势，从 1993 年的 34.34% 上涨到 2003 年的 48.89%；相反，化矿金属则在转型期呈现逐渐下降的趋势，从 1993 年的 32.11% 下降到 2003 年的 23.11%。说明捷克在这段时间内经历了产业结构的转型。机电仪器和交通工具类产品的出口占比上升，可能反映了捷克在这些领域的生产能力增强和竞争力提升。这可能是由于捷克在机电仪器和交通工具制造方面具有技术优势和市场竞争力。另外，化矿金属类产品的出口占比下降，可能意味着捷克在这一领域的竞争优势减弱或者需求减少。这可能是由于国际市场竞争加剧或者捷克自身产业结构调整导致的。

表 4-1　1993~2003 年捷克行业进出口贸易占比　　　　单位：%

年份	农食产品	机电仪器和交通工具	化矿金属	纺织鞋帽	橡塑皮革	玩具钟表	木材纸张非金属
1993	8.52	34.34	32.11	7.39	5.37	4.16	8.10

年份	农食产品	机电仪器和交通工具	化矿金属	纺织鞋帽	橡塑皮革	玩具钟表	木材纸张非金属
1994	8.41	32.91	31.80	7.49	5.89	4.67	8.83
1995	6.77	36.29	29.42	8.78	6.62	3.78	8.33
1996	6.61	38.94	28.40	7.86	6.43	3.77	7.99
1997	13.44	0.00	48.50	13.10	13.59	0.42	10.95
1998	5.53	44.01	24.84	7.13	6.52	4.23	7.76
1999	5.21	44.36	24.02	6.93	6.96	4.26	8.25
2000	4.77	44.66	25.43	6.51	7.13	3.61	7.89
2001	4.47	47.13	24.36	6.13	6.89	3.50	7.52
2002	4.03	45.85	27.05	5.30	6.96	3.12	7.69
2003	4.38	48.89	23.11	5.25	7.22	3.52	7.64

注：1997 年捷克出口贸易额缺失。

资料来源：UN Comtrade 数据库。

二、第二阶段：加入欧盟后动荡发展阶段（2004~2011 年）

2004 年，捷克加入了欧盟。2009 年，国际金融危机爆发，随后又爆发了欧债危机，对全球的经济发展与进出口贸易都造成了一定的影响。

如图 4-3 所示，捷克的贸易额一直保持在快速增长的状态，2003 年的环比增长率为 8.07%，2004 年加入欧盟后，环比增长率高达 32.53%，此后几年也一直保持着高速增长的状态，从 2005 年到 2008 年分别为 16.80%、21.87%、26.07%、21.12%。2004 年，捷克的贸易进出口额较为平衡，加入欧盟后，捷克的出口贸易额增长速度增加，即贸易顺差额逐渐增加，从 2004 年的 -9.3 亿美元转变为 2008 年 42.53 亿美元，可见加入欧盟对捷克的进出口贸易有较大的帮助。2009 年国际金融危机爆发，捷克的进出口贸易额在当年环比下降了 24.38%，但是得益于欧盟的帮助以及其自身稳定的进出口贸易发展，随后的几年双边贸易额也在逐渐上升，分别环比增长 18.42% 与 21.48%，在这段时期内，捷克仍然保持着贸易顺差。

分行业看，由表 4-2 可知，捷克在欧盟成员时期仍然维持着原先的变化趋势，即机电仪器和交通工具的占比逐渐上涨，这说明捷克在这一时期仍然处于产业结构调整的状态下。化矿金属的比重维持在 24% 左右，纺织鞋帽、橡塑皮革、木材纸张非金属这三大行业的比重则呈现轻微下降的趋势，可见捷克的贸易产业结构重心在机电仪器和交通工具上。

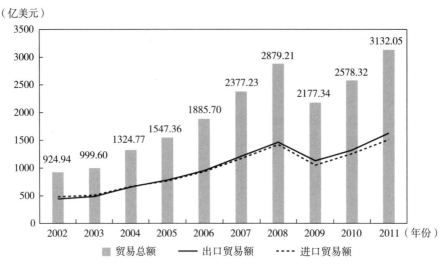

图4-3 2002~2011年捷克贸易额

资料来源：UN Comtrade 数据库。

表4-2 2003~2011年捷克行业贸易额占比 单位：%

年份	农食产品	机电仪器和交通工具	化矿金属	纺织鞋帽	橡塑皮革	玩具钟表	木材纸张非金属
2003	4.38	48.89	23.11	5.25	7.22	3.52	7.64
2004	4.42	49.39	23.65	5.03	7.25	3.32	6.94
2005	4.91	48.03	24.92	4.98	7.24	3.43	6.50
2006	4.51	50.24	24.64	4.25	6.91	3.39	6.06
2007	4.68	51.60	23.89	3.93	6.74	3.35	5.83
2008	4.85	50.62	25.57	3.65	6.49	3.31	5.51
2009	5.79	51.05	23.18	3.88	6.61	3.59	5.90
2010	5.04	51.74	24.08	3.54	6.77	3.58	5.24
2011	5.00	51.38	24.90	3.44	6.93	3.55	4.79

资料来源：UN Comtrade 数据库。

三、第三阶段：中国—中东欧合作机制建立后发展阶段（2012~2023年）

这一阶段的贸易规模变化如图4-4所示，捷克的贸易规模总体上稳中有升，捷克的双边贸易额从 2012 年的 2961.50 亿美元上涨到 2023 年的 4822.41 亿美元，并且一直维持在贸易顺差的优势地位，说明捷克在这段时间内取得了较好的贸易表现。贸易顺差表示捷克对外出口的货物和服务的价值高于进口，这意味着捷克的出口业务相对较强。这可能是由于捷克的产品具有竞争力，受到国际市场的欢迎。此外，捷克的贸易规模的增长也反映出其经济的增长和发展。当经济增长时，需求增加，进口和出口的规模都可能会扩大。

（亿美元）

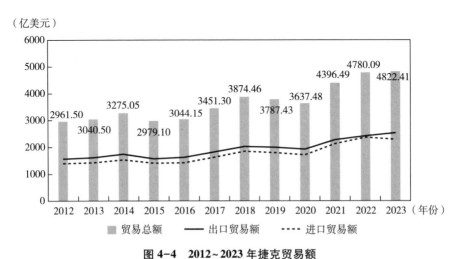

图 4-4 2012~2023 年捷克贸易额

资料来源：UN Comtrade 数据库。

　　总之，捷克在这一阶段的贸易规模增长和贸易顺差的优势地位表明其在国际贸易中取得了积极的成果，并且经济发展较为稳定。

　　分行业来看，由表 4-3 可知，机电仪器和交通工具行业在捷克总贸易额中的占比仍然在不断提升，但在 2020~2023 年曾出现一定的波动，化矿金属行业则在该段时期中出现小幅上涨的趋势。此外，捷克的其他行业的占比仍然维持着原先的变动趋势。这意味着这些行业的出口规模和比例相对稳定，没有出现明显的变化，这可能是由于这些行业的竞争力相对较弱，或者市场需求相对稳定。

表 4-3 2012~2023 年捷克行业贸易总额占比 单位：%

年份	农食产品	机电仪器和交通工具	化矿金属	纺织鞋帽	橡塑皮革	玩具钟表	木材纸张非金属
2012	5.55	51.19	24.40	3.37	6.96	4.03	4.50

年份	农食产品	机电仪器和交通工具	化矿金属	纺织鞋帽	橡塑皮革	玩具钟表	木材纸张非金属
2013	5.81	50.93	23.75	3.44	7.12	4.42	4.54
2014	5.60	52.45	22.39	3.55	7.12	4.49	4.40
2015	5.76	54.06	20.80	3.53	6.94	4.70	4.22
2016	5.74	54.82	19.12	3.95	6.88	5.11	4.39
2017	5.29	55.48	19.23	3.99	6.89	4.91	4.21
2018	4.92	56.14	19.93	3.72	6.53	4.69	4.07
2019	5.11	56.98	19.23	3.67	6.26	4.75	4.00
2020	5.53	57.59	18.03	3.76	6.06	5.02	4.00
2021	5.22	54.26	21.30	3.58	6.43	5.03	4.18
2022	5.35	53.34	23.27	3.43	5.99	4.57	4.05
2023	6.04	57.03	19.68	3.40	5.75	4.55	3.57

资料来源：UN Comtrade 数据库。

第三节　捷克主要贸易伙伴

一、主要出口目的国及比重变化

1993 年，德国、斯洛伐克分别为捷克的第一和第二大主要出口目的国，占捷克贸易总额比重为 26%、20.98%，远超其他国家，捷克的其他主要出口目的国分别为奥地利、意大利、俄罗斯、英国、波兰、荷兰、匈牙利，九大主要出口目的国占捷克出口贸易的比重为 73.06%。捷克 2004 年加入欧盟，整体格局大体不变，德国仍然为捷克的主要出口目的国，占比 36.24%，但是 1993 年的第二大出口目的国斯洛伐克的比重大幅降低至 8.22%。德国、斯洛伐克、波兰、法国、奥地利、意大利、英国、荷兰、匈牙利为捷克的前九大出口目的国，总占比 76.42%，且这九大出口目的国大多数为欧盟成员国，俄罗斯不再是捷克主要出口目的国，说明加入欧盟后，捷克对欧盟国家的贸易依赖度上升。

2012 年，欧债危机后，德国仍然为捷克的主要出口目标国，但占比略有下降，为 31.42%，斯洛伐克占比 9.06%，剩余主要出口目的国分别为波兰、法国、英国、奥地利、俄罗斯、意大利、荷兰，九国总共占比 71.69%。2023 年捷克出口德国占比 32.84%，斯洛伐克与波兰的比重基本持平，分别为 7.74%、7.31%，其余主要出口国比重在 4% 上下，其余主要出口目的国分别为法国、奥地利、意大利、英国、匈牙利、荷兰，九大主要出口目的国总占比为 71.78%。

　　表 4-4 表明，捷克的第一主要出口目的国始终为德国，占比在 1993～1998 年为逐年上升的趋势，此后下降到 32% 左右，斯洛伐克的占比则随着时间的推移逐渐下降至 7%～8%，其他国家的比重则相对稳定。

表 4-4　捷克 1997～2023 年主要出口目的国贸易占比　　单位：%

年份	奥地利	法国	德国	意大利	波兰	斯洛伐克	英国
1993	6.05	1.94	26.00	5.17	2.73	20.98	3.02
1994	7.19	2.55	29.49	4.46	3.90	16.47	2.79
1995	6.58	2.63	37.56	3.73	4.46	13.88	3.17
1996	6.44	2.87	36.02	3.30	5.50	14.25	2.52
1998	6.29	3.32	40.62	3.63	5.41	10.04	3.29
1999	6.42	3.89	42.07	3.61	5.48	8.24	3.37
2000	5.97	4.02	40.45	3.78	5.43	7.68	4.29
2001	5.76	4.28	38.15	4.06	5.18	8.03	5.46
2002	5.99	4.55	34.89	4.08	4.64	7.69	6.19
2003	6.25	4.73	37.00	4.43	4.80	7.97	5.38
2004	5.86	4.67	36.24	4.29	5.24	8.22	4.71
2005	5.50	5.29	33.50	4.25	5.45	8.61	4.65
2006	5.10	5.54	31.92	4.62	5.67	8.43	4.78
2007	4.60	5.39	30.76	4.85	5.91	8.69	5.03
2008	4.74	5.40	30.71	4.66	6.48	9.20	4.81
2009	4.71	5.63	32.28	4.38	5.83	9.02	4.94
2010	4.70	5.37	31.95	4.45	6.15	8.78	4.88
2011	4.55	5.45	32.16	4.13	6.32	8.97	4.53
2012	4.62	5.06	31.42	3.54	6.09	9.06	4.80
2013	4.54	4.94	31.31	3.56	5.99	8.86	4.85
2014	4.33	5.07	32.00	3.63	5.98	8.40	5.09

续表

年份	奥地利	法国	德国	意大利	波兰	斯洛伐克	英国
2015	4.07	5.12	32.17	3.74	5.87	9.00	5.33
2016	4.23	5.18	32.39	4.24	5.77	8.36	5.26
2017	4.40	5.09	32.60	4.06	5.99	7.64	4.95
2018	4.46	5.07	32.41	3.86	6.04	7.55	4.64
2019	4.29	5.14	31.85	3.80	6.03	7.57	4.51
2020	4.15	4.69	32.69	3.84	6.23	7.61	4.04
2021	4.46	4.61	32.41	3.86	6.73	8.05	3.84
2022	4.44	4.65	32.78	4.07	7.05	8.40	3.57
2023	4.20	4.86	32.84	4.05	7.31	7.74	3.79

资料来源：UN Comtrade 数据库。

二、主要进口来源国及比重变化

1993 年，德国为捷克的第一大主要进口来源国，占捷克贸易总额比重为 25.66%，远超其他国家，捷克的其他主要进口来源国分别为斯洛伐克、俄罗斯、奥地利、意大利、法国、美国、丹麦、荷兰、英国，九大主要进口来源国占捷克进口贸易的比重为 76.76%。

捷克 2004 年加入欧盟，整体格局基本未发生变动，德国仍然为捷克的主要进口来源国，占比 31.82%，相对于 1993 年的 25.66%，其占比大幅度提升。在捷克对德国的进口贸易额逐年增加的情况下，捷克加入欧盟后与其他国家的贸易往来更加频繁，但贸易占比仅在 5% 左右，远低于德国的占比。斯洛伐克、中国、意大利、波兰、法国、俄罗斯、奥地利、日本为捷克的前九大进口来源国，总占比 68.87%。此外，这十大出口目的国大多数为欧盟成员国。与 1994 年的主要进口来源国相比，捷克逐渐与亚洲国家展开进出口贸易。

2012 年的进口来源国贸易额占比中，德国占比显著降低，从 2004 年的 31.82% 下降到 2012 年的 25.53%，捷克从中国的进口比重进一步扩大，增长到了 11.22% 的占比，中国一跃成为捷克的第二大进口来源国，剩下七大进口来源国分别为波兰、斯洛伐克、俄罗斯、意大利、荷兰、奥地利、法国，九大进口来源国共占比 69.44%。2023 年，捷克进口中，德国的比重进一步降低到 20.93%，中国的比重则进一步上升到 17.60%，为捷克的两大最主要的进口来源国，说明捷克与德国和中国之间有着密切的贸易关系，并且对这两个国家的进口依赖较高。这也可能意味着捷克对德国和中国的产品有较高的需求。其他进口来源国占比均维持在3%~4%，分别为波兰、斯洛伐克、意大利、法国、美国、匈牙利、奥地利，九大进口来源国共占比65.93%。

表4-5表明，捷克对德国的进口占捷克总进口的占比在1993~1998年逐年上升，随后逐年下降；对中国与波兰的进口占比则逐年上升；相对而言，捷克对其他国家进口的比重则维持在一个比较稳定的水平。总的来说，捷克与欧盟成员国的进口贸易更加密切一些。捷克的主要贸易伙伴为德国、中国、斯洛伐克、波兰、法国、英国、澳大利亚、意大利、俄罗斯等国家。

表4-5　1997~2023年捷克主要进口来源国贸易占比　　　单位：%

年份	奥地利	中国	德国	意大利	波兰	俄罗斯	斯洛伐克	英国
1993	7.88	0.60	25.66	4.76	2.54	9.99	16.74	2.75
1994	8.07	0.68	25.39	5.14	2.85	8.40	14.25	3.02
1995	6.91	0.83	31.68	5.31	2.70	7.43	11.81	3.77
1996	5.75	1.08	29.81	5.89	2.91	7.43	9.56	3.76
1997	6.06	1.39	31.90	5.50	3.20	6.78	8.36	3.88
1998	6.02	1.70	35.89	5.07	3.22	5.22	6.86	3.77
1999	5.60	1.96	33.88	5.31	3.52	4.82	6.11	3.79
2000	4.93	2.15	32.19	5.16	3.56	6.45	5.99	4.13
2001	4.56	2.93	32.94	5.25	3.75	5.48	5.38	3.99
2002	4.49	4.46	30.86	4.87	3.90	6.76	6.20	3.02
2003	4.29	5.23	32.56	5.32	4.16	4.57	5.19	2.71
2004	3.98	5.26	31.82	5.25	4.83	4.19	5.36	2.94
2005	3.97	5.13	30.01	4.75	4.95	5.70	5.43	2.50
2006	3.73	6.11	28.45	4.67	5.64	5.99	5.36	2.63
2007	3.81	7.87	28.05	4.73	5.72	4.81	5.32	2.73
2008	3.71	8.77	26.80	4.49	5.85	6.44	5.57	2.41
2009	3.66	10.06	26.67	4.38	6.42	5.15	5.44	2.17
2010	3.37	12.20	25.50	3.90	6.40	5.42	5.18	2.02
2011	3.31	12.54	25.82	3.94	6.63	5.37	5.73	1.90
2012	3.23	11.22	25.53	3.91	7.13	5.66	6.09	1.91
2013	3.11	10.87	25.88	4.03	7.55	5.44	5.74	1.91

年份	奥地利	中国	德国	意大利	波兰	俄罗斯	斯洛伐克	英国
2014	3.13	11.37	26.21	4.13	7.74	4.08	5.30	2.14
2015	2.98	13.50	25.98	4.07	7.93	2.98	5.14	2.14
2016	2.90	12.40	26.54	4.33	8.27	2.40	5.10	2.68
2017	3.15	12.58	25.82	4.23	7.71	3.04	4.83	2.61
2018	2.93	14.09	25.08	4.17	7.64	3.16	4.96	2.08
2019	2.79	15.81	24.60	4.11	7.63	2.80	4.39	1.66
2020	2.67	18.10	23.30	4.05	7.88	1.72	4.10	1.67
2021	2.79	16.51	22.09	4.22	8.15	3.29	4.44	1.54
2022	2.67	18.77	19.81	3.85	8.01	4.81	4.16	1.55
2023	2.60	17.60	20.93	3.95	8.04	1.52	4.41	1.74

资料来源：UN Comtrade 数据库。

第四节　捷克参与全球价值供应链情况

一、各行业出口贸易增加值变化情况

贸易增加值是指在全球价值链中，各个国家通过生产过程添加的价值总和。它有助于国家了解自身的经济表现，还可以揭示全球贸易中的增值流动和利益分配情况。这对于制定贸易政策、推动产业升级和国际合作等方面都具有重要的指导意义。

出口贸易增加值的计算公式为：

SVA = VApdp + VArtp + VAcgvc

其中，VApdp 为国内生产和消费的增加值，VArtp 为在最终产品出口中体现的附加值，VAcgvc 为进口商进一步用于生产出口产品的中间产品出口所体现的增值（复杂的全球价值链活动）。

如表 4-6 所示，2007~2021 年捷克各行业出口贸易增加值占比前十的行业分别为 C15 运输设备、C30 M&Eq 的租赁和其他商业活动、C12 基本金属和金属加工、C13 机械、C20 批发贸易和佣金贸易，机动车和摩托车除外、C23 内陆运输、

C10 橡胶和塑料、C21 零售业，汽车和摩托车除外；家居用品维修、C17 电力、煤气和水供应。根据表中占比变化可见，捷克对 C15 运输设备、C30 M&Eq 的租赁和其他商业活动两大行业在捷克经济中占有重要地位，其在国内增加值中的占比近年一直上升并保持在 10%左右。

表 4-6　2007~2021 年捷克各行业出口贸易增加值占比前十的行业　单位：%

年份	C15 运输设备	C30 M&Eq 的租赁和其他商业活动	C12 基本金属和金属加工	C14 电气和光学设备	C13 机械	C20 批发贸易和佣金贸易，机动车和摩托车除外	C23 内陆运输	C10 橡胶和塑料	C21 零售业，汽车和摩托车除外；家居用品维修	C17 电力、煤气和水供应
2007	9.94	7.88	9.19	7.77	7.49	5.53	5.58	3.75	3.13	3.17
2008	9.63	8.75	8.80	7.18	7.39	5.47	4.99	3.81	3.30	3.75
2009	9.63	9.10	7.40	7.12	7.07	4.86	4.60	4.40	3.54	4.40
2010	10.45	8.63	7.22	7.56	6.88	5.15	4.93	4.10	3.52	3.89
2011	10.97	8.80	7.70	7.74	6.95	5.16	4.53	4.01	3.47	3.70
2012	10.49	8.85	7.60	7.12	5.46	4.42	3.96	3.43	3.83
2013	10.60	9.23	7.78	7.89	7.32	5.53	4.21	4.05	3.32	3.90
2014	11.46	9.03	7.89	8.04	7.00	5.47	4.27	4.23	3.22	3.60
2015	11.97	9.11	7.90	7.62	6.57	5.85	4.17	4.22	3.51	3.06
2016	12.14	9.22	7.97	7.44	6.70	5.84	4.17	4.22	3.50	3.09
2017	12.04	9.10	7.67	7.62	6.63	5.58	4.34	4.19	3.56	3.30
2018	11.78	10.81	7.35	7.23	5.92	6.71	4.30	3.64	4.63	2.79
2019	12.00	11.42	6.82	6.77	6.02	6.45	4.38	3.62	4.67	2.77
2020	11.19	11.91	6.58	6.62	5.77	6.60	4.57	3.65	4.82	2.78
2021	11.73	11.64	6.96	7.14	5.79	6.14	4.67	4.03	4.44	2.26

资料来源：UIBE GVC 数据库。

　　捷克的运输设备行业包括汽车制造、铁路和航空等领域。近年来，捷克的汽车制造业表现出色，成为国内经济的主要增长引擎之一。捷克自主品牌，如斯柯达和 Tatra，以及国际品牌，如大众和 BMW 等汽车制造商在捷克设有生产基地，为该行业的发展提供了强大支持。此外，捷克的铁路和航空等运输设备领域也在近年来得到不断发展和改进，为经济增长做出了重要贡献。

　　C30 M&Eq 租赁行业指的是机械设备租赁和其他商业活动，包括建筑和工程设备租赁、办公设备租赁等领域。近年来，捷克的建筑和工程行业发展迅速，带动了机械设备租赁的需求增长。同时，随着捷克经济的不断发展，企业的办公设备和技术设备租赁需求也在增加。这些因素都促进了捷克的 C30 M&Eq 租赁行业的发展。

二、GVC 前向参与度 &GVC 后向参与度变化情况

如图 4-5 所示，捷克的 GVC 后向参与度整体而言都高于其 GVC 前向参与度，捷克的 GVC 后向参与度在 40~50 变化，而其 GVC 前向参与度则稳定在 15~20，这意味着捷克在价值链中的位置更靠近最终产品的销售环节。从捷克 GVC 后向参与度的波动情况来看，捷克在 2007~2017 年的后向参与度均在稳定上升，但从 2017 年到 2020 年却在小幅度下滑，这可能是由于全球经济形势的变化，包括贸易保护主义的抬头和全球供应链的调整等因素。这些因素可能导致一些公司将生产环节转移到其他国家，从而影响了捷克的后向参与度。

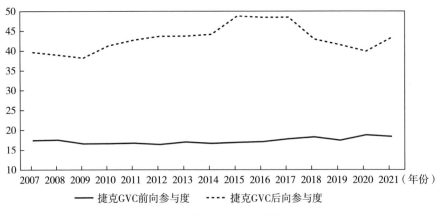

图 4-5　2007~2021 年捷克国家前后向参与度

资料来源：UIBE GVC 数据库。

总体来看，捷克的 GVC 后向参与度在逐渐提升。这表明捷克在全球价值链中的地位越来越重要，更多地参与了最终产品的销售环节。这种转变对捷克经济的发展有积极的影响，使其能够从全球价值链中获得更多的附加值和利润。

三、GVC 地位变化情况

前向生产长度与后向生产长度数据来源于 UIBE GVC 数据库的 2000 年、

2007~2021 年捷克前向生产长度与后向生产长度，采用捷克 2000 年、2007~2021 年各行业占总贸易额的比重加权于各行业 GVCP，得出一国 GVCP 变化情况。

如图 4-6 所示，捷克的加权 GVCP 逐年降低，可能是因为捷克正在进行产业结构调整，将重点从低附加值的环节转移到高附加值的环节。这可能导致国家在全球价值链中的参与度下降，但其在更高价值环节的参与度可能增加。这种调整可能需要一些时间来实现，因此在调整期间，加权 GVCP 可能会逐年下降。此外，全球供应链重组也可能导致一个国家的加权 GVCP 下降。其他国家可能吸引了原本在该国进行的生产环节，从而导致该国在全球价值链中的参与度减少。这可能是由于其他国家的竞争力提高、成本优势或政策吸引力等因素。

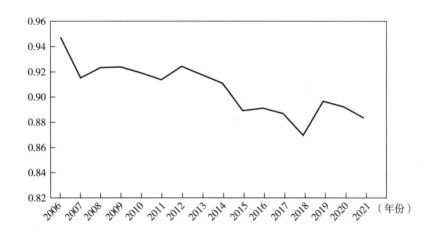

图 4-6　2007~2021 年捷克国家前后向参与度

资料来源：UIBE GVC 数据库。

第五节　捷克与中国的经贸关系

一、捷克进口和出口中国的商品结构

按海关（HS）2 级编码分类，出口产品可以划分为 98 个子行业，从而得出不同商品的进出口情况。

在捷克出口中国方面，编码 84、编码 85 产品为捷克出口中国的主要产品，占比最大，2012 年分别占比 31.12% 和 24.84%，2023 年分别占比 29.71%、26.30%（见表 4-7）。此外，编码 90 这一产品在 2023 年的占比也远远高于其他产品，占比为 12.01%，这三类产品占据捷克 2023 年出口中国的产品比重为 68.02%。其余产品的比重较小且相对稳定。

表 4-7　2012~2023 年捷克各 HS 编码出口中国产品占比前十的行业　单位：%

年份	84	85	90	87	47	39	95	44	40	73
2012	31.12	24.84	7.04	5.81	1.40	2.71	2.27	0.59	3.35	1.62
2013	25.85	25.22	7.75	9.84	3.71	3.09	2.75	0.46	2.95	1.51
2014	27.20	26.37	6.23	8.09	4.93	3.59	3.11	0.48	2.59	1.55
2015	27.13	23.01	8.07	10.30	4.10	3.46	5.44	0.47	1.71	1.27
2016	28.00	23.61	8.10	11.57	3.04	3.02	3.41	0.38	2.72	1.87
2017	27.36	26.25	7.32	8.62	4.23	3.25	2.10	0.63	3.07	1.75
2018	30.36	23.20	8.90	5.76	6.06	3.06	2.35	1.14	2.38	1.66
2019	24.20	24.31	9.02	4.71	6.35	3.09	3.19	6.08	1.96	1.40
2020	28.14	26.38	8.66	3.74	4.37	3.31	3.37	5.04	2.05	1.55
2021	27.97	27.10	8.95	3.21	4.60	3.34	4.73	4.50	1.79	1.88
2022	26.48	30.00	8.98	3.14	4.67	3.12	3.33	3.57	1.42	3.02
2023	29.71	26.30	12.01	3.13	5.21	3.37	2.18	1.18	1.76	2.16

资料来源：UN Comtrade 数据库。

在捷克进口中国方面，编码 85 的占比提升，从 2012 年的 30.81% 上涨至 56.33%，为捷克进口中国的主要产品之一（见表 4-8）。此外，编码 84 的比重则逐年下跌，这一产品在 2012 年占比高达 44.34%，在 2023 年占比为 22.80%，但仍远远高于其他产品。2023 年，这两类产品占据捷克出口中国的产品比重为 79.13%，其余产品的比重较小且相对稳定。

表 4-8　2012~2023 年捷克各 HS 编码进口中国产品占比前十的行业　单位：%

年份	85	84	95	62	87	39	94	64	61	73
2012	30.81	44.34	2.39	2.38	1.04	1.20	1.64	1.97	1.82	1.37

续表

年份	85	84	95	62	87	39	94	64	61	73
2013	33.62	40.29	2.44	2.24	1.20	1.48	1.77	1.94	1.72	1.35
2014	36.71	37.20	2.76	2.12	1.25	1.42	1.51	2.22	1.57	1.31
2015	43.68	34.18	2.52	1.76	1.24	1.39	1.37	1.60	1.32	1.11
2016	42.70	31.41	2.80	2.03	1.49	1.75	1.68	1.86	1.67	1.30
2017	43.52	31.11	2.67	2.05	1.67	1.68	1.60	1.67	1.80	1.31
2018	48.45	28.85	2.27	1.75	1.63	1.53	1.39	1.44	1.57	1.25
2019	49.65	29.02	2.01	1.55	1.52	1.48	1.38	1.41	1.44	1.25
2020	47.56	31.70	1.94	1.38	1.27	1.64	1.29	1.14	1.15	1.15
2021	43.61	32.61	2.29	1.43	1.97	1.91	1.64	1.13	1.24	1.41
2022	52.59	26.00	2.02	1.32	1.75	1.56	1.34	1.16	1.23	1.28
2023	56.33	22.80	1.74	1.39	2.14	1.47	1.24	1.15	1.30	1.09

资料来源：UN Comtrade 数据库。

总体而言，这些数据点凸显了中国与捷克之间贸易的多元化和技术含量，同时也体现了全球化背景下产业链和供应链的合作特点。

二、捷克进口和出口中国的要素结构

表 4-9 和表 4-10 反映了 2012~2023 年捷克对中国出口要素结构的占比，以及同一时期中国对捷克出口要素结构的占比。

表 4-9　2012~2023 年捷克对中国出口要素结构以及占比变化　单位：%

年份	资源密集型产品	劳动密集型产品	资本密集型产品
2012	8.02	24.96	67.02
2013	8.18	25.45	66.37
2014	8.56	23.56	67.88
2015	7.61	26.41	65.98
2016	6.17	25.82	68.01
2017	8.65	23.97	67.38
2018	11.17	23.70	65.12
2019	16.64	23.53	59.84

年份	资源密集型产品	劳动密集型产品	资本密集型产品
2020	12.33	22.98	64.69
2021	11.45	24.36	64.19
2022	9.65	24.71	65.65
2023	8.01	25.12	66.87

资料来源：UN Comtrade 数据库。

表 4-10　2012~2023 年捷克对中国进口要素结构以及占比变化　单位：%

年份	资源密集型产品	劳动密集型产品	资本密集型产品
2012	1.02	21.52	77.46
2013	1.04	22.40	76.56
2014	0.92	22.57	76.52
2015	0.69	20.02	79.29
2016	0.77	23.07	76.16
2017	0.74	22.32	76.94
2018	0.68	19.18	80.15
2019	0.65	17.82	81.53
2020	0.59	17.52	81.89
2021	0.61	18.89	80.50
2022	0.57	17.61	81.82
2023	0.59	16.97	82.44

资料来源：UN Comtrade 数据库。

根据表 4-9 可知，2012~2023 年捷克对中国出口要素结构变化相对稳定。资源密集型产品在要素结构中占比最低，资本密集型产品在要素结构中占比最高。2012 年，资本密集型产品占捷克对中国出口的比重为 67.02%，2012~2023 年小幅度上下波动，但大多时候仍然维持在 60%~70%。这说明捷克对中国出口的资本密集型产品稳定，且中国对该类产品需求量大。这可能是由于捷克在生产资本密集型产品方面具有竞争力，或者中国市场对这些产品的需求大。

根据表 4-10 可知，2012~2023 年捷克对中国进口要素结构变化相对稳定，且对资本密集型产品需求极大。2012~2023 年，捷克对中国资本密集型产品的进口从 2012 年的 77.46% 逐渐上升至 2023 年的 82.44%。与之相对，捷克对中国的资源密集型产品的进口则极低，从 2012 年的 1.02% 逐渐降低至 2023 年的 0.59%。此外，劳动密集型产品也呈现小幅度降低的趋势，从 2012 年的 21.52% 逐渐降低至 2023 年的 16.97%。这说明捷克对中国进口的产品结构正在朝着资本密集型产品倾斜的方向发展。相对应地，资源密集型产品的占比降低可能意味着中国正在减少对资源的依赖，或捷克正在进行要素结构的调整。

三、捷克进口和出口中国的技术结构

表 4-11 和表 4-12 反映了 2012~2023 年捷克出口到中国以及中国出口到捷克的技术结构占比情况。

表 4-11　2012~2023 年捷克对中国出口技术结构以及占比变化　　单位：%

年份	低科技含量产品	高等科技含量产品	中等科技含量产品
2012	55. 23	14. 57	30. 20
2013	52. 82	11. 15	36. 03
2014	53. 69	10. 50	35. 81
2015	53. 16	11. 78	35. 06
2016	51. 14	11. 47	37. 39
2017	51. 99	13. 08	34. 93
2018	55. 46	11. 05	33. 49
2019	55. 97	12. 90	31. 14
2020	53. 23	13. 40	33. 37
2021	53. 47	15. 15	31. 38
2022	51. 41	18. 11	30. 48
2023	51. 05	18. 41	30. 54

资料来源：UN Comtrade 数据库。

表 4-12　2012~2023 年中国对捷克出口技术结构以及占比变化　　单位：%

年份	低科技含量产品	高等科技含量产品	中等科技含量产品
2012	46. 18	45. 91	7. 90
2013	45. 55	46. 30	8. 15
2014	44. 47	46. 96	8. 57

年份	低科技含量产品	高等科技含量产品	中等科技含量产品
2015	41.00	50.43	8.57
2016	42.11	47.76	10.13
2017	41.39	48.49	10.12
2018	37.75	52.91	9.35
2019	36.81	54.39	8.80
2020	37.80	54.12	8.08
2021	39.77	50.02	10.21
2022	35.05	55.52	9.43
2023	32.46	57.32	10.23

资料来源：UN Comtrade 数据库。

如表 4-11 所示，按照技术结构分类，捷克对中国出口的低科技含量产品占总出口的比重略微下降，2012 年为 55.23%，2023 年为 51.05%。另外，捷克的高等科技含量产品的占比略有提升，2012 年为 14.57%，2023 年增长到 18.41%。此外，捷克对中国出口的中等科技含量产品的比重趋势先上升后下降，从 2012 年的 30.20%上升到 2016 年的 37.39%，此后逐渐下降到 2023 年的 30.54%。综上，从出口比例来看，捷克对中国的出口中，仍然以低科技含量产品为主要出口商品。

但是，捷克对中国出口的低科技含量产品的比重略微下降，说明捷克对中国出口的产品中，低科技含量产品的重要性有所降低，而中等科技含量产品和高等科技含量产品比重略有上升。这可能是由于捷克在科技创新和技术升级方面取得了一些进展，开始向更高科技含量的产品转型。

如表 4-12 所示，捷克从中国进口的低科技含量产品略有下降，从 2012 年的 46.18%下降到 2023 年的 32.46%，而高等科技含量产品则从 2012 年的 45.91%上升至 2023 年的 57.32%。此外，中国对捷克出口的中等科技含量产品占比也存在小幅度上升，2012 年为 7.90%，2023 年为 10.23%，近几年在 9%左右波动。低科技含量产品的比重下降可能反映了中国制造业的升级和转型，逐渐减少了对低技术含量产品的生产和出口。而中高等科技含量产品的比重上升可能意味着中国在中高等科技领域的制造能力有所提升。

四、捷克进口和出口中国的经济用途结构

联合国货物贸易统计中经济大类把所有的贸易品划分为 19 类，并按其最终的用途属性归结为消费品、中间品、资本品和广泛用途类产品四大类。表 4-13 和表 4-14 反映了 2012~2023 年捷克出口到中国以及中国出口到捷克的经济用途结构及占比情况。

表 4-13　2012~2023 年捷克对中国出口经济用途结构以及占比变化　单位：%

年份	广泛用途类产品	消费品	中间产品	资本品
2012	0.60	6.44	61.90	31.06
2013	3.72	6.90	62.09	27.28
2014	0.28	7.08	67.08	25.56
2015	1.08	9.70	61.93	27.29
2016	1.87	7.49	63.42	27.22
2017	1.07	4.13	63.68	31.13
2018	0.82	4.94	61.68	32.56
2019	0.83	5.56	64.79	28.82
2020	0.26	4.26	63.45	32.03
2021	0.04	3.46	66.10	30.41
2022	0.19	4.18	62.79	32.85
2023	0.90	5.59	63.62	29.90

资料来源：UN Comtrade 数据库。

表 4-14　2012~2023 年中国对捷克出口经济用途结构以及占比变化　单位：%

年份	广泛用途类产品	消费品	中间产品	资本品
2012	0.03	19.49	35.12	45.36
2013	0.03	18.70	35.31	45.96
2014	0.02	18.26	37.65	44.07
2015	0.02	17.03	32.79	50.16
2016	0.02	19.46	34.21	46.30
2017	0.04	14.51	32.92	52.53
2018	0.05	12.43	29.77	57.75

续表

年份	广泛用途类产品	消费品	中间产品	资本品
2019	0.05	12.04	27.70	60.21
2020	0.05	12.67	28.34	58.94
2021	0.18	11.02	30.23	58.56
2022	0.42	10.89	30.64	58.05
2023	0.12	14.01	31.44	54.44

资料来源：UN Comtrade 数据库。

如表4-13所示，捷克对中国出口的广泛用途类产品比重极小，在1%左右波动。消费品相对来说比重也较小，2012年为6.44%，2015年增长较为明显，达到9.70%，随后逐渐下降，徘徊在4%~5%，2023年增长至5.59%。而中间产品和资本品的比重则极高，2014年捷克对中国出口的中间产品的比重高达67.08%，随后稳定在61%~65%，资本品的比重亦相对稳定，2012年为31.06%，2023年为29.90%，2012~2023年逐年的变化幅度较小。

从这些数据可以看出，捷克对中国的出口中，中间产品始终占据主导地位，尽管在2017年资本品的占比有所上升，但中间产品在整个时间段内保持了较为稳定的高占比。消费品和广泛用途类产品的占比相对较低，但也呈现出一定的波动性。资本品的占比在2017年达到最高点后有所下降，但在2020年又有所回升。整体而言，捷克对中国的出口结构在这一时间段内表现出一定的动态调整，但中间产品始终是捷克对中国出口的主要组成部分。

如表4-14所示，捷克对中国进口的广泛用途类产品占比非常小，不足中国对捷克出口产品总额的1%。消费品呈现波动下降后略有回升的趋势，即从2012年的19.49%逐年下降至2022年的10.89%，2023年又回升到14.01%。中间产品的占比在这12年间呈现先下降后上升的趋势，2012年占比为35.12%，2018年显著下降至29.77%，2023年则又上升到了31.44%。捷克对中国进口的资本品则从2012年的45.36%逐年增长，2019年继续增长至60.21%，2020~2023年略有下降，2020年下降至58.94%，2023年下降至54.44%，尽管有所下降，资本品依然是捷克从中国进口产品中占比最大的类别。

捷克对中国进口的中间产品和资本品的占比巨大，两者占比高达80%以上。捷克作为一个工业基础雄厚的国家，其制造业对中间产品和资本品的需求较大。

中间产品如原材料、零部件和半成品，是制造业生产过程中不可或缺的部分。资本品如机械设备和运输设备，是生产这些中间产品的基础。而中国作为全球制造业大国，拥有完整的供应链和较低的生产成本。捷克可能利用中国的这些优势，通过进口成本效益较高的中间产品和资本品，降低自身的生产成本，提高竞争力。

第六节　捷克典型经贸政策及措施借鉴

2004 年 5 月加入欧盟后，捷克开始执行欧盟统一对外经济政策，并相应调整对外经济法律。

一、数字经济发展政策

为促进数字基础设施的发展，2016 年 2 月，捷克政府批准了《下一代互联网发展规划》（以下简称《规划》），该规划使用约 140 亿克朗（约合 5.8 亿美元）的欧盟基金。《规划》计划在几年内使捷克各城镇的互联网至少达到 30 兆带宽。截至 2022 年底，该带宽的网络已覆盖 64%的捷克家庭，高于欧盟平均水平。但在捷克的乡村地区，该覆盖率仅为 3%，远低于欧盟平均水平（18%）[①]。

2019 年 1 月，捷克政府研发和创新委员会（RVVI）批准了《2019—2030 年国家创新战略》，致力于将捷克打造成欧洲最具创新力的国家之一。该战略包括九大支柱，涉及研发、数字化、知识产权、智慧投资与营销等方面，同时拟提高捷克在研发领域的投入。2018 年捷克研发投入占 GDP 的比重约为 1.8%，低于欧盟平均水平，计划到 2025 年达到 2.5%，2030 年提高至 3%。该战略包含捷克数字之国战略，旨在推进捷克数字经济发展。战略设立了 11 个目标，涉及提升政府数字化服务水平，建立相关互联的数据库，确保系统风险，做好应对物联网、人工智能、大数据和新型人机界面等趋势的准备，推动中小企业使用数字业务工具等[②]。

---

① 资料来源：http：//ceatec. org. cn/contents/524/3475. html.
② 资料来源：https：//cn. chinadaily. com. cn/a/201901/24/WS5c4a4481a31010568bdc65c2. html.

二、经济特区法规

2005 年 1 月 1 日，捷克工贸部颁布《工业园区开发支持规划》，成为规范和指导工业园区发展的主要规定。随后又颁布了《商业地产与基础设施建设支持规划》，旨在支持和推动国家战略工业园区的发展。

工业园区投资者除能享受《投资鼓励法》优惠政策和欧盟结构基金各项援助计划外，2015 年 5 月起，企业在特别工业园区还可免除 5 年不动产税并享受每个新增就业岗位 30 万克朗的补助。同时，企业还可获得工业园区及其所在地的地方政府提供的各种优惠措施，如基础设施配套、交通设施便利、全程跟踪式投资服务、土地优惠及特殊就业补贴等。另外，政府还对建立科技园区提供总金额 50%的补贴，提供科技园区 50%的建设经费①。

三、进出口政策

捷克对外贸易管理的主要措施包括专营许可、进出口关税、反倾销、反补贴、超量进口保护措施、消费者保护措施、卫生措施、环保措施、质量管理措施、检验检疫措施、知识产权保护、内贸市场流通规则和政府采购规则、财政补贴等。

在进口方面，捷克进口关税相对较低，但欧盟框架内存在较多反倾销、反补贴、检验检疫、消费者保护等贸易保护措施，还有其他技术壁垒。

在出口方面，仅对少数产品实施出口限制，主要涉及短缺物资、敏感技术、关系国家或社会公共利益、人类和动植物健康等方面的产品，如铀矿、死刑用电椅及相关设备、武器、军民两用产品和技术等。捷克限制对中国出口武器和部分高技术产品，如高精密机床等②。

四、外资法规

涉及外国人在捷克设立公司，从事商业活动的相关法令包括 1991 年《贸易许可法》（The Trade Licensing Act No. 455/1991）、1991 年《商法典》（The Commercial Code No. 513/1991）、1991 年《破产兼并法》（The Bankruptcy and Composition Act No. 328/1991）、1992 年《外国人法》（The Foreign Nationals Act No.

①② 资料来源：《对外投资合作国别（地区）指南——捷克（2023 版）》。

123/1992)，以及上述法令的修正条文。若申请投资优惠，则适用 2000 年《投资鼓励法》（The Act on Investment Incentives）及其修正条文。2015 年 5 月 1 日，新修订的《投资鼓励法》正式生效。

目前，捷克经济发展重点是加速经济结构优化和调整，鼓励经济创新与发展。与此相适应，捷克政府确立了重点支持的投资领域和优先发展行业，并鼓励内外资进入这些产业。重点支持领域主要包括制造业、技术中心和商业支持服务中心①。

---

① 资料来源：《对外投资合作国别（地区）指南——捷克（2023 版）》。

第五章

斯洛伐克贸易体系研究

斯洛伐克是一个位于中欧的国家,自1993年独立以来,其政治、经济地位不断提升。该国于2004年加入北约和欧盟,2006年被世界银行认定为发达国家,并分别于2007年和2009年成为申根公约成员国和欧元区成员。斯洛伐克在加入欧盟后经济得到了一定程度的发展,尤其在汽车制造和其他制造业方面取得了显著成就,并积极参与国际合作,如共建"一带一路"倡议和中国—中东欧国家合作机制。

政治方面,斯洛伐克政局稳定,2020年斯洛伐克大选后,新政府更加强调面向欧洲—大西洋的外交政策,重视经济外交和推动出口。

经济方面,近年来斯洛伐克受到乌克兰危机和疫情的影响,经济提振乏力。斯洛伐克制定了《斯洛伐克复苏和韧性计划》,旨在通过投资和改革来促进绿色经济、医疗、公共管理、数字化、教育和科研创新等领域的发展。[①]

据商务部统计,2022年,斯洛伐克贸易总额达2100亿欧元,同比增长16.7%。其中,出口1028亿欧元,增长16.1%;进口1072亿欧元,增长23.6%。逆差达到创纪录的44亿欧元,这是自2008年以来首次出现贸易逆差。斯国家统计局称,主要原因是天然气、电力和石油的进口价格过高。[②]

---

① 中国—中东欧研究院,"中东欧国家周报",2021年9月,https://china-cee.eu/wp-content/uploads/2023/03/Slovakia_202109CN_Economy.pdf.

② 资料来源:《对外投资合作国别(地区)指南——斯洛伐克(2023年版)》。

第一节 斯洛伐克贸易总体情况

1994~2022 年，斯洛伐克的贸易额从 133.01 亿美元增长至 2201.79 亿美元，增长了约 16.6 倍，2022 年年贸易增长率达到 5.97%。其中，进口额从 66.11 亿美元增长到 1124.06 亿美元，年增长率达到 14.94%，出口额从 66.90 亿美元增长到 1077.73 亿美元，年增长率为 6.85%，贸易处于逆差状态（见图 5-1）。

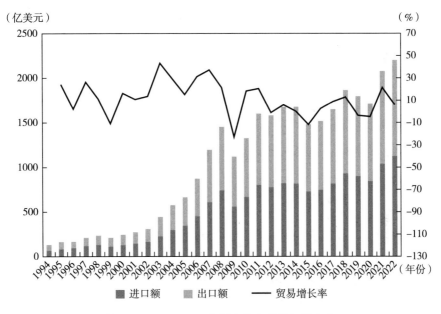

图 5-1 1994~2022 年斯洛伐克贸易规模变化

资料来源：作者根据联合国商品贸易统计数据库整理计算所得。

第二节 斯洛伐克经济贸易发展的阶段性特征

1994 年至今，根据货物进出口情况，斯洛伐克贸易发展大致可以分为以下三个阶段。

一、第一阶段：低水平发展阶段（1994~2003 年）

如图 5-2 所示，1994 年与 1995 年斯洛伐克对外贸易稍有顺差，从 1996 年开始对外贸易转为逆差，逆差额于 1998 年达到最大，为 23.5 亿美元，随后逐渐减少，2003 年贸易逆差为 7.06 亿美元。斯洛伐克进口额从 1994 年的 66.1 亿美元上升至 2003 年的 226.15 亿美元。梅恰尔政府不透明的私有化给斯洛伐克经济带来了不良影响，贸易增长率于 1999 年达到最低点，为-10.94%。1998~2002 年，致力于消除梅恰尔政府不良影响的祖林达政府实行支持外贸企业扩大出口的货币政策，2003 年斯洛伐克贸易增长率达到近 20 年最高点，为 43.34%。

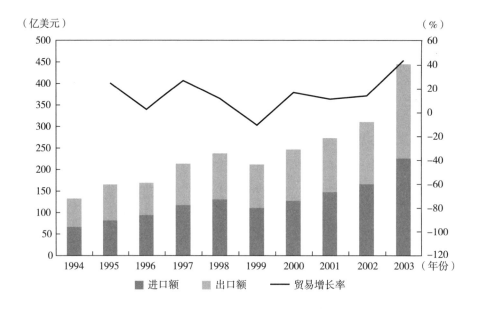

图 5-2　1994~2003 年斯洛伐克贸易规模变化

（一）行业情况

按海关（HS）2 级编码分类，出口产品可以划分为 98 个子行业，22 个大类，本书用双边出口七大类产品（HS2 级编码分类）的结构变化，来替代在行业视角下斯洛伐克进出口结构的变化。

1994 年，斯洛伐克主要对外出口化矿金属，而斯洛伐克出口的机电仪器和交通工具为总出口占比第二。1994~2003 年，斯洛伐克逐渐增加了机电仪器和交通工具的出口占比，从 1994 年的 21.57% 上升至 2003 年的 48.71%，同时降低了化矿金属的出口比重，从 1994 年的 38.88% 下降至 2003 年的 22.92%（见表 5-1）。

表 5-1 1994~2003 年斯洛伐克出口各类产品占比　　　　单位：%

年份	农食产品	机电仪器和交通工具	化矿金属	纺织鞋帽	橡塑皮革	玩具钟表	木材纸张非金属
1994	5.95	21.57	38.88	9.97	8.66	3.31	11.66
1995	6.38	21.18	38.28	8.67	9.24	3.40	12.84
1996	5.43	28.92	30.15	9.65	9.09	3.57	13.20
1997	4.69	30.04	33.53	10.47	7.60	2.71	10.96
1998	4.29	38.68	28.43	9.66	6.41	2.64	9.88
1999	4.11	40.81	26.36	9.67	6.27	2.64	10.14
2000	3.33	41.09	28.32	8.42	5.97	3.13	9.75
2001	3.68	40.31	27.84	8.68	6.00	3.56	9.92
2002	3.71	40.95	26.25	8.66	6.46	4.39	9.58
2003	3.17	48.71	22.92	6.98	5.75	4.79	7.68

1994~2003 年斯洛伐克进口产品类别比重变化趋势与出口产品变化趋势类似，逐步增加机电仪器和交通工具进口比重，从 1994 年的 31.26% 上升至 2003 年的 43.75%，降低了化矿金属的进口比重，从 1994 年的 42.33% 下降至 2003 年的 29.95%（见表 5-2）。

表 5-2 1994~2003 年斯洛伐克进口各类产品占比　　　　单位：%

年份	农食产品	机电仪器和交通工具	化矿金属	纺织鞋帽	橡塑皮革	玩具钟表	木材纸张非金属
1994	9.32	31.26	42.33	4.99	5.20	1.87	5.03
1995	9.46	33.34	38.83	4.62	6.14	1.78	5.83
1996	8.64	38.27	35.19	4.34	5.91	1.97	5.68
1997	7.30	38.92	35.74	5.88	5.45	1.73	4.98
1998	6.83	43.23	29.88	6.56	5.98	2.16	5.36
1999	6.96	40.56	31.89	6.79	6.34	1.99	5.47
2000	5.94	38.23	36.04	6.15	6.24	2.20	5.20
2001	5.99	40.24	33.50	6.40	6.26	2.27	5.33

年份	农食产品	机电仪器和交通工具	化矿金属	纺织鞋帽	橡塑皮革	玩具钟表	木材纸张非金属
2002	5.70	40.72	32.32	6.38	7.19	2.21	5.48
2003	4.89	43.75	29.95	5.92	7.91	2.32	5.26

（二）主要贸易伙伴

1994~2003 年斯洛伐克的主要出口对象为捷克、德国、匈牙利、澳大利亚、意大利等国家。1994 年捷克为斯洛伐克最大的出口对象，斯洛伐克对其出口价值占总出口比重为 37.39%，其次为德国，所占比重为 17.10%。随后斯洛伐克逐渐增加对德国的出口比重，从 1998 年开始，德国成为斯洛伐克最大的出口对象，至 2003 年斯洛伐克对德国的出口份额为 30.89%，同时斯洛伐克降低对捷克的出口比重，2003 年为 12.80%。

1994~2003 年斯洛伐克的主要进口对象为捷克、俄罗斯、德国、澳大利亚、意大利等国家。1994 年捷克为斯洛伐克的最大进口国家，其进口占比为 29.62%，德国为斯洛伐克第二大进口对象，其进口占比为 13.43%。1998 年开始德国成为斯洛伐克最大的进口国家，直至 2003 年德国的进口占比达到 25.47%。而斯洛伐克从捷克的进口比重在这一阶段逐渐下降，2003 年为 14.30%。这一阶段，斯洛伐克从中国进口的比重呈上升趋势，2003 年为 2.47%。

二、第二阶段：高速发展阶段（2004~2011 年）

斯洛伐克于 2004 年 5 月 1 日起成为欧洲联盟的一员。如图 5-3 所示，除 2009 年斯洛伐克为贸易顺差之外，该阶段其他年份斯洛伐克对外贸易均为逆差，2006 年逆差最大，达到 31.35 亿美元。2009 年 1 月 1 日，斯洛伐克如愿加入欧元区，对外贸易顺差 4.72 亿美元。次年对外贸易恢复逆差，逆差额于 2011 年达到 4.5 亿美元。

斯洛伐克 2004 年出口额为 277.2 亿美元，贸易额于 2004~2008 年呈上升趋势，受金融危机影响，2009 年贸易额有所下降，贸易增长率跌至 -22.84%，随后又恢复上升趋势，2011 年斯洛伐克进口额达 801.86 亿美元。

（一）产业情况

2004~2011 年，斯洛伐克进一步增加了机电仪器和交通工具的出口比重，从 2004 年的 47.01% 增加至 2011 年的 54.89%，降低了化矿金属的出口比重，从

2004 年的 25.60% 减少至 2011 年的 22.28%（见表 5-3）。

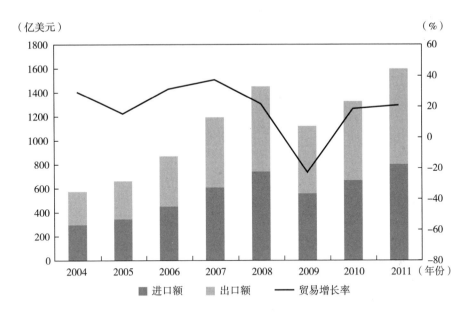

图 5-3　2004~2011 年斯洛伐克货物进出口额与贸易增长率

表 5-3　2004~2011 年斯洛伐克出口各类产品占比　　　　单位：%

年份	农食产品	机电仪器和交通工具	化矿金属	纺织鞋帽	橡塑皮革	玩具钟表	木材纸张非金属
2004	3.84	47.01	25.60	6.32	5.79	3.79	7.56
2005	4.74	45.95	26.36	5.70	6.27	3.21	7.67
2006	4.35	50.23	25.30	4.58	6.01	2.74	6.70
2007	4.22	55.21	22.02	4.14	5.54	2.91	5.86
2008	3.95	56.16	22.68	3.87	5.01	2.87	5.39
2009	4.87	57.14	19.26	4.08	5.05	3.52	5.98
2010	4.56	56.14	21.40	4.03	5.61	3.20	4.98
2011	5.14	54.89	22.28	4.32	6.00	2.83	4.46

　　如表 5-4 所示，在这一阶段，斯洛伐克进口的机电仪器和交通工具占比从 2004 年的 42.90% 上升至 2011 年的 44.57%，进口的化矿金属占总进口价值的比重在 31% 上下波动。

表 5-4　2004~2011 年斯洛伐克进口各类产品占比　　　　单位：%

年份	农食产品	机电仪器和交通工具	化矿金属	纺织鞋帽	橡塑皮革	玩具钟表	木材纸张非金属
2004	5.29	42.90	31.94	5.32	7.20	2.36	4.86
2005	6.29	42.36	32.55	4.73	6.81	2.06	4.53
2006	5.26	45.53	31.74	4.10	6.53	2.43	4.11
2007	5.59	48.03	29.42	3.85	6.39	2.38	4.16
2008	5.75	46.54	31.46	3.60	6.21	2.21	4.06
2009	7.16	46.18	28.51	4.63	6.17	2.74	4.40
2010	6.62	46.21	30.27	3.95	6.23	2.53	3.94
2011	6.65	44.57	31.83	4.22	6.40	2.59	3.57

（二）主要贸易伙伴

2004~2011 年斯洛伐克主要出口对象为德国、捷克、澳大利亚、意大利、波兰等国家。这一时期斯洛伐克向德国出口的比重有所下降，从 2004 年的 28.49%下降至 2011 年的 20.11%。而这一阶段斯洛伐克向俄罗斯联邦出口的比重有所上升，从 2004 年的 1.21%上升至 2011 年的 3.63%。

这一阶段，斯洛伐克从德国进口的比重有所下降，从 2004 年的 25.78%下降至 2011 年的 18.41%，2011 年斯洛伐克从捷克的进口比重达到 18.36%。在该阶段，斯洛伐克从韩国进口的比重有所上升，从 2004 年的 1.55%上升至 2011 年的 5.17%。

三、第三阶段：高水平发展阶段（2012 年至今）

2012 年，中东欧和中国合作机制正式启动，斯洛伐克积极参与了这一合作机制。2012 年开始斯洛伐克对外贸易转为顺差，2014 年贸易顺差最大，达到 46.79 亿美元。随后顺差额逐渐减小，2019 年对外贸易重回逆差，虽然 2020 年对外贸易略有顺差，但从 2021 年开始持续为逆差，2022 年逆差额达到 46.33 亿美元。斯洛伐克货物进口额从 2012 年的 774.43 亿美元上升至 2022 年的 1124 亿美元。贸易增长率于 2015 年跌至-11.8%，2021 年贸易增长率达到近 10 年最大值，为 21.49%（见图 5-4）。

（一）产业情况

如表 5-5 所示，在这一阶段，斯洛伐克出口的机电仪器和交通工具占比从 2012 年的 57.04%上升至 2020 年的 66.70%，2022 年回落至 60.16%。斯洛伐克出口的化矿金属占总出口价值比重最低于 2020 年达到 13.89%，2022 年该比重回升至 19.53%。

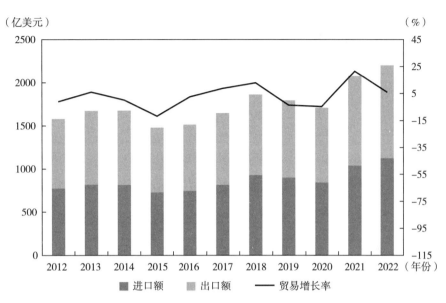

图 5-4　2012~2022 年斯洛伐克货物进出口额及贸易增长率

表 5-5　2012~2022 年斯洛伐克出口各类产品占比　　　　单位：%

年份	农食产品	机电仪器和交通工具	化矿金属	纺织鞋帽	橡塑皮革	玩具钟表	木材纸张非金属
2012	5.78	57.04	20.75	3.60	5.57	3.05	4.14
2013	5.01	58.96	19.39	3.79	5.76	3.17	3.88
2014	4.24	60.13	18.54	4.07	5.91	3.38	3.71
2015	4.14	61.77	16.64	3.88	6.57	3.28	3.69
2016	4.06	63.33	15.35	3.55	6.55	3.26	3.81
2017	3.86	62.25	16.71	3.58	6.53	3.35	3.67
2018	3.61	63.17	16.29	3.45	6.26	3.47	3.72
2019	3.72	64.77	15.26	3.46	5.82	3.30	3.63
2020	4.17	66.70	13.89	3.09	5.57	2.98	3.56
2021	4.11	62.91	17.47	2.92	5.82	2.90	3.82
2022	4.76	60.16	19.53	3.05	5.77	2.66	3.95

如表 5-6 所示，在这一阶段，斯洛伐克进口的主要产品仍为机电仪器和交通工具，其进口份额最高于 2020 年达到 53.33%，但 2022 年回落至 47.06%。斯洛

伐克另一主要进口产品为化矿金属，2022 年其占比为 30.73%。2012~2022 年斯洛伐克进口最少的产品为玩具钟表，2022 年其进口份额为 2.93%。

表 5-6　2012~2022 年斯洛伐克进口各类产品占比　　　　单位：%

年份	农食产品	机电仪器和交通工具	化矿金属	纺织鞋帽	橡塑皮革	玩具钟表	木材纸张非金属
2012	6.74	46.66	29.75	4.01	6.53	2.71	3.43
2013	6.48	47.45	29.13	4.11	6.45	2.76	3.48
2014	6.27	48.99	27.17	4.48	6.57	2.92	3.45
2015	5.90	51.79	24.62	4.36	6.59	3.23	3.36
2016	6.13	52.55	22.85	4.30	6.97	3.57	3.46
2017	5.92	51.11	24.71	4.25	7.02	3.60	3.24
2018	5.78	51.79	24.89	3.90	6.58	3.67	3.28
2019	5.95	52.83	23.49	4.10	6.31	3.94	3.26
2020	6.49	53.33	22.38	3.95	6.08	3.55	3.26
2021	6.09	50.75	26.43	3.62	6.42	3.26	3.23
2022	6.27	47.06	30.73	3.70	6.00	2.93	3.18

（二）主要贸易伙伴

2012~2022 年，斯洛伐克主要出口对象为德国、捷克、波兰、匈牙利、澳大利亚等国家。德国为斯洛伐克最大的出口对象，2022 年斯洛伐克对其出口占比为 21.07%。其次为捷克，2022 年斯洛伐克对其出口占比为 12.08%。这一阶段，斯洛伐克对匈牙利的出口比重有所上升，从 2012 年的 7.95% 上升至 2022 年的 8.77%。

2012~2022 年，捷克为斯洛伐克最大进口对象，2022 年斯洛伐克对其进口占比达到 17.94%；其次为德国，斯洛伐克对其进口占比为 17.64%。中国为斯洛伐克第八大进口对象，2022 年斯洛伐克对其进口价值占总进口价值的 4.28%。

第三节　斯洛伐克参与全球价值链供应链情况

一、斯洛伐克行业出口增加值

根据 UIBE GVC 数据库 2000~2021 年的数据，机电设备租赁和其他商业活动、运输设备、基本金属和预制金属、批发贸易和佣金贸易（机动车和摩托车除外）等长期为斯洛伐克出口增加值的主要来源行业。

2000 年斯洛伐克出口增加值前十行业包括基本金属和预制金属、批发贸易和佣金贸易（机动车和摩托车除外）、内陆运输、运输设备等，其中基本金属和预制金属出口增加值为 5.12 亿美元，批发贸易和佣金贸易出口增加值为 4.82 亿美元（见图 5-5）。2021 年，房地产活动从 2000 年的第十位跃居为斯洛伐克出口增加值第一位的行业，其出口增加值从 2000 年的 1.45 亿美元增加至 2021 年的 76.43 亿美元，发展迅猛（见图 5-6）。

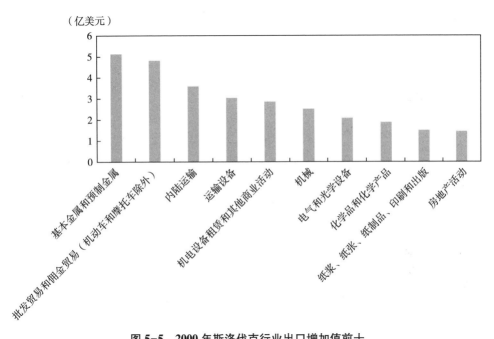

图 5-5　2000 年斯洛伐克行业出口增加值前十

斯洛伐克房地产活动出口增加值增势强劲，2000 年房地产活动出口增加值为 1.45 亿美元，2012 年与 2018 年分别迎来两次大幅上涨，分别上涨为前一年度的 3.5 倍与 1.8 倍。2021 年该部门出口增加值上升至 76.43 亿美元，为 2000 年的 52 倍。同样房地产活动出口增加值占总出口增加值比重长期也呈阶梯型上涨趋势，在 2012 年与 2018 年迎来两次大幅上涨，2021 年较 2000 年变化了 11.20%。

2000 年，斯洛伐克农业与狩猎的出口增加值为 1.29 亿美元，2021 年农业与狩猎部门出口增加值上升至 8.67 亿美元，约为 2000 年的 6.7 倍。该行业出口增

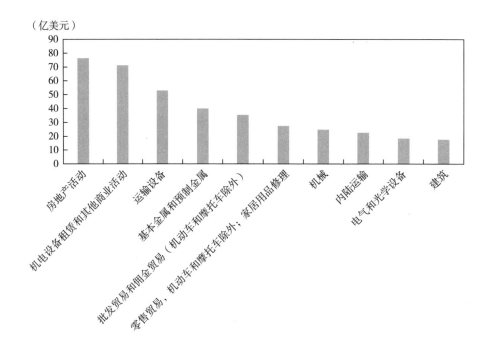

（亿美元）

图 5-6　2021 年斯洛伐克行业出口增加值前十

加值长期变化趋势呈倒 U 型，2014 年达到最大值 16.67 亿美元，约为 2000 年的 13 倍。农业与狩猎行业出口增加值占总出口增加值的比重长期呈下降趋势，2011~2021 年变化率为−2.76%。

　　2000 年斯洛伐克批发贸易和佣金贸易出口增加值为 4.82 亿美元，2013~2020 年该行业出口增加值维持在 30 亿美元左右，2021 年该数据上升至 35.48 亿美元，约为 2000 年的 7 倍。而该行业出口增加值占总出口增加值比重长期呈下降趋势，2000~2021 年变化率为−4.18%（见表 5-7）。

表 5-7　斯洛伐克各部门出口增加值占总出口增加值百分比（部分展示）

单位：%

部门	2000 年	2011 年	2021 年	2000~2021 年变化	2011~2021 年变化
农业、狩猎	2.91	4.40	1.64	−1.27	−2.76
采矿业、采石业	1.17	1.40	0.61	−0.56	−0.79
制造业、回收	1.04	1.59	1.23	0.19	−0.36

续表

部门	2000 年	2011 年	2021 年	2000~2021 年变化	2011~2021 年变化
电力、天然气等供给行业	2.84	2.79	1.75	−1.08	−1.03
建筑业	2.06	3.37	3.35	1.30	−0.02
批发贸易和佣金贸易	10.90	10.90	6.72	−4.18	−4.19
零售贸易	2.45	3.58	5.21	2.76	1.63
住宿和餐饮服务活动	0.26	0.30	0.47	0.20	0.16
内陆运输	8.12	4.62	4.28	−3.85	−0.34
水运	0.03	0.02	0.02	−0.01	0.00
航空运输	0.02	0.05	0.02	0.00	−0.03
金融中介机构	1.34	1.52	1.67	0.33	0.15
房地产活动	3.28	2.41	14.47	11.20	12.06
公共管理、国防和社保部门	0.49	0.35	0.58	0.10	0.23
教育产业	0.28	0.23	0.39	0.11	0.16
医疗和社会工作	0.20	0.16	0.30	0.10	0.15

二、GVC 前向和后向参与度

GVC 参与度是指一个国家或行业参与全球价值链的程度。GVC 参与度可用于解释一国或行业在价值链生产中与上下游产业的关联。GVC 参与度可按照嵌入方式分为 GVC 前向参与度和 GVC 后向参与度。

根据 UIBE GVC 数据库 2007~2021 年的数据，在所有年份，匈牙利总体的后向参与度都高于前向参与度，这意味着其在全球价值链中一直处于下游环节（见图 5-7）。2007~2021 年斯洛伐克 GVC 前向参与度在 14.4 上下浮动。2007 年斯洛伐克 GVC 后向参与度为 37.52，2017 年该指标上升至 55.54，随后回落至 2021 年的 51.44。

水运、木材及木制品和软木制品、机电设备租赁和其他商业活动等行业长期为斯洛伐克 GVC 前向参与度较高的行业。2000 年斯洛伐克 GVC 前向参与度最高的行业为水运行业，其 GVC 前向参与度达到 42.3，明显高于其他行业（见图 5-8）。其他参与度前十的行业如橡胶和塑料，纸浆、纸张、纸制品、印刷和出版，酒店和餐馆，内陆运输等，参与度均为 20 左右。

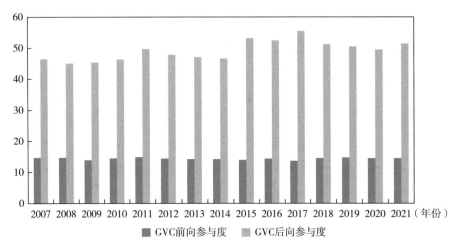

图 5-7　2007~2021 年斯洛伐克 GVC 前向参与度与后向参与度

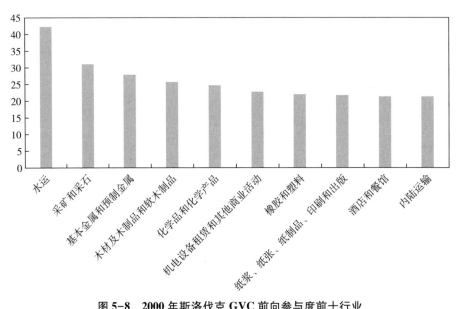

图 5-8　2000 年斯洛伐克 GVC 前向参与度前十行业

2021 年水运仍为斯洛伐克 GVC 前向参与度排名第一的行业，其参与度为 40.8，较 2000 年数据略有下降，与其他行业之间的差距较 2000 年有所缩小（见图 5-9）。木材及木制品和软木制品、其他支持和辅助运输活动为排名第二与第三的行业，参与度均为 35 左右。

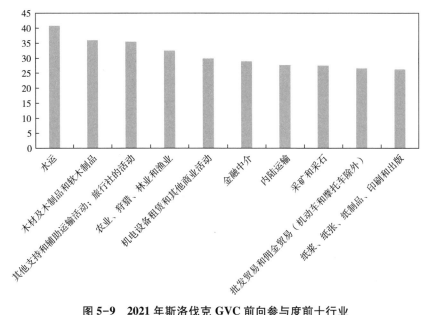

图 5-9 2021 年斯洛伐克 GVC 前向参与度前十行业

水运长期为斯洛伐克 GVC 前向参与度排名第一的行业，尤其在 2016~2018 年达到 60 左右。采矿和采石业 GVC 前向参与度在近 4 年呈下降趋势，从 2018 年的 42.4 下降至 2021 年的 27.5。其余 2021 年斯洛伐克 GVC 前向参与度前八行业在 2007~2021 年总体变化不大（见图 5-10）。

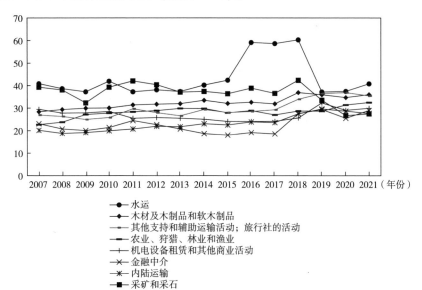

图 5-10 2021 年斯洛伐克 GVC 前向参与度前八行业折线图

第四节　斯洛伐克与中国的经贸关系

1994 年，中斯签署《两国政府经济和贸易协定》，承认中国与前捷斯联邦签署的《避免双重征税协定》《投资保护协议》《关税合作协议》继续有效。[①] 1994 年斯洛伐克从中国的出口额为 2307 万美元。2004 年，斯洛伐克加入欧盟，与中国贸易额与贸易增长率呈上升趋势。2007 年中斯贸易增长率达到 84.33%。2011 年 7 月，中国商务部国际贸易谈判代表兼副部长高虎城访问斯洛伐克。2011 年中斯贸易额达到 68.33 亿美元，其中斯洛伐克对中国进口额为 47.58 亿美元，出口额为 20.75 亿美元（见图 5-11）。

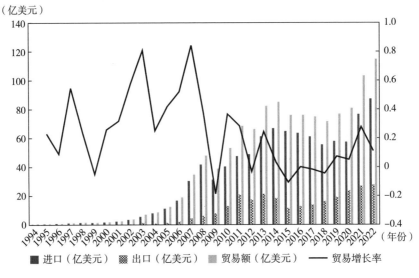

图 5-11　1994~2022 年斯洛伐克对中国进出口额及贸易增长率

2012 年 4 月 26 日，中国—中东欧国家合作宣告成立，斯洛伐克积极加入其中。2013 年中斯贸易增长率达到 24.47%，随后于 2015 年跌至 -10.63%，2015 年斯洛伐克对中国的出口额仅为 11.31 亿美元。2021 年中斯贸易增长率上

---

① 《中国同斯洛伐克的关系》，载中华人民共和国外交部，https://www.fmprc.gov.cn/web/gjhdq_676201/gj_676203/oz_678770/1206_679714/sbgx_679718/。

升至 27.78%。2022 年中斯贸易额为 114.7 亿美元，其中斯洛伐克对中国出口额为 24.47 亿美元，对中国进口额为 87.23 亿美元。

一、商品结构

按海关（HS）2 级编码分类，出口产品可以划分为 98 个子行业，22 个大类，本书用双边出口七大类产品（HS2 级编码分类）的结构变化，来替代在行业视角下双边出口结构的变化。

如表 5-8 所示，这一阶段，斯洛伐克向中国出口的主要产品为机电仪器和交通工具，所占比重高达 90% 以上，于 2022 年达到 95.11%。斯洛伐克向中国出口占比最少的商品种类为农食产品，所占比重在 0.08% 上下浮动。

表 5-8 2012~2022 年斯洛伐克出口中国货物商品结构　　　　单位：%

年份	农食产品	机电仪器和交通工具	化矿金属	纺织鞋帽	橡塑皮革	玩具钟表	木材纸张非金属
2012	0.02	94.00	1.45	1.83	0.88	1.44	0.38
2013	0.05	95.19	1.22	1.10	0.96	1.26	0.24
2014	0.08	94.15	1.42	0.95	1.20	1.88	0.33
2015	0.16	91.05	1.96	1.14	2.60	2.51	0.57
2016	0.10	91.31	1.85	0.99	3.30	1.82	0.62
2017	0.15	91.19	2.04	0.95	2.01	2.87	0.79
2018	0.11	91.60	1.90	1.43	1.48	2.57	0.90
2019	0.06	92.69	1.32	1.28	1.00	1.89	1.76
2020	0.06	93.45	1.38	1.25	1.03	1.24	1.60
2021	0.07	92.95	1.47	1.07	1.24	1.29	1.91
2022	0.05	95.11	1.57	0.77	1.13	0.50	0.85

如表 5-9 所示，2012~2022 年，斯洛伐克主要从中国进口机电仪器和交通工具与纺织鞋帽。这一阶段斯洛伐克从中国进口的机电仪器和交通工具比重在 72% 上下浮动，从中国进口的纺织鞋帽所占比重逐渐下降，从 2012 年的 13.25% 下降至 2022 年的 9.85%。

表 5-9 2012~2022 年斯洛伐克进口中国货物商品结构　　　　单位：%

年份	农食产品	机电仪器和交通工具	化矿金属	纺织鞋帽	橡塑皮革	玩具钟表	木材纸张非金属
2012	0.67	70.46	5.91	13.25	2.75	5.71	1.25

年份	农食产品	机电仪器和交通工具	化矿金属	纺织鞋帽	橡塑皮革	玩具钟表	木材纸张非金属
2013	0.53	72.59	5.65	12.10	2.77	5.13	1.22
2014	0.53	71.70	6.05	12.59	2.90	4.88	1.36
2015	0.44	75.96	5.01	10.58	2.46	4.44	1.10
2016	0.46	74.84	5.55	10.62	2.58	4.92	1.04
2017	0.45	72.56	5.96	11.88	2.80	5.26	1.09
2018	0.51	68.21	8.31	12.57	3.45	5.70	1.24
2019	0.54	69.77	7.13	11.43	3.49	6.36	1.29
2020	0.62	70.14	7.12	12.50	3.35	5.10	1.16
2021	0.70	71.71	8.45	9.82	3.46	4.72	1.14
2022	0.75	70.23	9.52	9.85	3.36	4.93	1.35

二、要素结构

根据国际贸易标准分类方法（SITC）可以粗略地把出口产品划分为资源密集型、劳动密集型和资本密集型产品，据此 1994~2003 年斯洛伐克与中国进出口的产品结构可用表 5-10 表示（部分年份 4 类"动物及植物油、脂肪及蜡"数据缺失）。

如表 5-10 所示，2012~2022 年，斯洛伐克向中国出口的主要货物为资本技术密集型产品，其占比在 92% 上下浮动。斯洛伐克从中国进口的主要货物同为资本技术密集型产品，其占比在 69% 上下浮动；其次为劳动密集型产品，其占比在 30% 上下浮动。

表 5-10　2012~2022 年斯洛伐克进出口中国货物要素结构　　单位：%

年份	斯洛伐克出口中国			斯洛伐克进口中国		
	资源密集型产品	劳动密集型产品	资本技术密集型产品	资源密集型产品	劳动密集型产品	资本技术密集型产品
2012	0.47	5.17	94.36	0.95	30.37	68.68
2013	0.26	4.63	95.11	0.65	27.92	71.43
2014	0.24	6.13	93.62	0.70	28.92	70.38
2015	0.68	9.01	90.32	0.59	29.11	70.30

续表

年份	斯洛伐克出口中国			斯洛伐克进口中国		
	资源密集型产品	劳动密集型产品	资本技术密集型产品	资源密集型产品	劳动密集型产品	资本技术密集型产品
2016	0.68	8.69	90.63	0.58	33.93	65.49
2017	0.83	9.06	90.11	0.59	31.44	67.97
2018	1.06	8.83	90.11	1.08	32.91	66.02
2019	1.73	6.82	91.45	0.80	30.99	68.21
2020	1.54	5.50	92.96	0.75	30.20	69.04
2021	2.07	5.33	92.60	0.81	27.48	71.71
2022	1.19	4.29	94.52	0.86	31.36	67.78

三、技术结构

参考欧盟中央银行（ECB，2005）按出口产品科技含量的分类方法，在国际贸易标准分类（SITC）两位代码分类的基础上把中国出口产品分为低科技含量、中等科技含量和高科技含量三大类。

如表 5-11 所示，2012~2022 年，斯洛伐克向中国出口的主要产品为中等科技含量产品，其出口比重在 89% 上下浮动。斯洛伐克从中国进口的产品主要为高科技含量产品，其进口比重从 2012 年的 63.38% 下降到 2022 年的 53.55%，而从中国进口的中等科技含量产品占比从 2012 年的 8.63% 上升至 2022 年的 19.73%。

表 5-11　2012~2022 年斯洛伐克进出口中国货物技术结构　　单位：%

年份	斯洛伐克出口中国			斯洛伐克进口中国		
	低科技含量产品	中等科技含量产品	高科技含量产品	低科技含量产品	中等科技含量产品	高科技含量产品
2012	3.71	92.09	2.97	21.30	8.63	63.38
2013	3.12	93.36	2.46	19.72	7.81	66.41
2014	3.85	91.23	3.31	20.23	8.93	64.66
2015	4.70	87.57	5.01	17.44	9.55	67.71
2016	4.25	87.72	5.80	18.20	10.25	65.69
2017	5.19	85.57	6.11	19.89	11.58	62.27

年份	斯洛伐克出口中国			斯洛伐克进口中国		
	低科技含量产品	中等科技含量产品	高科技含量产品	低科技含量产品	中等科技含量产品	高科技含量产品
2018	5.14	84.45	7.22	22.56	16.06	53.77
2019	3.97	87.83	4.98	20.59	19.61	51.59
2020	3.59	88.69	5.24	21.48	18.99	53.09
2021	3.10	88.56	5.05	19.50	19.39	55.14
2022	2.29	91.26	4.39	20.05	19.73	53.55

四、经济用途结构

按 BEC 中的基本类型来界定，根据 1998~2022 年数据计算基本货物类别的构成。

如表 5-12 所示，2012~2022 年，斯洛伐克向中国出口的主要为汽油、载客汽车等无类型货物，其出口占比在 73% 上下波动。这一阶段斯洛伐克主要从中国进口中间货物，其进口占比最低于 2016 年达到 33.09%，随后逐渐上升至 2022 年的 50.24%。

表 5-12 2012~2022 年斯洛伐克进出口中国货物经济用途结构　　单位：%

年份	斯洛伐克出口中国				斯洛伐克进口中国			
	资本货物	中间货物	消费品	无类型	资本货物	中间货物	消费品	无类型
2012	9.16	7.24	2.80	80.80	28.70	44.60	26.68	0.02
2013	12.34	6.68	2.34	78.64	33.42	42.89	23.67	0.02
2014	13.96	9.09	2.51	74.44	37.66	38.34	23.96	0.04
2015	14.20	19.12	2.86	63.82	45.28	33.76	20.92	0.03
2016	8.24	23.98	2.70	65.08	45.58	33.09	21.26	0.07
2017	8.68	23.39	3.05	64.88	40.70	39.23	19.95	0.12
2018	10.40	19.06	2.97	67.57	34.74	43.14	22.03	0.10
2019	8.50	12.75	2.23	76.53	33.63	44.54	21.75	0.08
2020	6.97	11.20	1.83	80.00	34.00	42.35	23.64	0.02
2021	6.52	14.84	1.93	76.72	31.80	46.23	21.94	0.04
2022	5.36	13.35	1.27	80.01	29.03	50.24	20.61	0.12

第五节　斯洛伐克典型经贸政策及措施借鉴

斯洛伐克的经贸政策旨在建立稳定的市场经济环境，吸引外国投资，促进地区均衡发展，提高国家整体经济竞争力。

一、经济政策

斯洛伐克在独立后致力于建立市场经济，通过发放债券和直接出售企业进行私有化。虽然初期梅恰尔政府不透明的私有化过程带来了一些问题，但1998年起祖林达政府致力于经济改革，通过紧缩性政策和结构改造实现了宏观经济的稳定，提高了经济竞争力。这些改革措施为外国直接投资创造了稳定的环境。斯洛伐克政府积极努力满足加入欧元区的标准，并最终于2009年成功加入欧元区，以缓解国际金融危机对其经济的冲击。

为了鼓励外资投入，斯洛伐克于2001年成立了专门发展对外贸易的投资贸易发展局（Sario），通过了《重大投资项目法》《国家资助法》《投资鼓励法》等一系列法律法规，还制定了一系列投资优惠政策。[①] 斯洛伐克鼓励外商投资高附加值产业，如工业生产、技术中心等，以税收减免等形式提供投资激励。同时，受欧盟法规限制的行业则不享受这些投资鼓励措施。

为解决地区间发展不均衡问题，2008年斯洛伐克实施了《国家资助法》，向欠发达地区提供引资和创造新就业岗位的支持。随后经过修订的该法规定，资助比例根据当地失业率水平决定，并根据欧盟要求进行了调整。[②]

2017年6月，斯洛伐克经济部正式出台了"2030年斯洛伐克经济发展战略规划"，其宗旨在于确保国家经济的长期可持续性、均衡性以及广泛的包容性。为实现这一目标，战略规划强调推动科学与创新的发展，并通过优化资源配置来增强经济竞争力。同时，高度重视提升就业率，以及加强经济、社会和区域之间

---

① 资料来源：《对外投资合作国别（地区）指南——斯洛伐克（2023年版）》，第28页。
② 朱晓中. 中东欧转型20年［M］. 北京：社会科学文献出版社，2013.

的凝聚力。①

二、农业政策

斯洛伐克的农业政策在过去几十年中经历了显著的变化，特别是随着政治体制和经济结构的转型，农业领域也迎来了重大改革。

斯洛伐克在转型初期，通过了一系列法律，如《财产归还法》《财产赔偿法》和《关于在土地和其他农业财产方面改变所有权关系的法律》，为土地私有化提供了法律依据。公民有权索还历史上被国家或其他法人占用的土地，若不能直接归还，则政府发放赔偿证券，允许原土地所有者或继承人另行购买土地。这一改革极大地改变了农业生产的所有权结构，促进了农业经营的多样化和市场化。②

斯洛伐克政府采取了一系列措施来支持农业发展，包括财政补贴、税收优惠、信贷支持等。政府还鼓励农民采用现代农业生产技术和管理方法，提高农业生产效率和产品质量。此外，斯洛伐克积极参与欧盟的共同农业政策（CAP），获得了欧盟的农业补贴和资金支持。新的欧盟共同农业政策（CAP）于 2023 年 1 月 1 日正式启动，其核心理念在于推动欧洲农业部门向可持续、有弹性和现代化转变。③ 这一政策不仅致力于支持欧洲农业的发展，且有助于提升农民应对气候变化的能力和环境保护的努力。新 CAP 的实施与欧盟的"从农场到餐桌"战略和生物多样性保护策略高度契合，共同构建了一个更加绿色、健康和可持续的欧洲农业生态体系。

三、数字贸易政策

斯洛伐克通过参与欧盟的数字化议程和推动本国数字化发展，为数字贸易创造更多机遇。2021 年 3 月 9 日，欧盟委员会发布题为《2030 数字指南针：欧洲

---

① Ministerstvo hospodárstva Slovenskej republiky, "STRATÉGIA HOSPODÁRSKEJ POLITIKY SLOVENSKEJ REPUBLIKY DO ROKU 2030", June 2017, https://www.economy.gov.sk/uploads/files/zNWXbB54.pdf.

② 傅晨，王亮，张凡. 农地私有化：捷克与斯洛伐克个案及其启示 [J]. 湖南农业大学学报（社会科学版），2009，10（5）：65-68.

③ AgriBussinessGlobal，"欧盟委员会启动欧盟共同农业政策网络"，2022 年 10 月 6 日，https://www.agribusinessglobal.com/zh/。

数字十年之路》的文件①，该方案设定了欧洲数字化转型的 2030 年目标，并明确了实现这些目标的关键里程碑和方法。这些目标包括培养具有数字技能的公民和高度专业化的数字专业人员，建设安全和性能可持续的数字基础设施，推动企业数字化转型，以及实现公共服务的数字化。

　　为确保这些目标能够如期达成，欧盟委员会将构建"数字指南针"这一监测系统，每年发布《欧洲数字十年状况报告》，详细说明进展情况，并推动欧盟委员会与成员国之间的合作分析，确定解决弱项的方法，并为开展有效补救行动提出有针对性的建议。在支持多国数字项目方面，欧盟已经与成员国讨论了多个项目，包括建立多功能的泛欧互联数据处理基础设施、设计和部署下一代低功耗可信赖处理器、在全欧洲部署 5G 网络、采购超算和量子计算机等。这些项目将推动欧洲在数字基础设施、人工智能、量子计算、网络安全等领域的创新发展。此外，欧盟还通过《技能公约》等计划，建立数字技能高技术伙伴关系，以弥补 ICT 专家的差距，提升专业教育和培训的数量和质量，促进欧洲产业数字化的进程。②

---

① 2030 Digital Compass：the European way for the Digital Decade. https：//eufordigital. eu/wp-content/up-loads/2021/03/2030-Digital-Compass-the-European-way-for-the-Digital-Decade. pdf.

② 中国科学院科技战略咨询研究院，"欧盟发布《2030 数字指南针：欧洲数字十年之路》"，2021 年 8 月 9 日，http：//www. casisd. cn/zkcg/ydykb/kjqykb/2021/202105/202108/t20210809_6155230. html。

第六章

斯洛文尼亚贸易体系研究

斯洛文尼亚是一个位于东南欧的国家，于 1991 年从南斯拉夫联邦共和国独立出来。经过政治和经济转型后，斯洛文尼亚于 2004 年 5 月 1 日正式加入欧盟，同年 12 月 28 日开始正式流通欧元。2007 年 1 月 1 日，斯洛文尼亚正式加入欧元区，同年 12 月 21 日正式加入欧洲申根区。① 斯洛文尼亚的经济得到了快速发展，其 GDP 增长全球排名前十，2020 年前人均年收入超过 2.3 万美元，已经成为一个发达的资本主义国家。

第一节　斯洛文尼亚贸易总体情况

1992~2022 年，斯洛文尼亚的贸易额从 178.07 亿美元增长至 1148.82 亿美元，增长了 6.4 倍，年增长率达到 9.77%。其中，进口额从 94.92 亿美元，增加到 595.76 亿美元，年增长率达到 9.62%，出口额从 83.16 亿美元，增加到 553.06 亿美元，年增长率达到 9.94%，贸易基本保持平衡（见图 6-1）。

---

① 资料来源：《对外投资合作国别（地区）指南——斯洛文尼亚（2023 年版）》，第 2 页。

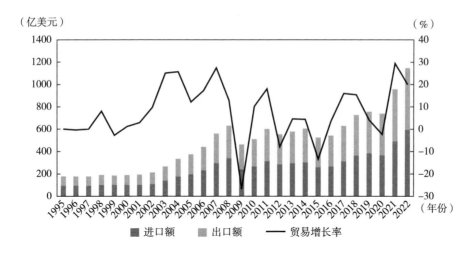

图 6-1 1995～2022 年斯洛文尼亚贸易规模变化

资料来源：作者根据联合国商品贸易统计数据库计算。

第二节 斯洛文尼亚经济贸易发展的阶段性特征

斯洛文尼亚的经济贸易发展大体分为三个阶段。

一、第一阶段：独立初期及转型阶段（1991～2003 年）

斯洛文尼亚在独立后的最初两年，经历了经济动荡、高通货膨胀和高失业率的问题。为了稳定经济形势并确立国家金融主权，斯洛文尼亚迅速建立了自己的中央银行，并发行了本国货币托拉尔，以取代南斯拉夫第纳尔。通过实施货币紧缩政策，斯洛文尼亚政府有效地控制了通货膨胀，逐步恢复了经济秩序和民众信心。

1995 年，斯洛文尼亚政府进一步推出了斯洛文尼亚经济发展战略，这一战略的核心是推进市场经济改革，包括国有企业私有化、优化产业结构、加强基础设施建设、提升劳动力市场灵活性以及积极融入国际经济体系等多方面举措。这些政策和改革的成功实施帮助斯洛文尼亚快速从计划经济向市场经济转型，并取得了显著的经济成效，从而在独立后的短短几年内，就实现了宏观经济稳定和持续增长。

这一阶段的贸易规模变化如图6-2所示。从图6-2中可以看出，斯洛文尼亚的进口额处于稳步增长的势头，年均增长率达到4.8%，出口额从83.16亿美元增长到127.69亿美元，年均增长率达到5.5%，贸易额基本保持逆差。贸易总额在1998年大幅上升、1999年短暂下降后，进入快速发展时期。

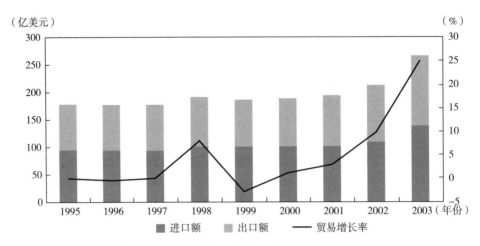

图6-2 1995~2003年斯洛文尼亚贸易规模变化

注：由于联合国商品贸易统计数据库中斯洛文尼亚贸易数据仅从1995年开始，故选取1995年为起始年份。

1995年斯洛文尼亚产品出口的前五大贸易伙伴国分别为德国、意大利、克罗地亚、法国和奥地利，在斯洛文尼亚出口中分别占比30%、15%、11%、8%和6%。2003年前五大出口目的国仍然是上述五个国家，但是法国和奥地利的排名发生了变化，奥地利上升为斯洛文尼亚的第四大出口目的国，法国变为第五大出口目的国，其占比也相对发生了变化，德国占比24%，意大利占比14%，克罗地亚占比9%，奥地利占比8%，法国占比6%。前五大出口目的国的占比整体下降，表明斯洛文尼亚的出口目的地更加多元化。

在出口方面，如表6-1所示，德国长期是斯洛文尼亚最主要的出口市场，尽管其占比在逐年降低，但依然保持了较高的份额。意大利和奥地利也是斯洛文尼亚重要的出口目的地，其份额有增有减，存在一定波动性。克罗地亚和波兰在某些年份中出口占比有显著提升，但整体而言相对稳定。俄罗斯和波黑的出口占比经历了起伏变化，尤其俄罗斯在1997年和2003年有一定幅度的增长。瑞士和匈牙利在整个时期内占比较小但相对稳定，而法国的出口占比则在早期较高，之后逐渐下滑。

表 6-1　1995~2003 年斯洛文尼亚主要出口国及其占比　　　　单位：%

年份	德国	意大利	克罗地亚	奥地利	法国	瑞士	俄罗斯	波黑	波兰	匈牙利
1995	30.16	14.57	10.71	6.43	8.19	0.89	3.67	1.43	1.26	1.38
1996	30.63	13.28	10.29	6.62	7.20	0.85	3.59	3.17	1.70	1.27
1997	29.39	14.92	10.00	6.76	5.53	0.86	3.90	3.44	1.86	1.44
1998	28.41	13.86	9.01	6.87	8.26	0.89	2.60	3.52	2.00	1.56
1999	30.74	13.76	7.85	7.28	5.74	1.08	1.51	4.25	2.22	1.69
2000	27.21	13.59	7.88	7.51	7.09	1.22	2.19	4.28	2.59	1.93
2001	26.24	12.47	8.63	7.48	6.80	1.10	3.04	4.30	2.62	1.69
2002	24.73	12.04	8.71	7.05	6.66	1.68	2.93	4.50	2.78	1.79
2003	23.09	13.06	8.93	7.32	5.65	1.36	3.09	4.18	2.76	1.98

资料来源：作者根据联合国商品贸易统计数据库计算。

在进口方面，如表 6-2 所示，德国和意大利一直是斯洛文尼亚最大的进口来源国，占比在 16%~24% 波动，显示了两国与斯洛文尼亚紧密的经济联系和贸易往来。奥地利、瑞士和法国作为西欧发达国家，也一直保持在斯洛文尼亚进口来源国中的重要地位，其进口占比虽有上下波动，但总体相对稳定。中国的进口占比自 1995 年以来逐步上升，反映出斯洛文尼亚对中国制造产品的需求不断增长。波兰、匈牙利等东欧邻国在斯洛文尼亚进口中也占有一定比例，但相比德国、意大利等国仍较小。克罗地亚作为斯洛文尼亚的邻国，在初期进口占比相对较高，但在后期占比逐渐下降。美国作为全球主要经济体，其对斯洛文尼亚的进口占比相对稳定，但数值上并不突出。

表 6-2　1995~2003 年斯洛文尼亚主要进口国及其占比　　　　单位：%

年份	德国	意大利	奥地利	中国	瑞士	法国	克罗地亚	匈牙利	美国	波兰
1995	23.24	16.97	9.68	0.56	2.13	8.41	6.06	2.81	3.07	0.40
1996	21.70	16.90	8.86	0.53	1.91	9.81	6.27	2.53	3.45	0.51
1997	20.67	16.63	8.42	0.88	1.74	10.46	4.98	3.13	3.07	0.62
1998	20.66	16.78	7.92	1.13	1.70	12.44	4.27	2.41	2.93	0.78
1999	20.55	16.72	7.95	1.34	2.15	10.91	4.40	2.65	2.92	1.10

年份	德国	意大利	奥地利	中国	瑞士	法国	克罗地亚	匈牙利	美国	波兰
2000	18.51	17.28	8.14	1.35	2.13	10.20	4.58	3.31	3.06	1.41
2001	18.50	17.52	8.22	1.56	2.30	10.45	4.08	3.72	2.95	1.48
2002	18.49	17.70	8.00	2.06	2.77	9.97	3.74	3.51	2.85	1.52
2003	18.56	17.91	8.34	2.38	2.82	9.76	3.76	3.51	2.44	1.63

资料来源：作者根据联合国商品贸易统计数据库计算。

按海关（HS）2级编码分类，出口产品可以划分为98个子行业，22个大类，本书用双边出口七大类产品①（HS2级编码分类）的结构变化，来替代在行业视角下双边出口结构的变化。表6-3和表6-4反映了1995~2003年斯洛文尼亚各行业出口和进口占比的变化趋势。

表6-3　1995~2003年斯洛文尼亚各行业出口占比　　　　单位：%

年份	农食产品	机电仪器和交通工具	化矿金属	纺织鞋帽	橡塑皮革	玩具钟表	木材纸张非金属
1995	3.74	32.19	20.64	11.65	12.71	5.95	13.12
1996	4.01	34.08	20.13	10.84	11.72	5.84	13.38
1997	3.74	34.15	21.18	10.57	10.74	6.13	13.50
1998	3.69	36.95	19.82	10.04	10.02	5.74	13.73
1999	3.71	35.99	19.93	10.25	9.21	6.00	14.91
2000	3.52	36.19	20.92	10.37	8.09	6.31	14.61
2001	3.73	38.74	22.80	8.54	7.11	8.88	10.20
2002	3.73	39.57	23.33	7.31	7.19	8.96	9.92
2003	3.58	39.13	25.11	6.35	7.51	9.03	9.29

资料来源：作者根据联合国商品贸易统计数据库计算。

表6-4　1995~2003年斯洛文尼亚各行业进口占比　　　　单位：%

年份	农食产品	机电仪器和交通工具	化矿金属	纺织鞋帽	橡塑皮革	玩具钟表	木材纸张非金属
1995	8.04	34.96	26.33	7.44	6.76	9.01	7.45

---

① 农食产品包括HS01-24章，机电仪器和交通工具包括HS84-93章，化矿金属包括HS25-38、HS72-83章，纺织鞋帽包括HS50-67章，橡塑皮革包括HS39-43章，玩具钟表包括HS71、HS94-97章，木材纸张非金属包括HS44-49、HS68-70章。

续表

年份	农食产品	机电仪器和交通工具	化矿金属	纺织鞋帽	橡塑皮革	玩具钟表	木材纸张非金属
1996	7.90	34.22	27.00	9.17	6.40	8.79	6.52
1997	7.49	33.48	27.99	9.04	6.51	8.94	6.55
1998	6.86	36.45	25.64	8.87	6.58	9.07	6.54
1999	6.35	36.99	25.80	7.99	6.75	9.33	6.79
2000	5.92	33.88	29.35	7.39	7.03	9.38	7.05
2001	6.59	36.10	31.03	8.09	8.19	2.64	7.37
2002	6.56	36.50	30.42	7.47	8.72	2.77	7.56
2003	6.32	36.83	31.18	6.57	9.06	2.75	7.28

资料来源：作者根据联合国商品贸易统计数据库计算。

在出口方面，如表6-3所示，农食产品在整个期间的出口占比相对稳定且较低，保持在3%~4%。机电仪器和交通工具是斯洛文尼亚的主要出口行业，其占比逐年上升，从1995年的32.19%增长至2003年的39.13%，显示了该国在这一领域具有较强的竞争优势。化矿金属和纺织鞋帽的出口占比在整体上呈现下降趋势，而橡塑皮革、玩具钟表和木材纸张非金属等行业的出口占比也有所波动，但总体上保持在一个较小的范围内。

在进口方面，如表6-4所示，农食产品的进口占比呈下降趋势，而机电仪器和交通工具的进口占比则相对稳定且较高，与出口结构相似，这说明斯洛文尼亚在这些领域内有一定的对外依赖性。化矿金属的进口占比有明显上升趋势，反映出国内对该类原材料的需求增加或者供应不足。纺织鞋帽和橡塑皮革的进口占比有所波动，而玩具钟表和木材纸张非金属的进口占比相对较小且变化不大。

斯洛文尼亚的对外贸易以机电仪器和交通工具为主导产业，同时对化矿金属有一定需求，农食产品及部分轻工业制品（如纺织鞋帽）的进出口比例存在差异，可能表明在这些行业中，斯洛文尼亚或在寻求国际市场补充或优化其产业结构。

二、第二阶段：快速融入欧洲体系（2004~2011年）

斯洛文尼亚在2004年加入北约和欧盟。它借助欧盟的资金支持和市场准入机会，加速了现代化进程，推动了产业结构优化和经济增长。斯洛文尼亚在2007年1月1日正式采用欧元作为其国家货币，成为欧元区的一部分。这一步骤标志着斯洛文尼亚在货币政策上与欧盟的进一步融合，并有助于降低交易成本，促进跨境贸易和投资。斯洛文尼亚整体贸易平稳发展，到 2008 年增长至 628 亿美元。

但 2008 年由于受到全球经济危机和欧债危机的影响，斯洛文尼亚的进出口贸易遭受了显著冲击。在欧债危机期间及其后续效应中，斯洛文尼亚作为欧元区成员国，其经济高度依赖对欧出口，而欧债危机带来的欧元区整体经济疲软、市场需求下降以及金融市场动荡，直接导致斯洛文尼亚对外贸易的萎缩。此外，欧债危机还加剧了斯洛文尼亚国内金融市场的不稳定性。

这一阶段的贸易规模变化如图 6-3 所示。从图 6-3 中可以看出，斯洛文尼亚的进口额先大幅上升后又短暂下降，从 175.69 亿美元增长到 312.37 亿美元，年均增长率达到 8.6%，出口额从 158.79 亿美元增长到 289.84 亿美元，年增长率达到 8.9%，贸易额保持逆差。贸易总额在 2008 年大幅上升，2009 年短暂下降后，进入快速发展时期。

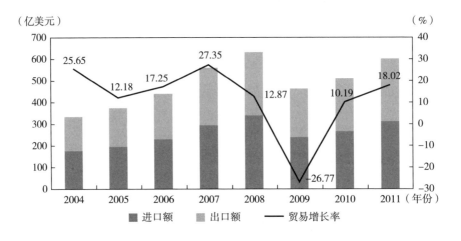

图 6-3　2004~2011 年斯洛文尼亚贸易规模变化

资料来源：作者根据联合国商品贸易统计数据库计算。

在出口方面，如表 6-5 所示，德国作为斯洛文尼亚最重要的出口市场，其市场份额在 2004~2007 年有所下降，但在 2011 年又有所回升，始终保持在 18%~22%，显示了斯洛文尼亚与德国之间密切的贸易关系。意大利和奥地利也是斯洛文尼亚的主要出口对象国，市场份额总体来说维持在一个相对稳定的区间。法国、瑞士和俄罗斯的市场份额在不同时期各有升降。塞尔维亚作为一个新兴市场，在这段时间内其在斯洛文尼亚出口中的份额逐渐增加，尤其是在 2006~2008 年增幅明显。克罗地亚和波兰这两个邻国的市场份额在大部分时间内呈现下降趋势，尤其是克罗地亚。匈牙利作为斯洛文尼亚的另一个邻国，其在斯洛文尼亚出口中的占比整体较为稳定。

表 6-5　2004~2011 年斯洛文尼亚主要出口国及其占比　　　　单位：%

年份	德国	意大利	克罗地亚	奥地利	法国	瑞士	俄罗斯	塞尔维亚	波兰	匈牙利
2004	21.56	13.03	9.11	7.47	6.46	1.11	3.28	0.00	2.69	1.94
2005	19.91	12.66	9.05	8.06	8.26	1.32	3.24	0.00	2.53	1.97
2006	19.71	12.90	8.68	8.67	6.78	0.93	3.55	3.46	2.92	2.31
2007	18.85	13.24	8.04	7.81	6.60	0.98	3.56	3.81	3.18	3.35
2008	18.89	12.09	8.57	7.84	6.53	0.85	4.06	3.99	3.50	3.12
2009	19.69	11.60	7.72	7.79	8.48	1.01	3.27	4.00	2.92	2.86
2010	19.63	12.11	6.71	8.08	8.05	1.06	3.20	3.69	3.42	2.94
2011	21.09	11.90	6.75	7.75	6.73	1.25	3.59	3.38	3.12	2.96

资料来源：作者根据联合国商品贸易统计数据库计算。

在进口方面，如表 6-6 所示，德国和意大利长期以来都是斯洛文尼亚最重要的进口来源国，二者占比相对稳定，且经常交替领先，体现了斯洛文尼亚与其邻国之间深厚的经济联系。中国作为非欧洲国家，在斯洛文尼亚进口中的占比逐年攀升，从 2004 年的 2.72% 增长到 2012 年的 5.45%，表明斯洛文尼亚对中国制造的产品需求不断增加。奥地利、法国、瑞士等欧洲国家也是斯洛文尼亚的重要进口来源地，但各自占比在此期间呈现波动状态，有时上升，有时下降。克罗地亚、匈牙利、波兰等周边中东欧国家在斯洛文尼亚进口中占有一席之地。

表 6-6　2004~2011 斯洛文尼亚主要进口国及其占比　　　　单位：%

年份	德国	意大利	奥地利	中国	瑞士	法国	克罗地亚	匈牙利	美国	波兰
2004	17.67	17.52	8.24	2.72	1.97	8.37	3.65	3.09	2.35	1.57
2005	17.24	17.39	7.91	3.00	1.65	7.32	3.92	2.99	1.97	1.57
2006	18.00	17.04	8.25	3.16	1.75	6.23	4.02	2.85	2.14	1.76
2007	17.47	16.55	8.34	3.71	1.33	5.60	3.95	2.63	2.37	1.86

年份	德国	意大利	奥地利	中国	瑞士	法国	克罗地亚	匈牙利	美国	波兰
2008	16.98	16.47	8.31	4.29	1.20	5.27	3.65	2.86	2.81	1.99
2009	16.56	15.67	8.26	4.99	1.86	5.47	3.75	2.68	3.00	2.24
2010	16.07	15.63	7.86	5.55	1.94	5.38	3.94	2.85	2.44	2.16
2011	16.17	16.51	7.83	5.13	1.55	4.46	4.09	2.95	3.14	2.14
2012	16.18	17.31	8.10	5.45	1.42	4.10	4.30	3.07	2.30	2.17

资料来源：作者根据联合国商品贸易统计数据库计算。

斯洛文尼亚的进口市场多元化，既包括传统的欧洲邻国，也包括远东的中国，反映出其在全球范围内寻求经济合作的开放姿态。同时，随着时间推移，斯洛文尼亚对亚洲尤其是中国的进口依赖度呈现上升趋势。

在出口方面，如表6-7所示，农食产品的出口占比呈现出逐步上升的趋势，由2004年的2.79%上升至2011年的4.21%。机电仪器和交通工具一直是斯洛文尼亚最重要的出口行业，虽然在2007年出口占比达到峰值42.60%，但在后续几年中占比稍有下降。化矿金属的出口占比在2009年之前呈上升趋势，之后保持高位，成为斯洛文尼亚的重要出口商品。纺织鞋帽、橡塑皮革、玩具钟表、木材纸张非金属等其他行业的出口占比在此期间基本呈现下降态势。

表6-7　2004~2011年斯洛文尼亚各行业出口占比　　单位：%

年份	农食产品	机电仪器和交通工具	化矿金属	纺织鞋帽	橡塑皮革	玩具钟表	木材纸张非金属
2004	2.79	40.36	25.82	5.67	7.40	9.09	8.87
2005	2.88	41.64	26.48	5.33	7.33	7.95	8.38
2006	3.10	40.48	29.70	4.65	7.31	7.00	7.77
2007	3.33	42.60	29.04	4.27	6.82	6.07	7.88
2008	3.90	42.10	30.22	3.98	6.45	5.58	7.77
2009	4.37	42.68	29.08	4.12	6.39	4.96	8.39
2010	4.22	40.97	31.63	3.98	6.88	4.49	7.84
2011	4.21	38.67	33.76	3.93	7.31	4.56	7.56

资料来源：作者根据联合国商品贸易统计数据库计算。

在进口方面，如表6-8所示，农食产品的进口占比整体上扬，特别是在经济危机后的 2009 年出现较大幅度的增长。机电仪器和交通工具的进口占比经历了先降后升再降的过程，但仍保持较高的比重。化矿金属的进口占比持续增加，到 2011 年已超过 39%，显示出斯洛文尼亚对这类资源的较大需求。其他行业的进口占比大多呈现波动下降的趋势，只有橡塑皮革和玩具钟表、木材纸张非金属等行业在个别年份有小幅度上升。

表 6-8　2004~2011 年斯洛文尼亚各行业进口占比　　　　　单位：%

年份	农食产品	机电仪器和交通工具	化矿金属	纺织鞋帽	橡塑皮革	玩具钟表	木材纸张非金属
2004	6.29	36.62	32.75	5.79	8.79	3.03	6.72
2005	6.47	35.10	35.04	5.63	8.60	2.84	6.32
2006	6.44	34.85	36.74	5.10	8.14	2.72	6.01
2007	6.81	36.65	34.97	4.74	7.64	2.82	6.36
2008	7.28	35.73	36.82	4.49	7.06	2.77	5.85
2009	9.30	34.69	33.98	5.16	7.25	3.07	6.54
2010	8.38	32.49	37.55	4.75	7.64	2.94	6.25
2011	8.49	30.40	39.66	4.62	7.87	3.15	5.81
2012	8.39	29.28	41.54	4.21	7.99	2.87	5.72

资料来源：作者根据联合国商品贸易统计数据库计算。

总体来说，在这段时间内，斯洛文尼亚的对外贸易结构以机电仪器、交通工具及化矿金属为主导，农食产品和相关原材料的进出口均有所增长，而纺织鞋帽、橡塑皮革等相关轻工制造业的进出口占比较为稳定并在一定程度上有所下滑。

三、第三阶段：欧债危机后（2012 年至今）

斯洛文尼亚在 2012 年后继续面临欧洲债务危机的影响，政府采取了一系列紧缩措施来减少财政赤字和债务水平。这些措施包括减少公共部门的开支、降低最低工资标准、减少养老金提取比例以及削减医疗保险覆盖范围。

2020 年，受到新冠疫情冲击的影响，全球范围内实施的封锁措施和旅行限制，斯洛文尼亚经济活动大幅度放缓，这是自 2008 年国际金融危机以来最严重的经济衰退，斯洛文尼亚的对外贸易出现了波动。

随着疫情的防控措施逐渐放宽，斯洛文尼亚经济在随后的季度里显示出明显的反弹迹象。2021 年第二季度，斯洛文尼亚的 GDP 实现了同比增长 16.3% 的显著增长，反映出随着疫情管控放松，经济开始恢复活力。

这一阶段的贸易规模变化如图 6-4 所示。从图 6-4 中可以看出，斯洛文尼亚的进口额处于稳步增长的势头，出口额从 283.83 亿美元增长到 595.76 亿美元，年增长率达到 7.6%，出口额从 270.80 亿美元增长到 553.06 亿美元，年增长率达到 7.4%，贸易额保持逆差，贸易总额稳步增长。

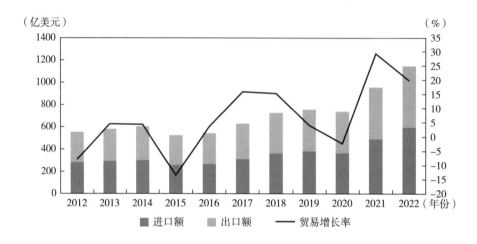

图 6-4 2012~2022 年斯洛文尼亚贸易规模变化

资料来源：作者根据联合国商品贸易统计数据库计算。

在出口方面，如表 6-9 所示，德国一直是斯洛文尼亚最主要的出口市场，但市场份额从 2012 年的 21.16% 下降至 2022 年的 14.53%。斯洛文尼亚对意大利、奥地利和克罗地亚的出口占比在一定范围内波动，但总体保持相对稳定。法国、瑞士的出口市场份额有所波动，瑞士在 2022 年的出口占比显著提高。对俄罗斯和塞尔维亚的出口占比在某些年份有所增加，但在 2022 年分别降至 2.23% 和 2.78%。对波兰和匈牙利的出口占比较为稳定，波兰略高于匈牙利。

表 6-9 2012~2022 年斯洛文尼亚主要出口国及其占比　　　　单位：%

年份	德国	意大利	克罗地亚	奥地利	法国	瑞士	俄罗斯	塞尔维亚	波兰	匈牙利
2012	21.16	11.31	6.44	8.22	5.51	1.19	4.47	3.53	2.98	2.62
2013	20.38	11.56	6.89	8.67	5.28	1.36	4.73	3.46	2.99	2.91

续表

年份	德国	意大利	克罗地亚	奥地利	法国	瑞士	俄罗斯	塞尔维亚	波兰	匈牙利
2014	20.04	11.87	7.72	8.89	5.09	1.64	4.38	3.25	3.23	2.98
2015	20.64	11.23	7.77	8.29	4.94	1.71	3.32	3.47	3.41	2.90
2016	20.65	10.94	8.31	7.82	4.72	1.74	3.01	3.61	3.26	2.82
2017	20.19	11.51	7.99	7.55	5.62	1.89	2.95	3.32	3.08	2.72
2018	20.30	12.47	8.11	7.54	5.59	2.36	2.56	3.25	2.98	2.84
2019	18.86	11.55	8.61	6.77	5.44	6.79	2.64	3.26	2.94	2.75
2020	18.04	9.32	8.01	6.38	5.17	12.13	2.61	3.31	3.02	2.59
2021	17.52	10.51	7.81	6.47	4.40	13.41	2.17	3.09	2.93	2.61
2022	14.53	10.64	8.43	6.61	3.39	20.98	2.23	2.78	2.50	2.50

资料来源：作者根据联合国商品贸易统计数据库计算。

在进口方面，如表6-10所示，德国和意大利长期以来都是斯洛文尼亚最重要的进口来源国，但两者的市场份额都有所下滑，尤其是意大利的进口占比从2012年的17.31%降低至2022年的10.28%。中国作为进口来源国的地位显著提升，尤其在2020年以后，市场份额超过奥地利，成为斯洛文尼亚第二大进口来源国。瑞士和法国的进口占比在某些年份有显著增长，尤其瑞士在2020年和2022年表现出强劲增长势头。斯洛文尼亚对克罗地亚、匈牙利、美国和波兰的进口占比在10年间也有不同程度的波动，其中对美国和波兰的进口占比有所减少。

表6-10　2012~2022年斯洛文尼亚主要进口国及其占比　　单位：%

年份	德国	意大利	奥地利	中国	瑞士	法国	克罗地亚	匈牙利	美国	波兰
2012	16.18	17.31	8.10	5.45	1.42	4.10	4.30	3.07	2.30	2.17
2013	17.10	15.28	8.68	4.98	1.78	4.26	4.61	3.21	2.74	2.38
2014	16.49	15.11	8.64	5.74	1.92	3.85	4.15	3.02	2.15	2.37
2015	17.21	14.66	8.60	6.45	1.93	3.81	4.77	2.75	2.53	2.65
2016	17.55	14.18	8.11	6.52	1.90	4.04	4.96	2.82	2.49	2.78
2017	17.08	14.46	7.96	6.31	2.32	4.35	4.45	2.75	2.55	2.81
2018	16.29	13.66	8.08	6.23	3.10	4.23	4.43	2.61	2.95	2.82
2019	14.51	12.61	8.15	6.12	9.02	3.51	3.98	2.49	2.14	2.56
2020	14.05	10.84	7.50	7.33	12.69	3.05	3.79	2.36	1.94	2.60

年份	德国	意大利	奥地利	中国	瑞士	法国	克罗地亚	匈牙利	美国	波兰
2021	13.05	10.58	6.63	12.86	11.03	2.78	4.48	2.20	1.49	2.66
2022	10.65	10.28	6.67	11.93	15.38	2.64	4.02	2.27	1.88	2.62

资料来源：作者根据联合国商品贸易统计数据库计算。

在出口方面，如表6-11所示，机电仪器和交通工具类产品作为斯洛文尼亚的重要出口类别，尽管在整体出口中的比重有所下滑，从2012年的38.15%下降至2022年的29.15%，但仍保持着重要地位。与此同时，化学矿物制品及金属产品的出口表现强劲，出口量逐年增长，到了2020年已经成为斯洛文尼亚出口的最大类别，占有39.43%的比重，并且这个比例在接下来的两年间继续上升，至2022年已增长到50.85%，显示出这些产品在国际市场上的竞争力增强以及斯洛文尼亚产业结构的相应调整。

表6-11　2012~2022年斯洛文尼亚各行业出口占比　　单位：%

年份	农食产品	机电仪器和交通工具	化矿金属	纺织鞋帽	橡塑皮革	玩具钟表	木材纸张非金属
2012	3.93	38.15	35.17	3.76	7.10	4.41	7.48
2013	4.12	37.73	35.53	3.60	7.32	4.19	7.52
2014	4.22	38.44	34.82	3.69	7.20	4.16	7.48
2015	4.43	39.73	33.57	3.31	7.17	4.25	7.54
2016	4.56	40.75	31.83	3.35	7.17	4.76	7.58
2017	4.50	42.19	31.72	3.30	7.01	4.26	7.02
2018	4.59	41.91	32.41	3.06	7.09	4.08	6.87
2019	4.52	39.57	36.02	2.86	6.63	4.09	6.32
2020	4.75	37.19	39.43	2.64	6.22	3.68	6.09
2021	4.51	35.56	41.48	2.68	6.52	3.29	5.96
2022	3.85	29.15	50.85	2.27	5.55	2.67	5.65

资料来源：作者根据联合国商品贸易统计数据库计算。

在进口方面，如表6-12所示，2012~2017年，农食产品的进口占比相对稳定，保持在8%~9%，随后逐年下降，表明斯洛文尼亚在这一时期的农业自给率可能有所提高，或对外部农产品需求减少。机电仪器和交通工具该行业进口占比在2012~2016年波动上升，达到峰值35.90%，之后逐渐下滑，至2022年降到24.92%，可能反映斯洛文尼亚在高端制造业方面尝试提升本土生产能力，或是外部市场环境影响了进口需求。化矿金属的进口占比在整体上呈上升趋势，从2012年的41.54%上升至2022年的54.10%，显示斯洛文尼亚对矿产资源和化工原料的依赖度在逐年增高。纺织鞋帽、橡塑皮革、玩具钟表和木材纸张非金属等轻工产品的进口占比普遍呈现下降趋势，表明斯洛文尼亚在这些行业中可能提升了自身的生产和供应能力，或是在全球贸易中转移了采购来源。

表6-12　2012~2022年斯洛文尼亚各行业进口占比　　　　单位：%

年份	农食产品	机电仪器和交通工具	化矿金属	纺织鞋帽	橡塑皮革	玩具钟表	木材纸张非金属
2012	8.39	29.28	41.54	4.21	7.99	2.87	5.72
2013	8.74	31.29	39.43	4.24	7.88	2.56	5.87
2014	8.71	32.24	37.55	4.78	8.13	2.61	5.99
2015	9.00	33.60	35.50	4.74	8.22	2.75	6.19
2016	9.05	35.90	32.61	4.85	8.25	2.94	6.41
2017	8.46	36.29	33.74	4.61	8.08	2.86	5.96
2018	7.99	36.06	35.06	4.22	7.85	2.75	6.06
2019	7.51	33.70	39.79	3.92	6.97	2.66	5.45
2020	7.91	31.93	41.17	3.91	6.59	2.94	5.55
2021	6.69	29.66	46.27	3.45	6.58	2.80	4.55
2022	5.92	24.92	54.10	2.99	5.61	2.40	4.05

资料来源：作者根据联合国商品贸易统计数据库计算。

第三节　斯洛文尼亚参与全球价值链供应链情况

在了解了斯洛文尼亚总体对外贸易情况及阶段特征后，本节从斯洛文尼亚参与全球价值链供应链情况来分析其在全球价值链分工中所处的地位。后文主要从各行业出口贸易增加值、GVC前向和后向参与度以及GVC地位变化三个角度来分析。

一、各行业出口贸易增加值

贸易增加值是指在全球价值链中，各个国家通过生产过程添加的价值总和。它有助于国家了解自身的经济表现，还可以揭示全球贸易中的增值流动和利益分配情况。这对于制定贸易政策、推动产业升级和国际合作等方面都具有重要的指导意义。

贸易增加值的计算公式为：

$$SVA = VA_{pdp} + VA_{rtp} + VA_{sgvc} + VA_{cgvc}$$

根据 UIBE GVC 数据库数据，本书列出了斯洛文尼亚 2007~2021 年国内增加值占比排名前十的行业，分别是化学品和化学产品、基本金属和金属制品、电气和光学设备、运输设备、机械（未另分类）、内陆运输、批发贸易和委托贸易，汽车和摩托车除外、橡胶和塑料、商业活动的租赁、其他支持和辅助运输活动、旅行社的活动。

斯洛文尼亚各行业出口贸易增加值占比最大的为化学品和化学产品。斯洛文尼亚的化学品行业，从 19 世纪中期第一家为奥匈帝国进行生产的军用化学工厂（即现在 KRKA 公司）成立至今，已经形成以生产医药及医药中间体、化妆品、化学制剂、橡胶及塑料制品等为主的现代化学工业格局。随着汉高、诺华、固特异、科莱恩特等知名外资化工企业的进入，斯洛文尼亚化工产业正逐渐向生产有专利技术的高附加值产品转型。

根据表 6-13 可知，化学品和化学产品行业在初期的占比相对稳定，随后出现一定幅度的波动，2017 年后占比明显下滑，但在 2021 年略有回升。基本金属和金属制品、机械以及运输设备等行业在斯洛文尼亚经济中占有重要地位，其在国内增加值中的占比大多保持在 10% 左右，其中基本金属和金属制品行业在 2017 年以后占比有所上升。商业活动的租赁、内陆运输、批发贸易和委托贸易等服务性行业表现较为稳定，有时甚至呈现增长态势，尤其是在 2017 年后，商业活动租赁和批发贸易的占比显著提升，反映出服务业在斯洛文尼亚经济中的贡献度持续增强。

表 6-13　2007~2021 年斯洛文尼亚国内增加值占比前十的行业　单位：%

年份	C09 化学品和化学产品	C12 基本金属和金属制品	C14 电气和光学设备	C15 运输设备	C13 机械（未另分类）	C23 内陆运输	C20 批发贸易和委托贸易，汽车和摩托车除外	C10 橡胶和塑料	C30 商业活动的租赁	C26 其他支持和辅助运输活动、旅行社的活动
2007	12.80	12.64	9.93	7.38	6.75	6.24	4.59	4.25	4.23	2.48
2008	12.25	12.07	9.38	6.99	7.01	6.41	5.29	3.88	4.98	2.49
2009	13.43	9.61	9.08	7.50	6.65	6.31	5.80	4.21	5.28	2.36

续表

年份	C09 化学品和化学产品	C12 基本金属和金属制品	C14 电气和光学设备	C15 运输设备	C13 机械（未另分类）	C23 内陆运输	C20 批发贸易和委托贸易，汽车和摩托车除外	C10 橡胶和塑料	C30 商业活动的租赁	C26 其他支持和辅助运输活动、旅行社的活动
2010	13.91	10.73	9.76	7.56	6.05	6.20	5.15	4.33	5.17	2.59
2011	13.63	11.54	9.24	6.99	6.43	6.74	5.05	4.23	4.83	2.76
2012	14.09	11.66	9.51	6.93	6.60	6.73	4.74	3.93	4.84	2.85
2013	14.53	11.60	9.13	6.22	6.52	6.70	4.83	4.23	4.78	2.85
2014	13.91	11.38	8.74	6.45	6.33	7.15	4.77	4.18	5.07	3.08
2015	13.50	11.85	8.86	7.19	6.25	7.08	4.58	4.24	4.71	3.78
2016	12.60	12.07	9.98	6.22	6.50	7.17	4.63	4.44	4.85	3.90
2017	9.64	9.01	7.15	5.36	4.85	5.55	6.50	3.11	14.69	5.81
2018	8.87	8.82	6.11	4.67	4.90	5.55	7.21	3.01	15.33	6.48
2019	9.00	7.99	5.96	4.32	4.94	5.57	8.05	2.96	16.68	7.14
2020	10.51	7.30	6.38	4.34	5.21	5.47	8.03	3.11	16.31	6.40
2021	9.93	7.52	5.65	3.47	4.81	5.47	8.57	2.81	17.83	6.09

资料来源：UIBE GVC 数据库。

二、GVC 前向和后向参与度

全球价值链的前向参与度和后向参与度是衡量一个国家或地区在国际分工体系中深度融入全球经济一体化程度的重要指标。

前向参与度是指一国生产的出口品中被其他国家进口作为中间品占 GDP 的比重，其值越高表明它在供给角度对全球价值链的依赖程度越大。后向参与度是指一国从全球进口需求中间品占 GDP 的比重，其值越高表明它在需求角度对全球价值链的依赖程度越大。前向参与度高的国家多位于全球价值链供应链的上游，主要出口中间产品和服务；而后向参与度高的国家则主要依赖中间品进口进行生产加工和服务，多位于全球价值链供应链的下游。

根据图 6-5 可知，斯洛文尼亚在全球价值链中的前向参与度和后向参与度整体上都呈现上升趋势，特别是在 2012 年以后，前向参与度超过了后向参与度，表明斯洛文尼亚在国际分工体系中的地位不断提升，不仅在利用外部资源方面更加深入，而且在影响全球最终产品制造环节的能力也在加强。不过，在 2020 年时，两项参与度指数都有所回落，可能是受到当年全球经济形势和新冠疫情等因素的影响，而在 2021 年又有所恢复。

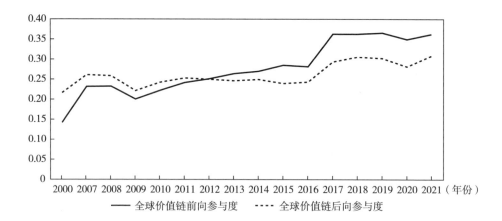

图 6-5 斯洛文尼亚前向参与度和后向参与度指数（基于 WWYZ（2017）方法计算）
资料来源：UIBE GVC 数据库。

三、GVC 地位变化

本书采用 Wang 等（2017）提出的 GVC 位置指数的测算方法，其计算公式为：

$$GVCP = \frac{plv\_GVC}{ply\_GVC} GVCP$$

GVCP 是全球价值链位置指数，该指数的值越大，表明国家越处于上游。各国在全球价值链上的位置决定了它们在整个产业链条中获取的价值份额，越靠近价值链高端的国家通常可以获得更高的附加值。

斯洛文尼亚作为中东欧地区的一个发达国家，其在全球价值链的地位随着时间推移有所提升。尤其是在加入欧盟之后，斯洛文尼亚得益于欧盟单一市场的便利条件，进一步融入了全球生产网络。

根据图 6-6 可知，斯洛文尼亚的全球价值链地位指数从 2000 年至 2021 年期间呈现出上升的趋势，尤其是在 2011 年之后，指数增长迅速，虽然有一定波动，但仍保持在相对高位，这表明斯洛文尼亚在全球供应链中的角色越来越重要，其参与全球价值链的程度和影响力都在不断提升。

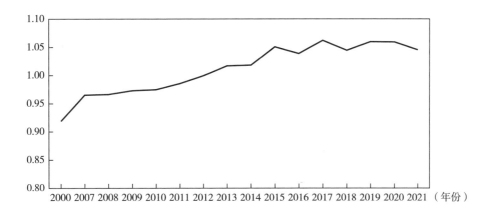

图 6-6　斯洛文尼亚全球价值链地位

资料来源：UIBE GVC 数据库。

第四节　斯洛文尼亚与中国的经贸关系

1991 年 6 月 25 日，斯洛文尼亚宣布脱离南斯拉夫独立。1992 年 4 月 27 日，中国承认斯洛文尼亚，5 月 12 日两国签署建交公报，正式建立外交关系。建交后，两国开始探讨经贸合作的可能性，并签署了一系列协定，包括《中华人民共和国政府同斯洛文尼亚共和国政府经济贸易合作协定》《中华人民共和国政府同斯洛文尼亚共和国政府关于鼓励和相互保护投资协定》等，为双边经贸关系的发展奠定了基础。1995~2022 年斯洛文尼亚对中国贸易规模变化如图 6-7 所示。

2012 年，中国—中东欧国家合作机制建立，该机制是中国与中东欧十几个国家之间建立的。这一合作机制旨在促进中国与中东欧国家之间的贸易、投资、基础设施建设、人文交流以及其他多个领域的务实合作，进一步深化双方关系，拓宽合作空间，并且是在全球经济一体化背景下，中国拓展与欧洲关系的一个重要组成部分。自合作机制建立以来，中国与中东欧国家的贸易额显著增长，双向投资规模不断扩大，合作项目在基础设施建设、能源、交通运输等方面取得了积极进展。

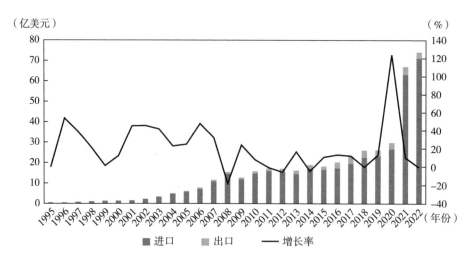

图 6-7 1995～2022 年斯洛文尼亚对中国贸易规模变化

资料来源：作者根据联合国商品贸易统计数据库计算。

2017 年 11 月，中斯两国签署了关于共同推进"一带一路"建设的谅解备忘录，这一举措有助于进一步促进双方在基础设施建设、贸易便利化等方面的深度合作，标志着双方在经济合作方面的深化。2019 年，斯洛文尼亚经济发展和技术部长波契瓦尔舍克先后来华出席第二届"一带一路"国际合作高峰论坛和第二届中国国际进口博览会[①]。

2024 年 4 月，斯洛文尼亚副总理兼外长法永于对中国进行正式访问，其间双方回顾了中斯建交 30 多年来的友好关系，表示尽管两国在社会制度和文化上有差异，但相互尊重、理解和欣赏，并且在核心利益上相互支持[②]。中斯友好关系为斯洛文尼亚的经贸发展提供了良好机遇。

一、商品结构

在斯洛文尼亚出口中国方面，HS 编码 85（电机、电气设备及其零件）的出口占比经历了较大的波动，从 2012 年的约 27.69% 到 2022 年的 16.33%，整体呈下降趋势。类似地，其他各类商品的出口占比也各有起伏，比如 HS 编码 84（核

---

① 《中国同斯洛文尼亚双边关系》，载中华人民共和国外交部，http：//newyork. fmprc. gov. cn/gjhdq_ 676201/gj_676203/oz_678770/1206_679738/sbgx_679742。

② 《2024 年 4 月 15 日外交部发言人林剑主持例行记者会》，载中华人民共和国外交部，https：// www. fmprc. gov. cn/fyrbt_673021/202404/t20240415_11281890. shtml。

反应堆、锅炉、机器、机械器具及零件）的出口占比在某些年份达到近20%，而HS编码29（有机化学品）在部分年份中也有显著增长。

在中国出口斯洛文尼亚方面，HS编码85在2012年的出口占比为17.11%，并且在2017年略有下降至17.72%，但在2020年显著增长至29.73%，然后在2021年进一步增长至33.43%，表明这一类别的商品在这段时间内对斯洛文尼亚的出口显著增长。HS编码84在2012年占比为13.98%，此后几年波动不大，但在2020年下降至11.83%。HS编码87（车辆及其零件、附件，铁道及电车道车辆除外）在2012年的出口占比为1.62%，但在2022年显著增长至23.92%，这表明在这段时间内，这一类别的出口有了显著的增长。

总体而言，这些数据点凸显了中国与斯洛文尼亚之间贸易的多元化和技术含量，同时也体现了全球化背景下产业链和供应链的合作特点。

二、要素结构

按照国际标准SITC一位数分类，对外贸易产品可分为0~9类，其中0~4类为初级商品，包括食品和供主要食用的活动物，饮料及烟类，非食用原料，矿物燃料、润滑油及有关原料和动植物油脂及蜡等，一般归类为资源密集型产品；6类为皮革制品、橡胶制品、木制品（不包括家具）、纸板、纺织纱线和制品、钢铁、金属制品等，第8类为家具及其零件、床上用品、旅游用品、服装、鞋子等制品，一般归类为劳动密集型产品；第5类为化学品及有关产品，第7类为机械和运输设备，第9类为杂项制品和其他未分类产品，我们将这三类产品归为资本密集型产品。

表6-14和表6-15反映了2012~2022年斯洛文尼亚对中国要素结构的占比，以及同一时期中国对斯洛文尼亚要素结构的占比。

表6-14　2012~2022年斯洛文尼亚出口中国要素结构占比

年份	资源密集型产品		劳动密集型产品		资本密集型产品	
	总额（美元）	占比（%）	总额（美元）	占比（%）	总额（美元）	占比（%）
2012	19838263	11.40	30133762	17.32	124029674	71.28
2013	11251785	6.67	35115630	20.81	122360122	72.52
2014	9807458	5.26	39307633	21.08	137366569	73.66
2015	14294041	8.69	38497126	23.40	111700087	67.91

续表

年份	资源密集型产品		劳动密集型产品		资本密集型产品	
	总额（美元）	占比（%）	总额（美元）	占比（%）	总额（美元）	占比（%）
2016	11665504.99	3.88	47346197.73	15.75	241665921.2	80.37
2017	23429321.22	6.52	58219486.22	16.21	277438033.7	77.26
2018	21871340.56	6.07	56282005.71	15.62	282066213.9	78.30
2019	37558497.87	12.63	70819884.78	23.82	188982716.4	63.55
2020	44113409.02	13.83	76559779.51	24.01	198243703.6	62.16
2021	44275586.4	11.07	116903697.5	29.23	238793748.2	59.70
2022	48237214.24	14.94	89504216.16	27.72	185175739.3	57.34

资料来源：作者根据联合国商品贸易统计数据库计算。

表6-15　2012~2022年中国出口斯洛文尼亚要素结构占比

年份	资源密集型产品		劳动密集型产品		资本密集型产品	
	总额（美元）	占比（%）	总额（美元）	占比（%）	总额（美元）	占比（%）
2012	32623093	2.08	849751085	54.24	684266465	43.68
2013	27682362	1.51	1009677428	55.09	795452489	43.40
2014	42502346	2.13	1064158338	53.42	885281255	44.44
2015	47251225	2.26	1070034996	51.16	974448530	46.59
2016	42784386	1.89	1194165434	52.62	1032476986	45.50
2017	51226052	1.77	1624097146	56.26	1211606627	41.97
2018	67749583	1.53	2866751883	64.80	1489732157	33.67
2019	46257435	1.36	1753649080	51.40	1611616767	47.24
2020	58800285	1.70	1460356189	42.30	1933037556	55.99
2021	62404798	1.18	1782232791	33.64	3452985003	65.18
2022	64182179	0.94	2014230757	29.36	4782813355	69.71

资料来源：作者根据联合国商品贸易统计数据库计算。

在斯洛文尼亚出口到中国方面，资源密集型产品在2012年占斯洛文尼亚对中国出口总额的11.40%，并在2022年增长至14.94%，表明这类产品如原材料、农产品等的出口占比有所增加。劳动密集型产品从2012年的17.32%逐渐增长至2022年的27.72%，这可能反映了斯洛文尼亚在劳动密集型产业如制造业和手工业方面的出口增长。资本密集型产品在2012年占斯洛文尼亚对中国出口的

71.28%，但在 2022 年降至 57.34%，尽管仍是最大比例，但显示了资本密集型产业如机械设备、化工产品等出口占比有所下降（见表 6-14）。

在中国出口到斯洛文尼亚方面，资源密集型产品从 2012 年的 2.08%逐渐减少至 2022 年的 0.94%，这可能表明中国在资源密集型产业对斯洛文尼亚的出口占比有所下降。劳动密集型产品在 2012 年占中国对斯洛文尼亚出口的 54.24%，但在 2022 年降至 29.36%，显示了劳动密集型产业如纺织品、鞋类等的出口占比减少。资本密集型产品从 2012 年的 43.68%显著增长至 2022 年的 69.71%，这表明中国在资本密集型产业对斯洛文尼亚的出口占比大幅增加，反映了技术或资本密集型商品如电子产品、机械设备等出口的增长（见表 6-15）。

斯洛文尼亚对中国的出口产品结构逐渐从资本密集型产品向劳动密集型和资源密集型产品转移，这可能与全球市场需求变化、生产成本、产业结构调整或贸易政策有关。中国对斯洛文尼亚的出口产品结构从劳动密集型产品向资本密集型产品转移，这可能反映了中国产业结构的升级和技术进步。两国的出口产品结构变化可能与双方经济结构的互补性有关。随着时间的推移，两国可能在不同领域寻找新的合作机会和市场定位。

三、技术结构

SITC 一至二位数编码分类过于粗糙，不能准确地反映贸易品的层级结构。针对 SITC 三位数编码的产品，Lall（2000）把贸易品划分为初级产品、资源密集型制成品、低技术制成品、中等技术制成品和高技术制成品。这里参考 Lall 的分类方法，把中国出口产品分为低科技含量、中等科技含量和高科技含量三大类。

表 6-16 和表 6-17 反映了 2012~2022 年斯洛文尼亚出口到中国以及中国出口到斯洛文尼亚的技术结构占比情况。

表 6-16　2012~2022 年斯洛文尼亚出口中国技术结构占比

年份	低技术含量		中等技术含量		高技术含量	
	总额（美元）	占比（%）	总额（美元）	占比（%）	总额（美元）	占比（%）
2012	45899404	34.96	41592527	31.68	43794397	33.36
2013	38874182	29.72	40056149	30.62	51874383	39.66
2014	42885567	30.17	37624865	26.47	61642261	43.36
2015	45448398	35.72	34854545	27.40	46922698	36.88

续表

年份	低技术含量		中等技术含量		高技术含量	
	总额（美元）	占比（%）	总额（美元）	占比（%）	总额（美元）	占比（%）
2016	52115708.56	19.61	149274670.3	56.17	64345185.51	24.21
2017	74169435.66	22.63	169826695.3	51.81	83819862.78	25.57
2018	74070991.59	22.60	163380520.6	49.84	90331299.51	27.56
2019	91503603.54	35.26	91711314.31	35.34	76271701.17	29.39
2020	99983160.04	34.81	116458496.3	40.54	70798392.04	24.65
2021	118239497.6	31.69	166848516.4	44.71	88073416.67	23.60
2022	110502658.1	36.87	126037742.9	42.06	63142787.06	21.07

资料来源：作者根据联合国商品贸易统计数据库计算。

表 6-17　2012~2022 年中国出口斯洛文尼亚技术结构占比

年份	低技术含量		中等技术含量		高技术含量	
	总额（美元）	占比（%）	总额（美元）	占比（%）	总额（美元）	占比（%）
2012	861640344	58.54	343813086	23.36	266353329	18.10
2013	1056089050	61.37	353086048	20.52	311809395	18.12
2014	1091332319	60.09	413571020	22.77	311109640	17.13
2015	1052295118	54.83	491660177	25.62	375200931	19.55
2016	1135204791	54.47	557241719	26.74	391613085	18.79
2017	1554220167	58.27	647125058	24.26	466036584	17.47
2018	2691677997	65.94	854502877	20.93	535672664	13.12
2019	1709664684	53.63	857509029	26.90	620872257	19.48
2020	1501601768	46.62	799077847	24.81	920171100	28.57
2021	1828926027	36.76	1467990841	29.51	1677753430	33.73
2022	1971353196	30.50	2561982959	39.64	1930477181	29.87

资料来源：作者根据联合国商品贸易统计数据库计算。

　　在斯洛文尼亚出口到中国方面，低技术含量产品在 2012 年占斯洛文尼亚对中国出口的 34.96%，到 2022 年增长至 36.87%，表明这一类别的出口占比有所增加。中等技术含量产品从 2012 年的 31.68% 逐渐增长至 2022 年的 42.06%，显示了这一类别的出口占比有显著增长。高技术含量产品在 2012 年占 33.36%，到 2022 年降至 21.07%，表明高技术含量产品的出口占比有所下降（见表 6-16）。

在中国出口到斯洛文尼亚方面，低技术含量产品从 2012 年的 58.54% 逐渐减少至 2022 年的 30.50%，显示了这一类别的出口占比有显著下降。中等技术含量产品在 2012 年占 23.36%，到 2022 年增长至 39.64%，表明这一类别的出口占比有所增加。高技术含量产品从 2012 年的 18.10% 增长至 2022 年的 29.87%，反映了高技术含量产品在中国对斯洛文尼亚出口中的比重提升（见表 6-17）。斯洛文尼亚对中国的出口显示了从高技术含量产品向中等和低技术含量产品的转变，可能反映了斯洛文尼亚在某些高技术产业的竞争力变化或市场策略调整。斯洛文尼亚在过去 20 年间与中国贸易关系的一个显著特点——进口结构的优化升级。在此期间，斯洛文尼亚逐渐减少了对低技术含量产品的进口依赖，转而加大对中等和高技术含量产品的进口力度。这一变化体现了斯洛文尼亚经济发展和产业结构调整的方向，即向价值链的高端移动，对技术和质量要求更高的产品需求增强。

四、经济用途结构

联合国货物贸易统计中经济大类把所有的贸易品划分为 19 类，并按其最终的用途属性归结为消费品、中间品、资本品和广泛用途品四大类。表 6-18 和表 6-19 反映了 2012~2022 年斯洛文尼亚出口到中国以及中国出口到斯洛文尼亚的经济用途占比情况。

表 6-18　2012~2022 年斯洛文尼亚出口中国经济用途占比

年份	消费品		中间品		资本品		广泛用途品	
	总额（美元）	占比（%）	总额（美元）	占比（%）	总额（美元）	占比（%）	总额（美元）	占比（%）
2012	12877755	7.40	117233965	67.38	43771696	25.16	118246	0.07
2013	15092474	8.94	119652408	70.91	33899790	20.09	82863	0.05
2014	15981044	8.57	136107740	72.99	33930278	18.19	462598	0.25
2015	18195453	11.07	113695028	69.20	30207664	18.38	2210870	1.35
2016	17908805.92	5.96	136840166.9	45.51	36237862.6	12.05	109690788.5	36.48
2017	29347292.07	8.17	172745692.9	48.11	57389309.69	15.98	99604546.45	27.74
2018	31213313.37	8.67	187198981.2	51.97	62006129.34	17.21	79801136.29	22.15
2019	39085205.24	13.14	183041411.6	61.56	62773802.31	21.11	12460679.89	4.19

年份	消费品		中间品		资本品		广泛用途品	
	总额（美元）	占比（%）	总额（美元）	占比（%）	总额（美元）	占比（%）	总额（美元）	占比（%）
2020	44437378.22	13.93	191960991.8	60.19	62948411.07	19.74	19570111.09	6.14
2021	42373131	10.61	250587591	62.76	93620806	23.45	12683312	3.18
2022	39374140.85	12.38	210976252.7	66.33	66808089.63	21.01	891200.121	0.28

资料来源：作者根据联合国商品贸易统计数据库计算。

表6-19 2012~2022年中国出口斯洛文尼亚经济用途占比

年份	消费品		中间品		资本品		广泛用途品	
	总额（美元）	占比（%）	总额（美元）	占比（%）	总额（美元）	占比（%）	总额（美元）	占比（%）
2012	559785742	35.73	748435497	47.77	258145935	16.48	273469	0.02
2013	739487619	40.35	795233359	43.39	296950335	16.20	1140966	0.06
2014	769097864	38.61	866304470	43.49	355826206	17.86	713399	0.04
2015	698257672	33.38	986955503	47.18	406392861	19.43	128715	0.01
2016	783688713	34.53	1071624436	47.22	413034182	18.20	1079475	0.05
2017	1008119127	34.92	1362205498	47.19	513382578	17.78	3222622	0.11
2018	2042359917	46.05	1787564435	40.30	601814574	13.57	3435436	0.08
2019	1029744643	30.25	1778832555	52.25	587544347	17.26	8320555	0.24
2020	971081243	28.13	1790735617	51.87	675161397	19.56	15460353	0.45
2021	1545642202	29.18	2305936031	43.53	937155432	17.69	508888927	9.61
2022	1519765734	22.15	2758701239	40.21	1020667778	14.88	1561348378	22.76

资料来源：作者根据联合国商品贸易统计数据库计算。

在斯洛文尼亚出口到中国方面，消费品从 2012 年的 7.40% 小幅波动至 2022 年的 12.38%，表明消费品出口占比有所增加。中间品在 2012 年占斯洛文尼亚对中国出口的 67.38%，之后逐渐下降至 2022 年的 66.33%，始终是斯洛文尼亚对中国出口的主要组成部分。资本品从 2012 年的 25.16% 下降至 2022 年的 21.01%，反映了资本品出口占比有所减少。广泛用途品从 2012 年的几乎可以忽略不计的 0.07% 增长至 2022 年的 0.28%，虽然基数小，但占比有所增加（见表6-18）。

在中国出口到斯洛文尼亚方面，消费品从 2012 年的 35.73% 下降至 2022 年的 22.15%，显示了消费品出口占比的显著下降。中间品在 2012 年占中国对斯洛文尼亚出口的 47.77%，之后有所波动，但在 2022 年增长至 40.21%，保持了其重要性。资本品从 2012 年的 16.48% 逐渐降低至 2022 年的 14.88%，表明资本品出口占比有所下降。广泛用途品从 2012 年的 0.02% 显著增长至 2022 年的 22.76%，这一变化非常显著，表明广泛用途品在中国对斯洛文尼亚出口中的比重大幅提升（见表 6-19）。

斯洛文尼亚与中国的双边贸易中，中间品是核心交换内容，无论是在出口方面还是在进口方面都占据了主导地位。消费品和资本品的进出口结构则随着市场需求和产业结构的变化而有所调整。总体来看，斯洛文尼亚与中国的贸易关系在过去的 10 年里发生了深刻变化，从单纯的商品交换逐渐转变为更侧重于互补性和技术含量较高的产品贸易。

第五节　斯洛文尼亚典型经贸政策及措施借鉴

根据上文对斯洛文尼亚的分析，可以得出化学品和化学产品以及基本金属和金属制品在斯洛文尼亚经济中的重要性。因此，斯洛文尼亚政府通过税收优惠、补贴或其他激励措施来支持这些行业的发展，以促进经济增长和国际竞争力。

一、化学产业政策

斯洛文尼亚的化学产业政策主要体现在欧盟的《化学品注册、评估、授权与限制制度》（REACH）草案中。该草案于 2005 年 12 月 13 日由欧盟竞争力理事会特别会议批准通过，旨在取代欧盟现行的 40 项化学产品管理相关法令，成为欧盟管理化学产品的单一体系。与会的斯洛文尼亚代表和马耳他代表共同提议了一项关于减少 REACH 体系中需要检测化学品数量的提案，意在协调"健康和环境安全保护"与"提高欧盟化学工业竞争力"两者均衡发展。

其中，斯洛文尼亚鼓励化学产业的创新和研发活动，通过建立战略发展和创新伙伴关系，推动化学工业的技术进步和产品创新。例如，斯洛文尼亚国家化学研究所在高分子化学与技术领域进行研究，开发新型合成多肽基材料。

斯洛文尼亚积极参与国际合作，通过与其他国家的合作，引进先进的化学技术和管理经验，提升本国化学产业的国际竞争力。斯洛文尼亚的化学产业在国际上具有一定的影响力，特别是在二氧化钛颜料的生产和销售方面。[①]

二、农产品政策

斯洛文尼亚的农产品政策主要关注于提升农业生产效率、保障食品安全、促进农业可持续发展以及加强农业与农村发展的一体化。斯洛文尼亚农林食品部正在为 2023～2027 年共同农业政策制定战略计划，该计划旨在根据农业发展目标、财政资源、优先次序、预期结果等制定一整套的农业发展政策。斯洛文尼亚发布了关于农产品或食品的有机生产和加工的法令及规则，以规范有机农业市场并提升有机产品的质量和安全性。[②]

三、制造业政策

斯洛文尼亚的制造业政策主要集中在推动绿色转型、数字化和智能技术的发展上。根据斯洛文尼亚政府的规划，2030 斯洛文尼亚工业战略旨在引导制造业向绿色、创新和智能发展政策过渡。这一战略的实施将依托于欧洲恢复和复原力计划以及公平过渡基金的支持，以实现经济的可持续增长和环境的保护。

此外，斯洛文尼亚政府认识到新冠疫情加速了数字经济的发展，同时也给全球供应链带来了压力。因此，政府在推动制造业发展的同时，也在积极应对数字化带来的挑战和机遇，以确保制造业的竞争力和可持续发展。斯洛文尼亚的制造业政策还强调了国际贸易的重要性，特别是在欧盟内部的市场。斯洛文尼亚的出口导向型经济特征使得其对外贸易政策与制造业发展紧密相连，政府通过优化经商环境和吸引外国直接投资来促进制造业的增长。

在政策执行方面，斯洛文尼亚政府采取了一系列措施来改善财政状况和增强对外偿付实力，这包括财政整顿、促进就业、提供贷款担保等，以支持经济的稳定和增长。

---

① 资料来源：《对外投资合作国别（地区）指南——斯洛文尼亚（2023 年版）》，第 13 页。
② 《斯洛文尼亚农业情况介绍》，载农业农村部对外经济合作中心，http://www.fecc.agri.cn/ggxx-fu/ggxxfw_tzdt/201803/t20180326_323764.html。

四、数字贸易政策

《经济数字化转型战略》是企业数字化转型部分下复苏和复原计划改革措施的一部分，也是实现《国家复苏与韧性计划》中设定的目标的重要里程碑。[①]

该战略涵盖 2021～2030 年，旨在使斯洛文尼亚在前两年根据数字经济和社会指数（DESI 指数）跻身先进数字技术使用量排名前五的国家之列，并在战略期结束时跻身前三名国家之列。该战略的制定与欧盟已经在进行的数字化、计算机化和数字单一市场进程同时进行。它专注于当前先进的数字技术，如人工智能、物联网、大数据技术、区块链技术、高性能计算、量子计算和 5G 技术，这些技术将成为经济增长和竞争力的引擎。

该战略涉及三个主要或优先领域。第一部分介绍了实现经济数字化转型的先进数字技术，第二部分侧重于为竞争性经济提供有效的生态系统，第三部分侧重于开放和可持续的社会，作为数字经济增长的基础。

---

① 《【斯洛文尼亚经济周报】欧委会通过了斯方 25 亿欧元的〈复苏与韧性计划〉》，中国—中东欧研究所，第 1 页。

第七章

罗马尼亚贸易体系研究

罗马尼亚位于东南欧巴尔干半岛东北部，国土面积为 23.84 万平方公里，是中东欧国家国土面积第二大的国家，仅次于波兰。其北接乌克兰，东北接摩尔多瓦，西北连匈牙利，西南连塞尔维亚，南部同保加利亚以多瑙河为界，东临黑海，海岸线长 245 公里。罗马尼亚于 2004 年加入北约，2007 年加入欧盟，是世界贸易组织、世界银行、国际货币基金组织等主要世界经济组织成员①。罗马尼亚很重视发展同美国、欧盟和北约各成员国之间的关系，同时注重与邻近国家及亚太国家的关系，是一个较为开放的经济体。罗马尼亚经济增速在欧盟成员国中名列前茅，尽管 2020 年受疫情影响，经济出现负增长，但很快就恢复并保持正增长。2022 年，罗马尼亚的 GDP 为 2859 亿欧元，人均 GDP 达到 15010 欧元，增长迅速，被誉为"欧洲之虎"。罗马尼亚自然资源丰富，石油和天然气储量在欧洲名列前茅，农用土地及水资源丰富，是欧洲石油和农业出口大国。加入欧盟后，凭借地理、劳动力优势和土地资源，西方资本大量涌入，以汽车制造为支柱的工业得到迅速发展。

第一节　罗马尼亚贸易总体情况

1989~2023 年，罗马尼亚的贸易额从 189.25 亿美元增长至 2326.05 亿美元，

---

① 资料来源：《对外投资合作国别（地区）指南——罗马尼亚（2023 年版）》。

增长了 12.3 倍，年增长率达到 7.66%。其中，进口额从 84.38 亿美元增长到 1319.63 亿美元，年增长率达到 8.42%，出口额从 104.87 亿美元增长到 1006.42 亿美元，年增长率为 6.88%，贸易为逆差（见图 7-1）。

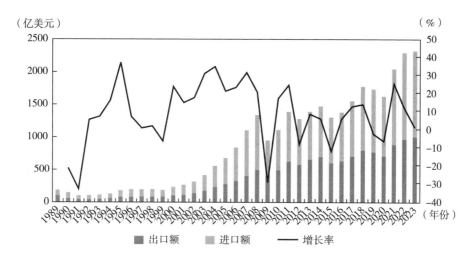

图 7-1　1989~2023 年罗马尼亚贸易规模变化

资料来源：作者根据联合国商品贸易统计数据库计算。

第二节　罗马尼亚经济贸易发展的阶段性特征

1989~2023 年，根据联合国贸易统计数据库数据分析，罗马尼亚贸易发展大致可以分为三个阶段。

一、第一阶段：转型发展阶段（1989~2006 年）

（一）贸易情况

如图 7-2 所示，1989 年罗马尼亚剧变后开始由计划经济向市场经济过渡。在过渡初期，罗马尼亚贸易额经历了较大幅度的下降。1992~1999 年，罗马尼亚贸易额恢复增长，但总体相对平缓。进入 21 世纪后，罗马尼亚贸易额飞速增长，尤其是 2003 年后，罗马尼亚贸易额增长率保持在 20% 以上。

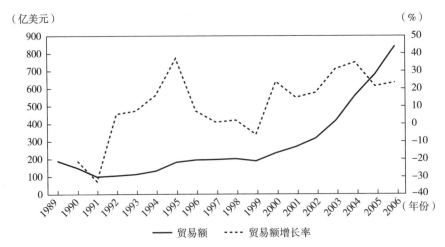

图 7-2　1989~2006 年罗马尼亚进出口贸易变化情况

如图 7-3 所示，自 1990 年起，罗马尼亚对外贸易保持逆差，尤其是进入 21 世纪以来，罗马尼亚对外贸易逆差规模不断扩大，至 2006 年，罗马尼亚对外贸易逆差已达 189.7 亿美元。

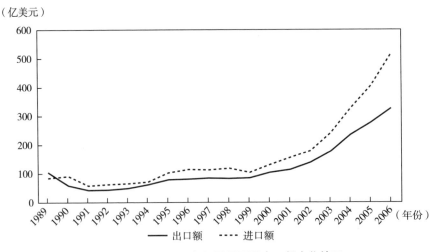

图 7-3　1989~2006 年罗马尼亚进出口额变化情况

（二）行业情况

罗马尼亚 1989~2006 年对外贸易占比最大的行业是机械及运输设备、按原料分类的制成品、杂项制品、矿物燃料、润滑油及有关燃料。其中，在 1989 年，罗马尼亚对外贸易占比最大的行业是矿物燃料、润滑油及有关燃料，并在 2006 年降至第四位，占比由 30% 降至 14%，机械及运输设备升为第一，占比由 26% 升至 33%。

（三）主要贸易伙伴国

1989~2006 年，罗马尼亚主要出口目的国发生了很大的变化。1989 年，苏联是罗马尼亚最主要的出口目的国，其出口额占罗马尼亚总出口额的 22%，其次是联邦德国，占比 12%，此外意大利、美国、中国等也是罗马尼亚主要的出口目的国。2006 年，意大利成为罗马尼亚最主要的出口目的国，其出口额占罗马尼亚总出口额的 18%，其次是德国，占比 16%，此外土耳其、法国、匈牙利等也是罗马尼亚主要的出口目的国。

1989~2006 年，伴随着经济转轨，罗马尼亚主要进口来源国也经历了较大的变化。1989 年，苏联是罗马尼亚最主要的进口来源国，占罗马尼亚进口额的 31%，其次是伊朗、联邦德国、沙特阿拉伯、捷克斯洛伐克等。2006 年，德国成为罗马尼亚最主要的进口来源国，占罗马尼亚进口额的 15%，其次是意大利、俄罗斯、法国、土耳其等。

二、第二阶段：加入欧盟后动荡发展阶段（2007~2011 年）

（一）贸易情况

2007 年 1 月 1 日，罗马尼亚加入欧盟。如图 7-4 所示，2009 年，受国际金融危机及欧债危机影响，罗马尼亚贸易额出现大幅下降，降幅近 30%。2009 年之后，罗马尼亚贸易很快恢复增长，至 2011 年，罗马尼亚贸易额超过 2008 年时的水平，达到 1390.6 亿美元。2007~2011 年，罗马尼亚对外贸易保持逆差；2008~2009 年，罗马尼亚对外贸易逆差大幅减少，此后逆差规模未出现明显变动。

（二）行业情况

2007~2011 年，罗马尼亚对外贸易行业情况基本没有太大变动，占比最大的行业是机械及运输设备，占比在 36% 上下，其次是按原料分类的制成品，占比在 20% 上下，此外，杂项制品、化学品及有关产品、矿物燃料、润滑油及有关燃料等行业也是罗马尼亚主要的进出口行业。

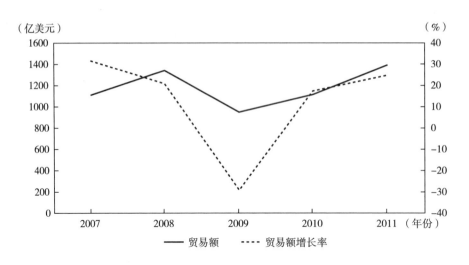

图7-4 2007~2011年罗马尼亚进出口贸易变化情况

（三）主要贸易伙伴国

2007年罗马尼亚加入欧盟，2007~2011年欧盟是罗马尼亚最大的出口目的地。2007年，意大利是罗马尼亚最主要的出口目的国，占罗马尼亚出口总额的17%，其次是德国，约占17%。2011年，德国上升为罗马尼亚最主要的出口目的国，占罗马尼亚出口总额的19%，意大利降为第二位，占罗马尼亚出口总额的13%。除欧盟外，土耳其也是罗马尼亚主要的出口目的国，占罗马尼亚出口额比重在6%上下浮动。

2007~2011年，欧盟是罗马尼亚最主要的进口来源地。其中，德国是罗马尼亚最大的进口来源国，占罗马尼亚进口总额的17%，意大利是罗马尼亚第二大进口来源国，占罗马尼亚进口总额的12%上下，同时，匈牙利、法国等也是罗马尼亚主要的进口来源地。除欧盟外，中国、哈萨克斯坦、俄罗斯和土耳其也是罗马尼亚主要的进口来源地。

三、第三阶段：中国—中东欧合作机制建立后发展阶段（2012年至今）

（一）贸易情况

如图7-5所示，2012~2023年罗马尼亚贸易额总体呈上升趋势，尤其是在2021年疫情期间，罗马尼亚贸易额大幅增长，其增长率达到25.6%，2022~2023年，乌克兰危机、夏季干旱和能源价格飙升对罗马尼亚经济带来负面冲击，其贸易额增长随之放缓。至 2023 年，罗马尼亚进出口贸易总额已达 2326 亿美元。2012~2023 年，罗马尼亚对外贸易保持逆差，且逆差额不断扩大，至 2023 年，罗马尼亚对外贸易逆差已达 313 亿美元。

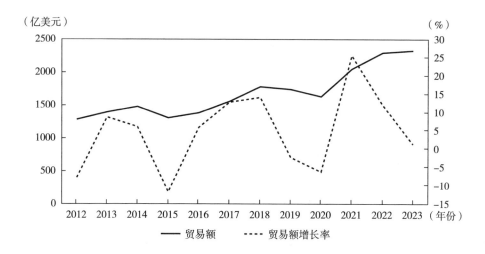

图 7-5　2012~2023 年罗马尼亚进出口贸易变化情况

（二）行业情况

2012~2023 年，罗马尼亚对外贸易行业情况基本没有太大变动，占比排名前六的行业分别是机械及运输设备、按原料分类的制成品、杂项制品、化学品及有关产品、矿物燃料、润滑油及有关燃料。其中，机械及运输设备是罗马尼亚对外贸易占比最大的行业，2012 年，其进出口额在罗马尼亚贸易总额中占比 36%，超过了 1/3，到了 2023 年，其进出口额在罗马尼亚贸易总额中占比上升至 40%。

（三）主要贸易伙伴国

2012~2023 年，罗马尼亚主要出口目的国没有发生太大变化。欧盟是罗马尼亚最大的出口目的地，其中，德国是罗马尼亚最大的出口目的国，在罗马尼亚出口额中占比在 20%上下，其次是意大利，占比在 10%左右，同时，法国、匈牙利等国也是罗马尼亚主要的出口目的国，占比在 6%上下浮动。除欧盟外，土耳其是罗马尼亚主要的出口目的国，2012~2023 年，土耳其在罗马尼亚出口额中占比有所下降，从 5%下降至 3%。

2012~2023 年，欧盟是罗马尼亚最主要的进口来源地，其中，德国是罗马尼亚最主要的进口来源国，在罗马尼亚进口额中占比在 18% 上下，其次是意大利，占比在 10% 上下浮动，同时，匈牙利、法国、波兰等也是罗马尼亚主要的进口来源地。除欧盟外，中国、哈萨克斯坦和土耳其是罗马尼亚主要的进口来源地，其中，罗马尼亚从中国进口额占其进口总额比重由 2012 的 4% 上升为 2023 年的 6%，中国已成为罗马尼亚第五大进口来源国。

第三节　罗马尼亚参与全球价值链供应链情况

一、罗马尼亚各行业出口贸易增加值

全球价值链贸易增加值是指在全球价值链中，各个国家通过生产过程添加的价值总和。根据 UIBE GVC 数据库整理可得罗马尼亚出口贸易增加值情况，如表 7-1 所示。

表 7-1　2007~2021 年罗马尼亚占比较高的十个行业出口贸易增加值占比变化情况

单位：%

年份	C30 租赁及其他商业活动	C21 零售贸易（机动车辆与摩托车除外）以及家居用品维修	C23 陆路运输和管道运输	C20 批发与委托贸易（机动车辆与摩托车除外）	C34 其他社区、社会及个人服务	C01 农业、狩猎、林业与渔业	C14 电气设备、计算设备、通信设备、光学设备制造	C15 交通运输设备制造（机动车辆、船、火车、飞机等）	C22 酒店和餐饮业	C18 建筑业
2007	8	7	9	9	3	3	7	5	3	2
2008	8	7	9	10	2	4	7	5	3	3
2009	8	7	9	10	3	5	7	8	2	5
2010	9	5	8	3	3	5	11	7	1	4
2011	10	3	7	3	4	6	9	8	2	4
2012	10	5	7	7	3	4	7	4	2	3
2013	13	4	8	5	3	5	6	4	3	3
2014	15	4	8	6	4	4	6	4	2	4
2015	15	4	9	7	4	4	6	4	3	3
2016	15	4	9	7	4	3	6	4	3	3

续表

年份	C30 租赁及其他商业活动	C21 零售贸易（机动车辆与摩托车除外）以及家居用品维修	C23 陆路运输和管道运输	C20 批发与委托贸易（机动车辆与摩托车除外）	C34 其他社区、社会及个人服务	C01 农业、狩猎、林业与渔业	C14 电气设备、计算设备、通信设备、光学设备制造	C15 交通运输设备制造（机动车辆、船、火车、飞机等）	C22 酒店和餐饮业	C18 建筑业
2017	16	4	10	7	4	4	6	4	3	3
2018	16	10	8	6	4	3	5	6	3	3
2019	18	9	8	6	5	5	5	6	3	3
2020	18	9	8	6	5	4	5	5	3	3
2021	16	10	9	6	5	5	5	5	4	3

资料来源：UIBE GVC 数据库。

2007 年罗马尼亚出口贸易增加值最大的行业是批发与委托贸易行业，占比9%。到了 2021 年，罗马尼亚出口贸易增加值最大的行业变成了租赁及其他商业活动，占比达到 16%。此外，服务业在罗马尼亚出口贸易增加值中占比较高，且其比重逐年提高，从 2007 年的 52% 上升到 2021 年的 64%。与此相对的是，制造业在罗马尼亚出口贸易增加值中占比逐年下降，由 2007 年的 40% 降至 2021 年的 27%。

二、GVC 前向参与度

全球价值链参与度反映的是一个国家（行业）参与全球价值链的程度，它包含前向参与度与后向参与度。根据定义，一国某一行业的前向参与度衡量的是全球价值链中的"前向链接"，是一国某一行业作为供应方（增加值输出方）在全球价值链中的参与情况。

一国某一行业的前向参与度等于该国行业出口中输出到网络中所有他国行业的增加值总和占该国总出口的比例，数值越大表示前向参与程度越深。根据UIBE GVC 数据库整理可得罗马尼亚 GVC 前向参与度情况如图 7-6 和图 7-7所示。

2007 年和 2021 年，就行业层面的全球价值链前向参与度而言，罗马尼亚在绝大部分行业上的价值链前向参与度波动性都较小，显示出一定程度的稳定性。大部分行业的价值链前向参与度有所上升，尤其是煤炭、原油、天然气、矿产开采，金属与金属制品制造（机械和设备除外），水路运输等行业价值链前向参与

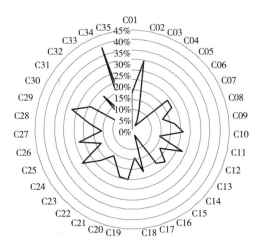

图 7-6   2007 年罗马尼亚全球价值链前向参与度（行业层面）①

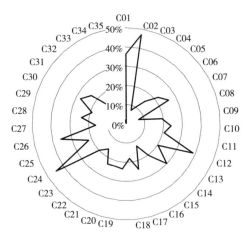

图 7-7   2021 年罗马尼亚全球价值链前向参与度（行业层面）

———————————

① 行业具体名称分别为：C01：农业、狩猎、林业与渔业；C02：煤炭、原油、天然气、矿产开采；C03：食品、饮料和烟草生产；C04：纺织原料和纺织品制造；C05：皮革、箱包、鞋类制造；C06：木材、木材和软木制品制造；C07：造纸、印刷和出版业；C08：焦炭、成品油和核燃料的制造与加工；C09：化学及化工产品制造；C10：橡胶和塑料制品制造；C11：其他非金属矿产产品制造；C12：金属与金属制品制造（机械和设备除外）；C13：机械和设备制造；C14：电气设备、计算设备、通信设备、光学设备制造；C15：交通运输设备制造（机动车辆、船、火车、飞机等）；C16：其他制造业及再利用；C17：电力、燃气、蒸汽、热水等的生产与输送；C18：建筑业；C19：机动车辆、摩托车的销售、保养与维修以及燃料零售；C20：批发与委托贸易（机动车辆与摩托车除外）；C21：零售贸易（机动车辆与摩托车除外）以及家居用品维修；C22：酒店和餐饮业；C23：陆路运输和管道运输；C24：水路运输；C25：航空运输；C26：交通运输的辅助行业及旅行社服务；C27：邮政及电信服务；C28：金融及保险业；C29：房地产；C30：租赁及其他商业活动；C31：公共行政和国防以及强制性社会保障业务；C32：教育；C33：人类健康和社会工作活动；C34：其他社区、社会及个人服务；C35：私人家庭服务。

度显著上升。具体分析如图 7-8 和图 7-9 所示。

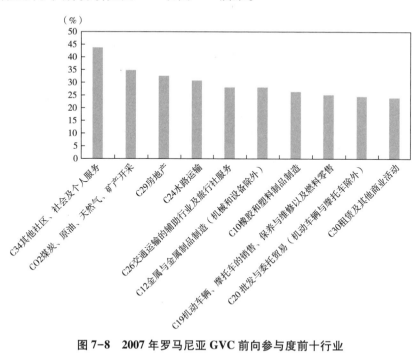

图 7-8 2007 年罗马尼亚 GVC 前向参与度前十行业

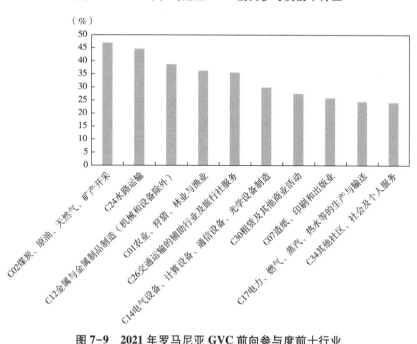

图 7-9 2021 年罗马尼亚 GVC 前向参与度前十行业

2007 年，罗马尼亚 GVC 前向参与度排名第一的行业是其他社区、社会及个人服务，其参与度为 43.8%，其次为煤炭、原油、天然气、矿产开采，参与度为 34.81%。2007 年罗马尼亚总体的 GVC 前向参与度约为 20.9%，其中服务业 GVC 前向参与度相对较高，约为 23.17%。

2021 年，煤炭、原油、天然气、矿产开采上升为罗马尼亚 GVC 前向参与度排名第一的行业，其 GVC 前向参与度为 47.2%，其次是水路运输行业，GVC 前向参与度为 44.63%。2021 年罗马尼亚总体的 GVC 前向参与度约为 23.55%。

三、GVC 后向参与度

一国某一行业的后向参与度衡量的是全球价值链中的"后向链接"，是一国某一行业作为需求方（增加值输入方）在全球价值链中的参与情况。

一国某一行业的后向参与度等于该国行业出口中从网络中所有他国行业输入的增加值总和占该国总出口的比例，数值越大表示后向参与程度越深。根据 UIBE GVC 数据库整理可得罗马尼亚 GVC 后向参与度情况如图 7-10 和图 7-11 所示。

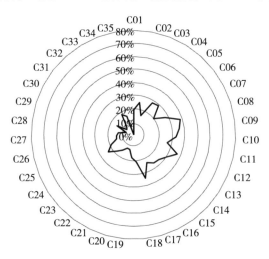

图 7-10　2007 年罗马尼亚全球价值链后向参与度（行业层面）

就行业层面的全球价值链后向参与度而言，2007 年和 2021 年罗马尼亚在所有 35 个行业上的价值链后向参与度都有一定程度的波动，不过除少数几个行业外幅度较小。总体上，2007 年和 2021 年，罗马尼亚大部分行业后向参与度有所上升，其中，焦炭、成品油和核燃料的制造与加工、橡胶和塑料制品制造、陆路运输和管道运输、邮政及电信服务行业价值链后向参与度显著上升。具体分析如

图 7-12 和图 7-13 所示。

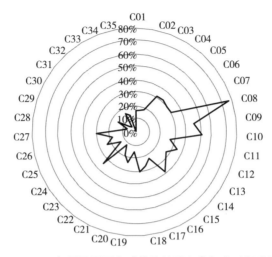

图 7-11　2021 年罗马尼亚全球价值链后向参与度（行业层面）

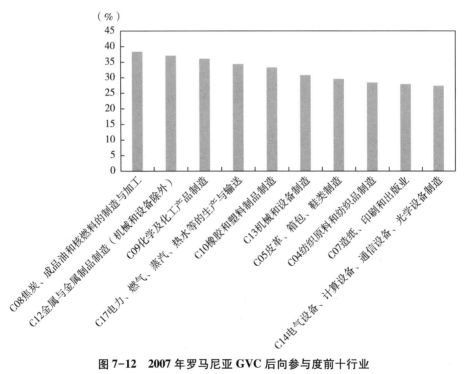

图 7-12　2007 年罗马尼亚 GVC 后向参与度前十行业

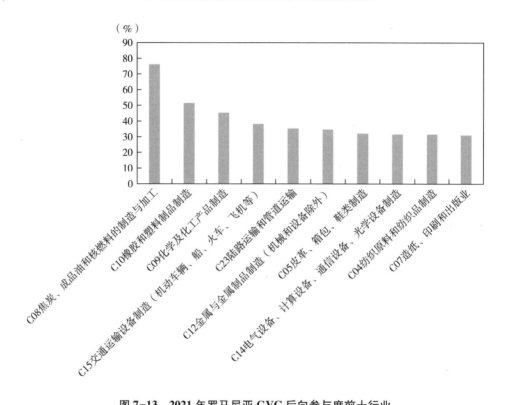

（%）

图7-13　2021年罗马尼亚GVC后向参与度前十行业

2007年，罗马尼亚GVC后向参与度排名第一的行业是焦炭、成品油和核燃料的制造与加工，其后向参与度为38.33%，其次为金属与金属制品的制造（机械和设备除外），参与度为37.1%。2007年罗马尼亚总体的GVC后向参与度约为24.57%，其中制造业GVC后向参与度相对较高，约为30.45%。

2021年，罗马尼亚GVC后向参与度排名第一的行业仍然是焦炭、成品油和核燃料的制造与加工，其后向参与度上升为76.21%。2021年罗马尼亚总体的GVC后向参与度约为27.74%，其中制造业GVC后向参与度相对较高，约为35.08%。

四、罗马尼亚GVC地位

2007年，罗马尼亚GVC地位最高的行业为煤炭、原油、天然气、矿产开采，其GVC相对上游度为1.45，其次是零售贸易（机动车辆与摩托车除外）以及家居用品维修，其GVC相对上游度为1.42。2007年，罗马尼亚总体GVC相对上游度为 0.96，其中，与生产相关的服务 GVC 地位较高，其 GVC 相对上游度为 1.18，而制造业 GVC 地位较低，其 GVC 相对上游度为 0.87。

2021 年，罗马尼亚 GVC 地位最高的行业仍然是煤炭、原油、天然气、矿产开采，其 GVC 相对上游度上升为 1.65，其次是金融及保险业，其 GVC 相对上游度为 1.60（见表 7-2）。2007～2021 年，罗马尼亚整体 GVC 地位缓慢上升，其 GVC 相对上游度由 2007 年的 0.93 上升为 2021 年的 0.98。2021 年，罗马尼亚与生产相关的服务 GVC 地位较高，其 GVC 相对上游度为 1.19，而制造业 GVC 地位较低，其 GVC 相对上游度为 0.83。

表 7-2　2007～2021 年罗马尼亚 GVC 地位较高的十个行业 GVC 相对上游度

年份	C02 煤炭、原油、天然气、矿产开采	C28 金融及保险业	C24 水路运输	C30 租赁及其他商业活动	C26 交通运输的辅助行业及旅行社服务	C21 零售贸易（机动车辆与摩托车除外）以及家居用品维修	C22 酒店和餐饮业	C06 木材、木材和软木制品制造	C12 金属与金属制品制造（机械和设备除外）	C17 电力、燃气、蒸汽、热水等的生产与输送
2007	1.45	1.34	1.04	1.19	1.40	1.42	0.97	1.25	1.17	0.98
2008	1.50	1.35	1.06	1.18	1.40	1.38	0.97	1.25	1.18	0.99
2009	1.37	1.43	1.08	1.22	1.36	1.46	1.01	1.28	1.13	0.99
2010	1.51	1.64	1.14	1.33	1.34	1.15	0.92	1.43	1.19	1.14
2011	1.32	1.65	1.32	1.35	1.28	1.11	0.98	1.41	1.15	1.20
2012	1.61	1.58	1.57	1.26	1.41	1.16	1.13	1.22	1.20	1.12
2013	1.54	1.78	1.61	1.33	1.35	1.11	1.15	1.21	1.19	1.13
2014	1.49	1.75	1.28	1.35	1.25	1.13	1.09	1.24	1.20	1.20
2015	1.71	1.59	1.26	1.34	1.24	1.11	1.09	1.13	1.16	1.19
2016	1.65	1.58	1.27	1.40	1.27	1.11	1.34	1.12	1.14	1.11
2017	1.64	1.49	1.28	1.43	1.28	1.11	1.34	1.11	1.15	1.10
2018	1.48	1.64	1.48	1.44	1.31	1.29	1.15	1.20	1.16	1.12
2019	1.59	1.62	1.52	1.48	1.34	1.33	1.18	1.19	1.17	1.17
2020	1.61	1.63	1.52	1.48	1.34	1.34	1.20	1.19	1.18	1.16
2021	1.65	1.60	1.58	1.47	1.34	1.31	1.19	1.18	1.17	1.16

资料来源：UIBE GVC 数据库。

第四节　罗马尼亚与中国的经贸关系

一、要素结构

按照国际标准 SITC 一位数分类，对外贸易产品可分为 0~9 类，其中 0~4 类为初级商品，包括食品和供主要食用的活动物，饮料及烟类，非食用原料，矿物燃料、润滑油及有关原料和动植物油脂及蜡等，一般归类为资源密集型产品；第 6 类为皮革制品、橡胶制品、木制品（不包括家具）、纸板、纺织纱线和制品、钢铁、金属制品等，第 8 类为家具及其零件、床上用品、旅游用品、服装、鞋子等制品，一般归类为劳动密集型产品；第 5 类为化学品及有关产品，第 7 类为机械和运输设备，第 9 类为杂项制品和其他未分类产品，我们将这三类产品归为资本密集型产品。

2012 年中国—中东欧合作机制建立后，中国出口罗马尼亚商品的要素结构变化不大。其中，中国出口罗马尼亚商品主要为资本密集型产品，占比在 60% 上下浮动；其次是劳动密集型产品，占比约为 36%；而资源密集型产品占比最少，仅为 2%~4%（见表 7-3）。

表 7-3　2012~2023 年罗马尼亚进口和出口中国商品的要素结构　单位：%

年份	中国出口罗马尼亚要素结构			罗马尼亚出口中国要素结构		
	资源密集型产品	劳动密集型产品	资本密集型产品	资源密集型产品	劳动密集型产品	资本密集型产品
2012	3.99	37.53	58.48	40.95	15.89	43.16
2013	4.82	36.70	58.48	41.82	15.01	43.17
2014	3.91	36.70	59.39	33.86	20.01	46.12
2015	3.35	35.55	61.10	32.32	25.68	42.00
2016	3.49	35.00	61.51	25.03	27.30	47.67
2017	3.02	36.59	60.39	25.36	26.45	48.19
2018	4.20	35.29	60.51	20.53	24.55	54.92
2019	2.32	36.71	60.97	20.11	26.37	53.52

年份	中国出口罗马尼亚要素结构			罗马尼亚出口中国要素结构		
	资源密集型产品	劳动密集型产品	资本密集型产品	资源密集型产品	劳动密集型产品	资本密集型产品
2020	1.87	38.63	59.49	17.62	24.74	57.64
2021	1.55	36.84	61.60	21.43	36.37	42.19
2022	2.28	37.90	59.82	30.66	27.09	42.25
2023	1.57	36.53	61.90	22.47	29.90	47.64

资料来源：作者根据联合国商品贸易统计数据库计算。

2012~2023 年，罗马尼亚出口中国的要素结构有较大变动。其中，资源密集型产品比重由 2012 年的 40.95% 逐年下降至 2020 年下降至 17.62%，随后至 2022 年较大幅度上升至 30.66%，2023 年又大幅下降至 22.47%。劳动密集型产品比重在 2012~2023 年总体呈上升趋势，由 2012 年的 15.89% 上升至 2023 年的 29.90%，资本密集型产品比重由 2012 年的 43.16% 上升至 2020 年的 57.64%，2021 年大幅下降至 42.19%，随后至 2023 年上升至 47.64%。

二、技术结构

参考欧盟中央银行（ECB，2005）按出口产品科技含量的分类方法，在国际贸易标准分类（SITC）两位代码分类的基础上把中国出口产品分为低科技含量、中等科技含量和高科技含量三大类。

2012 年中国—中东欧合作机制建立后，中国出口罗马尼亚技术结构发生了较大变化。2012~2023 年，中国出口罗马尼亚低科技含量产品和高科技含量产品比重总体呈小幅下降趋势。其中，低科技含量产品比重由 2012 年的 40.82% 下降至 2023 年的 32.71%，高科技含量产品比重由 33.69% 下降至 2023 年的 28.78，而中等科技含量产品比重由 2012 年的 25.49% 快速上升至 2015 年的 38.05%，此后在 40% 上下浮动（见表 7-4）。

表 7-4　2012~2023 年罗马尼亚进口和出口中国商品的技术结构　　单位：%

年份	中国出口罗马尼亚技术结构			罗马尼亚出口中国技术结构		
	低科技含量产品	中等科技含量产品	高科技含量产品	低科技含量产品	中等科技含量产品	高科技含量产品
2012	40.82	25.49	33.69	54.73	32.06	13.21

年份	中国出口罗马尼亚技术结构			罗马尼亚出口中国技术结构		
	低科技含量产品	中等科技含量产品	高科技含量产品	低科技含量产品	中等科技含量产品	高科技含量产品
2013	39.67	27.79	32.54	54.83	38.20	6.97
2014	37.28	29.49	33.23	51.29	39.69	9.03
2015	35.40	38.05	26.54	53.75	34.10	12.15
2016	33.09	40.14	26.78	46.59	37.31	16.09
2017	33.76	41.55	24.69	49.40	36.60	14.00
2018	33.47	41.89	24.64	42.34	42.83	14.83
2019	32.93	41.96	25.11	46.98	35.32	17.70
2020	35.24	38.15	26.61	44.52	38.11	17.36
2021	33.18	41.05	25.77	41.39	45.55	13.06
2022	34.52	39.74	25.73	51.91	34.10	13.99
2023	32.71	38.51	28.78	49.98	30.20	19.82

资料来源：作者根据联合国商品贸易统计数据库计算。

2012~2023年，罗马尼亚出口中国低科技含量产品比重总体呈下降趋势，由2012年的54.73%下降至2021年的41.39%，2022年大幅上升至51.91%，2023年又有小幅下降；2012~2021年，罗马尼亚出口中国中等科技含量产品比重总体呈上升趋势，由2012年的32.06%上升至2021年的45.55%，而2021~2023年大幅下降至30.20%；罗马尼亚出口中国高科技含量产品比重呈缓慢上升趋势，由2012年的13.21%上升至2023年的19.82%。

三、经济用途结构

2012~2023年，中国出口罗马尼亚经济用途结构没有发生太大变化。其中，消费品总体上呈小幅下降趋势，其比重由2012年的21.26%下降至2023年的16.32%；中间品在55%左右浮动；资本品在26%左右浮动；广泛用途品在0.3%左右浮动（见表7-5）。

表7-5 2012~2023年罗马尼亚进口和出口中国商品的经济用途结构

时期	中国出口罗马尼亚经济用途结构				罗马尼亚出口中国经济用途结构			
	消费品	中间品	资本品	广泛用途品	消费品	中间品	资本品	广泛用途品
2012	21.26	53.97	24.36	0.41	3.35	85.06	11.53	0.06

时期	中国出口罗马尼亚经济用途结构				罗马尼亚出口中国经济用途结构			
	消费品	中间品	资本品	广泛用途品	消费品	中间品	资本品	广泛用途品
2013	19.15	54.83	25.56	0.45	2.92	87.25	9.66	0.16
2014	18.69	52.85	28.11	0.35	4.83	84.13	11.01	0.02
2015	17.66	57.17	24.81	0.36	6.33	81.25	12.33	0.09
2016	18.37	55.47	25.81	0.35	7.93	76.86	14.66	0.56
2017	16.78	55.70	26.55	0.97	6.74	77.09	14.96	1.22
2018	16.02	55.59	26.73	1.66	5.55	78.88	15.48	0.09
2019	17.24	55.93	26.42	0.41	4.71	82.20	13.05	0.04
2020	22.57	48.53	28.58	0.32	4.51	82.05	13.29	0.15
2022	16.71	58.92	24.16	0.21	3.31	80.40	16.08	0.21
2023	16.32	53.84	29.25	0.60	3.95	77.78	18.17	0.09

资料来源：作者根据联合国商品贸易统计数据库计算。

2012~2023 年，罗马尼亚出口中国经济用途结构没有发生太大变化。其中，消费品在 4% 上下浮动，中间品总体上呈小幅下降趋势，其比重由 2012 年的 85.06% 下降至 2023 年的 77.78%；广泛用途品在 0.1% 上下浮动。

第五节　罗马尼亚典型经贸政策及措施借鉴

自 1990 年开始从计划经济向市场经济过渡以来，特别是在 2007 年加入欧盟之后，在高水平的外国直接投资的支持下，罗马尼亚经济变得越来越成熟和开放。与加入欧盟有关的结构性改革，包括国有企业和司法机构的改革，以及审慎的货币政策，促成了其强劲的经济表现。经济的特点仍然是农业和制造业相对较大，但服务业在产出中所占的份额正在迅速增加。特别是信息和通信部门，2019 年占 GDP 的 6.3%，高于欧盟平均水平。然而，罗马尼亚仍然是一个双重经济国家，高绩效的外资企业与低生产率的国内企业共存。本地企业规模相对较小、资本不足，没有很好地融入全球价值链①。加入欧盟后，罗马尼亚必须遵守欧盟的

---

① OECD Economic Surveys：Romania 2022，https：//www.oecd-ilibrary.org/sites/f13f88df-en/index.html？itemId=/content/component/f13f88df-en。

贸易规则，这促进了其贸易的现代化和标准化。

一、引进外资政策

经济转轨以来，罗马尼亚积极吸引外商投资，进一步扩大投资规模。但转轨之初，罗马尼亚政府禁止外国投资者经营有关土地及不动产行业，这使得其国有银行、电信行业的私有化一直拖延至 1998 年，令外商投资规模受到极大影响。1998~2022 年，罗马尼亚加速私有化进程，FDI 年均流入量超过 10 亿美元，此外，罗马尼亚政府为吸引外资先后实行税收优惠政策，并在黑海和多瑙河港口建立自由贸易区。得天独厚的自然资源和优越的地理位置使其在资源开发、生产制造、服务业、通信和贸易等领域吸引了大量外资[①]。

为满足加入欧盟的要求，罗马尼亚对国有大型企业进行私有化改革，基本完成价格市场化的改革，取消大部分关税壁垒，并且推出对外商税收优惠等措施。经过一系列改革，罗马尼亚市场更加自由化，与欧盟接轨更加全面化。

自 2007 年加入欧盟后，罗马尼亚执行欧盟统一对外关税和共同贸易政策。欧盟对外实施的反倾销措施、配额和技术标准在罗马尼亚同样适用。

二、数字经济政策

2020 年，罗马尼亚政府设立罗马尼亚数字化局，旨在通过建立规范化流程、制定公正和明确的法律，确保快速、安全和高效的服务，帮助中央和地方公共管理部门及时解决具体问题，以实现罗马尼亚政府在该领域雄心勃勃的目标——罗马尼亚社会的数字化转型。2020 年 7 月，罗马尼亚政府发布《国家投资和经济振兴计划》。该计划指出，为转变经济和社会发展方式，必须注重刺激和发展公司的竞争力，加大对公共基础设施关键领域的投资，实现经济和公共行政机构的数字化转型，做好向可持续经济发展的准备。支持数字经济的具体政策包括：鼓励企业顺应工业革命 4.0 趋势，积极开展行业数字化转型，增强竞争力；加大对教育、知识转移的支持，营造数字化环境，提高人才数字技能，在自动化、机器人、数据分析等领域创造更多的工作岗位；鼓励和加快企业使用大数据、人工智能、云平台和"软件即服务"等互联网服务和数字融合技术；创建互操作性中

---

① 张琳，陈宏．《中东欧十六国投资环境分析——兼论中国企业投资策略》［M］．格致出版社，2017.

心，实现政府部门间持有信息的沟通交换，降低企业经营成本；在公共行政部门推广电子签名，与企业进行数字化沟通，缩短企业办事时间等；推动外包发展向自有产品、服务同其余经济部门有机融合转变；根据欧盟《2016—2020 泛欧数字化议程》，支持数字创新中心建设和发展；鼓励 IT 企业同教育行业发展伙伴关系，在初级教育阶段引入数字课程，并开展职业再教育；利用欧盟资金发展数字通信基础设施，确保罗马尼亚领土内可接入高速网络①。

三、农产品政策

罗马尼亚入盟后各项政策法律与欧盟接轨。为保障欧盟国家粮食安全、稳定欧洲农产品市场、保证农民收入，欧盟实行"共同农业政策"，遵循单一市场、共同体优先和共同财政的原则，建立起对外统一的农产品关税壁垒和对内统一的农产品价格体系，通过市场化的干预机制，确保农产品市场的有效运行。

2014~2020 年，罗马尼亚共获得约 400 亿欧元的欧盟资金，其中 195 亿欧元为共同农业政策资金，主要通过大型基础设施、农业补贴、农村发展和渔业等计划实施。在罗马尼亚设立的本国和外国公司均可根据所在行业和地区情况申请使用相关资金。

根据 1997 年第 92 号《鼓励直接投资政府紧急法令》，外国在罗马尼亚投资需满足以下三个条件：不违背环境保护法律规范；不触犯罗马尼亚国防和国家安全利益；不危害公共秩序、健康和道德。在此前提下，外资可投向自然资源勘探和开发、农业、基础设施科学研究和技术开发等各领域。2008 年，罗马尼亚出台《促进投资政府紧急法令》，遵循对内外资实行无差别非歧视性待遇原则，对外资企业实行国民待遇，相关优惠政策对内外资企业同等适用。为鼓励投资，罗马尼亚政府为中小企业融资提供利率补贴及国家担保，投资农业、建筑业或进行自然资源开发的外国企业 3 年免缴利润税②。

---

① 资料来源：《对外投资合作国别（地区）指南——罗马尼亚（2023 年版）》。
② 《罗马尼亚农业投资政策法律环境概况》，载农业农村部对外经济合作中心，http：//www.fecc.agri.cn/ggxxfu/ggxxfw_tzdt/202007/t20200727_357919.html。

第八章

保加利亚贸易体系研究

保加利亚位于巴尔干半岛东南部，国土面积为 11.1 万平方公里，是中东欧国家中第三大国家。北与罗马尼亚相望，西与塞尔维亚、北马其顿相邻，南与希腊、土耳其接壤，东濒黑海。2004 年 3 月，保加利亚加入北约，2007 年加入欧盟，成为欧盟成员国之一。保加利亚自然资源较贫乏，原料和能源供应很大程度依赖进口。主要矿藏有煤、铅、锌、铜、铁、铀、锰、铬、矿盐和少量石油。森林面积 412 万公顷，占国土面积的 34%[①]。保加利亚经济属于外向型经济，经济规模小，对外资依赖度高，经济发展严重依赖经济发达的欧盟国家。2022 年保加利亚 GDP 为 833.2 亿欧元，人均 GDP 首次突破 10000 欧元，达到 12400 欧元。

第一节　保加利亚出口贸易总体情况

1996～2023 年，保加利亚的贸易额从 99.6 亿美元增长至 1014.29 亿美元，增长了 10.18 倍，年增长率达到 8.97%；其中，进口额从 50.74 亿美元增加到 535.29 亿美元，年增长率达到 9.12%，出口额从 48.9 亿美元，增加到 479.01 亿美元，年增长率为 8.82%，贸易为逆差（见图 8-1）。

---

① 《保加利亚国家概况》，载中国外交部，https://www.mfa.gov.cn/web/gjhdq_676201/gj_676203/oz_678770/1206_678916/1206x0_678918/。

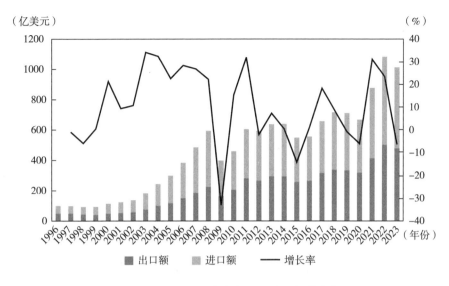

图8-1　1996～2023年保加利亚贸易规模变化

资料来源：作者根据联合国商品贸易统计数据库计算。

第二节　保加利亚经济贸易发展的阶段性特征

从1996年至2023年，根据UN Comtrade Database数据分析，保加利亚贸易
发展大致可以分为以下几个阶段。

一、第一阶段：转型发展阶段（1996～2006年）

（一）贸易情况

20世纪90年代，保加利亚开始向市场经济过渡，在平等的条件下发展包括
私有制在内的多种所有制经济，优先发展农业、轻工业、旅游业和服务业，经济
环境和国际地位逐渐提升。1996～1999年，保加利亚对外贸易额小幅下降，进入
21世纪后，保加利亚贸易额飞速增长，至2006年，保加利亚对外贸易总额超过
383亿美元（见图8-2）。

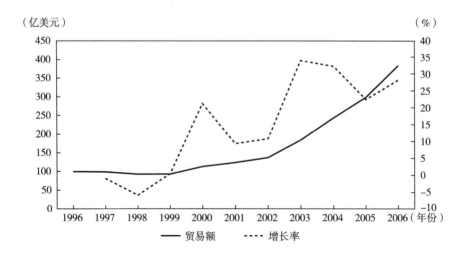

图8-2　1996~2006年保加利亚进出口贸易变化情况

资料来源：作者根据联合国商品贸易统计数据库计算。

　　如图8-3所示，1996~2006年保加利亚对外贸易保持逆差，且逆差逐渐扩大，2006年保加利亚对外贸易逆差达到81亿美元。

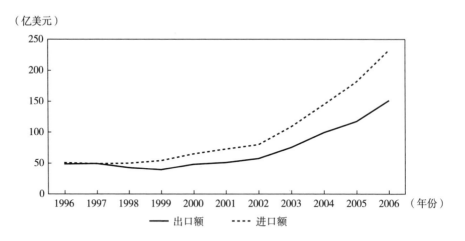

图8-3　1996~2006年保加利亚进出口额变化情况

资料来源：作者根据联合国商品贸易统计数据库计算。

（二）行业情况

　　1996~2006年，保加利亚贸易额占比较大的几个行业是按原料分类的制成品，机械及运输设备，未分类的商品及交易品，杂项制品，矿物燃料、润滑油及有关燃料，化学品及有关产品。其中，矿物燃料、润滑油及有关燃料占比由1996年的20%下降为2006年的8%，化学品及有关制品由1996年的15%下降为2006年的8%，机械及运输设备占比由1996年的14%上升为2006年的23%。

（三）主要贸易伙伴国

1996~2006年，保加利亚主要出口目的国发生了较大的变化。1996年，意大利是保加利亚最大的出口目的国，占保加利亚出口额比重的10%，其次是俄罗斯、德国和土耳其，占比分别为10%、9%和8%。到2006年，土耳其占保加利亚出口额比重由1996年的8%变为12%，成为保加利亚最大的出口目的国，意大利降为第二，德国第三。希腊占保加利亚出口额比重由1996年的7%上升为2006年的9%，排名上升为第四。

1996年，俄罗斯是保加利亚最大的进口来源国，其进口额占保加利亚总进口额的33%，其次是德国和意大利，占比分别为11%和6%。到了2006年俄罗斯依然是保加利亚最大的进口来源国，但其占比逐年减少，由1996年的33%降为2006年的17%，下降了16%。保加利亚从德国和意大利进口额占保加利亚总进口额比重相比于1996年有所上升，分别上升为13%和9%。此外，土耳其上升为保加利亚第四大进口来源国，占比达到6%。

二、第二阶段：加入欧盟后动荡发展阶段（2007~2011年）

（一）贸易情况

2007年1月1日，保加利亚加入欧盟，如图8-4所示，2009年，受全球金融危机及欧债危机影响，保加利亚贸易额出现大幅下降，降幅达到33%。2009年之后，保加利亚贸易很快恢复增长，至2011年，保加利亚贸易额超过2008年时的水平，达到606.6亿美元。2007~2011年，保加利亚对外贸易保持逆差，逆差规模逐年减少，从2007年的115亿美元降低到2011年的43亿美元。

（二）行业情况

2007~2011年，保加利亚对外贸易行业情况并没有发生太大的变化。贸易额占比较大的几个行业是按原料分类的制成品，机械及运输设备，矿物燃料、润滑油及有关燃料。其中，按原料分类的制成品行业占比由2007年的24%降为2011年的20%，机械及运输设备行业占比由2007年的23%降为2011年的19%，矿物燃料、润滑油及有关燃料行业占比在18%上下浮动。

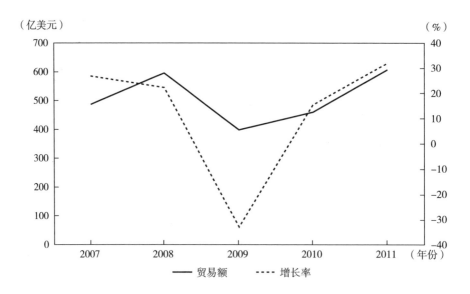

图 8-4　2007~2011 年保加利亚进出口贸易变化情况

资料来源：作者根据联合国商品贸易统计数据库计算。

（三）主要贸易伙伴国

自 2007 年加入欧盟后，2007~2011 年，保加利亚主要出口目的国发生了较大的变动，均以欧盟成员国为主。其中，德国占保加利亚出口额比重由 2007 年的 10%变为 2011 年的 12%，排名上升为第一。罗马尼亚占保加利亚出口额比重由 2007 年的 5%上升为 2011 年的 10%，排名上升为第二。除欧盟外，土耳其也是保加利亚主要的出口目的国，占保加利亚出口额比重由 2007 年的 12%下降为 2011 年的 8%，排名由原来的第一降为第三。

2007~2011 年，欧盟是保加利亚最主要的进口来源地，其中，德国占保加利亚进口额比重在 11%左右，是保加利亚第二大进口来源国，意大利占保加利亚进口额比重从 2007 年的 9%降为 2011 年的 7%，是保加利亚第三大进口来源国。除欧盟外，俄罗斯始终是保加利亚最大的进口来源国，占保加利亚进口额比重由 2007 年的 17%上涨为 2011 年的 18%。除此之外，土耳其、中国、乌克兰也是保加利亚主要的进口来源国。

三、第三阶段：中国—中东欧合作机制建立后发展阶段（2012~2023 年）

（一）贸易情况

2012~2020 年，保加利亚对外贸易总体呈缓慢增长趋势。2020~2022 年，虽然受全球疫情影响，但是保加利亚经济出现恢复性增长，对外贸易额大幅增加，绿色经济、信息软件等产业较快增长。但自 2022 年地区冲突以来，保加利亚石油天然气供应形势紧张，通胀压力加大，汇率波动加剧，绿色经济发展步伐趋缓，对外贸易额下降。2012~2023 年，保加利亚对外贸易保持逆差，逆差水平总体上保持均衡（见图 8-5）。

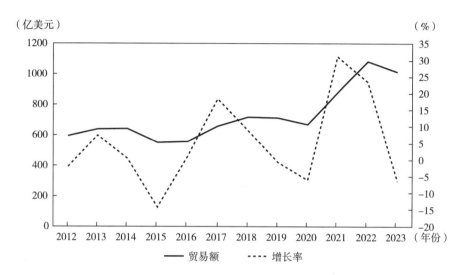

图 8-5　2012~2023 年保加利亚进出口贸易变化情况

（二）行业情况

2012~2023 年，保加利亚对外贸易行业情况发生了较大的变化。保加利亚为全球汽车行业的大部分品牌生产零部件，汽车行业是保加利亚最主要的行业。从对外贸易行业情况可见，保加利亚贸易额占比较大的行业中，矿物燃料、润滑油及有关燃料贸易额占总贸易额比重由 2012 年的 21% 下降为 2023 年的 10%，对外贸易总额由第一降为第五。机械及运输设备贸易额占总贸易额比重由 2012 年的 20% 上升为 2023 年的 26%，成为第一大对外贸易行业。

（三）主要贸易伙伴国

2012~2023 年，保加利亚主要出口目的国以欧盟成员国为主。其中，德国是占保加利亚出口额比重最大的国家，且所占比重持续扩大，由 2012 年的 10% 上升为 2023 年的 14%。此外，罗马尼亚占保加利亚出口额比重由 2012 年的 8% 上升为 2023 年的 9%，成为保加利亚第二大出口目的国。而意大利占保加利亚出口额比重由 2012 年的 8% 降为 2023 年的 7%，始终是保加利亚第三大出口目的国。除欧盟外，土耳其是保加利亚最大的出口目的国，占保加利亚出口额比重由 2012 年的 9% 下降为 2023 年的 6%，此外，中国、俄罗斯、美国等也是保加利亚主要的出口目的国。

2012~2023 年，欧盟是保加利亚最主要的进口来源地。其中，德国占保加利亚进口额比重由 2012 年的 11% 上升为 2023 年的 12%，成为保加利亚最大的进口来源国。除欧盟外，俄罗斯、土耳其、中国是保加利亚主要的进口来源国。其中，受乌克兰危机以及地区冲突影响，俄罗斯占保加利亚进口额比重大幅降低，由 2012 年的 21% 降至 2023 年的 7%。土耳其占保加利亚进口额比重由 2012 年的 5% 上升为 2023 年的 8%，成为保加利亚第二大进口来源国，而中国也在 2023 年成为保加利亚第六大进口来源国，占保加利亚进口额比重 5%。

第三节　保加利亚参与全球价值链供应链情况

一、保加利亚各行业出口贸易增加值

全球价值链贸易增加值是指在全球价值链中，各个国家通过生产过程添加的价值总和。根据 UIBE GVC 数据库整理可得罗马尼亚出口贸易增加值情况如表 8-1 所示。

表 8-1　2007~2021 年保加利亚占比较高的十个行业出口贸易增加值占比变化情况

单位：%

年份	C30 租赁及其他商业活动	C20 批发与委托贸易（机动车辆与摩托车除外）	C21 零售贸易（机动车辆与摩托车除外）以及家居用品维修	C01 农业、狩猎、林业与渔业	C28 金融与保险业	C12 金属与金属制品制造（机械和设备除外）	C23 陆路运输和管道运输	C17 电力、燃气、蒸汽、热水等的生产与输送	C02 煤炭、原油、天然气、矿产开采	C03 食品、饮料和烟草生产
2007	7	8	7	5	7	7	5	5	6	2
2008	8	9	6	5	6	6	5	5	5	3
2009	9	9	8	7	6	6	5	5	5	3

续表

年份	C30 租赁及其他商业活动	C20 批发与委托贸易（机动车辆与摩托车除外）	C21 零售贸易（机动车辆与摩托车除外）以及家居用品维修	C01 农业、狩猎、林业与渔业	C28 金融及保险业	C12 金属与金属制品制造（机械和设备除外）	C23 陆路运输和管道运输	C17 电力、燃气、蒸汽、热水等的生产与输送	C02 煤炭、原油、天然气、矿产开采	C03 食品、饮料和烟草生产
2010	10	8	9	7	8	6	5	5	5	3
2011	9	9	7	8	8	6	4	5	5	3
2012	10	10	7	7	7	6	5	5	6	3
2013	10	11	6	8	7	6	5	6	6	4
2014	11	11	6	7	7	6	5	5	6	4
2015	11	11	6	6	7	5	5	5	6	4
2016	11	10	6	6	7	5	5	5	6	4
2017	12	11	6	7	6	5	5	5	5	4
2018	13	10	8	5	6	6	5	4	4	3
2019	15	11	8	6	6	5	5	4	3	3
2020	15	11	8	6	6	5	5	4	4	3
2021	15	11	8	7	6	5	4	4	4	4

资料来源：UIBE GVC 数据库。

2007 年，保加利亚各行业出口贸易增加值占比最高的行业是农业、狩猎、林业与渔业，其次是零售贸易（机动车辆与摩托车除外）以及家居用品维修。到了 2021 年，租赁及其他商业活动和批发与委托贸易（机动车辆与摩托车除外）成为保加利亚出口贸易增加值占比最高的两个行业，占比分别为 15% 与 11%。此外，服务业在保加利亚出口贸易增加值中占比较高，制造业占比较低。

二、GVC 前向参与度

全球价值链参与度反映的是一个国家（行业）参与全球价值链的程度，它包含前向参与度与后向参与度。根据定义，一国某一行业的前向参与度衡量的是全球价值链中的"前向链接"，是一国某一行业作为供应方（增加值输出方）在全球价值链中的参与情况。

一国某一行业的前向参与度等于该国行业出口中输出到网络中所有他国行业的增加值总和占该国总出口的比例，数值越大表示前向参与程度越深。根据

UIBE GVC 数据库整理可得保加利亚 GVC 前向参与度情况如图 8-6 和图 8-7
所示。

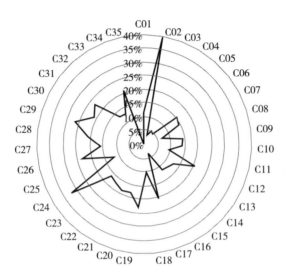

图 8-6　2007 年保加利亚全球价值链前向参与度（行业层面）①

2007 年和 2021 年，就行业层面而言，保加利亚价值链前向参与度存在一定
的波动性。大部分行业的价值链前向参与度有所上升，尤其是农业、狩猎、林业
与渔业以及皮革、箱包、鞋类制造等行业价值链前向参与度显著上升，少数行业
价值链前向参与度有所下降，尤其是煤炭、原油、天然气、矿产开采以及房地产
等行业价值链前向参与度显著下降。具体分析如下所示：

① 行业具体名称分别为：C01：农业、狩猎、林业与渔业；C02：煤炭、原油、天然气、矿产开采；
C03：食品、饮料和烟草生产；C04：纺织原料和纺织品制造；C05：皮革、箱包、鞋类制造；C06：木材、
木材和软木制品制造；C07：造纸、印刷和出版业；C08：焦炭、成品油和核燃料的制造与加工；C09：化
学及化工产品制造；C10：橡胶和塑料制品制造；C11：其他非金属矿产产品制造；C12：金属与金属制品
制造（机械和设备除外）；C13：机械和设备制造；C14：电气设备、计算设备、通信设备、光学设备制
造；C15：交通运输设备制造（机动车辆、船、火车、飞机等）；C16：其他制造业及再利用；C17：电力、
燃气、蒸汽、热水等的生产与输送；C18：建筑业；C19：机动车辆、摩托车的销售、保养与维修以及燃料
零售；C20：批发与委托贸易（机动车辆与摩托车除外）；C21：零售贸易（机动车辆与摩托车除外）以及
家居用品维修；C22：酒店和餐饮业；C23：陆路运输和管道运输；C24：水路运输；C25：航空运输；
C26：交通运输的辅助行业及旅行社服务；C27：邮政及电信服务；C28：金融及保险业；C29：房地产；
C30：租赁及其他商业活动；C31：公共行政和国防以及强制性社会保障业务；C32：教育；C33：人类健
康和社会工作活动；C34：其他社区、社会及个人服务；C35：私人家庭服务。

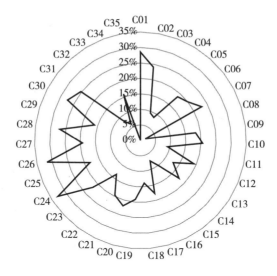

图 8-7　2021 年保加利亚全球价值链前向参与度（行业层面）

2007 年保加利亚 GVC 前向参与度排名第一的行业是煤炭、原油、天然气、矿产开采，其参与度为 39.7%，其次为水路运输行业，参与度为 32.2%。2007 年保加利亚总体的 GVC 前向参与度约为 15.54%，其中服务业 GVC 前向参与度相对较高，约为 18.1%。

2021 年，水路运输行业上升为保加利亚 GVC 前向参与度排名第一的行业，其 GVC 前向参与度为 32.75%，其次是交通运输的辅助行业及旅行社服务，GVC 前向参与度为 31.69%。2021 年保加利亚总体的 GVC 前向参与度约为 18.6%，其中服务业 GVC 前向参与度相对较高，约为 22.92%。

三、GVC 后向参与度

一国某一行业的后向参与度衡量的是全球价值链中的"后向链接"，是一国某一行业作为需求方（增加值输入方）在全球价值链中的参与情况。

一国某一行业的后向参与度等于该国行业出口从网络中所有他国行业输入的增加值总和占该国总出口的比例，数值越大表示后向参与程度越深。根据 UIBE GVC 数据库整理可得保加利亚 GVC 前向参与度情况如图 8-8 和图 8-9 所示。

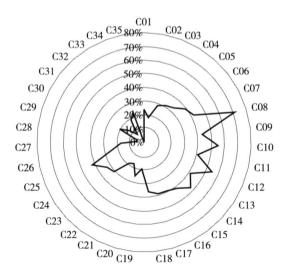

图 8-8　2007 年保加利亚全球价值链后向参与度（行业层面）

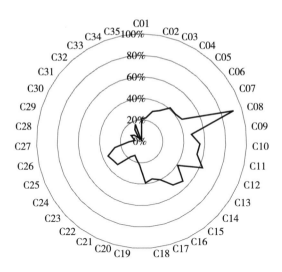

图 8-9　2021 年保加利亚全球价值链后向参与度（行业层面）

　　2007 年和 2021 年，就行业层面的全球价值链前向参与度而言，保加利亚在绝大部分行业上的价值链前向参与度波动性都较小，显示出一定程度的稳定性。大部分行业的价值链前向参与度有所上升，尤其是焦炭、成品油和核燃料的制造与加工以及其他非金属矿产产品制造等行业价值链前向参与度显著上升。具体分析如下所示：

2007 年保加利亚 GVC 后向参与度排名第一的行业是焦炭、成品油和核燃料的制造与加工，其后向参与度为 71.19%，其次为橡胶和塑料制品制造，参与度为 55.26%。2007 年保加利亚总体的 GVC 后向参与度约为 39.43%，其中制造业 GVC 后向参与度相对较高，约为 48.65%。

2021 年保加利亚 GVC 后向参与度排名第一的行业仍然是焦炭、成品油和核燃料的制造与加工，其后向参与度上升为 91.89%。2021 年保加利亚总体的 GVC 后向参与度约为 36.76%，其中制造业 GVC 后向参与度相对较高，约为 50.9%。

四、保加利亚 GVC 地位

2007 年，保加利亚 GVC 地位最高的行业为金融及保险业，其 GVC 相对上游度为 1.96，其次是煤炭、原油、天然气、矿产开采，其 GVC 相对上游度为 1.82。2007 年，保加利亚总体 GVC 相对上游度为 0.89，其中，与生产相关的服务 GVC 地位较高，其 GVC 相对上游度为 1.09，而制造业 GVC 地位较低，其 GVC 相对上游度为 0.78。

2021 年，保加利亚 GVC 地位最高的行业仍然是金融及保险业，其 GVC 相对上游度上升为 1.87，其次是煤炭、原油、天然气、矿产开采，其 GVC 相对上游度上升为 1.75。2007 年和 2021 年，保加利亚整体 GVC 地位有所上升，其 GVC 相对上游度由 2007 年的 0.89 上升为 2021 年的 1.05。2021 年，保加利亚与生产相关的服务 GVC 地位较高，其 GVC 相对上游度为 1.31，而制造业 GVC 地位较低，其 GVC 相对上游度为 0.86（见表 8-2）。

表 8-2　2007~2021 年保加利亚 GVC 地位较高的十个行业 GVC 相对上游度

年份	C28 金融及保险业	C02 煤炭、原油、天然气、矿产开采	C30 租赁及其他商业活动	C21 零售贸易（机动车辆与摩托车除外）以及家居用品维修	C20 批发与委托贸易（机动车辆与摩托车除外）	C24 水路运输	C01 农业、狩猎、林业与渔业	C17 电力、燃气、蒸汽、热水等的生产与输送	C29 房地产	C10 橡胶和塑料制品制造
2007	1.96	1.82	1.13	1.24	1.01	1.36	0.89	1.11	1.20	0.96
2008	1.80	1.64	1.15	1.31	1.10	1.36	0.95	1.12	1.01	0.97
2009	1.73	1.76	1.15	1.60	1.21	1.32	0.92	1.09	1.12	1.00
2010	1.92	1.76	1.26	1.56	1.20	1.30	0.93	1.11	1.21	0.97

续表

年份	C28 金融及保险业	C02 煤炭、原油、天然气、矿产开采	C30 租赁及其他商业活动	C21 零售贸易（机动车辆与摩托车除外）以及家居用品维修	C20 批发与委托贸易（机动车辆与摩托车除外）	C24 水路运输	C01 农业、狩猎、林业与渔业	C17 电力、燃气、蒸汽、热水等的生产与输送	C29 房地产	C10 橡胶和塑料制品制造
2011	2.01	1.97	1.27	1.44	1.23	1.34	0.99	1.14	1.18	0.99
2012	1.99	2.05	1.27	1.39	1.23	1.28	0.97	1.13	1.18	0.97
2013	1.94	2.07	1.29	1.42	1.30	1.38	1.02	1.14	1.20	0.95
2014	1.93	2.14	1.25	1.31	1.21	1.68	0.99	1.16	1.16	0.99
2015	1.92	1.98	1.27	1.35	1.24	1.64	1.00	1.18	1.17	1.00
2016	1.97	2.22	1.34	1.35	1.25	1.71	1.01	1.21	1.19	1.02
2017	2.04	2.43	1.38	1.40	1.29	1.73	1.06	1.23	1.25	1.02
2018	2.00	2.05	1.37	1.50	1.35	1.64	1.13	1.29	1.14	1.07
2019	1.93	1.90	1.56	1.47	1.36	1.35	1.16	1.25	1.27	1.11
2020	1.88	1.96	1.52	1.45	1.39	1.26	1.19	1.20	1.20	1.12
2021	1.87	1.75	1.55	1.41	1.37	1.22	1.20	1.19	1.18	1.12

资料来源：UIBE GVC 数据库。

第四节　保加利亚与中国的经贸关系

一、要素结构

按照国际标准 SITC 一位数分类，对外贸易产品可分为 0~9 类，其中 0~4 类为初级商品，包括食品和供主要食用的活动物，饮料及烟类，非食用原料，矿物燃料、润滑油及有关原料和动植物油脂及蜡等，一般归类为资源密集型产品；第 6 类和第 8 类为皮革制品、橡胶制品、木制品（不包括家具）、纸板、纺织纱线和制品、钢铁、金属制品等，家具及其零件、床上用品、旅游用品、服装、鞋子等制品，一般归类为劳动密集型产品；第 5 类为化学品及有关产品，第 7 类为机械和运输设备，第 9 类为杂项制品和其他未分类产品，我们将这三类产品归为资本密集型产品。

2012 年中国—中东欧合作机制建立后，中国出口保加利亚资源密集型产品比重变化不大，在 5% 上下浮动；中国出口保加利亚劳动密集型产品比重总体变化不大，在 2019 年后比重有所下降，至 2023 年降至 34.68%；相反，中国出口保加利亚资本密集型产品在 2019 年后比重有所上升，至 2023 年上升至 60.71%（见表 8-3）。

表 8-3　2012~2023 年保加利亚进口和出口中国的要素结构　　　单位：%

年份	中国出口保加利亚要素结构			保加利亚出口中国要素结构		
	资源密集型产品	劳动密集型产品	资本密集型产品	资源密集型产品	劳动密集型产品	资本密集型产品
2012	5.26	32.08	62.66	18.29	77.15	4.56
2013	4.96	39.32	55.72	26.22	67.28	6.51
2014	4.66	40.54	54.80	29.23	60.64	10.13
2015	4.65	39.64	55.72	20.13	68.44	11.43
2016	3.91	41.49	54.60	30.81	55.06	14.14
2017	4.37	43.34	52.28	14.47	73.94	11.59
2018	5.38	40.88	53.74	12.13	75.96	11.91
2019	5.19	42.36	52.45	18.08	67.69	14.24
2020	5.33	40.17	54.49	17.82	70.26	11.92
2021	4.76	37.77	57.47	29.52	58.44	12.04
2022	6.41	34.51	59.08	58.46	23.93	17.61
2023	4.61	34.68	60.71	70.82	12.88	16.29

资料来源：作者根据联合国商品贸易统计数据库计算。

2012~2023 年，保加利亚出口中国要素结构发生了较大变化。2012~2021年，保加利亚出口中国劳动密集型产品比重最高，占比在 60%~80%，资源密集型产品与资本密集型产品占比较少，而 2021~2023 年，保加利亚出口中国劳动密集型产品比重大幅下降，由 2021 年的 58.44% 骤降至 2023 年的 12.88%，而资源密集型产品比重大幅上升，由 2021 年的 29.52% 上升至 2023 年的 70.82%。

二、技术结构

参考欧盟中央银行（ECB，2005）按出口产品科技含量的分类方法，在国际贸易标准分类（SITC）两位代码分类的基础上把中国出口产品分为低科技含量、中等科技含量和高科技含量三大类。

2012~2013 年，中国出口保加利亚低科技含量商品比重上升，由 38.47%上升至 44.32%；2013~2023 年，中国出口保加利亚低科技含量产品比重缓慢下降，至 2023 年，其比重下降至 35.83%。2012~2013 年，中国出口保加利亚中等科技含量商品比重上升，由 32.04%上升至 39.14%；2013~2023 年，中国出口保加利亚中等科技含量产品比重在 37%上下浮动。2012~2013 年，中国出口保加利亚高科技含量商品比重下降，由 29.49%下降至 16.54%；2013~2023 年，中国出口保加利亚高科技含量产品比重上升，至 2023 年，其比重上升至 28.99%（见表 8-4）。

表 8-4　2012~2023 年保加利亚进口和出口中国的技术结构　　单位：%

年份	中国出口保加利亚技术结构			保加利亚出口中国技术结构		
	低科技含量产品	中等科技含量产品	高科技含量产品	低科技含量产品	中等科技含量产品	高科技含量产品
2012	38.47	32.04	29.49	95.37	2.85	1.78
2013	44.32	39.14	16.54	91.94	5.55	2.51
2014	44.19	39.55	16.26	87.76	7.67	4.58
2015	43.34	36.35	20.31	86.93	8.06	5.01
2016	42.38	38.26	19.36	80.27	11.92	7.81
2017	43.64	38.29	18.07	88.36	7.91	3.74
2018	42.46	39.36	18.18	88.81	7.02	4.17
2019	42.44	37.99	19.57	85.66	10.43	3.91
2020	41.14	38.34	20.52	86.04	8.25	5.70
2021	36.91	38.40	24.69	84.04	8.65	7.30
2022	37.31	37.77	24.92	78.58	9.47	11.96
2023	35.83	35.18	28.99	80.87	8.33	10.79

资料来源：作者根据联合国商品贸易统计数据库计算。

2012~2023 年，保加利亚出口中国低科技含量产品比重总体呈下降趋势，其比重由 2012 年的 95.37%下降至 2023 年的 80.87%；中等科技含量产品比重总体呈浮动上升趋势，其比重由 2012 年的 2.85%上升至 2023 年的 8.33%；高科技含量产品比重总体呈浮动上升趋势，其比重由 2012 年的 1.78%上升至 2023 年的 10.79%。

三、经济用途结构

2012 年中国—中东欧合作机制建立后，中国出口保加利亚产品以中间品为主。2012～2020 年，中国出口保加利亚消费品比重在 22% 上下浮动，2020～2022 年，消费品比重下降至 16.51%，至 2023 年小幅回升至 17.82%；2012～2020 年，中国出口保加利亚中间品比重由 61.54% 下降至 53.84%，2020～2022 年，中间品比重大幅上升至 63.58%，至 2023 年小幅下降至 60.42%；2012～2023 年，中国出口保加利亚资本品比重在 21% 上下浮动，广泛用途品比重在 0.5% 上下浮动（见表 8-5）。

表 8-5　2012～2023 年保加利亚进口和出口中国的经济用途结构　　单位：%

年份	中国出口保加利亚经济用途结构				保加利亚出口中国经济用途结构			
	消费	中间	资本	广泛用途	消费	中间	资本	广泛用途
2012	21.57	61.45	15.71	1.26	1.36	97.30	1.32	0.02
2013	22.71	56.92	19.44	0.93	1.50	96.49	1.97	0.04
2014	22.13	57.91	19.32	0.64	2.51	93.98	3.44	0.07
2015	21.53	56.45	21.51	0.51	3.47	91.82	4.67	0.04
2016	22.37	55.55	21.64	0.43	5.00	88.43	6.35	0.22
2017	21.14	56.77	21.62	0.47	3.49	92.32	4.03	0.16
2018	21.28	55.91	22.33	0.48	3.61	92.68	3.46	0.25
2019	22.33	55.80	21.40	0.47	3.35	91.86	4.49	0.30
2020	22.26	53.84	23.53	0.37	3.34	91.41	4.84	0.41
2022	16.51	63.58	19.76	0.16	3.13	90.21	6.65	0.01
2023	17.82	60.42	21.27	0.49	2.51	92.34	5.12	0.02

资料来源：作者根据联合国商品贸易统计数据库计算。

2012～2023 年，保加利亚出口中国产品以中间品为主，占比基本维持在 90% 以上；消费品占比在 3% 上下浮动，资本品比重在 4% 上下浮动，广泛用途品比重在 0.3% 上下浮动。

第五节　保加利亚典型经贸政策及措施借鉴

1989 年底，保加利亚开始向市场经济过渡，在平等的条件下发展包括私有制在内的多种所有制经济，优先发展农业、轻工业、旅游业和服务业。逐渐稳定的经济环境和提升的国际地位吸引了大量外国投资。随着保加利亚大部分企业私有化的完成，经济转型下的自由价格和不断开放的市场吸引了大量出口导向型的绿地投资。

自 20 世纪 90 年代开始，保加利亚所进行的一系列改革既是加入欧盟的需要，也是实现由计划经济向市场经济转变，建立市场经济、多元化所有制结构和民主政治体系的需要。改革至今，保加利亚经济社会转型已取得一定成果，无论是企业、能源产业还是金融机构，该国都进行了成效较为显著的市场化结构改革。

到 2022 年，按购买力平价计算，保加利亚达到欧盟人均 GDP 的 62%，但该国仍然是最贫穷的欧盟成员国。在一系列外部危机包括全球金融危机、欧洲债务危机等之后外国投资流入枯竭，改革进展放缓，抑制了向欧盟平均收入靠拢的步伐①。

一、宏观经济政策

近年来，保加利亚在中东欧地区以稳健的宏观经济政策而闻名。从 2016 年起，政府预算出现盈余，政府债务占国内生产总值的比例不到 30%，且逐年下降，2018 年只有 22%。在 1996~1997 年经济危机后，保加利亚先是实行与德国马克挂钩，后来又实行与欧元挂钩的汇率。如今，保加利亚货币列弗已成为东欧地区最强大和最稳定的货币。根据 2018 年 5 月欧洲中央银行发布的最近一次趋同报告，保加利亚在通货膨胀率、政府预算赤字和政府债务占国内生产总值的比重、长期名义年利率等方面，已经符合马斯特里赫特趋同标准②。

---

① The World Bank In Bulgaria, World Bank, https：//www.worldbank.org/en/country/bulgaria/overview#1.
② 《"17+1 合作"和"一带一路"框架内中国与保加利亚经贸合作》，载中国社会科学院俄罗斯东欧中亚研究所，http：//euroasia.cssn.cn/kycg/lw/202102/t20210226_5314002.shtml。

二、引进外资政策

保加利亚政府一直保持自由、开放的政策积极吸引外资，仅对少数领域（博彩业、烟草加工、医药研究）实行限制。外国投资者基本可以自由在保加利亚进行投资，享受国民待遇。保加利亚政府通过现金补贴、欧盟共同基金、税收减免、培训补贴和就业补贴等方式鼓励外商直接投资[①]。

三、农产品政策

农业是保加利亚优势产业之一。保加利亚被称为欧洲的"菜园子"和"上帝的后花园"，得天独厚的自然环境适合多种农作物生长。保加利亚农产品如玫瑰油、乳制品等享誉世界。保加利亚49%的领土都是农业用地，且农业基础设施较完善，产品可以出口欧洲其他国家、中东和南非等国家，市场广阔。保加利亚于2007年加入欧盟，对其农业贸易政策产生了深远影响。融入欧盟的共同农业政策使保加利亚获得了大量的欧盟资金，欧盟结构基金2014～2020年对保加利亚农业支持高达10.1亿欧元。作为欧盟成员国，保加利亚遵循欧盟法规，例如对所有动物和植物源性食品和农产品进口适用欧盟监管要求[②]。

四、数字经济政策

"数字保加利亚2025"国家规划基于新的欧洲战略和计划指南制订，于2019年11月4日通过。规定了使用电子化服务、增强数字技能及进行数字创新基础设施建设的条件。主要目标包括[③]：①通过利用云计算、大数据、人工智能、区块链及创新技术潜力等实现智能、可持续和以社会为中心的数字化增长；②确保强大、有竞争力和数据驱动的经济；③利用创新技术的潜力；④维护网络生态系统安全、应对网络安全挑战。

在保加利亚，数字经济通过各政府部门制定政策而进行横向监管，即每个决策机构都负责其职责范围内的数字化转型政策，但数字能力和基础设施建设、服

---

① 张琳，陈宏. 中东欧十六国投资环境分析——兼论中国企业投资策略［M］. 格致出版社，2017.

② Bulgaria：Food and Agricultural Import Regulations and Standards Export Certificate Report，U. S. Department of Agriculture，https：//fas. usda. gov/data/bulgaria－food－and－agricultural－import－regulations－and－standards－export－certificate－report－0.

③ 资料来源：《对外投资合作国别（地区）指南——保加利亚（2023年版）》。

务数字经济等皆属于企业自身活动，各国家机构无权干涉。目前，有关政策文件主要有《数字保加利亚 2025 国家计划》。该计划旨在使智能信息技术（IT）解决方案在经济和社会生活的所有领域实现现代化和广泛实施。计划的另一个目标侧重于战略性地提高各级数字能力和技能。"数字保加利亚 2025"计划由保加利亚交通、信息技术和通信部协调，在国家层面的数字技能发展方面设定了三个主要目标，包括信息通信技术领域的学校和高等教育现代化、增加信息通信技术领域高素质专家的数量、提高劳动力的数字化和信息通信技能。

第九章

克罗地亚贸易体系研究

克罗地亚是位于欧洲中南部的一个国家。1991 年，克罗地亚宣布从南斯拉夫社会主义联邦共和国独立，2005 年成为欧盟候选国，并于 2013 年 7 月正式加入欧盟。加入欧盟后，克罗地亚享有欧盟成员国之间的贸易、关税、金融、社会政策、教育和旅游等方面的协调和统一政策。这一身份不仅促进了克罗地亚的经济发展和合作，还使其能够与其他欧盟成员国开展更加紧密的交流和合作，从而增强了自身的国际影响力和竞争力。

2023 年，克罗地亚正式加入了欧元区和申根区。这意味着克罗地亚开始使用欧元作为官方货币，并与申根区内的其他成员国实现了人员自由流动，无需进行边境检查。这一重要步骤进一步加深了克罗地亚与欧盟的融合，同时也为克罗地亚的经济发展带来了诸多好处。①

第一节　克罗地亚贸易总体情况

1992~2022 年，克罗地亚的贸易额从 90.58 亿美元增长至 694.98 亿美元，增长了 7.6 倍，年增长率达到 10.72%；其中，进口额从 44.61 亿美元增加到 441.15 亿美元，年增长率达到 12.13%，出口额从 45.97 亿美元，增加到 253.83 亿美元，年增长率为 8.91%，贸易处于逆差状态（见图 9-1）。

---

① 资料来源：《对外投资合作国别（地区）指南——克罗地亚（2023 年版）》，第 2 页。

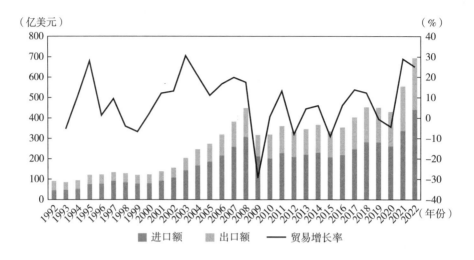

图 9-1　1992~2022 年克罗地亚贸易规模变化

资料来源：作者根据联合国商品贸易统计数据库计算。

第二节　克罗地亚经济贸易发展的阶段性特征

克罗地亚的经济贸易发展大体分为三个阶段。

一、第一阶段：独立初期及转型阶段（1991~2003 年）

克罗地亚在 1991 年从南斯拉夫社会主义联邦共和国独立出来后，经历了极其艰难的经济转型期。尽管面临诸多困难，克罗地亚政府致力于推进经济改革，包括私有化进程、宏观经济稳定措施以及重建基础设施和产业的努力。至 2003 年，克罗地亚的经济才终于恢复到了 1990 年前的水平，这标志着一个重要的转折点。在此期间，国际社会的支持和援助对于克罗地亚经济的复苏起到了一定的作用。随着和平的到来和结构性改革的深入，尤其是大力发展旅游业、造船业以及其他服务行业，克罗地亚经济逐渐步入正轨，并开始走向稳定和增长。

这一阶段的贸易规模变化如图 9-2 所示，从中可以看出，克罗地亚的进口额处于稳步增长的势头，进口额从 44.61 亿美元增加到 142.09 亿美元，年均增长率达到 11.10%，出口额从 45.97 亿美元增加到 61.87 亿美元，年增长率达到

2.73%，贸易基本保持逆差。

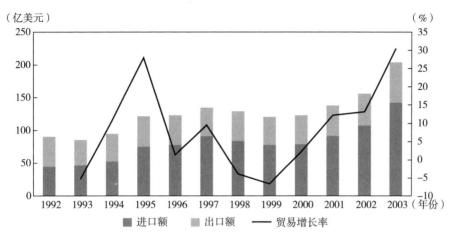

图 9-2　1992~2003 年克罗地亚贸易规模变化

注：由于联合国商品贸易统计数据库中克罗地亚贸易数据仅从 1992 年开始，故选取 1992 年为起始年份。

在出口方面，如表 9-1 所示，意大利一直是克罗地亚最主要的出口市场，其占比在不同时期有波动，但整体保持在高位，尤其在 2003 年达到 26.69% 的峰值。德国作为另一重要出口国，其占比在上述时间段内逐渐下降，从 1995 年的 21.52% 降至 2003 年的 11.85%。波黑和克罗地亚作为克罗地亚的邻国，其在克罗地亚出口中的比重也相当显著，尤其波黑在部分年份中占比甚至超过 10%。奥地利、匈牙利和俄罗斯等国的占比在不同年份中有起有伏，但总体上奥地利的占比相对稳定并呈上升趋势。美国、法国等西方发达国家在克罗地亚出口市场中的份额相对较小但保持稳定，其中美国的占比在某些年份有小幅上升。

表 9-1　1992~2003 年克罗地亚主要出口国及其占比　　　　单位：%

年份	意大利	德国	波黑	克罗地亚	奥地利	塞尔维亚	匈牙利	美国	法国	俄罗斯
1992	19.77	16.82	4.18	23.95	2.28	0.00	0.91	1.56	1.26	3.15
1993	21.22	22.93	4.84	18.23	3.33	0.00	1.38	2.15	3.43	3.70
1994	21.36	22.10	7.94	13.05	3.51	0.00	1.60	2.22	2.63	3.54
1995	23.71	21.52	8.27	13.12	4.32	0.00	1.53	1.91	2.42	3.28
1996	21.05	18.61	12.16	13.55	4.39	0.00	1.23	2.05	1.87	2.89
1997	20.85	17.84	14.94	12.20	5.13	0.00	1.12	2.24	1.84	3.77

年份	意大利	德国	波黑	克罗地亚	奥地利	塞尔维亚	匈牙利	美国	法国	俄罗斯
1998	17.67	16.89	14.40	9.52	5.45	0.00	1.14	1.97	2.26	3.61
1999	18.05	15.73	12.78	10.59	6.18	0.00	0.92	2.41	2.42	1.62
2000	22.34	14.26	11.17	10.83	6.60	0.00	1.35	2.46	2.84	1.28
2001	23.72	14.78	12.01	9.14	5.74	0.00	1.22	2.57	3.50	1.79
2002	22.74	12.48	14.37	8.72	7.46	0.00	1.69	2.09	3.25	1.71
2003	26.69	11.85	14.43	8.26	7.75	0.00	1.30	2.65	2.82	1.19

资料来源：作者根据联合国商品贸易统计数据库计算。

在进口方面，如表9-2所示，意大利和德国是克罗地亚最主要的进口来源国，两国的进口份额在大多数年份均位列前两位，占比在15%~22%波动，显示了克罗地亚与这两个欧洲强国之间紧密的贸易联系。克罗地亚、奥地利和匈牙利在克罗地亚进口市场中也占有重要地位，但其占比在不同年份有所起伏，尤其克罗地亚的份额从1992年的接近20%下降至2003年的不足8%。俄罗斯在1999年的进口份额一度较高，达到8.59%，而在其他年份中，其占比大致在2%~5%波动。中国作为新兴市场，其在克罗地亚进口中的份额逐渐增长，从1992年的极低点0.15%增长至2003年的2.86%，显示了克罗地亚与中国贸易关系的加深。法国、荷兰等欧洲国家以及波黑在克罗地亚进口市场中也占有一定比例，但相较于意大利、德国等国，其份额相对较小，且存在一定的波动性。

表9-2　1992~2003年克罗地亚主要进口国及其占比　　　单位：%

年份	意大利	德国	克罗地亚	奥地利	匈牙利	俄罗斯	中国	法国	荷兰	波黑
1992	17.06	17.21	19.60	4.25	2.30	4.53	0.15	1.61	1.99	1.81
1993	18.89	21.23	15.27	6.65	1.67	4.86	0.36	2.09	1.96	0.30
1994	19.02	21.22	10.34	6.74	1.91	3.50	0.57	2.25	2.19	0.08
1995	18.19	20.09	10.72	7.64	2.10	2.09	0.59	2.51	2.32	0.12
1996	18.25	20.57	9.88	7.67	2.47	2.75	0.70	2.55	2.27	0.81
1997	18.91	20.18	8.28	7.77	2.61	5.01	0.74	3.21	1.86	1.50
1998	17.90	19.28	8.61	7.30	2.53	4.34	0.76	4.79	1.93	1.86
1999	15.87	18.51	7.92	7.06	2.24	8.59	0.97	5.05	1.82	1.51
2000	16.62	16.45	7.94	6.70	2.33	8.52	1.11	5.53	1.65	1.03

续表

年份	意大利	德国	克罗地亚	奥地利	匈牙利	俄罗斯	中国	法国	荷兰	波黑
2001	18.12	17.31	7.78	6.90	2.61	7.15	1.58	4.35	1.79	1.39
2002	17.26	16.25	7.71	6.62	2.96	6.69	2.40	5.18	1.88	1.55
2003	18.17	15.63	7.40	6.62	2.99	4.77	2.86	5.27	1.92	1.63

资料来源：作者根据联合国商品贸易统计数据库计算。

　　克罗地亚的进口市场在这一时期以欧洲国家为主导，尤其是与邻近国家和欧盟成员国有着紧密的贸易往来，同时随着全球化进程的推进，也开始更多地从中国等新兴市场进口商品。

　　按海关（HS）2级编码分类，出口产品可以划分为98个子行业，22个大类，本书用双边出口七大类产品①（HS2级编码分类）的结构变化，来替代在行业视角下双边出口结构的变化。表9-3和表9-4反映了1992~2003年克罗地亚各行业出口和进口占比的变化趋势。

表9-3　1992~2003年克罗地亚各行业出口占比　　　　单位：%

年份	农食产品	机电仪器和交通工具	化矿金属	纺织鞋帽	橡塑皮革	玩具钟表	木材纸张非金属
1992	13.22	19.48	27.78	19.28	6.74	4.09	9.41
1993	12.63	14.90	25.74	24.60	6.14	5.29	10.70
1994	11.52	18.19	23.53	23.73	7.84	4.55	10.65
1995	11.19	17.84	23.56	22.01	10.61	4.55	10.25
1996	11.81	22.27	24.30	21.41	7.17	3.62	9.42
1997	12.40	18.29	25.38	22.07	6.82	4.04	10.99
1998	11.65	31.37	19.90	18.25	6.58	3.11	9.14
1999	9.79	30.22	22.74	18.03	5.70	3.15	10.38
2000	9.16	27.96	28.23	15.93	5.29	2.94	10.50
2001	10.06	30.77	25.82	15.64	4.91	3.45	9.35
2002	11.42	29.89	24.84	14.84	5.43	3.77	9.82
2003	12.42	31.10	23.95	13.69	4.92	4.08	9.84

资料来源：作者根据联合国商品贸易统计数据库计算。

---

　　① 农食产品包括HS01-24章，机电仪器和交通工具包括HS84-93章，化矿金属包括HS25-38、HS72-83章，纺织鞋帽包括HS50-67章，橡塑皮革包括HS39-43章，玩具钟表包括HS71、HS94-97章，木材纸张非金属包括HS44-49、HS68-70章。

表 9-4 1992~2003 年克罗地亚各行业进口占比　　　　　　单位：%

年份	农食产品	机电仪器和交通工具	化矿金属	纺织鞋帽	橡塑皮革	玩具钟表	木材纸张非金属
1992	13.24	18.21	32.80	21.93	5.02	2.73	6.08
1993	9.50	26.20	29.30	22.12	4.16	2.33	6.40
1994	11.77	28.58	27.22	19.61	4.80	2.65	5.37
1995	13.13	31.05	31.04	9.96	5.23	2.87	6.73
1996	12.47	31.78	30.69	9.92	5.22	2.72	7.21
1997	11.41	37.92	27.36	8.47	5.18	2.84	6.82
1998	10.61	39.44	25.66	8.26	5.91	3.03	7.09
1999	9.27	38.52	29.92	7.51	5.27	2.74	6.77
2000	8.71	34.71	32.98	8.63	5.76	2.55	6.66
2001	9.24	36.43	31.18	8.15	5.55	2.73	6.72
2002	9.32	36.95	30.67	7.11	5.69	3.34	6.93
2003	8.84	39.66	29.08	6.61	5.62	3.53	6.67

资料来源：作者根据联合国商品贸易统计数据库计算。

在出口方面，1992~2003 年，农食产品出口占比呈现波动性变化，从最高的 13.22% 降至最低的 9.16%，然后逐渐回升至 12.42%。表明克罗地亚农业出口有一定的周期性和波动性，但总体上仍保持了一定规模的国际市场份额。机电仪器和交通工具的出口占比经历了一个较大的增长过程，由 1992 年的 19.48% 上升到 2003 年的 31.10%，表明克罗地亚在机电设备和汽车制造等领域的发展迅速，成为其出口支柱产业。化矿金属的出口占比在一段时间内波动较大，但总体上看在 23%~28%，反映了克罗地亚在矿产和化工产品出口上的稳定性，且在特定年份中有着显著贡献。纺织鞋帽和橡塑皮革这两个轻工业部门的出口占比在 1992~2003 年呈现逐渐下降趋势，表明在国际竞争环境下，克罗地亚在这些领域的竞争优势可能在削弱。玩具钟表、木材纸张非金属等行业的出口占比相对较小且较为稳定，但在整个统计期内也有一定的波动，整体上并未成为克罗地亚出口的主导行业（见表 9-3）。

在进口方面，农食产品进口占比在 1992~2003 年波动，但总体处于 10% 左右，反映了克罗地亚在一定程度上依赖外部市场满足本国的食品和农产品需求。机电仪器和交通工具行业的进口占比逐年递增，从 1992 年的 18.21% 增长至 2003 年的 39.66%，表现出克罗地亚对国外先进机械设备和技术的需求不断提升，以及在交通运输工具进口上的显著增长。化矿金属进口占比在 27%～33% 波动，显示出克罗地亚对矿产资源和化工产品进口的依赖性较强，但占比有所下降，可能是由于结构调整或寻求其他供应源的努力。纺织鞋帽、橡塑皮革、玩具钟表和木材纸张非金属等轻工产品的进口占比整体呈现下降趋势，这可能意味着克罗地亚在这些行业中努力提升自身生产能力和降低对外依赖，但也可能是受到了国际市场竞争和消费模式变化的影响（见表 9-4）。

二、第二阶段：快速融入欧洲体系（2004～2011 年）

克罗地亚在 2004～2011 年采取了一系列措施加快其融入欧洲体系的步伐。欧盟候选国地位：克罗地亚在 2004 年获得欧盟候选国地位，随后开始了必要的政治、经济和社会改革，以满足欧盟成员国的标准。[1]

在此期间，克罗地亚在 2009 年 4 月 1 日正式成为北约组织的成员国，这是其融入欧洲—大西洋安全架构的一个重要步骤。克罗地亚在此期间持续进行与欧盟的入盟谈判，克罗地亚政府进行了广泛的法律和体制改革，加强法治，打击腐败，改善公共服务，以及推动市场经济的发展。经过一系列的准备工作，2012 年 1 月，克罗地亚举行全民公投，大约 2/3 的投票者支持加入欧盟。同年 2 月 15 日，克罗地亚与欧盟签署了《入盟协议》。实际加入欧盟：最终，在上述努力之后，克罗地亚于 2013 年 7 月 1 日正式加入了欧盟，成为其第 28 个成员国。

这一阶段的贸易规模变化如图 9-3 所示，从中可以看出，克罗地亚的进口额先上升然后经历了下降，出口额从 165.89 亿美元，增加到 227.15 亿美元，年均增长率达到 4.69%，出口额从 80.24 亿美元，增加到 133.64 亿美元，年增长率达到 7.6%，贸易基本保持逆差。贸易增长率在 2008 年大幅上升，2009 年大幅下降。

在出口方面，意大利和德国是其最主要的出口市场，占比相对较高且波动较大。波黑、克罗地亚、奥地利和匈牙利等邻国也是其重要出口目的地。此外，美国和法国等西方国家在其出口市场中占据一定份额，俄罗斯的占比在某些年份有所上升。

---

[1] 《背景资料：克罗地亚入盟大事记》，载人民网，http://world.people.com.cn/n/2013/0630/c1002-22023087.html。

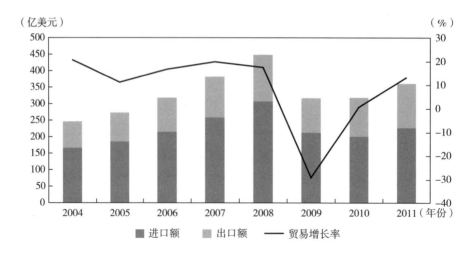

图 9-3　2004~2011 年克罗地亚贸易规模变化

资料来源：作者根据联合国商品贸易统计数据库计算。

　　在进口方面，意大利和德国同样在进口中扮演着关键角色，是克罗地亚最主要的商品进口来源国。克罗地亚、奥地利、匈牙利和俄罗斯等国也是重要的进口伙伴。值得注意的是，中国在克罗地亚进口市场中的占比逐年增长，至 2011 年已成为其第五大进口来源国。荷兰和波黑的占比也相对稳定，反映了克罗地亚与这些国家之间的紧密贸易关系。

　　总体来看，克罗地亚的进出口市场主要集中在欧洲地区，同时逐步增加了与亚洲特别是中国的贸易往来。

　　从行业来看，在出口方面，2004~2011 年，农食产品出口占比有波动，但整体趋势略微上升，从 9.22% 升至 11.67%，显示克罗地亚农业和食品加工业在出口中的角色逐渐增强。机电仪器和交通工具行业的出口占比经历了先降后升的过程，2004 年为 33.80%，到 2008 年降至 31.58%，之后回升至 2011 年的 31.38%，反映出该国在这一领域面临一定挑战的同时，也在积极调整和发展。化矿金属的出口占比在报告期总体呈现稳中有降的趋势，从 2004 年的 26.21% 降至 2011 年的 31.91%，表明克罗地亚在这一领域的国际市场地位有所改变。纺织鞋帽、橡塑皮革、玩具钟表以及木材纸张非金属等轻工产品和资源类产品的出口占比普遍呈现下降趋势，显示这些行业在全球竞争中面临的压力增大，或者在国内产业结构调整中比重有所降低。克罗地亚的出口结构在这段时期内有所调整，但仍然以机电仪器和交通工具、化矿金属以及农食产品为主要出口行业。

在进口方面，克罗地亚农食产品进口占比在 2004～2011 年期间逐渐上升，从最初的 8.77% 增长到 11.41%，显示其对外国农产品的依赖程度在增加。机电仪器和交通工具进口占比在 2004 年至 2008 年相对稳定，之后逐渐下降，至 2011 年占比仅为 24.56%，说明克罗地亚在这一领域的进口需求可能因内部产业发展或其他因素而有所减少。化矿金属进口的占比整体上呈现上升趋势，从 2004 年的 31.39% 增长到 2011 年的 42.91%，可见克罗地亚对矿产资源和化工产品的需求强劲，且依赖进口的程度在加强。纺织鞋帽、橡塑皮革、玩具钟表和木材纸张非金属等轻工产品和资源类别的进口占比相对较小且波动不大，但同样体现出克罗地亚对外国商品和服务的多元化需求。

克罗地亚的进口结构在这一时期内以化矿金属和机电仪器为主导，而农食产品的进口需求也在逐年增加，整体上进口结构随内外部经济环境和产业发展的变化而有所调整。

三、第三阶段：欧债危机后（2012 年至今）

2013 年 7 月 1 日，克罗地亚正式成为欧盟成员国。这一变化对克罗地亚的贸易政策产生了深远的影响，因为克罗地亚需要调整其国内法律和政策以符合欧盟的规定和标准。加入欧盟后，克罗地亚的贸易政策开始与欧盟的共同贸易政策接轨，包括关税、贸易协定、出口补贴等方面的规定。自 2014 年以来，克罗地亚与中国的经贸关系不断发展，特别是在"一带一路"倡议框架下，两国的合作得到了加强。2017 年 5 月，中国和克罗地亚两国政府签署了关于共同推进"一带一路"建设的谅解备忘录，这标志着双边经贸合作进入了新的阶段。两国在基础设施建设、能源、旅游等领域的合作不断深化，如中国企业参与的里耶卡港口项目和佩列沙茨大桥项目。2023 年 1 月，克罗地亚正式加入欧元区和申根区，这将进一步促进其与欧盟的一体化，对贸易政策产生积极影响，如简化跨境贸易流程、增强货币稳定性等。[①]

这一阶段的贸易规模变化如图 9-4 所示，从中可以看出，克罗地亚的进口额处于稳步增长的势头，出口额从 208.34 亿美元，增加到 441.15 亿美元，年增长率达到 7.8%，出口额从 123.69 亿美元增加到 253.83 亿美元，年增长率达到

① 《克罗地亚正式加入欧元区和申根区》，载人民网—人民日报，http://world.people.com.cn/n1/2023/0103/c1002-32598340.html。

7.6%，贸易基本保持逆差。贸易额基本稳步增长。

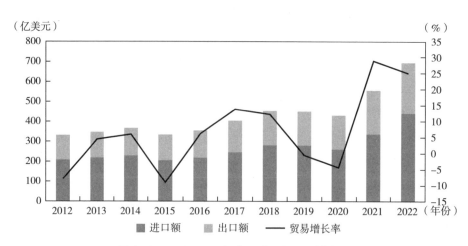

图 9-4 2012~2022 年克罗地亚贸易规模变化

资料来源：作者根据联合国商品贸易统计数据库计算。

在出口方面，如表 9-5 所示，意大利、德国、波黑和克罗地亚是其主要的出口市场，而俄罗斯、塞尔维亚、匈牙利等国家的占比也在不同年份有所波动。同时，可以看到克罗地亚对美国、法国等西方国家的出口占比相对较小但保持稳定。

表 9-5 2012~2022 年克罗地亚主要出口国及其占比 单位：%

年份	意大利	德国	波黑	克罗地亚	奥地利	塞尔维亚	匈牙利	美国	法国	俄罗斯
2012	15.30	10.19	12.75	8.61	6.53	4.35	2.53	2.92	1.49	3.41
2013	14.53	11.75	12.26	10.41	6.26	4.71	2.40	2.58	1.72	2.96
2014	13.88	11.19	11.85	11.35	6.09	5.59	3.46	2.11	2.21	2.64
2015	13.37	11.31	9.72	12.27	6.55	5.46	3.60	2.34	2.35	1.68
2016	13.66	11.78	9.16	12.48	6.40	4.78	3.83	3.71	2.35	1.54
2017	13.67	12.32	9.75	10.75	6.27	5.29	3.36	3.84	2.48	1.27
2018	14.59	13.24	9.37	11.06	6.45	4.89	3.42	2.35	2.59	1.02
2019	13.96	13.17	9.99	10.75	5.91	5.29	4.14	2.70	2.85	1.02
2020	12.52	12.79	8.56	10.36	5.74	5.35	7.17	3.07	3.04	1.19
2021	13.08	12.33	8.85	10.74	5.81	5.52	8.24	3.27	2.67	1.11
2022	12.24	11.39	10.39	11.55	5.30	6.23	11.21	2.32	2.43	0.75

资料来源：作者根据联合国商品贸易统计数据库计算。

在进口方面，如表 9-6 所示，意大利、德国和克罗地亚同样在进口方面扮演着重要角色。匈牙利、奥地利等邻国也是克罗地亚重要的进口来源。值得注意的是，中国在克罗地亚进口市场中的占比在某些年份有所上升，表明克罗地亚与中国之间的贸易关系日渐紧密。荷兰、俄罗斯等国在克罗地亚进口中的占比在不同年份中有所波动。

表 9-6　2012~2022 年克罗地亚主要进口国及其占比　　单位：%

年份	意大利	德国	克罗地亚	奥地利	匈牙利	俄罗斯	中国	法国	荷兰	波黑
2012	16.86	12.70	5.84	4.50	3.05	7.60	7.14	3.12	2.08	3.50
2013	13.12	14.03	11.46	8.99	6.25	4.51	3.51	2.14	3.24	3.53
2014	14.24	15.12	10.81	8.64	6.55	5.06	2.57	2.32	3.44	2.70
2015	13.16	15.53	10.66	9.14	7.76	2.32	2.81	2.31	3.79	2.68
2016	12.62	16.11	10.92	7.97	7.11	1.53	2.96	2.43	3.92	2.92
2017	12.84	15.36	10.75	7.55	7.58	1.38	3.16	2.46	3.88	3.12
2018	13.19	15.25	11.17	6.89	7.65	1.60	3.39	2.60	3.72	3.09
2019	13.89	15.46	11.55	6.45	8.44	1.18	2.87	2.73	3.91	2.79
2020	12.30	15.29	11.33	6.60	7.72	1.02	4.65	2.62	3.91	2.92
2021	12.59	14.79	10.95	6.27	7.41	1.63	3.60	2.47	3.84	3.49
2022	13.84	12.46	10.80	5.18	7.32	1.14	3.28	2.12	3.34	3.42

资料来源：作者根据联合国商品贸易统计数据库计算。

可以了解到克罗地亚对外贸易活动主要集中在欧洲地区，尤其是与邻国及欧盟国家之间。同时，随着全球贸易格局的变化，克罗地亚与其他地区的贸易关系也有所发展和调整。

在出口方面，如表 9-7 所示，农食产品与机电仪器和交通工具是克罗地亚的主要出口行业，但两者在总出口中的占比波动较大。化矿金属的出口占比在多数年份中保持较高水平，显示了克罗地亚在矿产和化学工业上的优势。纺织鞋帽、橡塑皮革等轻工产品出口占比相对较小，且波动较明显。木材纸张非金属行业的出口占比在各年度间也有所波动，但整体保持在一定水平。

表 9-7　2012~2023 年克罗地亚各行业出口占比　　单位：%

年份	农食产品	机电仪器和交通工具	化矿金属	纺织鞋帽	橡塑皮革	玩具钟表	木材纸张非金属
2012	12.88	28.73	33.49	6.57	3.58	5.45	9.29

年份	农食产品	机电仪器和交通工具	化矿金属	纺织鞋帽	橡塑皮革	玩具钟表	木材纸张非金属
2013	12.37	26.73	34.31	6.78	4.15	5.22	10.43
2014	12.61	24.56	32.96	8.92	4.45	5.47	11.03
2015	13.43	26.60	30.36	8.63	5.06	5.47	10.46
2016	14.18	26.86	29.96	8.37	5.12	5.04	10.46
2017	13.46	26.37	33.26	7.92	4.83	4.21	9.94
2018	13.98	26.85	32.20	7.99	4.92	3.71	10.35
2019	14.32	27.40	31.72	7.73	5.08	3.61	10.14
2020	15.93	26.19	31.58	7.17	4.90	4.11	10.11
2021	15.03	25.06	34.00	6.53	4.93	4.01	10.43
2022	14.67	22.04	38.59	6.13	4.34	3.80	10.44
2023	16.76	26.71	31.88	7.16	4.29	3.47	9.72

资料来源：作者根据联合国商品贸易统计数据库计算。

在进口方面，如表9-8所示，化矿金属是克罗地亚最主要的进口类别，其占比在多数年份中均超过40%，表明克罗地亚对外部矿产资源的依赖度较高。机电仪器和交通工具的进口占比也相对较高，显示克罗地亚在高科技产品和车辆等方面存在一定的进口需求。农食产品和纺织鞋帽等轻工产品的进口占比相对稳定，但低于出口占比，说明克罗地亚在这些领域有一定的自给自足能力。木材纸张非金属和玩具钟表等行业的进口占比在各年度间有所波动，但总体保持在较低水平。

表9-8 　2012~2023年克罗地亚各行业进口占比　　　　单位：%

年份	农食产品	机电仪器和交通工具	化矿金属	纺织鞋帽	橡塑皮革	玩具钟表	木材纸张非金属
2012	12.20	24.55	43.16	6.18	5.90	3.05	4.96
2013	12.72	24.76	41.56	6.22	6.82	3.00	4.92
2014	13.39	24.68	37.71	8.49	7.20	3.30	5.23
2015	13.58	26.29	35.07	8.46	7.91	3.38	5.30
2016	13.30	28.37	33.52	8.59	7.51	3.48	5.23
2017	13.36	28.85	33.72	8.29	7.07	3.49	5.22
2018	12.78	29.32	34.02	8.23	6.78	3.50	5.37
2019	13.66	29.74	33.22	7.94	6.59	3.59	5.26

年份	农食产品	机电仪器和交通工具	化矿金属	纺织鞋帽	橡塑皮革	玩具钟表	木材纸张非金属
2020	14.00	29.57	32.30	8.39	6.80	3.63	5.31
2021	13.18	27.02	36.92	7.28	6.89	3.44	5.27
2022	11.85	23.53	44.77	6.20	5.48	3.31	4.87
2023	14.55	28.61	35.70	7.22	5.54	3.47	4.91

资料来源：作者根据联合国商品贸易统计数据库计算。

第三节　克罗地亚参与全球价值链供应链情况

在了解了克罗地亚总体对外贸易情况及阶段特征后，本节从克罗地亚参与全球价值链供应链情况来分析其在全球价值链分工中所处的地位。后文主要从各行业出口贸易增加值、GVC 前向参与度和后向参与度以及 GVC 地位变化三个角度来分析。

一、各行业出口贸易增加值

贸易增加值是指在全球价值链中，各个国家通过生产过程添加的价值总和。有助于国家了解自身的经济表现，还可以揭示全球贸易中的增值流动和利益分配情况。这对于制定贸易政策、推动产业升级和国际合作等方面都具有重要的指导意义。

根据 UIBE GVC 数据库数据，本书列出了克罗地亚 2007~2021 年国内增加值占比最大的前十个行业，商业活动的租赁，食品、饮料和烟草，内陆运输，电气和光学设备，基本金属和金属制品，采矿和采石业，化学品和化学产品，其他支持和辅助运输活动、旅行社的活动，农业、狩猎、林业和渔业，零售贸易（机动车辆和摩托车除外）、家庭用品修理。

根据表 9-9 可知，商业活动租赁在整个时间段内，出口部门的国内增加值占比总体呈上升趋势，从 2007 年的 8.95% 增长至 2021 年的 12.48%，显示出对外贸易对克罗地亚经济的重要性不断提升。

表 9-9　2007~2021 年克罗地亚国内增加值占比前十的行业　　单位：%

年份	C30 商业活动的租赁	C03 食品、饮料和烟草	C23 内陆运输	C14 电气和光学设备	C12 基本金属和金属制品	C02 采矿和采石业	C09 化学品和化学产品	C26 其他支持和辅助运输活动、旅行社的活动	C01 农业、狩猎、林业和渔业	C21 零售贸易（机动车辆和摩托车除外）、家庭用品修理
2007	8.95	7.66	7.00	6.47	6.21	5.29	5.25	4.36	3.56	2.97
2008	10.52	7.45	6.77	6.75	6.38	4.68	6.29	3.89	3.01	3.22
2009	9.90	7.86	5.85	6.89	5.88	5.29	5.85	3.13	4.58	6.15
2010	9.73	7.70	5.62	6.35	5.70	6.09	6.79	3.46	4.39	5.95
2011	9.22	9.05	5.44	5.82	6.46	6.66	6.63	3.34	4.52	6.15
2012	9.70	9.15	5.41	5.51	6.69	7.13	6.75	2.90	4.98	6.29
2013	9.33	8.87	5.61	5.01	7.13	6.50	6.40	2.94	4.98	6.47
2014	9.71	9.17	5.75	4.80	6.83	5.65	6.13	3.03	4.70	6.45
2015	9.48	9.55	5.91	4.93	6.82	5.09	6.24	3.09	4.68	6.53
2016	9.27	9.20	6.20	4.95	6.86	4.74	6.28	3.23	4.47	6.91
2017	9.36	9.16	6.73	4.82	6.64	4.31	6.06	3.51	4.30	7.72
2018	11.43	8.16	6.10	4.12	5.49	1.00	3.88	5.91	4.52	8.56
2019	11.92	12.16	6.40	3.66	4.97	0.86	3.61	4.93	4.53	7.70
2020	11.94	13.25	4.91	4.16	6.58	0.87	4.71	2.77	6.55	8.53
2021	12.48	13.61	5.96	3.27	5.07	0.83	3.63	3.30	6.76	10.37

资料来源：UIBE GVC 数据库。

克罗地亚以其丰富的自然资源和优质的农产品著称，因此食品和饮料行业，包括葡萄酒、橄榄油、奶酪、海鲜等特产，在国内外市场上均有良好的声誉。也在国际贸易中寻找新的机遇，如拓展欧盟及其他国际市场。[①] 此外，该行业还涉及大量的中小企业和家族企业，对于维护地区经济活力和就业具有重要作用。食品、饮料和烟草行业在国内增加值中的份额也在逐步增长，尤其在后期表现突出，2021 年达到 13.61%。

总体而言，克罗地亚经济结构在这 15 年内发生了相应的变化，一些服务类产业和高科技制造业的比重逐渐增加，而传统的资源开采和初级加工等行业则相对稳定或有所下滑。

---

① 资料来源：《对外投资合作国别（地区）指南——克罗地亚（2023 年版）》，第 14 页。

二、GVC 前向和后向参与度

全球价值链的前向参与度和后向参与度是衡量一个国家或地区在国际分工体系中深度融入全球经济一体化程度的重要指标。

前向参与度是指一国生产的出口品中被其他国家进口作为中间品占 GDP 的比重，其值越高表明它在供给角度对全球价值链的依赖程度越大。后向参与度是指一国从全球进口需求中间品占 GDP 的比重，其值越高表明它在需求角度对全球价值链的依赖程度越大。前向参与度高的国家多位于全球价值链供应链的上游，主要出口中间产品和服务；而后向参与度高的国家则主要依赖中间品进口进行生产加工和服务，多位于全球价值链供应链的下游。

根据图 9-5 可知，克罗地亚的前向参与度在大部分年份呈现上升趋势，特别是在 2018 年和 2021 年有显著增长，表明克罗地亚在国际生产网络中的下游环节影响力在增强。而后向参与度在不同年份波动较大，但整体上也在一定范围内上升，意味着克罗地亚在上游环节的参与也在深化。

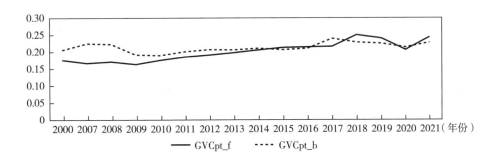

图 9-5　2000~2021 年克罗地亚前向参与度和后向参与度指数（基于 WWYZ（2017）方法计算）

资料来源：UIBE GVC 数据库。

三、GVC 地位变化

GVCP 是全球价值链位置指数，该指数的值越大，表明国家越处于上游。各国在全球价值链上的位置决定了它们在整个产业链条中获取的价值份额，越靠近价值链高端的国家通常可以获得更高的附加值。

根据图 9-6 可知，克罗地亚在 2010~2015 年该指标呈现上升趋势，说明其在全球价值链中的地位有所提升，尤其是在达到峰值1.00055之后，数值虽有波动但总体仍保持在相对较高的水平，显示克罗地亚在国际分工和生产网络中的参与程度比较深入。

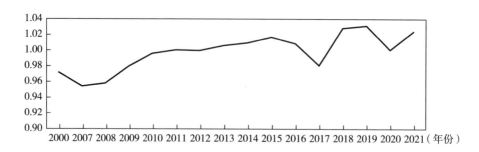

图9-6　2000~2021年克罗地亚全球价值链地位

资料来源：UIBE GVC数据库。

第四节　克罗地亚与中国的经贸关系

　　1991年6月25日，克罗地亚宣布独立，成为一个主权国家。中国政府在克罗地亚宣布独立后不久，即1992年4月27日承认克罗地亚共和国。同年5月13日，中克两国正式建立外交关系，标志着两国开启了新的合作关系篇章。自建交以来，中克两国在政治、经济、文化、教育等诸多领域展开了友好交往与合作。尤其是进入21世纪后，随着中国经济的快速发展及对外交往的加强，两国之间的经贸关系逐渐升温，并在2005年升级为全面合作伙伴关系。① 1992~2022年克罗地亚对中国贸易规模变化如图9-7所示。

　　2012年，中国—中东欧国家合作机制建立，这一合作机制被广泛称为"16+1合作"②。该机制是中国与中东欧16个国家之间建立的。这一合作机制旨在促

---

　　① 《中国同克罗地亚的关系》，载中华人民共和国外交部，https://www.fmprc.gov.cn/web/gjhdq_676201/gj_676203/oz_678770/1206_679306/sbgx_679310/。

　　② 2019年希腊加入，变成"17+1"合作机制，2021年5月立陶宛宣布退出合作机制，随后2022年8月爱沙尼亚和拉脱维亚分别宣布退出中国—中东欧合作机制。

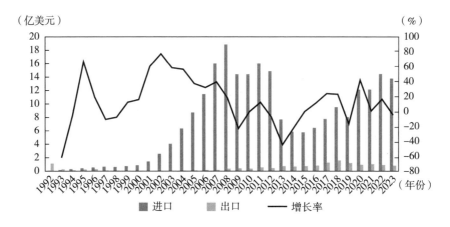

图 9-7　1992~2023 年克罗地亚对中国贸易规模变化

资料来源：作者根据联合国商品贸易统计数据库计算。

进中国与中东欧国家之间的贸易、投资、基础设施建设、人文交流以及其他多个领域的务实合作，进一步深化双方关系，拓宽合作空间，并且是在全球经济一体化背景下，中国拓展与欧洲关系的一个重要组成部分。自合作机制建立以来，中国与中东欧国家的贸易额显著增长，双向投资规模不断扩大，合作项目在基础设施建设、能源、交通运输等方面取得了积极进展。

中国与克罗地亚在国际事务中的相互支持，以及在共建"一带一路"倡议框架下的合作也有所增加，体现了双方致力于深化双边关系的决心。例如，在基础设施建设等方面，中国承建的佩列沙茨大桥项目是两国合作的一个标志性工程，增强了克罗地亚国内交通网络连接，并显示了中国在克罗地亚及欧洲地区的影响力和合作潜力。中国企业在克罗地亚的基础设施项目中扮演了重要角色。例如，中国路桥公司（CRBC）承建的佩列沙茨大桥，这是中国企业在欧盟的试点项目，也是克罗地亚重要的基础设施项目[①]。

中国与克罗地亚两国在旅游领域的合作不断深化。2018 年，中国与克罗地亚签署了关于旅游合作的谅解备忘录，克罗地亚成为中国游客出境游的热门选择，中国游客赴克罗地亚的人数同比增长 60%。通过参加中国国际进口博览会（以下简称进博会）等大型会展活动，克罗地亚积极推广本国产品和服务，同时也为中国企业提供了一个深入了解克罗地亚市场的窗口，增强了双方的经贸互动。

---

① 中华人民共和国中央人民政府：《综述：中东欧"一带一路"项目不断取得进展》，2022 年 8 月 2 日，https：//www.gov.cn/xinwen/2022-08/02/content_5704023.htm。

一、商品结构

按海关 HS 对的 2 级编码分类，出口产品可以划分为 98 个子行业，从而得出不同商品的进出口情况。

表 9-10 和表 9-11 反映了 2012～2023 年克罗地亚对中国出口商品结构的占比，以及同一时期中国进口克罗地亚商品行业的占比。其中，编码 42 表示的是皮革制品；鞍具及挽具；旅行用品、手提包及类似容器；动物肠线（蚕胶丝除外），编码 41 表示的是生皮（毛皮除外）及皮革，编码 84 表示的是车辆及其零件、附件，但铁道及电车道车辆除外。

表 9-10　2012～2023 年克罗地亚出口中国商品最多的十个行业占比　单位：%

年份	42 皮革制品；鞍具及挽具；旅行用品、手提包及类似容器；动物肠线（蚕胶丝除外）制品	41 生皮（毛皮除外）及皮革	44 木及木制品	25 盐；硫磺；泥土及石料；石膏料；石灰及水泥	84 车辆及其零件、附件	30 药品	85 电机、电气设备及其零件；录音机及放声机、电视图像、声音的录制和重放设备及其零件、附件	90 光学、照相、电影、计量、检验、医疗或外科用仪器及设备、精密仪器及设备	87 核反应堆、锅炉、机器、机械器具及零件	23 食品工业的残渣及废料；配制的动物饲料
2012	17.54	17.26	15.92	13.76	9.10	2.92	1.66	0.71	0.02	0.00
2013	5.40	13.41	13.15	9.58	29.92	7.18	3.19	0.28	4.33	0.00
2014	7.44	13.18	26.80	12.39	18.16	0.87	4.51	0.55	3.42	0.03
2015	3.82	2.73	18.20	4.40	38.80	4.57	1.19	0.39	7.26	0.80
2016	2.77	6.93	18.82	7.76	24.49	3.01	3.30	5.27	9.44	0.74
2017	0.17	2.48	25.23	6.52	17.79	4.86	8.01	13.66	1.34
2018	0.56	0.39	21.98	6.45	29.10	1.00	2.63	10.33	16.22	1.05
2019	0.30	0.51	25.21	8.19	7.76	2.73	4.50	5.02	31.80	2.06
2020	0.27	1.31	31.51	5.25	15.09	0.41	5.50	3.90	13.41	6.35
2021	0.17	1.78	45.47	4.99	11.83	0.30	3.48	5.64	7.08	3.44
2022	0.47	0.68	53.11	5.18	11.27	0.44	3.39	3.10	5.02	3.91
2023	0.53	0.38	43.77	8.84	11.90	0.40	3.57	4.37	0.15	4.42

资料来源：作者根据联合国商品贸易统计数据库计算。

表 9-11　2012~2023 年中国进口克罗地亚商品最多的十个行业占比　单位：%

年份	64 鞋靴、护腿和类似品及其零件	84 核反应堆、锅炉、机器、机械器具及其零件	85 电机、电气设备及其零件；录音机及放声机、电视图像、声音的录制和重放设备及其零件、附件	39 塑料及其制品	61 针织或钩编的服装及衣着附件	73 钢铁制品	62 非针织或非钩编的服装及衣着附件	94 家具；寝具、褥垫、弹簧床垫、软坐垫及类似的填充制品等	29 有机化学品	95 玩具、游戏品、运动用品及其零件、附件
2012	26.80	9.07	8.43	7.97	6.64	3.93	3.91	3.66	2.56	1.99
2013	17.42	13.26	18.84	7.39	4.88	3.08	3.02	3.37	1.56	1.64
2014	9.96	13.77	12.02	7.31	5.21	3.69	3.57	5.28	2.21	2.73
2015	7.64	13.23	13.02	6.05	4.67	4.09	2.54	5.74	2.42	2.80
2016	6.62	14.41	12.95	5.72	4.17	3.46	4.00	6.24	3.18	3.12
2017	5.05	15.85	12.16	5.67	4.15	4.17	4.30	5.63	3.56	4.49
2018	4.27	14.57	15.22	5.43	3.91	4.64	3.08	5.66	3.99	5.08
2019	4.37	14.90	13.21	6.26	3.57	5.79	2.65	6.27	3.33	5.24
2020	3.08	15.50	21.33	4.60	2.27	6.58	3.42	5.34	2.82	4.98
2021	2.89	15.46	24.64	3.46	1.96	5.54	1.53	5.63	3.18	6.47
2022	2.86	15.53	23.54	4.01	2.35	3.01	1.62	4.67	3.01	5.57
2023	2.65	15.88	22.87	3.92	1.87	3.40	1.20	4.49	3.09	4.52

注：作者根据联合国商品贸易统计数据库计算。

在克罗地亚出口中国方面，编码 44 和编码 25 商品在多数年份中保持了一定的出口份额，尤其在 2021 年，编码 44 商品的出口占比达到了峰值 45.47%。编码 84 商品在 2015 年出口占比最高，达到 38.80%，之后逐年下滑，但始终保持了一定的出口规模（见表 9-10）。

在中国出口克罗地亚方面，编码 85 商品这一类别在 2012 年占比 8.43%，到 2023 年增加到了 22.87%，显示出这一类别商品出口占比的显著增长。编码 84 商品这一类别在 2012 年占比 9.07%，到 2023 年增长至 15.88%，整体保持相对稳定。编码 64 这一类别商品的出口占比在 2012 年最高，达到 26.80%，随后几年有所下降，到 2023 年降至 2.65%，显示出这一类别商品出口占比的大幅减少（见表 9-11）。

二、要素结构

按照国际标准 SITC 一位数分类，对外贸易产品可分为 0~9 类，其中 0~4 类为初级商品，包括食品和供主要食用的活动物，饮料及烟类，非食用原料，矿物燃料、润滑油及有关原料和动植物油脂及蜡等，一般归类为资源密集型产品；第 6 类和第 8 类为皮革制品、橡胶制品、木制品（不包括家具）、纸板、纺织纱线和制品、钢铁、金属制品等，家具及其零件、床上用品、旅游用品、服装、鞋子等制品，一般归类为劳动密集型产品；第 5 类为化学品及有关产品，第 7 类为机械和运输设备，第 9 类为杂项制品和其他未分类产品，我们将这三类产品归为资本密集型产品。

在克罗地亚出口到中国方面，资源密集型、劳动密集型和资本密集型产品的出口额与占比均有变化。可以看出，尽管初期劳动密集型产品的出口占比最高，但随着时间推移，资本密集型产品的出口占比逐渐增大，并在 2015 年后占据了主导地位；资源密集型产品的出口占比虽有波动，但在整个期间总体相对较低（见表 9-12）。

表 9-12　2012~2023 年克罗地亚出口中国要素结构占比

年份	资源密集型产品		劳动密集型产品		资本密集型产品	
	总额（美元）	占比（%）	总额（美元）	占比（%）	总额（美元）	占比（%）
2012	15697017	34.22	22430215	48.90	7738898	16.87
2013	18919753	24.77	20112439	26.33	37343982	48.89
2014	27983040	41.10	18658845	27.40	21445113	31.50
2015	20832902	26.94	10453141	13.52	46049809	59.55
2016	30260423	36.09	15117155	18.03	38467021	45.88
2017	53703835	42.64	20035481	15.91	52213890	41.45
2018	52333727	33.03	26214567	16.55	79871363	50.42
2019	45510821	37.78	14708073	12.21	60234618	50.01
2020	39917529	41.29	15276950	15.80	41481585	42.91
2021	56903832	53.90	20360444	19.28	28316325	26.82
2022	53913988	59.16	15789916	17.33	21430365	23.52
2023	49484728	58.28	14779612	17.41	20639968	24.31

资料来源：作者根据联合国商品贸易统计数据库计算。

在中国出口到克罗地亚方面，劳动密集型产品始终是中国出口到克罗地亚的主要部分，占比超过50%，显示了中国在劳动力成本优势上的特点。然而，资本密集型产品的出口占比逐年稳步提升，到了后期甚至超过了50%，显示出中国产业升级和高端制造业的发展成果。资源密集型产品的出口占比在整个阶段都保持相对较低水平（见表9-13）。

表9-13　2012～2023年中国出口克罗地亚要素结构占比

年份	资源密集型产品		劳动密集型产品		资本密集型产品	
	总额（美元）	占比（%）	总额（美元）	占比（%）	总额（美元）	占比（%）
2012	41971232	3.23	877605341	67.51	380309134	29.26
2013	36803109	2.65	752524192	54.14	600615435	43.21
2014	32074437	3.12	616815214	60.04	378435377	36.84
2015	37032270	3.76	588526587	59.71	360003102	36.53
2016	30832649	3.03	605666249	59.57	380254035	37.40
2017	22595084	1.95	686306864	59.18	450738770	38.87
2018	26726403	2.01	717964901	54.10	582470461	43.89
2019	26073433	1.87	782854483	56.05	587893117	42.09
2020	28908313	1.85	801741571	51.17	736071045	46.98
2021	30622586	1.57	929690809	47.58	993817771	50.86
2022	41823500	1.85	1019848886	45.02	1203871818	53.14
2023	41971232	1.74	1033990758	43.15	1320402228	55.11

资料来源：作者根据联合国商品贸易统计数据库计算。

三、技术结构

在克罗地亚出口到中国方面，2012～2023年，克罗地亚出口到中国的商品以低技术含量为主，但中、高技术含量商品的占比逐渐增加。早期，低技术含量商品的占比高达88.47%，随后逐年下降，但仍保持在较高水平；中等技术含量商品占比在这一时期有明显的上升趋势；高技术含量商品虽然绝对数额较小，但其占比也呈现出缓慢上升的态势（见表9-14）。

表 9-14　2012~2023 年克罗地亚出口中国技术结构占比　　　单位：%

年份	低技术含量		中等技术含量		高技术含量	
	总额（美元）	占比（%）	总额（美元）	占比（%）	总额（美元）	占比（%）
2012	37005551	88.47	3355642	8.02	1469232	3.51
2013	38283074	55.69	26777317	38.96	3678322	5.35
2014	46420195	70.32	14895602	22.56	4698418	7.12
2015	30774538	42.68	39329956	54.55	1998389	2.77
2016	40950957	54.75	29957189	40.05	3892927	5.20
2017	63381751	53.41	45941476	38.71	9355214	7.88
2018	62446360	38.99	81804581	51.08	15910780	9.93
2019	53214556	47.76	54036192	48.50	4159119	3.73
2020	50805342	55.64	36633156	40.12	3877519	4.25
2021	71082177	72.49	20743038	21.15	6235520	6.36
2022	67977182	77.92	15058967	17.26	4205855	4.82
2023	62245862	77.61	11241321	14.02	6716150	8.37

资料来源：作者根据联合国商品贸易统计数据库计算。

在中国出口到克罗地亚方面，中国出口至克罗地亚的商品在 2012~2023 年，低技术含量商品占比从最初的 75.19% 逐年递减，到 2023 年降至 43.84%；与此相反，中、高技术含量商品的出口占比均持续增长，特别是高技术含量商品，占比从 10.51% 升至 25.04%，反映出中国向克罗地亚出口的商品结构正在不断优化升级，朝着更高技术水平的方向发展（见表 9-15）。

表 9-15　2012~2023 年中国出口克罗地亚技术结构占比

年份	低技术含量		中等技术含量		高技术含量	
	总额（美元）	占比（%）	总额（美元）	占比（%）	总额（美元）	占比（%）
2012	877701244	75.19	166932526	14.30	122629344	10.51
2013	758477675	60.10	216173725	17.13	287386291	22.77
2014	602139573	64.93	179700128	19.38	145542327	15.69
2015	565071993	62.59	181633255	20.12	156103570	17.29
2016	562214980	61.45	202854574	22.17	149880205	16.38
2017	636236144	59.68	251315241	23.57	178579079	16.75

续表

年份	低技术含量		中等技术含量		高技术含量	
	总额（美元）	占比（%）	总额（美元）	占比（%）	总额（美元）	占比（%）
2018	687473751	56.15	308054416	25.16	228728890	18.68
2019	738457132	58.82	312903913	24.92	204074202	16.26
2020	756707043	52.01	332208380	22.83	366094719	25.16
2021	862041958	47.38	439241661	24.14	518245655	28.48
2022	960535437	45.45	610504659	28.89	542493384	25.67
2023	971450069	43.84	689726701	31.12	554884230	25.04

资料来源：作者根据联合国商品贸易统计数据库计算。

四、经济用途结构

在克罗地亚出口到中国方面，克罗地亚出口至中国的商品以中间品为主，占比在大多数年份超过50%，且总体上呈上升趋势。消费品和资本品的出口占比相对较小，但也有一定的波动变化，而广泛用途的商品占比极低，几乎可以忽略不计（见表9-16）。

表9-16　2012~2022年克罗地亚出口中国经济用途占比

年份	消费品		中间品		资本品		广泛用途	
	总额（美元）	占比（%）	总额（美元）	占比（%）	总额（美元）	占比（%）	总额（美元）	占比（%）
2012	3705894	8.08	28845801	62.91	13297116	29.00	6557	0.01
2013	25017408	32.76	37740315	49.42	13371027	17.51	241936	0.32
2014	13755348	20.20	46158758	67.79	7960325	11.69	212567	0.31
2015	27134710	35.09	40265916	52.07	9079391	11.74	855470	1.11
2016	27247830	32.52	47102632	56.22	9340171	11.15	94966	0.11
2017	40094550	31.83	73630145	58.46	12033929	9.55	194582	0.15
2018	68725024	43.38	80010350	50.51	7161184	4.52	2523099	1.59
2019	46118367	38.29	58689138	48.72	12250886	10.17	3395121	2.82
2020	27981850	28.94	63830927	66.03	4853449	5.02	9838	0.01
2021	15164305	16.64	71846217	78.84	4118648	4.52	1656	0.00
2022	10392893	12.24	69701412	82.09	4809989	5.67	0	0.00

资料来源：作者根据联合国商品贸易统计数据库计算。

在中国出口到克罗地亚方面，中间品在中国出口克罗地亚的商品中占有较大比重，但相比克罗地亚出口中国的商品结构，中国的消费品出口占比稍大一些，资本品的占比也在一定范围内波动。此外，广泛用途商品的出口占比虽小，但相较于克罗地亚对中国的出口，其占比有一定增长，特别是在 2023 年达到较高的水平（见表 9-17）。

表 9-17　2012～2023 年中国出口克罗地亚经济用途占比

年份	消费品		中间品		资本品		广泛用途	
	总额（美元）	占比（%）	总额（美元）	占比（%）	总额（美元）	占比（%）	总额（美元）	占比（%）
2012	127707660	9.84	430759089	33.19	739189483	56.96	50362	0.00
2013	191357005	13.78	595645830	42.89	601694510	43.32	99042	0.01
2014	147205078	14.35	429240713	41.83	449469863	43.80	171231	0.02
2015	141210537	14.33	427312111	43.36	415691255	42.18	1348056	0.14
2016	147636141	14.52	423971581	41.70	443542885	43.62	1602326	0.16
2017	214199127	18.47	489065749	42.17	451310979	38.92	5064863	0.44
2018	256913563	19.32	579180537	43.55	480618979	36.14	13060301	0.98
2019	254894698	18.38	624979519	45.08	493963838	35.63	12599533	0.91
2020	408132925	26.05	630422888	40.24	509142745	32.50	18985750	1.21
2021	474953239	24.31	873770041	44.71	586410575	30.01	18997311	0.97
2022	501485338	22.17	1103772858	48.80	648299663	28.66	8411985	0.37
2023	521794013	21.80	1138697390	47.57	644554444	26.93	88786054	3.71

资料来源：作者根据联合国商品贸易统计数据库计算。

第五节　克罗地亚典型经贸政策及措施借鉴

根据上文对克罗地亚的分析，可以得出克罗地亚的农产品在欧洲市场上具有很强的竞争力，这显示了其农业产业的高效与产品质量的优越，为国家经济贡献了显著的价值。因此，克罗地亚政府通过税收优惠、补贴或其他激励措施来支持这些行业的发展，以促进经济增长和国际竞争力。

一、农产品政策

克罗地亚作为一个欧洲国家，其农产品政策受到欧盟共同农业政策（Common Agricultural Policy，CAP）的影响，并结合自身的国情特点制定了一系列措施。[①] 克罗地亚在某些农产品如谷物和油料作物方面有一定的自给能力，但在食用油和农产品深加工方面存在不足。政府鼓励提高农产品加工能力，减少出口初级产品并进口加工产品的情况，通过提升产业链附加值来增强农业竞争力。克罗地亚历史上曾面临塞尔维亚对其农产品进口实施严格控制的情况，同时克罗地亚自己也明确表示不会大规模进口价格较低的乌克兰粮食，以免影响国内农民的利益。克罗地亚努力推动优质农产品出口，如乳制品、肉类、金枪鱼、蜂蜜和红酒等进入中国市场，并且加强与中国之间的贸易关系，通过进博会等平台扩大农产品销售。克罗地亚作为欧盟成员国，可以从欧盟获得农业发展基金的支持，用以改善农业基础设施、提升农产品质量和安全标准，以及促进农村地区的可持续发展。为了符合欧盟 CAP 的要求，克罗地亚在环境保护、食品安全、农业多样性保护等方面不断调整和完善自己的农业政策，比如，引入绿色直接支付机制，鼓励环保型农业生产和土地管理。

综上所述，克罗地亚农产品政策的目标在于平衡国内供应与市场需求、提高农产品附加值、利用国际合作拓展出口市场、推进农业现代化和可持续发展。随着国内外形势的发展变化，这些政策会适时作出相应的调整与优化。

二、经济政策

《国家复苏与韧性计划》（National Recovery and Resilience Plan）是欧盟的一项金融工具，旨在为新冠疫情后每个成员国的经济复苏提供资金支持。该计划是"下一代欧盟"（Next Generation EU）的组成部分，即 2021~2027 年欧盟多年度财政框架的一部分，总价值 7500 亿欧元。《复苏与韧性工具》（Recovery and Resilience Facility，RRF）将向成员国提供 6750 亿欧元的拨款和贷款，以支持疫情期间进行的改革和投资。为应对所有成员国面临的共同挑战，欧盟通过协调采取

---

① Common agricultural policy，2024 年 5 月 28 日，https：//agriculture. ec. europa. eu/common-agricultural-policy-en。

了这一前所未有的举措；同时，这一举措也推动了数字化进程和绿色转型，为成员国提供了增强经济复原力的机会。[①] 参与该行动的程序很简单——成员国只需要制订本国的复苏和韧性计划，计划内容为截至 2026 年计划要完成的改革和投资，然后将本国计划发送到欧洲委员会。欧盟委员会在收到各国计划两个月内进行评估。在获得欧盟委员会的积极评估后，欧盟理事会将在 4 周内再次审查该计划，做出最终决定。

三、数字贸易政策

为了达到欧盟设定的 20% 的计划指标，克罗地亚将把总计划支出的 20.4% 用于数字化领域的投资和改革。尽管克罗地亚在过去几年中不断取得进步，但在大多数数字领域，克罗地亚仍落后于其他成员国。在欧盟委员会发布的 2020 年数字经济和社会指数（DESI）中，克罗地亚排名第 20 位。[②] 用于公共行政和司法系统数字化计划中的投资和改革总额达 2.87 亿欧元，以提高内部效率，改善公共服务。用于增加全国千兆网络连接覆盖率（主要重点是减少城乡差距）的投资总额为 1.26 亿欧元；最后，用于高等教育电子化、数字化转型的投资总额达8400 万欧元。

---

① Recovery plan for Europe，2024 年 5 月 28 日，https：//commission. europa. eu/strategy-and-policy/re-covery-plan-europe_en。

② The Digital Economy and Society Index（DESI），2024 年 5 月 28 日，https：//digital-strategy. ec. euro-pa. eu/en/policies/desi。

国别投资篇

第十章

波兰投资体系研究

第一节　波兰利用外资概况

一、吸引外资总额趋势分析

受金融危机影响，2008 年波兰吸引外资总额 148.8 亿美元，较上年下降 36.6%，此后，伴随危机影响的减弱，波兰外商投资规模稳步回升，2011 年全年吸引外资总额 206.3 亿美元，基本恢复危机发生前水平（见图 10-1）。但 2012 年开始受欧洲债务危机影响，流入波兰 FDI 大幅下降，2013 年全年波兰吸引外商投资不足 25 亿美元，为近 20 年来的最低点，其中，卢森堡、荷兰和瑞典自 2012 年起连续两年对波兰投资大幅下降，投资分别减少 68.4 亿美元、28.3 亿美元和 16.5 亿美元，投资降幅超过投资总额降幅的 62%。固定资产投资的下降带来经济增长减速与失业的大幅增加，为此政府加大引资力度，2014 年上半年，波兰国内各经济特区总计引入 438 个投资项目，吸引资金约 72 亿美元，新增 20500 个就业岗位[①]。

近年来，波兰政府加快能源转型步伐，在能源领域进行改革，吸引了大量外

---

① 驻波兰经商参处：《波兰经济特区刮起投资风暴》，http：//www.mofcom.gov.cn/article/i/jyjl/m/201407/20140700667647.shtml。

资布局，外商直接投资领域涵盖海上风电、新能源汽车等绿色能源领域。2021 年，波兰经济从疫情冲击中快速复苏，全年 GDP 增长 5.9%，经济已率先恢复至疫情前水平。2022 年，波兰外商直接投资额创历史新高，达到 363.8 亿美元，较 2021 年增长 24.5%。此外，波兰拥有较高素质的劳动力、较低的工资成本，以及具有竞争力的土地价格都成为吸引外商投资的重要因素。

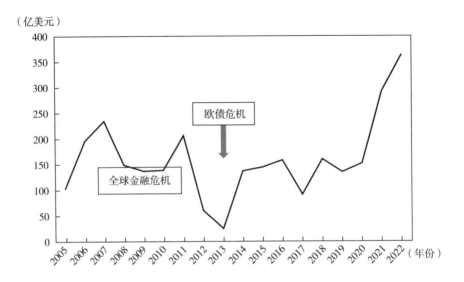

图 10-1　2005~2022 年波兰吸引外资金额

资料来源：OECD，http：//www.oecd.org/corporate/mne/statistics.htm.

二、外商投资的行业分布

制造业是波兰吸引外商直接投资最多的产业，2005~2022 年，制造业吸引了超过 962.2 亿美元的外商投资，为同一时期流入波兰外资总额的 33.1%（见图 10-2）。其中，金属与机械制品生产为波兰制造业中引资最多的行业，该行业累计吸引外资 191.1 亿美元，占同期制造业引资总额的 20.4%。运输设备制造业以 170.1 亿美元位居制造业吸引外资第二的行业，占波兰制造业引资总额的 17.7%，其中，通用、菲亚特、大众、丰田、五十铃等国际汽车公司均在波兰投资设厂，从事汽车及零部件的生产，使该行业成为波兰经济的重要产业之一，2022 年波兰机动车及零部件产品出口额达到 303 亿美元，进口额为 269.2 亿美元，为波兰外贸赢得超过 33 亿美元的顺差①。石油、化工、医药、橡胶和塑料制品制造，以及食品饮料与烟草制造业外商投资规模仅次于运输设备制造业，分别吸引外资 160.5 亿美元和 151.5 亿美元，成为制造业中第三大和第四大外商投资行业。

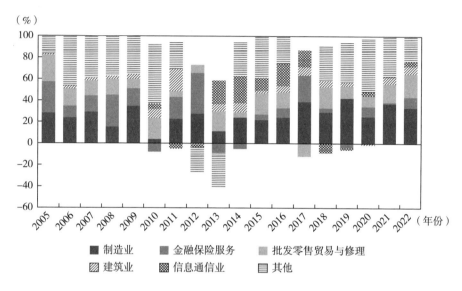

图 10-2　2005~2022 年波兰外资流入部门分布

资料来源：作者依据 OECD：FDI position by industry，http://stats.oecd.org 数据整理。

波兰吸引外资第二多的行业为批发零售贸易与修理业，该行业引资额在 2022 年达到近 30 年来的最高点 79.1 亿美元，超过当年吸引外资总额的 1/5，除 2017 年该行业外资净流出 14.3 亿美元外，该行业外商投资一直保持上升趋势。截至 2022 年底，批发零售贸易与修理业累计吸引外商投资 458.2 亿美元，占波兰外资总额的 15.7%；金融保险服务业和房地产业累计吸引外商投资分别为 340.4 亿美元和 286.9 亿美元，位列引资总额第三位和第四位，各占同期流入波兰外资总额的 15.7% 和 11.7%。

三、外商投资方式选择

过去 10 年，波兰多次成为中东欧地区并购交易数量最多的国家。2016~2018

---

① OECD International Trade by Commodity Statistics，Volume 2023 Issue 4，第 579 页。

年，由于投资者担心政局变化，因此投资波兰的并购交易数量下降。2020年，疫情暴发导致并购交易总量下滑，但波兰并购市场表现出了较强的韧性，此后开始迅速反弹。伴随波兰政府采取的一系列经济刺激计划和连续降息，宏观经济稳步增长，良好的增长预期使得并购交易激增。2021年，波兰全年实现并购交易302笔，创历史新高，同期跨境并购交易数量首次超过国内并购交易，占同年并购交易的54%，2022年这一比例进一步提升至58%（见图10-3）。计算机软件和能源领域领先其他行业吸引了大量并购投资，伴随数字技术的发展，自2013年以来，计算机软件行业的并购交易增长了17倍，能源行业年度并购交易量从2013年的14笔增长到2021年的43笔，以及2022年为38笔，该领域的并购交易集中于可再生能源，特别是太阳能，这与传统能源价格上涨和绿色发展需求密切相关。

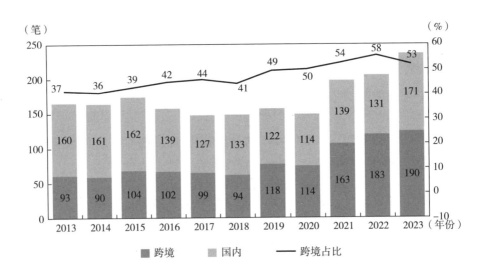

图10-3　2013~2023年波兰并购交易数量与构成

资料来源：https://aventis-advisors.com/ma-poland/.

尽管并购交易数量，特别是跨国并购交易大幅提高，但其规模相对于绿地投资而言，仍然较小，2011年波兰净跨国并购交易额99.6亿美元，与当年绿地投资额108亿美元最为接近，此后，跨国并购交易净额即回落至不足10亿美元，2016~2017年波兰企业跨国并购总额超过外国企业并购波兰企业交易额（见图10-4）。同期，绿地投资规模逐年扩大，但增速下滑，至2019年绿地投资总额高达241.4亿美元，达到历史高点，随后受疫情影响，绿地投资规模降至2022年的177.9亿美元（见图10-5）。

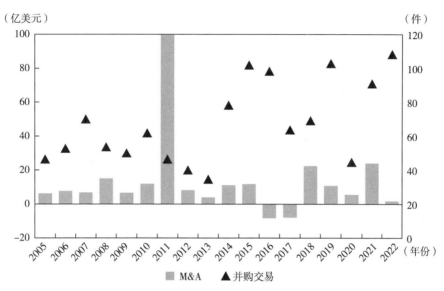

图 10-4　2005~2022 年波兰净跨国并购投资额与并购交易数

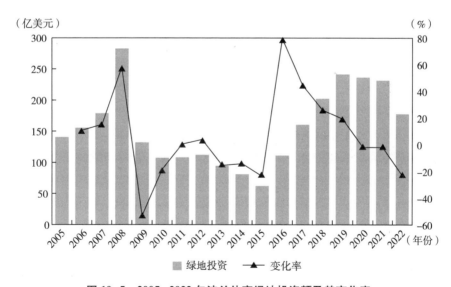

图 10-5　2005~2022 年波兰外商绿地投资额及其变化率

资料来源：UNCTAD：World Investment Report 2023：Weak FDI threatens clean energy transition and development goals.

四、外商投资来源国分布

如图 10-6 所示，总体而言，波兰外商投资主要来自欧盟成员国。欧盟 15 国累计投资 2408.9 亿美元，占 FDI 流入总额的 82.74%，其他 16 个中东欧地区国家共投入 225.6 亿美元，占比 7.7%①，其他国家投资额合计约占 9.6%，其中，韩国约占总投资额的 2.6%，瑞士和美国各占 2.7% 和 1.6%。就单个国家而言，荷兰是波兰 FDI 的最大来源国，截至 2022 年底共计 561.6 亿美元流向波兰，其他排名前五的国家分别为德国（491.8 亿美元）、卢森堡（410.7 亿美元）、法国（234.1 亿美元）、西班牙（126 亿美元）和英国（117.3 亿美元），以上六国投资额占同一时期引资总量的 66.7%②，由此可知，尽管卢森堡、西班牙等国在全球范围内对外投资规模较小，但却成为波兰吸引外资的主要来源。

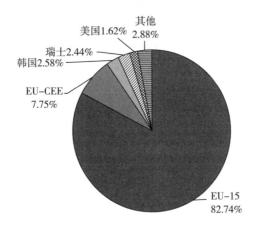

图 10-6　波兰吸引外资累计额国别分布

资料来源：作者依据 OECD：FDI position by partner，http：//stats. oecd. org 数据整理。

2021 年，波兰是中国在欧盟第六大贸易伙伴和中东欧地区最大贸易伙伴。从相互投资合作看，波兰中央银行统计数据显示，截至 2022 年底，中国对波兰

---

① EU-15 包括荷兰、比利时、卢森堡、法国、意大利、德国、爱尔兰、英国、丹麦、希腊、葡萄牙、西班牙、奥地利、芬兰及瑞典；EU-CEE 包括捷克、匈牙利、爱沙尼亚、拉脱维亚、立陶宛、斯洛伐克、斯洛文尼亚、克罗地亚、保加利亚、罗马尼亚、塞浦路斯、马耳他、阿尔巴尼亚、黑山、波黑和塞尔维亚。

② 作者依据 OECD：FDI position by partner，http：//stats. oecd. org 数据计算。

直接投资存量 10.5 亿美元，投资领域包括制造、物流、IT、金融、电子、生物医药、商贸服务、新能源、锂电池等，龙头企业包括柳工、华为等。电建集团、平高集团等中国企业积极参与波兰工程承包市场。

第二节　商业与政策环境

外商投资被视为资本、增长和就业的源泉，同时也是技术转让、研发和融入全球供应链的渠道，因此，波兰政府在其《负责任的发展战略》（Strategy for Responsible Development）中提出了吸引外商投资的关键目标，包括改善投资环境、稳定宏观经济和监管环境，以及高质量的公司治理。世界经济合作与发展组织（OECD）发布的外资限制指数（FDI Regulatory Restrictiveness Index）衡量一个国家对外国直接投资的限制程度，其核心指标包括四个部分，即外国股权限制、歧视性筛选或批准机制、限制雇用外国人为企业核心员工、其他经营限制（如外资企业资本汇回或土地所有权限制等）。该指数值介于 0~1，数值越高表示限制程度越高、开放程度越低。

一、外商投资限制有所改善，但较其他中东欧国家限制更多

2020 年波兰外商投资限制指数为 0.072，自 2010 年至今保持不变，较 1997 年的 0.165 大幅下降（见图 10-7）。尽管如此，波兰仍是中东欧国家中对外商投资限制最为严格的国家，从具体指标来看，波兰已完全取消歧视性筛选机制，该指标值为 0，但对外商投资仍存在较为严格的股权限制，该指标值为 0.056，2015 年 7 月 24 日开始实施的《特定投资控制法案》（Act on the Control of Certain Investments）（以下简称《法案》），以及 2022 年 12 月 16 日部长理事会颁布的实施条例提供了一份需要通过通知程序审查的战略公司的清单，包括能源、石油、天然气、燃料、电信和化工行业的 17 家波兰私有企业和国有企业，即如果外商投资可能导致取得属于以上战略部门的波兰实体企业的重大参与权或支配地位，需经过有关部门审查批准。2020 年 7 月 24 日该法案修正案正式实施（有效期延长至 2025 年），进一步扩大了审查范围，包括所有上市公司，拥有战略性基础设施资产的实体，开发（修改）软件的 IT 行业实体和提供云计算数据

存储或处理服务的实体等，投资方包括所有非欧盟、欧洲经济区（EEA）或经合组织（OECD）公民身份的自然人，或提交审查日期前至少两年未在以上地区注册的企业，收购股份达到（超过）目标公司股东大会投票总数（股本投票总数）的50%，以及分别获得20%、25%和33%的股份，对企业重大事项有参与决策权时，均需提交有关部门审核①。

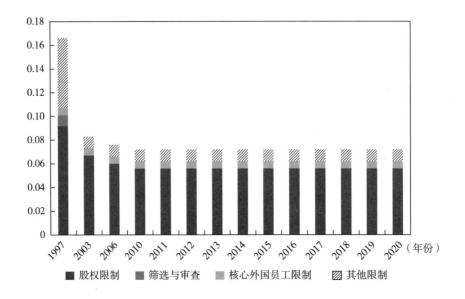

图 10-7　1997~2020 年波兰外商投资限制指数及其构成

资料来源：https：//www.oecd.org/investment/fdiindex.htm。

二、部分行业取消投资限制，房地产行业限制最为严格

根据 OECD 发布的最新数据，2020 年波兰各行业外商投资限制指数如图 10-8 所示，其中，房地产投资限制指数最高，达到 0.9，其次为广播电视媒体和航空运输业，分别为 0.575 和 0.225。波兰相关法律限制非欧盟公民在航空运输、广播电视以及机场和海港运营部门拥有不超过公司 49% 的股权。根据《广播法》（Broadcasting Law），只有在外国投资者的投票权不超过 49%，且管理委员会和监事会的大多数成员为波兰公民，并在波兰拥有永久居留权的情况下，电视广播

———————————

① https：//iclg.com/practice-areas/foreign-direct-investment-regimes-laws-and-regulations/poland.

公司才能获得许可证。此外，国防生产和海港管理的许可证（特许权）仅授予来自经合组织国家的投资者。目前，波兰在食品加工、运输设备制造、批发零售、酒店餐饮、银行保险等领域的投资限制最少，开放程度最高，限制指数为0。

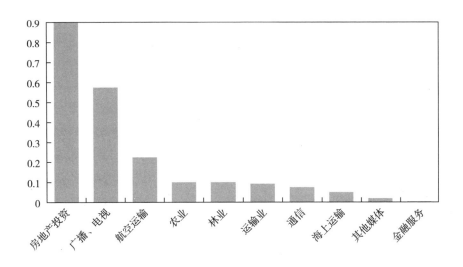

图10-8　波兰各细分行业外商投资限制指数

资料来源：https://www.oecd.org/investment/fdiindex.htm。

三、首都市场规模与商业成熟度显著强于其他地区

欧盟委员会发布区域竞争力指数（European Regional Competitiveness Index，RCI）来衡量一个地区为当地企业和居民提供有吸引力且可持续发展的生活和工作环境的能力，RCI 2.0 2022指数由3个一级指标、11个二级指标和68个三级指标构成，具体指标构成如图10-9所示。其中，二级指标"制度"包括政府部门腐败行为、（知识）产权保护、经商容易度、司法独立性和司法机构解决争端的效率等14个三级指标，其衡量的是制度的质量和效率、腐败程度以及各国的总体监管框架。该指标值的大小显示制度环境是否有利于创业、开办新企业容易程度，以及公众对其国家立法和监管制度的信任程度等。

2023年5月发布的RCI指数显示，波兰首都华沙竞争力指数118.8，在234个欧洲次区域中居于第35位，其排名显著高于波兰其他省份，此外，属于欠

图 10-9　RCI 2.0 指数框架

资料来源：EU Regional Competitiveness Index 2.0 2022 edition，2023 年 5 月。

发达地区（LD）的西里西亚省（Śląskie）、小波兰省（Małopolskie）和波美拉尼亚省（Pomorskie）竞争力超过转型地区（下西里西亚省与大波兰省）[①] 和其他省份，数据详情如表 10-1 所示。对比各地区的二级指标显示，市场规模、商业成熟度和创新指标在发达地区与欠发达地区之间的差距最大。市场规模差距主要来源于各地区人均可支配收入与人口规模的差异，如 2021 年 Warmińsko-mazurskie 省人均可支配收入仅为 3.52 万兹罗提，同年 Śląskie 和华沙地区的人均可支配收入分别为 4.36 万兹罗提和 5.66 万兹罗提，较前者高出 23.7% 和 60.8%。此外，商业成熟度的差距主要反映各地区金融保险、房地产和科学技术行业就业与增加值占比的差异，如 Kujawsko-pomorskie 省金融保险和房地产业人均增加值 27.9 万兹罗提，而 Podkarpackie 省的增加值则高达 44.4 万兹罗提。各地区专利申请量、人均科技论文出版量、技术密集型行业就业占比与研发支出占 GDP 比重等指标差异导致其创新层面的差距扩大，2022 年，华沙地区申请专利总数 498 件，占全国专利申请总数的 15.4%，人均研发支出 4657 兹罗提，远高于全国平均水平 1182 兹罗提[②]。

　　[①]　区域竞争力报告将人均 GDP 高于欧盟平均水平 100% 的区域定义为较发达地区（More Developed Regions，MD），人均 GDP 介于欧盟平均水平 75%~100% 区域定义为转型地区（Transition Regions，TR），人均 GDP 低于欧盟平均水平 75% 的区域定义为欠发达地区（Less Developed Regions，LD）。

　　[②]　资料来源：波兰统计局，Statistical Yearbook of the Regions-Poland 2023。

表10-1　波兰区域竞争力指数及排名

地区	RCI指数	排名	发展阶段	基础	制度	宏观经济	基础设施	健康	基础教育	效率	高等教育	劳动市场效率	市场规模	创新	技术就绪度	商业成熟度	创新
Warszawski stołeczny	118.8	35	MD	98.2	60.3	94.3	109.9	86.3	134.8	131.8	139.2	121.1	141.2	116.0	99.4	102.4	152.2
Śląskie	96.9	117	LD	93.8	69.9	94.3	85.4	78.0	134.8	106.3	112.9	107.0	92.9	69.0	87.5	38.9	76.6
Małopolskie	94.3	127	LD	89.7	67.2	94.3	55.9	82.9	134.8	100.7	110.2	106.4	71.5	78.2	83.0	48.2	103.5
Pomorskie	90.4	140	LD	92.4	71.8	94.3	85.0	71.2	134.8	93.0	106.9	103.0	46.5	72.6	88.5	44.1	81.8
Dolnośląskie	89.1	147	TR	88.3	67.1	94.3	69.6	68.1	134.8	96.4	103.3	107.8	60.0	72.9	86.3	43.1	87.1
Łódzkie	86.1	157	LD	89.0	64.0	94.3	85.8	62.5	134.8	89.3	97.7	96.9	58.0	64.9	80.7	38.2	72.5
Wielkopolskie	84.8	164	TR	89.0	69.5	94.3	61.9	74.6	134.8	90.8	94.5	104.6	54.9	65.1	86.6	30.6	73.2
Opolskie	83.5	167	LD	89.4	74.5	94.3	58.1	74.9	134.8	86.7	91.7	98.1	53.3	57.4	83.2	24.2	58.5
Podkarpackie	82.7	169	LD	87.1	64.7	94.3	45.1	81.0	134.8	84.1	102.0	91.1	36.9	64.7	74.2	40.4	77.9
Lubuskie	82.1	171	LD	85.5	70.0	94.3	56.5	63.5	134.8	85.4	94.2	101.2	36.1	60.1	78.7	31.8	65.8
Kujawsko-pomorskie	82.1	171	LD	86.5	68.3	94.3	58.9	67.3	134.8	84.6	97.0	94.2	42.1	60.4	84.4	25.6	65.7
Zachodniopomorskie	82.1	171	LD	87.4	64.4	94.3	66.1	68.8	134.8	83.9	89.8	101.7	35.6	60.6	85.3	28.8	61.8
Mazowiecki regionalny	80.3	177	LD	84.0	68.2	94.3	60.5	56.1	134.8	86.4	92.5	95.7	55.5	50.0	84.0	12.9	44.5
Lubelskie	79.0	180	LD	81.9	58.4	94.3	37.9	69.0	134.8	83.3	99.1	93.9	32.3	55.6	77.3	25.8	58.8
Podlaskie	78.8	181	LD	86.7	61.8	94.3	51.8	77.0	134.8	78.9	82.4	100.7	26.5	57.8	79.6	26.4	62.3
Świętokrzyskie	76.7	187	LD	80.7	65.2	94.3	30.0	64.7	134.8	80.3	85.7	93.4	42.8	53.5	78.0	16.5	60.4
Warmińsko-mazurskie	75.8	188	LD	84.9	66.3	94.3	52.6	66.3	134.8	74.5	74.8	96.2	27.9	56.6	84.4	22.1	56.6

资料来源：EU Regional Competitiveness Index 2.0 2022 edition, 2023年5月。

四、外商投资优惠政策

外商投资对于波兰而言，不仅是经济增长和带动就业的源泉，同时也是技术转移，融入全球供应链的助推器。因此，尽管经历了政党的多次更迭，但波兰政府一直保持自由、开放的政策积极吸引外资，仅对少数领域实行限制。外国投资者基本可自由在波兰进行投资，而欧盟的自然人或法人则享有与波兰自然人或法人同等的待遇。波兰主要借助政府资助、欧盟结构基金、经济特区政策、产业技术园区及房产税减免等方式鼓励外商直接投资。

（一）政府资助

根据"2011~2030 支持对国民经济有重要意义的投资规划纲要"（2023 年 6 月 5 日修改），投资者对汽车、电子、航空、生物技术、现代服务业及研发等领域的新投资，可申请政府资助。资助金额因创造就业数量、投资金额、支持员工培训力度、投资区域、企业提供服务的复杂程度不同而不同。除重点资助行业外，如果投资者对其他行业感兴趣，则需满足最低合格费用 7.5 亿兹罗提，同时创造就业岗位 200 个或最低投资 5 亿兹罗提，且增加就业 500 个，才可提出申请（见表 10-2）。

表 10-2 波兰政府就业资助金额

投资类型	创造就业（个）	新投资合格费用（百万兹罗提）	资助金额（兹罗提/新增就业）	服务类型
商业服务中心	100	1	15000 * /7500	中级、高级及特高级服务
R&D 服务中心	10 **	1	最高 20000 * 最高 15000 ***	R&D 服务
	200		最高 40000	
	100		最高 30000	

注：合格费用（Eligible Costs）包括土地购买费用、新增固定资产（建筑、机器、设备、工具及基建）费用、无形资产购买、固定资产的安装费用等；＊指投资区域为援助密度最高为 50% 的地区；＊＊指具备高等教育学历的劳动者；＊＊＊指投资于其他区域。

企业因投资获取资助的金额取决于投资创造的就业岗位数量、企业规模及投资地点的选择。对于优先发展的战略性及创新性行业投资最高资助额为投资金额的 25%，资助金额依企业规模从小到大而递减，大型企业最高可获得投资额 15%

的资助，而对研发服务的资助额仅与投资地区有关，满足最低就业岗位要求的基础上，可获得投资额的 15%~25% 的资助（见表 10-3）。如果企业为员工提供在职培训，则对创造新就业机会的投资资助的金额可能会增加 5000~7000 兹罗提。

表 10-3　波兰投资资助金额

投资类型	创造就业（个）	新投资合格费用（百万兹罗提）	资助金额（合格费用百分比）
战略性	50	160	小微企业：25%＊/15%＊＊；
创新性	20	7	中型企业：20%＊/10%＊＊； 大型企业：15%＊/5%＊＊
R&D 服务中心	10	1	25%＊/15%＊＊

注：＊指投资区域为援助密度最高为 50% 的地区；＊＊指投资于其他区域。

资料来源：The Polish Information and Foreign Investment Agency（PAIiIZ），https：//www.paih.gov.pl/en/why_poland/investment_incentives/governmental_grants/。

（二）欧盟结构基金

2021~2027 欧洲结构投资基金通过国家操作计划（Operational Program，OP）和 16 个地区计划拟资助波兰 763 亿欧元，其中，区域发展和基础设施与环境投入依然是投资基金的重点投资领域，占比超过总投入的 75%，其次为支持研发、创新项目投入近 80 亿欧元，鼓励企业与科研机构合作创新以提高波兰企业竞争力。与前期相比，新增粮食援助、渔业与粮食安全投入，旨在支持共同渔业政策、促进可持续渔业发展，保护海洋生物资源，二者总投入超 10 亿欧元，占总投资基金 1.3%。此外，欧盟结构基金拟投入 19.8 亿欧元实施数字波兰操作计划（见图 10-10），旨在促进超高速宽带网络入户、网络安全和电子服务的发展。新一轮计划更加注重区域间平衡发展，16 个地区计划资金投入额高达 334 亿欧元，占项目总额的比重由 40.7% 提高到 43.7%，主要投向企业家精神的培养、教育医疗、能源与交通等领域。

欧盟地区资助限额因各地区发展程度不同而不同，较发达地区资助额度较低，为合格费用的 25%，不发达地区额度较高，为合格费用的 50%。此外，不同类型企业可申请的资助额度也存在差别，中型企业资助额可在原限额基础上提高 10%，小型企业则可提高 20%，因此，不同地区企业投资最高可获得的资助额度介于 25%~70%。按照欧盟划分标准，大波兰省（Wielkopolskie）和下西里西亚

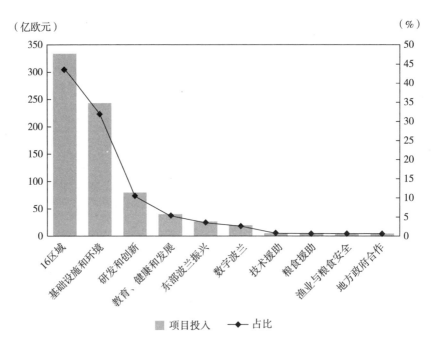

（亿欧元）

（%）

项目投入 ◆ 占比

图 10-10 2021~2027 年欧盟结构投资基金项目投入

资料来源：Ministry of Development Funds and Regional Policy：https：//www.gov.pl/web/fundusze-regio-ny/fundusze-ue-2021-27。

省（Dolnoślą skie）因人均收入超过欧盟人均 GDP 的 75% 而成为波兰脱离最不发达地区的省份，因此，对企业投资资助额度低于其他地区，但因省内发展极度不平衡，因此，一省之内投资不同地区的企业可申请资助也不同，其中，大波兰省首府波兹南（Poznań）及其次区域，以及下西里西亚省的弗罗茨瓦夫（Wrocław）资助额度自 2025 年起由原来的 20% 降为 15%。另外，马佐夫舍省（Mazowiecki）包括首都华沙及其他多个区域，企业投资可申请的资助额度也各不相同，其中，华沙东部和西部次区域（West subregion）不再享受资助（0%），Siedlecki 次区域享有 50% 的资助[1]。

（三）经济特区政策

为加速区域经济发展、创造就业及吸引外商投资，波兰共设立了 14 个经济

---

[1] Baranów、Błonie、Góra Kalwaria、Grodzisk Mazowiecki、Jaktorów、Kampinos、Leoncin、Leszno、Nasielsk、Prażmów、Tarczyn、Zakroczym i Żabia Wola 等区域资助限额为 25%；Dą brówka、Dobre、Jadów、Kałuszyn、Kołbiel、Latowicz、Mrozy、Osieck、Serock、Siennica、Sobienie-Jeziory、Strachówka i Tłuszcz 等区域资助限额为 35%。

特区（SEZs）。2018 年 6 月 30 日，波兰《支持新投资法案》生效，波兰全境整体成为一个经济特区，取代了原有的 14 个经济特区，在经济特区内可享有免税和特许经营的政策。新法案规定符合一定条件的新投资都可以享受一定的所得税减免（免征个人所得税或企业所得税），不再受限于原有的经济特区区域。从政策导向看，投资优惠在奖励地域上倾向于经济和社会职能欠缺的 122 个中等城市。从行业导向看，优惠倾向于创新企业，并对微型、小型和中型企业投资者的投资给予更优惠的税收待遇。原 14 个经济特区税收优惠持续到 2026 年 12 月，税收豁免期为 15 年。此外，2019 年 7 月 31 日的修正案还允许向未开发矿藏地区的投资提供支持，从而扩大了享受免税待遇的投资地点。目前，波兰企业所得税率为 19%，特区内企业投资享有所得税减免优惠，最高减免额度取决于投资地点、企业规模和投资总额。大型企业可获得合格费用 30%~50% 的税收优惠，中小型企业优惠力度更强，分别为合格费用的 40%~60% 与 50%~70%[①]。其中，卡托维兹（Katowice SEZ）为波兰最大的经济特区，园区内企业超过 600 家，投资总额超过 100 亿欧元，创造就业岗位超过 90000 个，如图 10-11 所示。

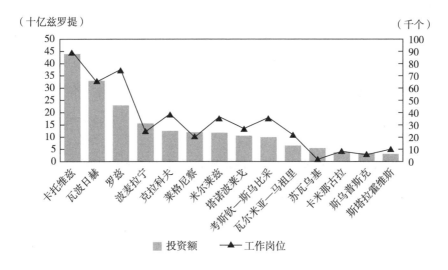

图 10-11　波兰各经济特区吸引投资额及创造就业数量

资料来源：Polish Investment & Trade Agency，https：//www. paih. gov. pl/en/why_poland/investment_incentives/polish_investment_zone/。

[①] 　中等规模企业指雇员人数少于 250 人且年营业额低于 5000 万欧元，小企业指雇员人数少于 50 人且年营业额低于 1000 万欧元的企业，微型企业指雇员人数少于 10 人且年营业额低于 200 万欧元的企业。

第三节　经济环境

经济环境对投资的影响可以从宏观与微观两个角度来分析。前者主要是指国家或地区的经济发展水平、物质资源和基础设施等因素对投资的影响，后者主要是指有关政策法规、人力资源等影响企业投资、经营并取得潜在收益的因素，如果对投资有直接影响的各类基础设施和运输条件难以满足，或者引资国对利润汇回或再投资存在严苛要求都会对投资项目的长远发展造成不可估量的损害。因此，作为投资者应该综合考虑宏微观经济环境，并从中发现新的经济增长点和可能形成辐射整个地区的经济增长要素。

一、主要宏观经济指标变化趋势

自 1990 年经济自由化改革以来，波兰宏观经济稳定增长与低通货膨胀率并存，财政状况持续改善，失业率不断降低，2002~2022 年，波兰经济增长率连续 20 年超过欧盟平均水平，其经济增长率于 2007 年达到峰值 7.2%，其后，受全球金融危机影响，经济增长率有所下滑，2008 年与 2009 年增长率分别降至 3.9% 和 2.6%，但仍然是欧盟成员国中唯一经受住打击却没有陷入负增长的国家，直至 2020 年受新冠疫情影响，波兰经济首次陷入负增长，但随即于 2021 年波兰经济实现强劲复苏，增长率达到 6.9%（见图 10-12）。2022 年伊始，能源价格高企加剧能源安全担忧。受通货膨胀和货币政策等因素影响，2022~2023 年波兰经济增长将明显放缓，尽管 2023 年第一季度 GDP 较上一季度增长了 3.8%，但全年产出与上年基本持平，消费者和企业信心虽有所改善，却仍未恢复至俄乌战争发生前的水平。此外，人均 GDP 呈现明显的增长态势，以当年价格计，2023 年波兰人均 GDP 接近 20000 欧元（见表 10-4），尽管这一指标仍然远低于欧盟 27 国平均水平，但差距逐步缩小，出现赶超趋势（见图 10-12）。

2023 年 2 月，波兰整体通胀率达到顶峰 18.4%，在食品和能源的推动下，5 月仍高达 13%。核心通胀率（HICP）也居高不下，5 月为 12.5%。此后，来自劳动力市场和财政支出的国内通胀压力有所缓解，导致通胀率缓慢下降，2023 年 12 月整体通胀率降至 6.2%，2024 年 2 月通胀率进一步下降至 2.8%，核

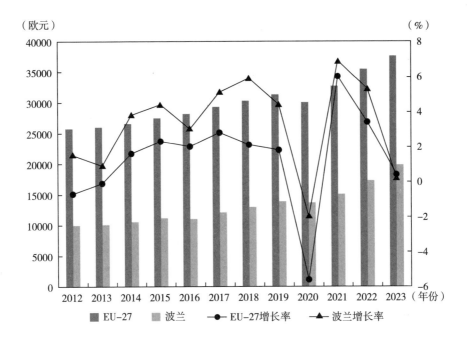

图 10-12　波兰人均 GDP 与实际 GDP 增长率比较

资料来源：Eurostat，https：//ec. europa. eu/eurostat/web/national-accounts/database。

表 10-4　2013~2023 年波兰 GDP 及其增长率指标

指标＼年份	2013	2014	2015	2016	2017	2018	2019	2020	2021	2022	2023
GDP（亿欧元）	3883.6	4064.1	4298.3	4247.4	4657.7	4990.0	5325.0	5261.5	5763.8	6545.9	7477.5
人均 GDP（欧元）	10090	10560	11180	11050	12120	12990	13870	13720	15100	17300	19840
GDP 增长率（%）	0.9	3.8	4.4	3.0	5.1	5.9	4.5	-2.0	6.9	5.3	0.2
通胀率（%）	8.6	8.7	7.9	7.7	9.4	10.7	13.0	17.2	23.3	39.6	54.8

注：GDP 增长率为不变价格统计所得，消费者价格调和指数（HICP）以 2010 年为基期。

资料来源：波兰中央统计局，http：//stat. gov. pl/en/poland-macroeconomic-indicators/；Eurostat，ht-tps：//ec. europa. eu/eurostat/web/national-accounts/database。

心通胀率也降至 3.7%[①]。未来通胀风险依然存在，秋季大选前夕，任何额外的财政支出都可能再次提高通胀率，并延长紧缩性货币政策持续的时间。另外，波

[①]　https：//stat. gov. pl/en/topics/prices-trade/price-indices/。

兰政府与欧盟委员会关于波兰司法改革存在的分歧与争端，可能会进一步推迟欧盟复苏与韧性基金（EU Recovery and Resilience funds）的支付。

波兰国土面积31.27万平方公里，位列欧盟第六，人口分布多集中在华沙、克拉科夫、格但斯克三联城、罗兹、弗罗兹瓦夫、波兹南等城市。波兰共有16个省、314个县和66个县级市，首都华沙（Warsaw）位于中部平原维斯瓦河中游，面积517.2平方公里，是波兰第一大城市、工业、贸易、科学文化中心及最大的交通枢纽①。如表10-5所示，各省经济发展和增长情况差异较大，2021年马佐夫舍省（Mazowieckie）产值占波兰GDP超过五分之一，其中，该省近80%的产值来自华沙地区，其次为西里西亚省（Śląskie）、大波兰省（Wielkopolskie）和下西里西亚省（Dolnośląskie），各占波兰国内生产总值的12%、9.9%和8.5%，以上四省经济产值合计超过波兰总产值的53%，四省总人口约1624万，占波兰总人口的43%。2021年，波兰人均雇员增加值15.5万兹罗提，华沙地区和下西里西亚省人均雇员增加值分别达到21.3万兹罗提和17.1万兹罗提，显著高于波兰平均水平，以上各地区经济发展及增加值差异与当地人力资本、资源禀赋和优势产业的发展密切相关。

表10-5　2021年波兰各地区GDP及增长率比较

地区	GDP（亿兹罗提）	GDP占比（%）	GDP增长率（%）	GVA/雇员（兹罗提）	GVA/雇员（波兰=100）
Dolnośląskie	2226.7	8.5	8.0	170858	110.1
Kujawsko-pomorskie	1149.09	4.4	7.4	140805	90.8
Lubelskie	975.23	3.7	6.9	118828	76.6
Lubuskie	561.02	2.1	7.2	144717	93.3
Łódzkie	1596.65	6.1	5.7	145260	93.6
Małopolskie	2158.47	8.2	7.8	140410	90.5
Mazowieckie	5938.14	22.6	5.0	193307	124.6
−Warszawski stołeczny	4553.7	17.3	5.1	212584	137.0
−Mazowiecki regionalny	1384.44	5.3	4.7	148897	96.0
Opolskie	539.94	2.1	7.3	149726	96.5
Podkarpackie	1014.98	3.9	8.5	125529	80.9

① 资料来源：《对外投资合作国别（地区）指南——波兰（2022年版）》。

地区	GDP（亿兹罗提）	GDP占比（%）	GDP增长率（%）	GVA/雇员（兹罗提）	GVA/雇员（波兰=100）
Podlaskie	583.69	2.2	5.1	124390	80.2
Pomorskie	1577.85	6.0	7.9	157236	101.4
Śląskie	3145	12.0	9.3	163597	105.5
Świętokrzyskie	603.81	2.3	7.4	127784	82.4
Warmińsko-mazurskie	677.55	2.6	7.1	136600	88.1
Wielkopolskie	2599.58	9.9	6.6	148316	95.6
Zachodniopomorskie	965.31	3.7	6.9	150710	97.2
波兰	26313.02	100	6.9	155128	100

资料来源：波兰中央统计局，Statistical Yearbook of the Regions-Poland 2023。

二、劳动力市场活跃程度

2012~2022 年，波兰人口连续 10 年下降（除 2017 年外），2020~2022 年受新冠疫情影响，总人口减少 44.4 万，截至 2022 年底，波兰劳动年龄（18~64岁）人口约 2217 万人，占人口总数的 58.7%。波兰统计局发布数据显示，20~24 年龄段人口中，受过职业技术教育和高等教育的劳动人口比重为 90.5%[1]。同期，波兰劳动参与率逐年上升，而失业率自 2013 年达到 10.5%的高点后持续下降，2023 年失业率降至近年来低点，仅有 2.8%[2]（见表 10-6）。这与地区冲突对波兰劳动力市场带来的影响有一定关系，截至 2023 年 3 月，约有 160 万乌克兰人涌入波兰，涌入的难民中，约 50%是成年人，他们中大多数已在波兰低技能岗位就业，这在一定程度上缓解了波兰劳动力市场的工资压力，使其失业率得以保持在 3%左右的低位。尽管失业一年以上的劳动力比重持续下降，但若将失业半年及以上的人数统计在内，则中长期失业占比达到 50%，伴随技术进步与失业时间的延长，劳动力技能与就业岗位匹配困难上升，中长期失业者将更难进行再就业。

---

① 波兰中央统计局，http：//stat.gov.pl/en/poland-macroeconomic-indicators/。
② 因 2021 年波兰劳动力调查（LFS）统计方法变更，因此，不可与之前年份进行比较，2023 年数据来自波兰统计局。

表 10-6　2014~2023 年波兰劳动力市场主要指标　　　　单位：%

指标＼年份	2014	2015	2016	2017	2018	2019	2020	2021	2022	2023
就业/人口	61.7	62.9	64.5	66.1	67.4	68.2	68.7	70.3	71.3	—
劳动参与率	67.9	68.1	68.8	69.6	70.1	70.6	71.0	72.8	73.5	—
失业率	9.1	7.6	6.2	5.0	3.9	3.3	3.2	3.4	2.9	2.8
长期失业率*	42.7	39.3	35.0	31.1	26.8	21.3	19.7	26.4	29.8	26.8

　　注：劳动参与率为 15~64 年龄段人口数据，其他指标为 15~74 年龄段人口数据；* 长期失业率为失业 1 年及以上失业人员所占比重。

　　资料来源：OECD Labor Force Statistics，https：//www.oecd-ilibrary.org/employment/oecd-labour-force-statistics。

　　历年失业率数据表明，波兰女性失业率普遍高于男性，但二者间的差距正逐年缩小（见图 10-13），但男性就业人口中仅 4% 是兼职工作，而且这一比例在 2021 年进一步降至 2.9%，与此同时，2013 年接近 12% 的就业女性仅能从事兼职工作，尽管这一比例呈现下降趋势，但仍显著高于男性，表明更多的女性从业者处于不充分就业状态。自 2023 年以来，波兰劳动力需求出现疲软态势，公布的职位空缺数量较 2022 年初减少了 1/5。

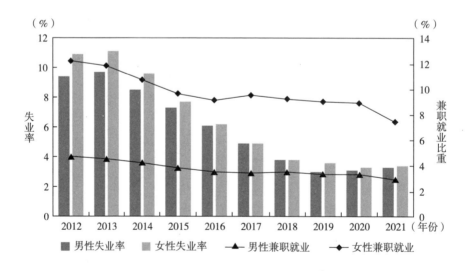

图 10-13　波兰女性与男性失业率比较

　　资料来源：OECD Labor Force Statistics，https：//www.oecd-ilibrary.org/employment/oecd-labour-force-statistics。

波兰各省劳动力就业与失业差异较大，喀尔巴阡山省（Podkarpackie）、瓦尔米亚—马祖里省（Warmińsko-mazurskie）和卢布林省（Lubelskie）三省的登记失业率高达8.8%、8.6%和8.0%，远高于全国平均5.2%的水平，同时，喀尔巴阡山省和瓦尔米亚—马祖里省的月平均工资处于全国最低水平，约为每月5400兹罗提，较全国平均水平低15%，这与各省就业结构密切相关。进一步考察各省劳动力就业的主要行业，可以看出，以农业就业为主的省份，其失业率较高、平均工资较低，其中，卢布林省近20%的劳动力集中在农林牧渔业，而科学技术行业就业比重较高的省份（Mazowieckie，8.57%）则失业率较低且平均工资较高。以上就业与失业的差异主要来自各省产业结构和人力资本的不同（见表10-7）。

三、研发投入

一个国家技术创新的源泉主要来自企业，但从自主创新能力看，波兰企业与欧美发达国家相比，在创新理念和创新意识上仍存在较大差距。与欧盟其他国家相比，2022年波兰R&D支出总额占GDP的1.46%，尽管仍低于EU-27国2.24%的水平，但二者间差距自2011年起逐年缩小。国内R&D总支出中，各部门支出并不平衡，企业支出达到2/3，占GDP的0.96%，接近2011年水平的2倍，这与波兰2018年1月1日生效的创新法案（Big Law on Innovation）密切相关，该法案规定所有开展研发活动的企业其研发支出均可100%抵扣应纳税额。已有文献的研究结论表明：与其他部门的支出相比，企业的研发支出对经济发展更为重要，因其可以迅速将研发成果进行商业化。伴随波兰企业研发支出的连年提高，政府部门研发支出占比逐年下降，由2011年占GDP比重的0.26%和占研发支出总额比重的34.7%，分别下降到2022年的0.03%和2.1%，同期，高等教育机构研发支出约占波兰研发总支出的1/3（见图10-14）。

各研发部门资金不足导致创新成果不如人意。2011年，波兰每百万居民在欧洲专利局（European Patent Office，EPO）的申请量仅为5.5项专利，随着企业部门加大研发投入力度，2021年，每百万居民专利申请量达到13.8项，较10年前增长近2倍，但仍远低于欧盟平均水平（每百万居民151.8项）[1]。如表10-8所示，喀尔巴阡山省（Podkarpackie）和首都华沙地区从事新活动的企业占比超

---

[1] Joanna Brzyska：Poland's innovation performance：Drivers，challenges and policy implications，*Procedia Computer Science*，2023（225）：3352-3361.

表 10-7　2022 年末波兰各省劳动力市场主要指标

地区	登记失业率 (%)	长期失业人口 (万人)	长期失业率 (%)	月平均工资 (兹罗提)	金融保险 (%)	房地产 (%)	科学技术 (%)	信息通信 (%)	运输仓储 (%)	农林牧渔 (%)
Dolnośląskie	4.5	2.69	49.8	6562.04	1.99	1.33	6.20	4.70	6.16	4.18
Kujawsko-pomorskie	7.3	3.15	55.8	5633.52	1.55	1.00	3.82	2.07	5.79	9.05
Lubelskie	8.0	3.56	58.1	5646.97	1.71	0.93	3.42	2.06	5.81	19.48
Lubuskie	4.4	0.66	42.0	5706.47	1.40	1.12	3.43	1.36	8.30	5.51
Łódzkie	5.5	2.88	52.9	5903.19	2.45	1.12	4.69	2.38	7.00	9.29
Małopolskie	4.4	3.19	49.5	6411.04	1.74	0.98	6.81	5.22	4.57	10.36
Mazowieckie	4.3	6.32	54.2	7508.56	4.22	1.48	8.57	5.69	6.22	7.11
Opolskie	5.9	1.07	52.2	5835.92	1.31	0.86	3.47	1.77	5.45	8.90
Podkarpackie	8.8	3.99	57.8	5452.12	1.20	0.77	3.38	1.85	4.69	12.09
Podlaskie	7.0	1.74	55.8	5742.12	1.62	0.93	3.35	2.15	5.24	18.97
Pomorskie	4.6	1.94	45.8	6297.51	2.20	1.37	5.78	4.10	6.52	5.17
Śląskie	3.7	2.99	46.1	6388.82	1.71	1.43	5.16	3.16	6.54	2.38
Świętokrzyskie	7.8	1.8	52.9	5505.49	1.26	0.79	3.43	1.52	5.38	15.00
Warmińsko-mazurskie	8.6	1.96	47.7	5427.81	1.78	0.97	3.39	1.37	5.13	9.93
Wielkopolskie	2.9	1.89	40.8	5789.84	1.53	0.90	4.63	2.31	7.31	8.58
Zachodniopomorskie	6.7	2.15	53.6	5809.68	1.59	1.34	4.03	2.13	7.60	5.72
波兰	5.2	41.97	51.7	6362.90	2.13	1.16	5.37	3.37	6.15	8.42

注：登记失业率数据来自 Ministry of Family and Social Policy，与基于 LFS 调查的失业率数据存在差异；长期失业率与各行业就业比重由作者依据年鉴相关数据计算得出。

资料来源：波兰中央统计局，http://stat.gov.pl/en/poland-macroeconomic-indicators/；Eurostat，https://ec.europa.eu/eurostat/web/national-accounts/database。

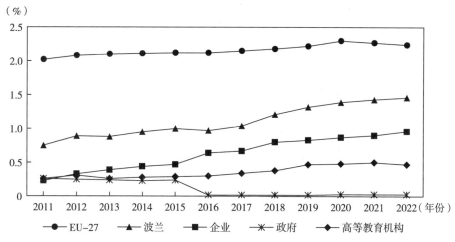

图 10-14 2011~2022 年波兰国内 R&D 支出总额/GDP

资料来源：Eurostat，https：//ec. europa. eu/eurostat/web/science-technology-innovation/database。

过 1/5，其次为下西里西亚省（Dolnośląskie，19.8%）和卢布林省（Lubelskie，19.1%），但从人均 R&D 支出来看，华沙地区远高于其他省份，其中，喀尔巴阡山省人均支出仅为 653 兹罗提，仅为华沙地区人均 R&D 支出的 14%。无论是从专利申请量还是从专利授权量来看，2022 年华沙地区和西里西亚省（Śląskie）均居各省前列，两地区专利授权量分别为 325 件和 269 件，各占全国授权量的 14.6% 和 12.1%。在企业创新能力不足的情况下，更加凸显大学作为创新源泉的地位，2023 年全球创新指数（Global Innovation Index，GII）显示，波兰大学与产业部门 R&D 合作得分仅为 29.3[①]，132 个国家（地区）排名中，该指标仅排在第 97 位，远落后于波兰总体创新指数第 41 位的排名[②]。因此，波兰创新绩效落后的省份应进一步加强与大学及科研机构的合作，提升自身创新实力，加速科研成果的商业转化。

表 10-8 2022 年波兰各地区 R&D 支出与专利情况比较

地区	从事创新活动企业占比（%）	人均 R&D 支出（兹罗提）	R&D 支出/GDP（%）	专利申请（件）	专利授权（件）
Dolnośląskie	19.8	1349	1.38	175	179

① 该指标依据对以下问题的调研统计得分情况，大学—产业 R&D 合作提问"在你的国家，大学与企业之间 R&D 合作程度如何"，1=根本不合作，7=广泛合作。

② WIPO：Global Innovation Index 2023，https：//www. wipo. int/global_innovation_index/en/。

续表

地区	从事创新活动企业占比（%）	人均 R&D 支出（兹罗提）	R&D 支出/GDP（%）	专利申请（件）	专利授权（件）
Kujawsko－pomorskie	14.1	606	1.01	104	92
Lubelskie	19.1	648	1.14	328	179
Lubuskie	13.5	255	0.33	44	35
Łódzkie	16.5	791	1.13	231	156
Małopolskie	16.3	1841	2.51	345	213
Mazowieckie	17.2	2842	2.17	548	371
－Warszawski stołeczny	20.6	4657	2.72	498	325
－Mazowiecki regionalny	8.3	226	0.35	50	46
Opolskie	14.9	516	0.57	87	39
Podkarpackie	24.9	653	1.28	216	115
Podlaskie	12.4	497	0.86	71	60
Pomorskie	18.3	1511	1.83	170	136
Śląskie	16.8	795	0.95	383	269
Świętokrzyskie	11.0	238	0.47	66	56
Warmińsko－mazurskie	17.8	578	1.20	44	37
Wielkopolskie	14.5	824	0.90	267	208
Zachodniopomorskie	15.7	457	0.65	161	79
波兰	16.7	1182	1.43	3240	2224

注：R&D 支出占 GDP 比重为 2021 年数据。

资料来源：波兰中央统计局，http：//stat. gov. pl/en/poland－macroeconomic－indicators/；Eurostat，https：//ec. europa. eu/eurostat/web/national－accounts/database。

第十一章

匈牙利投资体系研究

第一节 匈牙利利用外资概况

一、吸引外资总额趋势分析

全球金融危机发生前，2005~2008 年匈牙利 FDI 流入呈下降趋势，从 2005 年的 61.7 亿欧元下降至 2008 年的 42.5 亿欧元，此后，受金融危机影响，吸引外资额度大幅下降，2009 年仅有 16 亿欧元。随着经济状况的好转，外资加速流入，2012 年全年匈牙利吸引外资总额达 113.4 亿欧元，为历史高点。但随后受欧洲债务危机影响，流入匈牙利 FDI 大幅下降，2015 年 FDI 净流出达 128.7 亿欧元，这主要归因于当年债务项下（Debt Instruments）公司间贷款的垫付（赎回）或短期贸易信贷行为带来的资金净流出 173.8 亿欧元。此后，外商投资逐渐恢复，即使疫情期间，其吸引外商投资仍逆势上涨，2022 年全年吸引外资总额达 92.6 亿欧元（见图 11-1）。

截至 2022 年底，匈牙利累计吸引外资总额达 1009.5 亿欧元，其中 2005~2014 年流入的资金占总额的 46%。外商投资存量占 GDP 比重自 2012 年达到 79% 后，一直呈现下降趋势，尽管如此，与匈牙利对外直接投资相比，匈牙利的 FDI 仍以外资流入为主。2014 年，私营部门（农业和金融业除外）就业中外资企业就业所占比重达到 25%，部门增加值占比达到 53%，此外，匈牙利货物出口中 80%

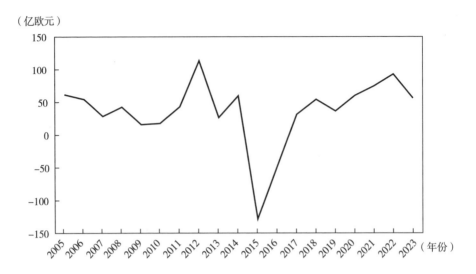

（亿欧元）

图 11-1　2005~2022 年匈牙利吸引外资金额

资料来源：匈牙利中央银行 Magyar Nemzeti Bank（MNB），https：//www. mnb. hu/en/statistics。

是由外资企业完成的，按增加值计算，出口对当年 GDP 贡献接近 48%，这很大程度反映出外商投资企业及其更高的进出口密集度有利于匈牙利进一步融入全球价值链①。2022 年，外商投资存量占 GDP 比重由上年的 60.7% 进一步降至59.9%，但该比例仍远高于对外直接投资 22.3% 的比例，同期，匈牙利吸引的外商投资与对外投资存量变化趋势趋同（见图 11-2）。

二、外商投资的行业分布

制造业是匈牙利吸引外商直接投资最多的产业，2008~2022 年，制造业吸引了超过 292.2 亿欧元的外商投资，高达同一时期流入匈牙利外资总额的 60%。截至 2022 年底，制造业外商投资存量达 465.3 亿欧元，居于引资规模首位，占外商投资总额的 46.1%，同期，服务业吸引外商投资 433.8 亿欧元，占比由 2008年的 62.1% 降至 43.0%。其中，批发零售贸易与维修为服务业中引资最多的行业，该行业累计吸引外资 95.7 亿欧元，占同期服务业引资总额的 22.1%。房地产、专业技术服务业分别以累计 86.8 亿美元和 81.6 亿欧元位居服务业吸引外资

① OECD：Trade Investment Statistical Country Note（Hungary），2017，https：//www.oecd. org/investment/HUNGARY-trade-investment-statistical-country-note. pdf.

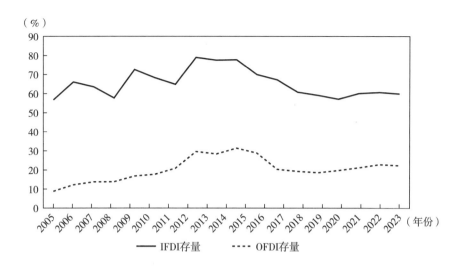

图 11-2　2005~2022 年匈牙利吸引外资与对外投资存量占 GDP 比重

资料来源：FDI 存量数据来源同图 11-1，GDP 数据来自欧盟统计局，https：//ec. europa. eu/eurostat/web/main/data/database。

第二、第三的行业，占匈牙利服务业引资总额分别为 20% 和 18.8%（见图 11-3）。此外，2012 年专业技术服务业累计引资达到 205.2 亿欧元，占外商投资总额的 25.9%，远超当年制造业 158.4 亿欧元的规模，直到 2016 年，制造业与服务业吸引外商投资形势出现逆转，当年服务业外资净流出 198 亿欧元，而制造业吸引外资流入 148.5 亿欧元，服务业引资规模从 2015 年占据绝对优势的 80.9%，迅速下降，2021 年制造业吸引外资占比首次超过服务业，成为对外商投资最具吸引力的行业。

三、外商投资方式选择

2005~2008 年，随着投资匈牙利并购交易数量的下降，绿地投资规模逐年扩大，2007 年绿地投资额达到 94.8 亿美元，此后，并购交易数量大幅下降，交易金额几乎可以忽略不计，绿地投资已取代并购交易成为投资者的主要投资方式。2020 年，疫情导致绿地投资总量下滑，全年投资额仅为 37.6 亿美元，较上年下降 54.6%。随着匈牙利政府采取的一系列经济刺激计划和连续降息，宏观经济开始迅速反弹，良好的增长预期使匈牙利的投资吸引力提升，绿地投资规模激增，2022 年投资额高达 124 亿美元，较上年增长 94.9%，为近 20 年来的最高点（见

图 11-4 和图 11-5）。

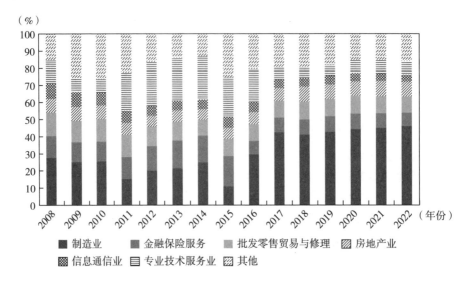

图 11-3 2008~2022 年匈牙利外资流入部门分布

资料来源：作者依据匈牙利中央银行：Annual FDI position in Hungary 数据整理。

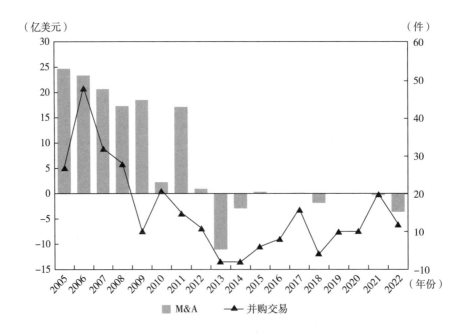

图 11-4 2005~2022 年匈牙利净跨国并购投资额与并购交易数

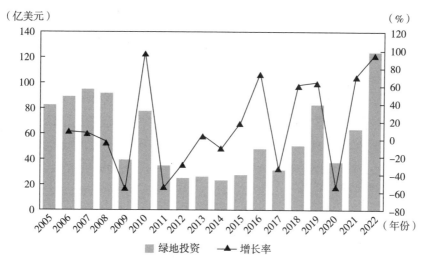

图 11-5　2005～2022 年匈牙利外商绿地投资额及其变化率

资料来源：UNCTAD：World Investment Report 2023，https：//unctad.org/topic/investment/world-invest-ment-report。

四、外商投资来源国分布

如图 11-6 所示，由于地理位置和传统关系等因素，如其他中东欧国家一样，匈牙利外商投资主要来自欧盟成员国。欧盟 15 国累计投资 717.4 亿欧元，占 FDI流入总额的 71.1%，欧盟的 12 个中东欧地区成员国共投入 46.6 亿欧元，占比4.6%①，其他发达国家中，瑞士占总投资额的 4.2%，韩国成为匈牙利最大的非欧洲投资国，投资总额占比 6.7%。就单个国家而言，荷兰是匈牙利 FDI 的最大来源国，1993～2022 年共计 180 亿欧元流向匈牙利，占匈牙利吸引外商投资存量的 17.8%，其他排名前三的国家分别为德国（173.2 亿欧元）、奥地利（117.4 亿欧元）和卢森堡（91.9 亿欧元），以上三国投资额占同一时期引资总量的 37.9%②。2022 年，匈牙利吸引投资超过 92.6 亿欧元，其中，利润再投资占比最高，超过 FDI 总额的 1/2。近年来，韩国和新加坡等亚洲国家在匈牙利投资稳步增长，截至 2022 年末，韩国在匈牙利投资增至 67.5 亿欧元，超过中东欧

---

① EU-15 包括荷兰、比利时、卢森堡、法国、意大利、德国、爱尔兰、英国、丹麦、希腊、葡萄牙、西班牙、奥地利、芬兰及瑞典；EU-CEE 包括波兰、捷克、罗马尼亚、保加利亚、斯洛伐克、斯洛文尼亚、塞浦路斯、爱沙尼亚、克罗地亚、拉脱维亚、立陶宛和马耳他。

② 作者依据匈牙利中央银行公布相关数据计算。

国家的总和。2020 年，中国对匈牙利投资逆势上扬，全年总计 10 个中资项目落地，投资额约 6.64 亿欧元，中国首次成为匈牙利第一大外资来源国。截至 2020 年底，中国对匈牙利累计投资逾 55 亿美元，占对中东欧总投资的一半，创造 2.3 万个就业岗位，匈牙利继续保持中国在中东欧地区第一大投资目的国地位[①]。2023 年，匈牙利中央银行初步数据显示，中国对匈牙利新增投资 4.9 亿欧元。

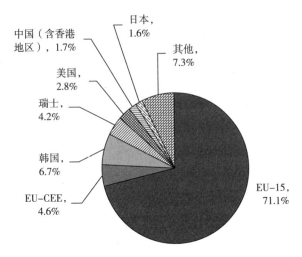

图 11-6 截至 2022 年末匈牙利吸引外资累计额国别分布

资料来源：匈牙利中央银行 Magyar Nemzeti Bank（MNB），https://www.mnb.hu/en/statistics。

第二节 商业与政策环境

一、外商投资限制大幅改善，仅保留部分股权限制

2020 年匈牙利外商投资限制指数为 0.029，自 2010 年至今保持不变，较 1997 年的 0.154 大幅下降（见图 11-7）。从具体指标来看，匈牙利已完全取消歧视性筛选机制和对核心外国雇员的限制，两项指标值为 0，但对外商投资仍存在

[①] 驻匈牙利大使馆经济商务处：《2020 年度中国首次成为匈牙利最大外资来源国》，http://hu.mofcom.gov.cn/article/tzzn/202104/20210403056683.shtml。

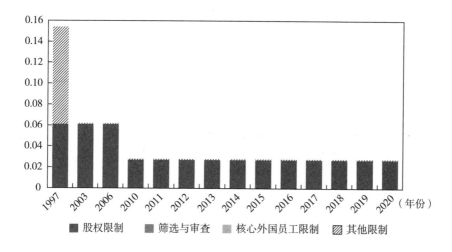

图 11-7　1997~2020 年匈牙利外商投资限制指数及其构成

资料来源：https：//www.oecd.org/investment/fdiindex.htm。

一定的股权限制，该指标值为 0.027。2018 年前，匈牙利并无特殊的安全审查规则，仅对少数特殊领域设有外商投资限制。根据《外商投资法案》（Act XXIV of 1988），外国投资者对赌博业、电信和邮政、自来水供给、铁路、公路、水运和民航业进行投资，须获得匈牙利政府批准。另外，根据《信贷机构和金融企业法案》（Act CCXXXVII of 2013），外国商业银行在匈牙利投资之前必须获得匈牙利中央银行金融机构监管部门的许可。近年来，匈牙利逐渐加大对外资收购的审核力度，2018 年 10 月，匈牙利议会通过《2018 年第 LVII 号关于审查损害匈牙利安全利益的外国投资法案》（"2018 法案"），该法案于 2019 年 1 月 1 日生效，限制除欧盟、欧洲经济区和瑞士以外的个人和法人的投资行为，包括武器生产、军事技术研发、情报机构设备生产、金融服务和支付体系运营、能源、公用事业，以及信息通信等领域的投资需要经过政府批准。2020 年 5 月 25 日，匈牙利政府发布政府令，扩大需要进行投资并购申报的重要战略行业定义范围，外国投资者对重要的战略行业进行投资并购，需要向匈牙利创新科技部（ITM）申报[①]。2020 年 6 月，在疫情大规模扩散的背景下，匈牙利议会通过《2020 年底 LVIII 号关于终止国家紧急状态的过渡性规则与流行病准备法案》（"2020 法案"），扩

---

① 驻匈牙利大使馆经济商务处：匈牙利政府收紧外资并购审查制度，http：//hu.mofcom.gov.cn/article/jmxw/202005/20200502968444.shtml。

大了外商投资审查范围，外国投资者通过订立合同、单方法律声明或公司决定的方式，对匈牙利境内的战略性企业进行投资并符合特定条件的，同样将落入外商投资安全审查的范围①。

二、部分行业取消投资限制，房地产行业限制最为严格

根据 OECD 发布的最新数据，2020 年匈牙利各行业外商投资限制指数如图 11-8 所示，其中，房地产投资限制指数最高，达到 0.45，其次为海洋运输和航空运输业，分别为 0.275 和 0.225。目前，匈牙利在食品加工、运输设备制造、批发零售、酒店餐饮、会计审计、广播电视等领域的投资限制最少，开放程度最高，限制指数为 0。2022 年，匈牙利政府基于紧急状态出台了 561/2022 号法令（"2022 法令"），进一步降低了审查门槛，扩大了审查范围。外国投资者因收购股权或使用权而获得战略公司至少 10% 的股份，或者投资总价值达到或超过 3.5 亿福林时，必须获得部长批准。如果外国所有权的总比例超过 25%，也同样需要获得批准。该项新规加大了低价收购匈牙利优质企业的难度，此次政府对战略性企业的定义，包括旅游、建筑业、卫生保健、核产业、政府设施、金融部门、

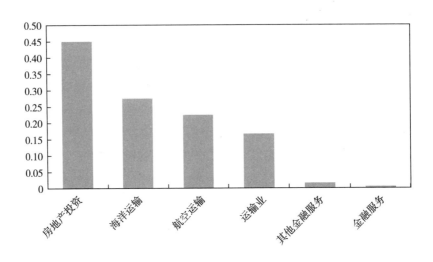

图 11-8　匈牙利各细分行业外商投资限制指数

资料来源：https://www.oecd.org/investment/fdiindex.htm。

---

① https://www.lakatoskoves.hu/news/summary-on-hungarian-fdi-regimes.

农业生产和食品工业、国防工业、能源行业、通信业、贸易设施、化学工业、旅游、行政和支持性服务、关键原材料、教育等 24 个行业大类中的部分细分门类①。

三、首都地区竞争力显著强于其他地区

根据 2023 年 5 月发布的 RCI 指数显示，匈牙利首都布达佩斯竞争力指数 105.5，在 234 个欧洲次区域中居于第 93 位，其排名显著高于匈牙利其他地区，此外，属于欠发达地区（LD）的多瑙河西部（Nyugat-Dunántúl）和中部地区（Közép-Dunántúl）竞争力超过其他地区（如南部和北部平原地区）②，数据详情如表 11-1 所示。对比各地区的二级指标，市场规模、商业成熟度和创新指标在发达地区与欠发达地区之间的差距最大。市场规模差距主要来源于各地区人均可支配收入与人口规模的差异，如 2022 年 Nyugat-Dunántúl 和 Észak-Magyarország（北部匈牙利）地区人均可支配收入分别为 225.6 万福林和 190.5 万福林，同年布达佩斯地区的人均可支配收入达到 289 万福林，分别较前者高出 28.1% 和 51.7%。此外，商业成熟度的差距主要反映各地区中小企业参与合作创新、进行组织创新活动占比的差异，如布达佩斯地区以上两项创新得分为 0.624 和 0.364，而北部平原地区（Észak-Alföld）以上两项指标得分仅为 0.268 和 0.193③。各地区专利申请量、人均科技论文出版量、技术密集型行业就业的占比与研发支出占 GDP 比重等指标差异导致其创新层面的差距扩大，2022 年，布达佩斯地区拥有 R&D 人员 4.44 万人，占全国研发人员总数的 58.2%，研发支出占 GDP 比重 2.31%，虽较上年占比 2.75% 略有下降，仍远高于全国平均水平 1.39%④。

---

① 561/2022.（XII. 23.）Korm. Rendelet a magyarországi gazdasági társaságok gazdasági célú védelméhez szükséges egyes rendelkezések veszélyhelyzet ideje alatti eltérő alkalmazásáról.

② 区域竞争力报告将人均 GDP 高于欧盟平均水平 100% 的区域定义为较发达地区（More Developed Regions，MD），人均 GDP 介于欧盟平均水平 75%~100% 的区域定义为转型地区（Transition Regions，TR），人均 GDP 低于欧盟平均水平 75% 的区域定义为欠发达地区（Less Developed Regions，LD）。

③ European Commission：Regional Innovation Scoreboard 2023, https：//research-and-innovation. ec. europa. eu/statistics/performance-indicators/regional-innovation-scoreboard_en.

④ 资料来源：匈牙利统计局，https：//www.ksh.hu/stadat_eng。

表 11-1 匈牙利区域竞争力指数及排名

地区	RCI指数	排名	发展阶段	基础	制度	宏观经济	基础设施	健康	基础教育	效率	高等教育	劳动市场效率	市场规模	创新	技术就绪度	商业成熟度	创新
Budapest and its commuting zone	105.5	93	MD	83.0	64.5	81.6	105.1	77.4	88.5	116.4	120.6	115.7	110.4	107.6	103.7	100.6	120.3
Nyugat–Dunántúl	83.9	166	LD	75.8	63.4	81.6	78.0	66.9	88.5	94.0	97.1	115.1	43.5	64.1	85.2	40.2	61.8
Közép–Dunántúl	82.3	170	LD	74.2	64.6	81.6	78.1	59.4	88.5	92.6	87.2	113.3	58.1	62.0	91.1	35.1	52.3
Dél–Alföld	73.3	192	LD	68.3	64.7	81.6	50.4	53.4	88.5	80.6	78.9	104.0	33.8	56.7	78.3	38.3	47.8
Dél–Dunántúl	69.9	197	LD	67.4	63.6	81.6	35.1	60.6	88.5	73.0	66.2	99.7	28.1	60.7	82.2	41.7	52.5
Észak–Alföld	67.9	202	LD	66.5	54.9	81.6	48.9	53.9	88.5	71.4	69.5	91.9	31.3	55.5	79.4	34.1	46.7
Észak–Magyarország	66.0	207	LD	64.4	54.4	81.6	46.3	47.8	88.5	68.6	58.5	92.5	36.0	56.8	81.1	37.6	45.3

资料来源：EU Regional Competitiveness Index 2.0 2022 edition，2023 年 5 月。

四、外商投资优惠政策

匈牙利针对赴匈牙利投资和在匈牙利扩大投资的企业提供退还和非退还补贴，对外资实行国民待遇，无特殊补贴政策。根据不同投资项目，匈牙利主要通过欧盟基金支持、匈牙利政府补贴、税收减免、培训补贴和就业补贴等吸引外商直接投资。

（一）优惠政策框架

匈牙利吸引外商投资的重点领域是汽车、生物制药、通信、电子、健康产品、食品加工、绿色经济，并在优惠政策总体框架内给予支持。2021～2027年欧盟提供的补贴资金将主要用于扶持研发、数字化和环保项目等，聚焦向中小企业投资，项目的申请条件、补贴时限和额度差异较大。资助金额因创造就业数量、投资区域、企业提供服务的复杂程度不同而不同。各类优惠政策均向优先发展地区倾斜，如投资优先发展地区仅需创造25个工作岗位，金额超过330万欧元，即可享受企业所得税减免80%的待遇（见表11-2）。

表11-2　2022年匈牙利吸引外资优惠政策

优惠政策	补贴方式	补贴金额	申请条件	申请方式
政府补贴	现金 事后补贴 不能同时申请 欧盟基金补贴	由匈牙利政府单独决定	①发达地区：投资不低于2000万欧元，至少创造就业岗位100个 ②优先发展地区：投资不低于1000万欧元，至少创造就业岗位50个 ③特殊优先发展地区：投资不低于500万欧元，至少创造就业岗位50个	相关材料提交至匈牙利投资促进局（HIPA）
欧盟基金补贴	现金 事后补贴 不能同时申请匈牙利政府补贴	不超过投资额的35%，即32万～320万欧元	主要针对综合技术和劳动密集型企业；最低投资额92万欧元；创造新工作岗位；投资匈牙利中部以外地区	向匈牙利经济发展中心（HCED）提交申请
研发补贴	现金、事后补贴	①基础研究：100%，总额不超4000万欧元； ②产业研究：50%，总额不超2000万欧元； ③实验研发：25%，总额不超1500万欧元	企业从事如下研发工作：①基础研究：指为了获取关于现象和可观察事实的潜在基础的新知识，而进行的实验或理论研究，不用于商业目的；②产业研究：指为了开发新产品、流程或服务而开展的研究或调研；③实验研发：指通过获取、组合和使用现有科学技术，来开发或改进产品、流程或服务	向匈牙利知识产权局提交申请

续表

优惠政策	补贴方式	补贴金额	申请条件	申请方式
税收减免	投产后的税收减免	投产后 13 年内，每年企业所得税减免 80%，但总额不能超过政府给予的封顶补贴金额	最低投资额 30 亿福林（约 1000 万欧元）且最少创造 50 个新工作岗位；或在优先发展地区最低投资额 10 亿福林（约 330 万欧元），同时创造 25 个新工作岗位	向匈牙利投资促进局提交申请
	绿地投资	控股股东红利分配的资本利得税、符合条件的知识产权许可版税的免税优惠，并对知识产权许可的版税给予最高 50% 的补贴	按地区发达程度享 20%~50% 的补贴，在相对接近于按欧盟规定的发达地区，则不能享受补贴。最高额补贴按投资额适用累进递降比例：投资额为 5000 万~1 亿欧元，根据所在地区享受最高 50% 的补贴，但超过 1 亿欧元的投资部分，只能享受 34% 的最高额补贴	
	研发活动	①企业所得税减免：100%~300% 的直接研发费用（总额不超 5000 万福林）不计入纳税额度；②社会保障金：减免雇主为本公司研发人员缴纳的 50% 的社会保障金，即由 19.5% 降至 9.75%（2019 年 1 月 1 日起施行）		
培训补贴	现金、事后补贴	培训费用封顶补贴为培训费用的 50%。新增工资岗位 50~250 个，最多补贴 50 万欧元；新增工资岗位 251~500 个，最多补贴 100 万欧元；新增工作岗位 501~750 个，最多补贴 150 万欧元；新增工作岗位超过 751 个，最多补贴 200 万欧元	新创造符合要求的最低数量工作岗位；该项补贴由匈牙利政府单独做出	向投资促进局（HIPA）提交意向函，补贴由财政部提供

续表

优惠政策	补贴方式	补贴金额	申请条件	申请方式
就业补贴	现金 事后补贴	每个项目 110 万欧元	在优先发展地区至少创造 500 个新工作岗位；该项补贴由匈牙利政府单独做出	向投资促进局（HIPA）提交意向函，补贴由财政部提供

资料来源：匈牙利投资促进局，The Hungary Investment Promotion Agency（HIPA）。

发展税收津贴是以税收减免代替补贴，指申请企业从提交申请的纳税年度始，可获得连续 13 年的税收优惠期，最长期限不超过投资申请提交后的 16 年。可申请发展税收津贴的主要投资类型包括：在发达地区投资额至少 30 亿福林（约合 830 万欧元），在优先地区投资额至少 10 亿福林（约合 280 万欧元），在一些指定特殊投资区域投资额至少 1 亿福林（约合 27.8 万欧元）；研发类投资至少 1 亿福林（约合 27.8 万欧元）；创造就业岗位的相关投资不设置最低投资额标准；小企业投资额至少 2 亿福林（约合 55.6 万欧元），中型企业投资额至少 3 亿福林（约合 83.3 万欧元）；自 2020 年 1 月起，税收津贴申请不再对新创造就业岗位数量设置要求。但投资实体必须在上述投资类型获得税收优惠的第一个纳税年度后的四个纳税年度内保持投资启动前三个纳税年度的平均员工数（研发相关投资和在特殊投资区实现的投资除外）。为鼓励工业和仓储领域投资，集团范围内员工总数 150~1.2 万人的大中型企业可申请大企业援助补贴，要求投资项目金额不低于 1 亿福林（约合 27.8 万欧元）[1]。

（二）欧盟结构基金

2021~2027 年欧洲结构投资基金将通过欧盟区域发展基金（ERDF）、凝聚力基金、欧盟社会基金+（ESF+）、公正转型基金（JTF）和欧洲海洋、渔业与水产养殖基金（EMFAF）等基金实施 11 个国家计划（National Program），拟资助匈牙利 261.4 亿欧元，借此实现包括平衡区域发展、公平气候、数字化转型、支持创新和发展包容性市场经济等目标。为实现公平气候与清洁环境目标，欧盟区域发展基金（European Regional Development Fund，ERDF）约 67 亿欧元投向能源效率、可再生能源、循环经济与可持续交通等领域，改善空气质量、保护生态系统和生物多样性，另有公正转型基金（Just Transition Fund，JTF）约 2.5 亿欧

---

[1]　资料来源：《对外投资合作国别（地区）指南——匈牙利（2022 年版）》。

元支持低碳技术投资，降低匈牙利二氧化碳排放量 10%。此外，为提升匈牙利整体经济竞争力，约 43 亿欧元将用于匈牙利智慧经济转型和区域互联互通，特别是支持中小企业的技术发展，拟投资 15 亿欧元改善创新生态系统与科技创新园区的硬件设施，6.7 亿欧元用于促进中小企业的数字化转型和创新，改善宽带基础设施接入，提升数字公共服务水平。欧盟社会基金+（European Social Fund Plus，ESF+）则致力于通过改善教育质量提高劳动力的技能（特别是数字技能）和就业率，从而改善居民生活水平。从资金流向看，占用金额最多的三大领域为社会欧洲（27.4%）、绿色欧洲（27.2%）和智慧欧洲（21.1%）（见图 11-9）。

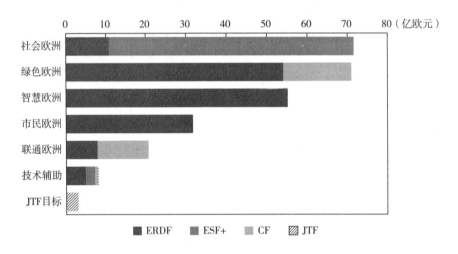

图 11-9 2021~2027 年按目标欧盟结构投资基金投入

资料来源：欧盟委员会，https://cohesiondata.ec.europa.eu/countries/HU/21-27。

匈牙利按照地区发展情况划分为不同补贴区域，政府提供的各种补贴的总贴现价值占当期投资合格成本（即按照欧盟法律核减的可获得补贴的投资额）贴现价值的百分比上限（即补贴强度）与所在区域相关，不同地区企业投资最高可获得的补贴强度介于 30%~50%。补贴采取累进方式，以全国补贴上限最高强度 50% 为例，如核算出的项目合格成本大于 1 亿欧元，合格成本小于 5000 万欧元的部分，可获补贴的合格成本比例为 100%，此部分最终补贴比例 50%；5000万至 1 亿欧元的部分，可获补贴的合格成本比例为 50%，此部分最终补贴比例为 25%；超过 1 亿欧元的部分，可获补贴的合格成本比例为 34%，此部分最终补贴比例为 17%。自 2022 年开始，中部地区（布达佩斯除外）补贴强度最高可达

50%，多瑙河中部地区补贴强度由此前的 35%降至 30%，多瑙河西部地区补贴强度由 25%提高至 30%①。此外，不同类型企业可申请的资助额度也存在差别，投资不超过 5000 万欧元时，中型企业资助额可在原限额基础上提高 10%，小型企业则可提高 20%。

第三节　经济环境

一、主要宏观经济指标变化趋势

自 20 世纪 90 年代初，匈牙利开始大规模进行以"宏观经济稳定化、价格与贸易自由化和国有资产私有化"为目标的经济转型。转轨初期，匈牙利经历了 GDP 大幅下滑的"转轨性衰退"，直到 1997 年经济才开始显现稳步增长态势。此后，受 2008 年全球金融危机影响，经济增长率大幅下滑，2009 年经济陷入负增长，增长率-6.6%，低于欧盟平均 4.4%的负增长水平，直到 2014 年匈牙利经济增长才恢复到危机前水平（4.2%）。尽管受疫情影响，2020 年匈牙利经济再次负增长 4.5%，但随即于 2021 年经济实现强劲复苏，增长率达到 7.1%（见图 11-10），2012~2023 年，匈牙利 GDP 年均增长率达到 6.3%。但 2023 年经济再次负增长 0.9%后，2024 年第一季度经济出现复苏迹象，GDP 增长率为 1.1%②，此外，同期匈牙利人均 GDP 呈现明显的增长态势，以当年价格计，2023 年匈牙利人均 GDP 达到 20480 欧元，较 2013 年几乎翻了一番，与欧盟 27 国平均水平相比，匈牙利人均 GDP 从不足平均水平的 40%上涨至接近欧盟平均水平的 55%，二者间差距逐步缩小，出现赶超趋势（见表 11-3）。

2023 年 1 月，匈牙利整体通胀率达到顶峰 25.7%，在食品和能源的推动下，6 月份仍高达 20.1%，此后，由于食品价格增速放缓、能源价格正常化和匈牙利货币汇率走强等因素影响，其国内通胀压力有所缓解，导致通胀率逐月下降，2023 年 12 月整体通胀率降至 5.5%，2024 年伊始，居民生活能源价格下降 11.3%，

---

① https：//www.pwc.com/hu/en/kiadvanyok/assets/pdf/Invest-in-Hungary-2022.pdf.
② 匈牙利中央统计局，https：//www.ksh.hu/? lang＝en。

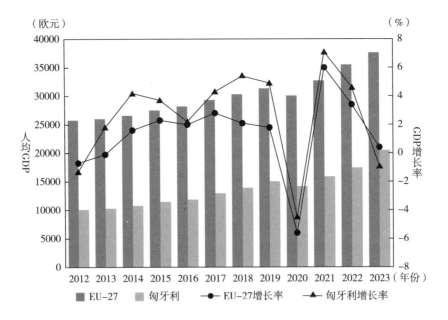

图 11-10　2012~2023 年匈牙利人均 GDP 与实际 GDP 增长率比较

资料来源：Eurostat，https：//ec. europa. eu/eurostat/web/national-accounts/database。

表 11-3　2013~2023 年匈牙利 GDP 及其增长率指标

指标 ＼ 年份	2013	2014	2015	2016	2017	2018	2019	2020	2021	2022	2023
GDP（亿欧元）	1022.4	1062.6	1127.9	1162.6	1270.2	1360.6	1465.5	1379.2	1539.8	1685.5	1963.9
人均 GDP（欧元）	10330	10770	11460	11850	12980	13920	15000	14150	15860	17410	20480
GDP 增长率（%）	1.8	4.2	3.7	2.2	4.3	5.4	4.9	-4.5	7.1	4.6	-0.9
通胀率（%）	2.2	1.5	0.9	1.2	1.9	2.0	3.1	3.7	3.9	15.7	18.2

注：核心通胀率未经季节性调整，上年＝100%。

资料来源：各变量数据来自欧盟统计局，其中，核心通胀率数据来自匈牙利中央统计局，https：//www. ksh. hu/stadat_files/ara/en/ara0002. html。

燃料价格下降 11.9%，耐用消费品价格下降 1.4%，4 月通胀率进一步下降至 3.7%①，这主要归因于服务价格同比上涨 9.5%，其中租金上涨 14.0%、高速公路使用和停车费用上涨 9.8%②。成功抑制通胀后，匈牙利政府将致力于进一步

---

① https：//www. ksh. hu/stadat_files/ara/en/ara0039. html.
② https：//www. ksh. hu/en/first-releases/far/efar2404. html.

增强劳动力市场活力，通过增强消费者信心、消除预防性动机来恢复家庭消费，以促进经济增长。

匈牙利国土面积 9.3 万平方公里，人口分布多集中在布达佩斯、德布勒森、塞格德、米什科尔茨、佩奇、久尔等城市，其中，布达佩斯人口达到 172.3 万，占全国总人口 17.8%。匈牙利全国划分为首都和 19 个州，设立 25 个州级市、322 个市、2809 个乡，首都布达佩斯是全国的政治、经济、文化和科技中心①。如表 11-4 所示，各地区经济发展和增长情况差异较大，2022 年首都布达佩斯（Budapest）产值占匈牙利 GDP 超过 1/3，其次为佩斯（Pest）、久尔—莫松—索普隆州（Győr-Moson-Sopron）和费耶尔州（Fejér），各占匈牙利国内生产总值的 11.8%、5.1% 和 4.4%，以上四个地区经济产值合计超过匈牙利总产值的 58%，地区总人口约 202.8 万，占匈牙利总人口的 43.1%②（见表 11-4）。2022 年，首都布达佩斯人均 GDP 高达 1419.6 万福林，超过全国平均水平的两倍，另外，除费耶尔州和久尔—莫松—索普隆州略高于全国平均水平外，其余各州人均 GDP 均低于全国均值，其中，琼格拉德州（Nógrád）仅为全国平均水平的 45%。此外，从人均雇员增加值指标来看，布达佩斯该指标值达到 2327.7 万福林，显著高于匈牙利平均水平 1194.8 万福林，以上各地区经济发展及增加值差异与当地人力资本、资源禀赋和优势产业的发展密切相关。

表 11-4　2022 年匈牙利各地区 GDP 及增加值比较

地区	GDP（万亿福林）	GDP占比（%）	人均GDP（万福林）	人均GDP/全国平均	GVA/雇员（万福林）
Budapest	24.23	36.7	1419.6	208.1	2327.7
Pest	7.79	11.8	585.3	85.8	980.2
Fejér	2.94	4.4	701.1	102.7	1162.2
Komárom-Esztergom	1.90	2.9	637.2	93.4	1053.2
Veszprém	1.84	2.8	543.5	79.7	946.9
Central Transdanubia	6.68	10.1	632.5	92.7	1064.1
Győr-Moson-Sopron	3.37	5.1	699.7	102.5	1135.6
Vas	1.42	2.2	560.1	82.1	967.7

① 资料来源：《对外投资合作国别（地区）指南——匈牙利（2022 年版）》。

② 此处人口指年龄 15 岁及以上。

续表

地区	GDP （万亿福林）	GDP 占比（%）	人均GDP （万福林）	人均GDP/ 全国平均	GVA/雇员 （万福林）
Zala	1.31	2.0	494.6	72.5	882.7
Western Transdanubia	6.09	9.2	610	89.4	1030.6
Baranya	1.69	2.6	479.4	70.3	896.1
Somogy	1.28	1.9	427.8	62.7	853.2
Tolna	1.07	1.6	507	74.3	939.4
Southern Transdanubia	4.04	6.1	468.3	68.6	892.8
Borsod–Abaúj–Zemplén	2.89	4.4	463.9	68.0	891.4
Heves	1.42	2.1	490	71.8	903.9
Nógrád	0.57	0.9	309.7	45.4	581.9
Northern Hungary	4.88	7.4	444.8	65.2	842.3
Hajdú–Bihar	2.63	4.0	502.7	73.7	912.3
Jász–Nagykun–Szolnok	1.58	2.4	439.9	64.5	790.8
Szabolcs–Szatmár–Bereg	2.13	3.2	397	58.2	754.2
Northern Great Plain	6.34	9.6	446.8	65.5	822.8
Bács–Kiskun	2.57	3.9	516.1	75.6	924.9
Békés	1.30	2.0	406.5	59.6	765.3
Csongrád–Csanád	2.14	3.2	545.9	80.0	956.1
Southern Great Plain	6.01	9.1	496.7	72.8	894.8
匈牙利	66.08	100.0	682.3	100.0	1194.8

资料来源：匈牙利中央统计局，https：//www.ksh.hu/regional-data。

二、劳动力市场活跃程度

匈牙利统计局发布数据显示，2010～2022年匈牙利人口连续下降，2020～2023年受疫情影响，总人口减少18.6万，截至2023年底，匈牙利劳动年龄（15～64岁）人口约622万人，占人口总数的64.9%，高于欧盟27国平均水平63.9%，但低于斯洛伐克（66.6%）和波兰（65.4%），老年抚养比（Old-age dependency ratio）由2010年24.2提高至2023年的31.9①。同期，匈牙利劳动参与率逐年上升，而失业率自2014年达到7.5%的高点后持续下降，2020～2021年

① 匈牙利中央统计局，https：//www.ksh.hu/population-and-vital-events。

受疫情影响失业率上升至 4.1%，2022 年 6 月失业率触底 3.5%。此后，失业率再次上升，但增幅不大，失业率仅略高于 2019 年（见表 11-5）。尽管 2023 年经济增长放缓，但受企业利润增长强劲与老龄化导致劳动年龄人口下降预期的影响，匈牙利大型企业一直在增加雇员，劳动力市场紧张的供求关系加剧了工资上涨压力，2022 年 1 月，政府将最低工资上调 19.5%，远高于当时 8% 的通货膨胀率，匈牙利成为欧盟成员国中最低工资上调力度最大的国家。但这种强劲的工资增长并未长时间持续下去，2022 年 9 月实际工资同比增长由正转负，减轻通胀压力的同时，导致私人消费下降。此后，2023 年 1 月和 12 月政府再次将名义最低工资分别提高 16% 和 15%①，提高了企业的经营负担。劳动力长期失业率一改疫情前的下降趋势，正逐年上涨，2023 年长期失业占比达到 34.9%，高于 2019 年水平，伴随技术进步与失业时间的延长，劳动力技能与就业岗位匹配困难上升，中长期失业者将更难进行再就业。

表 11-5　2014~2023 年匈牙利劳动力市场主要指标　　　　单位：%

指标 ＼ 年份	2014	2015	2016	2017	2018	2019	2020	2021	2022	2023
就业/人口	63.6	65.9	68.5	70.2	71.4	72.2	71.9	73.1	74.4	—
劳动参与率	68.8	70.5	72.1	73.1	74.1	74.7	75.1	76.2	77.2	—
失业率	7.5	6.6	5.0	4.0	3.6	3.3	4.1	4.1	3.6	4.1
长期失业率*	47.5	45.6	46.5	40.4	38.7	32.1	26.3	31.2	34.2	34.9

注：就业/人口比重、劳动参与率为 15~64 年龄段人口数据，其他指标为 15~74 年龄段人口数据；
*指长期失业率为失业 1 年及以上失业人员所占比重。

资料来源：OECD Employment database，https：//stats. oecd. org/Index. aspx？DatasetCode＝LFS_SEXAGE_I_R#；欧盟统计局，https：//ec. europa. eu/eurostat/web/main/data/database。

历年失业率数据表明，匈牙利女性与男性失业率不存在显著差异，2022 年女性失业率低于男性 0.2%，但 2023 年反超男性失业率 0.1%（见图 11-11），但男性就业人口中仅 4.1% 是兼职工作，而且这一比例在 2023 年进一步降至 2.4%，与此同时，2014 年接近 8% 的就业女性仅能从事兼职工作，尽管这一比例在疫情前呈现下降趋势，但仍显著高于男性，表明更多的女性从业者处于不充分就业状

---

① OECD（2024），OECD Economic Surveys：Hungary 2024，OECD Publishing，Paris，https：//doi. org/10. 1787/795451e5-en.

态。自 2023 年以来，匈牙利劳动力需求出现疲软态势，2023 年第四季度公布的职位空缺数量较 2022 年第二季度减少了 1/4，整体职位空缺率由 3.0% 降至 2.3%，分行业来看，目前职位空缺率较高的行业为行政支持服务业（Administrative and support service activities）和健康服务业（Human health and social work activities），职位空缺率分别为 5.1% 和 4.0%①。

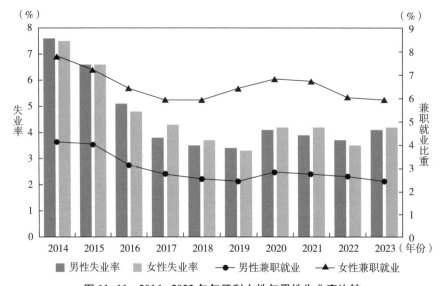

图 11-11　2014～2023 年匈牙利女性与男性失业率比较

资料来源：Eurostat，https：//ec. europa. eu/eurostat/web/main/data/database。

　　匈牙利各州劳动力就业与失业情况差异较大，索博尔奇—索特马尔—贝拉格州（Szabolcs-Szatmár-Bereg）、琼格拉德州（Nógrád）和包尔绍德—奥包乌伊—曾普伦州（Borsod-Abaúj-Zemplén）三州的失业率高达 10.8%、10.6% 和 8.5%，远高于全国平均 4.6% 的水平，但职位空缺率却低于全国平均水平，仅为 1.5%，其中，琼格拉德州与全国平均水平持平。同时，索博尔奇—索特马尔—贝拉格州和琼格拉德州的月平均工资处于全国最低水平，为每月 40 万～43.9 万福林，较全国平均水平低 28%，这与各省就业结构密切相关（见表 11-6）。进一步考察各省劳动力就业的主要行业，可以看出，以农业就业为主的省份，其失业率较高、平均工资较低，其中，2023 年北部平原地区（Northern Great Plain）近 25.5% 劳

---

　　① 匈牙利中央统计局，https：//www. ksh. hu/labour。

动力就业集中在农业①。

表 11-6 2023 年匈牙利各州劳动力市场主要指标

地区	失业率 （%）	职位空缺率 （%）	就业率 （%）	月平均工资 （万福林）	城市化率 （%）
Budapest	2.3	2.9	70.4	69.67	100.0
Pest	3.4	2.2	67.6	52.10	69.71
Fejér	2.7	3.5	67.1	55.76	59.72
Komárom-Esztergom	2.9	3.4	68.2	57.12	66.61
Veszprém	3.0	2.0	64.4	51.25	60.30
Central Transdanubia	2.9	3.1	66.6	54.90	61.96
Győr-Moson-Sopron	1.8	2.6	70.1	61.77	57.81
Vas	1.8	2.9	63.5	52.17	61.46
Zala	5.3	1.9	62.3	46.08	55.14
Western Transdanubia	2.6	2.5	66.4	55.77	58.11
Baranya	7.6	1.3	60.3	47.95	65.49
Somogy	7.7	2.3	56.7	46.13	51.62
Tolna	8.4	2.2	57.5	52.22	56.27
Southern Transdanubia	7.8	1.8	58.4	48.34	58.19
Borsod-Abaúj-Zemplén	8.5	1.5	59.1	45.99	58.01
Heves	3.4	1.6	61.0	52.71	46.75
Nógrád	10.6	2.4	59.2	43.92	40.11
Northern Hungary	7.5	1.7	59.7	47.56	51.87
Hajdú-Bihar	5.5	1.5	62.5	48.48	80.39
Jász-Nagykun-Szolnok	5.0	2.3	64.6	46.69	72.88
Szabolcs-Szatmár-Bereg	10.8	1.5	59.5	40.80	55.31
Northern Great Plain	7.4	1.7	61.9	45.27	69.17
Bács-Kiskun	4.7	1.6	63.7	48.84	68.14
Békés	6.7	1.7	58.0	42.99	77.21
Csongrád-Csanád	4.2	1.5	63.6	49.02	75.12
Southern Great Plain	5.0	1.6	62.2	47.47	72.77
Total	4.6	2.4	64.6	57.12	70.22

注：失业率为 2024 年第一季度数据，失业率与就业率数据为 15~74 年龄段。

资料来源：匈牙利中央统计局，https://www.ksh.hu/regional-data。

---

① 作者依据 https://www.ksh.hu/regional-data 相关数据计算整理。

三、研发投入

一个国家技术创新的源泉主要来自企业，但从自主创新能力看，匈牙利企业与欧美发达国家相比，在创新理念和创新意识上仍存在较大差距。与欧盟其他国家相比，2021 年匈牙利 R&D 支出总额占 GDP 的 1.64%，尽管仍低于 EU-27 国 2.24% 的水平，但二者间差距自 2011 年起逐年缩小，受政府预算决策影响，2022 年该比例下降至 1.39%，低于 2018 年 1.51% 的水平。国内 R&D 总支出中，各部门支出并不平衡，企业支出接近 3/4，占 GDP 的 1.0%，较 2011 年水平提高 35%。2011~2021 年，匈牙利企业研发支出连年提高，2021 年企业研发支出占比达到最高点 1.24%，2022 年略有下降，同期，政府部门和高等教育部门研发支出占比稳中有降，由 2011 年占 GDP 比重的 0.19% 和 0.24%，分别下降到 2022 年的 0.17% 和 0.21%（见图 11-12）。

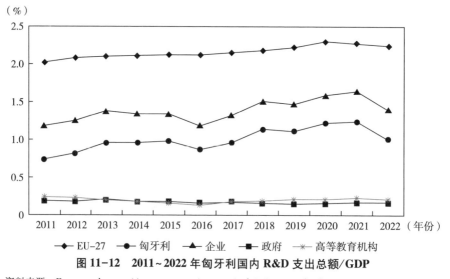

图 11-12　2011~2022 年匈牙利国内 R&D 支出总额/GDP

资料来源：Eurostat，https：//ec. europa. eu/eurostat/web/science-technology-innovation/database。

2011 年，匈牙利每百万居民在欧洲专利局（EPO）的申请量仅为 9.6 项专利，随着企业部门加大研发投入力度，2021 年全年专利申请量由 2011 年的 96 项增加到 119 项，2023 年每百万居民专利申请量为 11.3 项，较 10 年前增长 17%，但仍远低于欧盟平均水平（每百万居民 152.8 项)①。从研发支出总量和人员地

---

① 作者依据欧盟统计局相关数据计算，https：//ec. europa. eu/eurostat/web/main/data/database。

区分布来看，首都布达佩斯均占有绝对优势地位，如表 11-7 所示，2021 年布达佩斯全年 R&D 支出总额 15.58 亿欧元，研发人员数量达到 5.2 万人，分别占全国研发支出与人员总量的 61.5% 和 57.3%，其次为多瑙河中部地区（Közép-Dunántúl），两个指标分别占全国 7.8% 和 5.7%。从企业人均 R&D 支出来看，首都布达佩斯远高于其他地区，其中，多瑙河南部（Dél-Dunántúl）企业人均支出不足 55 欧元，仅为布达佩斯人均 R&D 支出的 7.7%，但当地高等教育部门的研发支出在一定程度上弥补了企业支出的不足，高校人均 R&D 支出 37.9 欧元，高于全国平均水平。在企业创新能力不足的情况下，更加凸显大学作为创新源泉的地位，2023 年全球创新指数（GII）显示，匈牙利大学与产业部门 R&D 合作得分为 49[①]，132 个国家（地区）排名中，该指标排在第 52 位，合作紧密程度好于波兰，但仍落后于匈牙利总体创新指数第 35 位的排名[②]。因此，匈牙利创新绩效落后的地区应进一步加强与大学及科研机构的合作，提升自身创新实力，加速科研成果的商业转化。

表 11-7　2021 年匈牙利各地区 R&D 支出与人员情况比较

地区	R&D 支出（亿欧元）	人均 R&D 支出（欧元）			R&D 人员	
		企业	政府	高等教育	数量（人）	占比（%）
Budapest	15.58	708.8	111.2	83.5	52062	5.78
Pest	1.06	70.7	0.6	9.7	4709	0.69
Közép-Dunántúl	1.97	156.8	12.9	15.9	5165	0.96
Nyugat-Dunántúl	1.62	133.2	11.9	17.7	4768	0.93
Dél-Dunántúl	0.81	54.9	0.2	37.9	5233	1.32
Észak-Magyarország	0.79	57.4	0.3	13.3	3487	0.68
Észak-Alföld	1.42	58.7	5.1	35.0	6962	1
Dél-Alföld	1.92	82.2	26.3	48.7	8494	1.41
匈牙利	25.31	196.3	26.5	35.8	90880	1.92

资料来源：Eurostat，https://ec.europa.eu/eurostat/web/main/data/database。

[①]　该指标依据对以下问题的调研统计得分情况，大学—产业 R&D 合作提问"在你的国家，大学与企业之间 R&D 合作程度如何"，1=根本不合作，7=广泛合作。

[②]　WIPO：Global Innovation Index 2023，https://www.wipo.int/global_innovation_index/en/.

第十二章

捷克投资体系研究

第一节　捷克利用外资概况

一、吸引外资总体趋势分析

全球金融危机发生前，2005～2008 年捷克吸引的外商投资额呈下降趋势，从 2005 年的 116.5 亿美元下降至 2008 年的 64.5 亿美元，此后，受金融危机影响，吸引外资总量进一步下降，2009 年仅有 29.3 亿美元。伴随着欧洲债务危机的影响，外资流入震荡下行，2012 年全年捷克吸引外资总额达 79.8 亿美元后，2015 年流入捷克 FDI 规模再次骤降，全年 FDI 净流入仅有 4.65 亿美元。随后外商投资加速反弹，即使疫情期间，其吸引外商投资仅小幅下降，2022 年全年吸引外资总额达 98.5 亿美元（见图 12-1）。截至 2022 年底，捷克累计吸引外资总额达 2088.2 亿美元，其中 2016～2022 年流入的资金占总额的 33%。外商投资存量占 GDP 比重自 2012 年达到 44.4% 后，呈现下降趋势，尽管如此，与捷克对外直接投资相比，捷克的 FDI 仍以外资流入为主，2015 年捷克吸引外商投资额占流入 OECD 国家外资总额的 0.7%，这一比例接近其 GDP 占比（0.4%）的 2 倍，截至 2022 年底，捷克累计对外投资额仅为 573.9 亿美元。2013 年，私营部门（农业和金融业除外）就业中外资企业就业所占比重达到 27%，部门增加值占比达到 42%，此外，按增加值计算，出口对当年 GDP 贡献接近 46%，这在很大程度反映出外商投资企业及其更高的进出口密集度有利于捷克进一步融入全球价值链①。

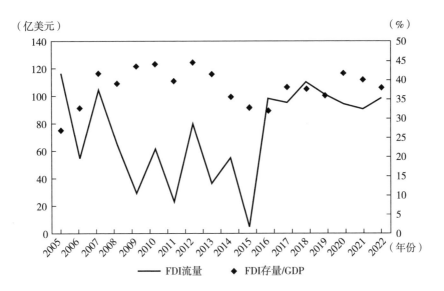

图 12-1　2005～2022 年捷克吸引外资流入金额

资料来源：UNCTAD：World Investment Report 2023，https：//unctad.org/topic/investment/world-invest-ment-report。

二、外商投资的行业分布

目前，金融保险服务业是捷克吸引外商直接投资最多的产业，2008～2022 年，吸引了超过 330 亿美元的外商投资，高达同一时期流入捷克外资总额的 31.4%。截至 2022 年底，金融保险服务业外商投资存量达 777.4 亿美元，居于引资规模首位，分别占外商投资总额和服务业引资总额的 37.2% 和 54.9%，同期，服务业吸引外商投资 1415.4 亿美元，占比由 2008 年的 54.4% 升至 67.8%。其中，房地产业为服务业中引资规模仅次于金融保险的行业，该行业累计吸引外资 218 亿美元，占同期服务业引资总额的 15.4%。批发零售贸易与修理和专业技术服务业分别以累计 165.9 亿美元和 107.6 亿美元位居服务业吸引外资第三、第四

---

① OECD：Trade Investment Statistical Country Note（Czech Republic），2017.

的行业，占捷克服务业引资总额分别为 11.7% 和 7.6%（见图 12-2）。捷克吸引外资规模居第二位的行业为制造业，其中，金属和机械设备制造为制造业中引资最多的行业，该行业累计吸引外资 160.1 亿美元，占同期制造业引资总额的 30.4%。机动车、拖车制造业以 132.1 亿美元位居制造业吸引外资第二的行业，占捷克制造业引资总额的 25.1%。

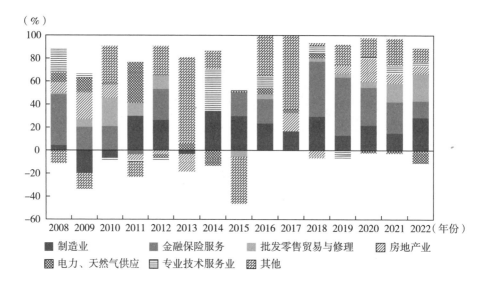

图 12-2　2008~2022 年捷克外资流入部门分布

资料来源：OECD（2024）FDI flows indicator, https：//data.oecd.org/fdi/fdi-flows.htm。

三、外商投资方式选择

2005~2008 年，捷克并购投资交易规模大幅下降，绿地投资规模于 2006 年达到峰值 68.9 亿美元，而同期企业并购资金为 11.3 亿美元，远低于绿地投资规模。此后，尽管并购交易数量逐年上升（2005 年 29 件升至 2008 年 73 件），其交易金额却几乎可以忽略不计，2008 年并购交易额仅为 2.76 亿美元，绿地投资已取代并购交易成为投资者主要投资方式。2011 年至今，捷克绿地投资规模呈现稳中有降的下降趋势，2022 年投资额降至 21.7 亿美元，较上年下降 37.4%，此外，2019~2020 年连续两年捷克企业海外并购额远超境内并购金额，差值分别达 6.5 亿美元和 4.4 亿美元（见图 12-3）。

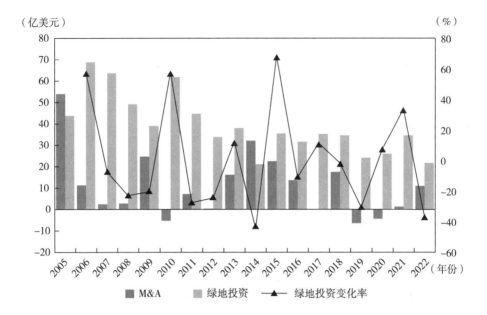

图 12-3 2005~2022 年捷克外商绿地与并购投资额

资料来源：UNCTAD：World Investment Report 2023，https：//unctad. org/topic/investment/world-invest-ment-report。

四、外商投资来源国分布

如图 12-4 所示，总体而言，捷克外商投资主要来自于欧盟成员国。欧盟 15 国累计投资 1099. 3 亿美元，占 FDI 流入总额的 52. 6%，欧盟的 11 个中东欧地区成员国共投入 102. 6 亿美元，占比 4. 9%①。与 10 年前相比，欧洲以外国家（地区）对捷克的投资规模及其所占比重显著提高，截至 2013 年底，捷克吸引的外商投资中来自欧盟 15 国和中东欧国家的投资占比分别达到 77. 9% 和 9. 2%。其他发达国家中，美国是捷克在欧洲之外的最大外商投资来源国，约占总投资额的 5. 1%，日本和韩国分别占比 2. 2% 和 1. 5%。就单个国家而言，德国是捷克 FDI 的最大来源国，1993~2022 年共计 447. 1 亿美元流向捷克，其他排名前五的国家分别为奥地利（164. 96 亿美元）、法国（121. 7 亿美元）、瑞士（101. 5 亿美元）、

---

① EU-15 包括荷兰、比利时、卢森堡、法国、意大利、德国、爱尔兰、英国、丹麦、希腊、葡萄牙、西班牙、奥地利、芬兰及瑞典；EU-CEE 包括匈牙利、塞浦路斯、爱沙尼亚、波兰、拉脱维亚、立陶宛、保加利亚、罗马尼亚、斯洛伐克、斯洛文尼亚和克罗地亚。

英国（88.6亿美元）和意大利（69.3亿美元），以上六国投资额占同一时期引资总量的47.6%[①]。中国是捷克全球第二大贸易伙伴，捷克是中国在东欧地区的第二大贸易伙伴，目前，中国对捷克投资存量为9.7亿美元，在捷克中资企业涉及制造、信息通信、金融、交通运输和仓储、体育、商业服务、科研、批发零售等多个行业领域。

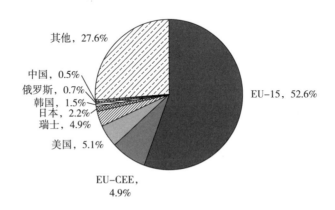

图12-4　截至2022年底捷克吸引外商投资累计额国别分布

资料来源：OECD（2024）FDI flows indicator，https：//data.oecd.org/fdi/fdi-flows.htm。

第二节　商业与政策环境

近年来，面对国际形势的快速变化和地缘政治风险的增加，各国政府加强了对关键行业外商投资的监管，更加重视外国直接投资对国家安全、经济安全以及公共秩序的影响。在此背景下，捷克也在不断强化其对外资的监管措施。2021年5月1日，捷克《外国投资审查法案》（Bill on Screening of Foreign Investments）正式生效，该法案的主要目的是阻止有风险的外国投资进入捷克特定行业领域以及收购具有战略意义的项目，如电站、机场、军工企业等[②]。为应对不

[①]　作者依据OECD（2024）FDI flows indicator数据计算。

[②]　Ministry of Industry and Trade，https：//www.mpo.cz/en/foreign-trade/investment-screening/.

断变化的国际环境和日益增长的经济安全需求，欧盟委员会于 2024 年 1 月 24 日发布了"欧洲经济安全一揽子计划"（European Economic Security Package），对"欧盟外国直接投资审查条例"提出了以下修订提案：第一，确保所有成员国都建立有效的审查机制，促进与国内相关规则协调一致性；第二，明确规定所有成员国必须审查外国直接投资涉及的最小行业领域范畴，确保关键领域的安全；第三，欧盟将审查对象扩大到那些虽然是欧盟企业，但其最终控制权属于非欧盟的个人或企业所进行的投资。随着欧盟外商投资审查条例的修订和强化，中国投资者在欧洲的投资活动，特别是在太阳能、风能、新能源汽车、半导体、电池和储能等关键领域，将面临更多的审查和监管。"修订条例"实施后可能会影响到中资企业对欧投资的确定性、交易时间安排以及所需提交信息的详细程度等。

一、外商投资限制大幅改善，仅保留部分股权限制

2020 年捷克外商投资限制指数为 0.01，自 2011 年至今保持不变，较 1997 年的 0.046 大幅下降（见图 12-5）。从具体指标来看，捷克已完全取消歧视性筛选机制和对核心外国雇员的限制，两项指标值为 0，但对外商投资仍存在一定的股权限制，该指标值为 0.003。2023 年 12 月捷克工业贸易部（Ministry of Industry and Trade，MoIT）发布的第二期《外国直接投资审查年度报告》显示，2022 年全年工业贸易部共受理 13 笔交易审查申请，较 2021 年增加 5 笔，其中包

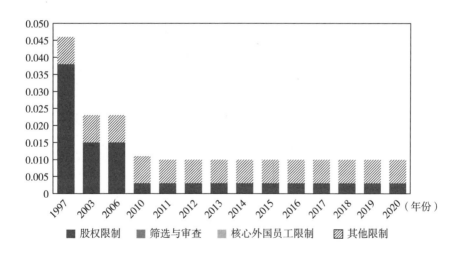

图 12-5 捷克外商投资限制指数及其构成

资料来源：https：//www.oecd.org/investment/fdiindex.htm。

括了外国投资者自主提起的申报和审查机构依职权进行的审查。在这些提起审查申请的交易中，大约46%（6/13）的交易接受了正式审查，已审查完毕的8笔交易中，5笔交易获得无条件批准，3笔被当事人撤回。审查涵盖的主要行业包括信息通信技术（ICT）、电气工程、医疗、制造业、核能、化学工业和服务业等①。

二、部分行业取消投资限制，航空运输业限制最为严格

根据OECD发布的最新数据，2020年捷克各行业外商投资限制指数如图12-6所示，其中，航空运输业投资限制指数最高达到0.225，其次为运输业和农林业，分别为0.075和0.050。目前，捷克在食品加工、运输设备制造、批发零售、酒店餐饮、会计审计、广播电视等领域的投资限制最少，开放程度最高，限制指数为0。2023年1月，捷克版《马格尼茨基法案》（the Czech Magnitsky Act）正式生效，该法案授权捷克当局根据捷克共和国的安全利益指定被制裁的个人并实施各种制裁，该法案一项新工具是将制裁扩大到公开招标，受制裁者可能会被完全禁止参加公开招标，招标人在意识到承包商是受制裁者后可能会终止或退出合同②。

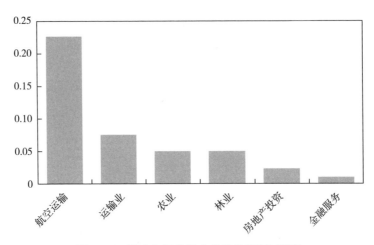

图12-6　捷克各细分行业外商投资限制指数

资料来源：https：//www.oecd.org/investment/fdiindex.htm。

---

① Ministry of Industry and Trade：2022 Annual Report on Foreign Investments Screening in the Czech Republic，https：//www.mpo.gov.cz/en/foreign-trade/investment-screening/.

② 资料来源：对外投资合作国别（地区）指南——捷克（2023年版）。

三、首都地区竞争力显著强于其他地区

根据 2023 年 5 月发布的 RCI 指数显示，捷克首都布拉格竞争力指数 114.3，在 234 个欧洲次区域中居于第 46 位，其排名显著高于捷克其他地区，此外，属于欠发达地区（LD）的摩拉维亚—西里西亚州（Moravskoslezsko）竞争力超过转型地区东北波希米亚州（Severovýchod）、中部摩拉维亚（Střední Morava）和其他地区[①]，数据详情如表 12-1 所示。对比各地区的二级指标显示，市场规模、商业成熟度和创新指标在发达地区与欠发达地区之间的差距最大。市场规模差距主要来源于各地区人均可支配收入与人口规模的差异，如 2022 年 Liberecký（位于东北波希米亚州）和 Karlovarský（西波希米亚州）地区人均可支配收入分别为 12014 欧元和 12077 欧元，同年布拉格地区的人均可支配收入达到 17231 欧元，分别较前者高出 43.41% 和 42.7%。此外，商业成熟度的差距主要反映各地区中小企业参与合作创新、进行组织创新活动占比的差异，如布拉格地区作为"创新领导者（Innovation Leader）"以上两项创新得分为 0.722 和 1.0，而 Severozápad 以上两项指标得分仅为 0.504 和 0.717[②]。各地区专利申请量、人均科技论文出版量、技术密集型行业就业的占比与研发支出占 GDP 比重等指标差异导致其创新层面的差距扩大，2022 年，布拉格地区申请专利总数 137 件，占全国专利申请总数的 27.1%，拥有 R&D 人员 3.15 万人，当年研发支出 517.4 亿克朗，分别占全国研发人员和研发支出总数的 36.6%、38.8%，研发支出占 GDP 比重 2.7%，远高于全国平均水平 2.0%[③]。

四、外商投资优惠政策

1998~2023 年，捷克实际授权 1327 份投资激励申请，投资者投资总额超过 346.3 亿欧元，共创造 20.4 万个新的工作岗位。为加速结构优化和调整，鼓励经济创新与发展，捷克政府确立了重点支持的投资领域和优先发展行业，并鼓励内外资进入这些产业。重点支持领域主要包括制造业、技术中心和商业支持服务中

---

① 区域竞争力报告将人均 GDP 高于欧盟平均水平 100% 的区域定义为较发达地区（More Developed Regions，MD），人均 GDP 介于欧盟平均水平 75%~100% 的区域定义为转型地区（Transition Regions，TR），人均 GDP 低于欧盟平均水平 75% 的区域定义为欠发达地区（Less Developed Regions，LD）。

② European Commission：Regional Innovation Scoreboard 2023，https：//research-and-innovation. ec. europa. eu/statistics/performance-indicators/regional-innovation-scoreboard_en。

③ 捷克统计局，https：//www. czso. cz/csu/czso/regional-yearbooks。

表 12-1 捷克区域竞争力指数及排名

地区	RCI指数	排名	发展阶段	基础	制度	宏观经济	基础设施	健康	基础教育	效率	高等教育	劳动市场效率	市场规模	创新	技术就绪度	商业成熟度	创新
Prague and its commuting zone	114.3	46	MD	104.2	95.2	108.4	105.6	100.1	110.6	117.1	123.4	116.6	106.7	122.4	116.7	125.0	127.1
Jihovýchod	98.8	113	TR	97.9	93.5	108.4	75.0	96.1	110.6	98.3	106.4	109.9	59.4	100.8	115.2	90.8	92.6
Moravskoslezsko	96.8	118	LD	93.9	90.4	108.4	68.5	86.4	110.6	98.3	103.7	104.8	74.9	90.9	113.3	76.7	76.4
Severovýchod	95.7	123	TR	95.3	96.3	108.4	60.1	93.4	110.6	96.5	99.9	110.9	60.1	93.7	111.8	77.4	87.2
Střední Morava	95.5	124	TR	94.5	91.4	108.4	61.4	92.8	110.6	97.9	106.6	109.1	58.6	90.7	113.0	74.2	79.0
Jihozápad	93.0	131	TR	93.4	90.5	108.4	59.8	89.9	110.6	93.7	95.9	111.6	51.5	90.7	113.1	69.2	84.2
Severozápad	86.6	154	LD	91.5	81.8	108.4	75.4	78.0	110.6	83.9	73.2	100.5	67.6	78.7	112.1	65.7	48.6

资料来源：EU Regional Competitiveness Index 2.0 2022 edition，2023 年 5 月。

心，具体包括信息和通信技术、工程机械、高技术制造业（电子、微电子、航空航天、高端设备制造、高技术汽车制造、生命科学、制药、生物技术和医疗设备等）、商业支持服务（软件开发中心、专家解决方案中心、地区总部、客户联系中心、高技术维修中心和共享服务中心等）、技术（设计）中心（创新活动、应用研发等）。2024 年 1 月，《投资激励法》修正案（Act No. 426/2023，Amendment to the Act on Investment Incentives）正式实施，此次修正案主要调整了审批权限，将申请投资激励的项目分为战略性和非战略性两类，战略性投资项目的激励措施继续由捷克政府负责审批，而非战略性投资项目的激励措施将由工贸部会同其他相关部门，特别是财政部负责审批。

（一）制造业优惠政策

《投资激励法》修正案实施后，捷克政府加大了对战略性投资的支持，除税收减免外，还可获得政府补贴，在经济欠发达地区，此项补贴最高可达总投资的40%。此外，投资重点关注能源领域，更有针对性地支持为实现捷克经济和能源自给自足的战略性投资项目，并鼓励高附加值投资，兼顾地区平衡。目前捷克国内的企业所得税率为19%，满足投资激励条件的企业最高可享受 10 年期的企业所得税减免，对于医疗产品和芯片制造业高附加值投资，即企业所有员工平均工资高于投资所在地的地区平均工资，而且雇员中 3% 为研发人员，或者 10% 的合格费用用于机械设备研发，则企业可额外获得最高达 20% 的资本投资成本的现金补贴，具体申请条件和激励措施如表 12-2 所示。

（二）技术中心和商务支持服务中心优惠政策

捷克政府针对技术中心和商务支持服务中心等重点行业提供各类型补贴，但要求企业进行投资前应先向商业投资发展局（Business and Investment Development Agency）提交申请。各类现金补贴额度取决于投资企业规模、金额与新增就业数量，如投资技术研发中心的大型企业投资额至少为 1000 万克朗，同时需要创造超过 20 个新工作岗位，而投资软件开发中心或数据中心的大型企业则仅需满足创造新工作岗位的数量要求，即可获得长达 10 年的企业所得税减免，设立商务支持服务中心（软件开发中心、共享服务中心、高技术维修中心）的小企业可享受远高于同类大企业的资助限额。此外，为鼓励企业对员工进行就业培训，或旨在提供劳动生产率的再培训，政府将给予投资技术中心的企业培训费用 50% ~70% 的现金补贴，具体申请条件和激励措施如表 12-3 所示。

表12-2 捷克制造业投资激励措施及投资合格标准

投资类型	申请条件			激励措施及金额	合格成本	可享受的最高资助额度		
	大企业	中型企业	小企业			大企业	中型企业	小企业
制造业	发达地区 投资额≥4000万克朗 其他地区 投资额≥8000万克朗	发达地区 投资额≥2000万克朗 其他地区 投资额≥4000万克朗	发达地区 投资额≥1000万克朗 其他地区 投资额≥2000万克朗	企业所得税减免长达10年；失业率高于7.5%的地区新增工作岗位，新员工培训可额外获得现金补贴	长期有形和无形资产（如土地、建筑物、新机器等）或新创造的工作岗位员工的24个月的工资总额	合格成本的 20%~40%	合格成本的 30%~50%	合格成本的 40%~60%
制造业	各地区投资至少50%投资额用于购买新技术设备							
制造业	需同时满足高附加值条件：所有员工的平均工资必须高于投资所在地的区域平均工资，且满足以下三项条件之一：①10%的员工具有大学学历，或与R&D机构合作 ②雇员中3%为研发人员 ③10%的合格费用用于机械设备研发							
战略性投资	投资额≥20亿克朗，至少50%投资额用于购买新技术设备，并且创造新工作岗位≥250个							
拥有高技术要求的制造业	发达地区 投资额≥4000万克朗 其他地区 投资额≥8000万克朗	发达地区 投资额≥2000万克朗 其他地区 投资额≥4000万克朗	发达地区 投资额≥1000万克朗 其他地区 投资额≥2000万克朗	企业所得税减免长达10年；失业率高于7.5%的地区新增工作岗位，新员工培训可额外获得现金补贴；最高达20%的资本投资成本的现金补贴				

续表

投资类型	申请条件			激励措施及金额	合格成本	可享受的最高资助额度		
	大企业	中型企业	小企业			大企业	中型企业	小企业
拥有高技术要求的制造业	各地区投资至少50%投资额用于购买新技术设备 需同时满足高附加值条件：所有员工的平均工资必须高于投资所在地的区域平均工资，且2%的合格费用须与R&D机构合作： ①10%的员工具有大学学历 ②雇员中3%为研发人员 ③10%的合格费用用于机械设备研发且利用一项关键技术进行研发			企业所得税减免长达10年；失业率高于7.5%的地区新增工作岗位、新员工培训可额外获得现金补贴；最高达20%的资本投资成本的现金补贴	长期有形和无形资产（如土地、建筑物、新机器等）或新创造的工作岗位员工24个月的工资总额	合格成本的20%~40%	合格成本的30%~50%	合格成本的40%~60%
医疗产品	发达地区投资额≥4000万克朗 其他地区投资额≥8000万克朗	发达地区投资额≥2000万克朗 其他地区投资额≥4000万克朗	发达地区投资额≥1000万克朗 其他地区投资额≥2000万克朗					
芯片制造 电动汽车 节能	各地区投资至少50%投资额用于购买新技术设备							

注：可享受最高补贴地区是指除首都布拉格之外的其他地区。

资料来源：捷克投资发展局，https://www.czechinvest.org/en/For-Investors/Investment-Incentives。

表12-3 捷克技术中心和商务支持服务中心投资激励措施及投资合格标准

投资类型	申请条件			激励措施及金额			合格成本	可享受的最高资助额度		
	大企业	中型企业	小企业	大企业	中型企业	小企业	长期有形和无形资产（如土地、建筑物、新机器等）或新创造的员工岗位24个月的工资总额	大企业	中型企业	小企业
技术中心（R&D）	①投资额≥1000万克朗，且不低于500万克朗投资于新技术设备 ②同时创造至少20个新的就业机会	①投资额≥500万克朗，且不低于250万克朗投资于新技术设备 ②同时创造至少10个新的就业机会	①投资额≥250万克朗，且不低于125万克朗投资于新技术设备 ②同时创造至少10个新的就业机会	可享受员工培训成本50%的现金补贴 ①企业所得税减免长达10年 ②每一新创造就业机会补贴20万克朗	可享受员工培训成本60%的训成本的现金补贴	可享受员工培训成本70%的训成本的现金补贴		合格成本的20%~40%	合格成本的30%~50%	合格成本的40%~60%
战略技术中心（R&D）	投资额≥2亿克朗，且不低于1亿投资于新技术设备，同时创造≥100个新的就业机会 新工作岗位：①软件开发中心≥20个 ②高技术维修中心≥50个 ③共享服务中心≥70个 要求客户覆盖三个或三个以上国家（地区）	新工作岗位：①软件开发中心≥10个 ②高技术维修中心≥25个 ③共享服务中心≥35个	新工作岗位：①软件开发中心、数据中心≥10个 ②高技术维修中心≥25个 ③共享服务中心≥35个 要求客户覆盖三个或三个以上国家（地区）	可享受员工培训成本50%的现金补贴 ①企业所得税减免长达10年 ②新创造就业机会补贴20万克朗 ③最高达20%资本投资成本的现金补贴，最多不超过5亿克朗	可享受员工培训成本60%的现金补贴	可享受员工培训成本70%的现金补贴				
商务支持服务中心	投资额≥2亿克朗，且不低于1亿投资于新技术设备，同时创造≥100个新的就业机会 要求客户覆盖三个或三个以上国家（地区）			企业所得税减免10年						
战略性高技术维修中心	投资额≥2亿克朗，且不低于1亿投资于新技术设备，同时创造≥100个新的就业机会 要求客户覆盖三个或三个以上国家（地区）			①企业所得税减免10年 ②最高达20%资本投资成本的现金补贴，最多超过5亿克朗						

注：可享受最高补贴地区是指除首都布拉格之外的其他地区。

资料来源：捷克投资发展局，https://www.czechinvest.org/en/For-Investors/Investment-Incentives。

（三）欧盟结构基金

2021~2027 年欧盟借助交通、区域融合、环境、"就业+"和渔业等九大国家操作计划（National Operational Program，OP）向捷克提供 210.84 亿欧元的资金，其中，交通计划和区域融合计划分别拟投入 48.5 亿欧元和 46.3 亿欧元，二者合计占总投入的 45.2%，用以改善公路和铁路基础设施和区域互联互通，提升教育设施质量，确保区域可持续发展来促进区域平衡发展。为提高产品和服务附加值，通过数字化转型提升企业竞争力，技术与应用计划（OP Technologies and Application for Competitiveness）将投入 31.4 亿欧元，另有扬·阿姆斯·夸美纽斯计划（OP Johannes Amos Comenius）旨在加大教育和科学研究支持力度，提升研发能力，同时通过教育工作者的培训提高教育质量，缩小教育差距。此外，环境计划拟投入 25.1 亿欧元，用于保护自然景观、提升空气质量，进行抗旱管理、防洪和预防山体滑坡，并提高能源效率和节能效果，就业+计划（OP Employment+）则致力于通过简化行政流程，促进劳动力市场制度的现代化，提升劳动力流动性，以实现就业机会平等（见图 12-7）①。

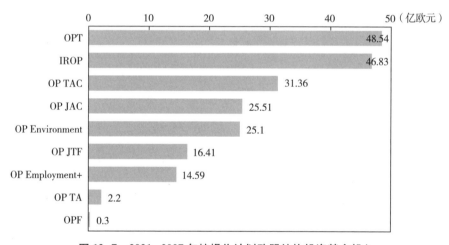

图 12-7　2021~2027 年按操作计划欧盟结构投资基金投入

资料来源：Ministry of Regional Development，Měsíční informace o implementaci fondů EU（2021-2027），https：//www.dotaceeu.cz/cs/statistiky-a-analyzy/statistika-cerpani-fondu-eu-2021-2027。

（四）产业园区政策

捷克已建成 109 个工业园区，其中包括 6 个国家战略工业园。国家补贴额超

---

① https：//www.dotaceeu.cz/en/evropske-fondy-v-cr/kohezni-politika-po-roce-2020/programy.

过 100 亿克朗（约 5 亿美元），园区入驻率达 70%。工业园区共有 606 家企业入驻，投资总额达 2100 亿克朗（约 122 亿美元），解决就业约 10.3 万人。目前，捷克政府重点推广的国家战略工业园区主要包括：豪乐秀夫工业园（Holešov）、奥斯特拉瓦—莫斯诺夫工业园（Ostrava Mošnov）、三角工业园（Triangle）、约瑟夫工业园及科林—奥夫卡里工业园、诺莎维采工业园（全部由韩国现代公司入驻）六大园区。工业园区投资者除能享受《投资鼓励法》优惠政策和欧盟结构基金各项援助计划外，2015 年 5 月起，企业在特别工业园区还可免除 5 年不动产税并享受每个新增就业岗位 30 万克朗的补助。同时，企业还可获得工业园区及其所在地的地方政府提供的各种优惠措施，如基础设施配套、交通设施便利、全程跟踪式投资服务、土地优惠及特殊就业补贴等。另外，政府还对建立科技园区提供总金额 50% 的补贴，提供科技园区 50% 的建设经费①。三角工业园是在原有废弃的军用机场上重建的，主要目标是为北波希米亚州煤炭产区转型创造就业机会，截至 2023 年底，园区内共有企业 14 家，创造就业岗位 4913 个，雇员数量排名前五位企业分别为耐克森轮胎（韩国，1141 人）、海斯坦普（西班牙，1013）、格拉默（德国，760 人）、日立安斯泰莫株式会社（日本，550 人）和延锋国际（中国，520 人），以上 5 家企业均为汽车及其零部件、金属组件设计与制造企业，雇员人数占园区总数的 81.1%②。

第三节　经济环境

一、主要宏观经济指标变化趋势

捷克出口主要依赖制造业部门，如汽车、电力设备和机械，这些部门对商业附加值和就业的贡献达 12%~15%，但周期敏感性较高，全球衰退对制造业和资本商品部门的负面冲击最大，因此，以制造业为基础的出口部门遭受重大打击，2009 年捷克 GDP 陷入 4.8% 的负增长。失业率由危机前 4.4% 增至 7.3%（2010

---

① 资料来源：对外投资合作国别（地区）指南——捷克（2023 年版）。

② 作者依据园区相关资料整理，https：//www.industrialzonetriangle.com/en/the－information－about－the－zone/hr。

年），并维持在 7%。尽管与其他中东欧国家相比，平均 7% 的失业率并不算高，但各区域产业结构及发展水平的差异，导致危机的冲击并不均衡，个别地区失业率超过 11%，如卡罗维发利州（Karlovarský）11.7%、乌斯季州（Ústecký）11.6%、摩拉维亚—西里西亚州（Moravskoslezský）12.1%[①]。因此，为降低失业率，捷克政府针对高失业地区的投资，提供额度更高的补贴及税收减免优惠。直到 2015 年捷克经济增长才恢复到危机前水平（5.5%）。尽管受新冠疫情影响，2020 年捷克经济再次负增长 5.5%，但随即于 2021 年经济即再次复苏，增长率达到 3.6%，2012~2023 年，捷克 GDP 年均增长率达到 5.9%。图 12-8 显示，与欧盟 27 国平均增长率相比，疫情发生前捷克 GDP 增长率高于平均水平，而疫情后至今则低于欧盟平均水平，而且 2023 年捷克经济再次负增长 0.3% 后，2024 年第一季度经济出现复苏迹象，GDP 增长率为 0.4%，此外，同期捷克人均 GDP 呈现明显的增长态势，以当年价格计，2023 年捷克人均 GDP 达到 28580 欧元，较 2012 年几乎翻了一番，与欧盟 27 国平均水平相比，捷克人均 GDP 从平均水平的 60% 上涨至接近欧盟平均水平的 76%，二者间差距进一步缩小，出现赶超趋势（见表 12-4）。

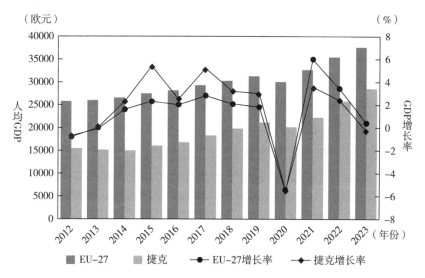

图 12-8　2012~2023 年捷克人均 GDP 与实际 GDP 增长率比较

资料来源：Eurostat，https://ec.europa.eu/eurostat/web/national-accounts/database。

[①]　捷克统计局，Statistical Yearbook of the Czech Republic 2015。

2023 年 3 月，捷克整体通胀率达到顶峰 16.4%，在住宿餐饮（Restaurants and Hotels）服务的推动下，6 月通胀率仍高达 15.1%，此后，由于食品价格增速的放缓和能源价格正常化，如 2023 年第四季度天然气价格较上季度下降 4.8%，捷克国内通胀压力进一步缓解，导致通胀率逐月下降，2023 年 12 月整体通胀率降至 10.7%（见表 12-4），2024 年伊始，食品饮料类价格持续下降，面包麦片、肉类和食用糖的价格分别下降 3.3%、3.7% 和 7.5%，4 月通胀率进一步下降至 6.3%，但同期水、电和天然气价格同比上涨 10.9%、13.1% 和 3.3%，对消费者物价水平形成上涨压力①。

表 12-4 2013~2023 年捷克 GDP 及其增长率指标

指标 \ 年份	2013	2014	2015	2016	2017	2018	2019	2020	2021	2022	2023
GDP（亿欧元）	1594.6	1578.2	1695.6	1774.4	1941.3	2109.7	2256.1	2158.1	2382.5	2762.7	3059.7
人均 GDP（欧元）	15170	15000	16080	16790	18330	19850	21150	20170	22270	25850	28580
GDP 增长率（%）	0.0	2.3	5.4	2.5	5.2	3.2	3.0	-5.5	3.6	2.4	-0.3
通胀率（%）	1.4	0.4	0.3	0.7	2.5	2.1	2.8	3.2	3.8	15.1	10.7

注：通胀率未经季节性调整，上年 = 100%。

资料来源：各变量数据来自欧盟统计局，其中，通胀率数据来自捷克统计局，https：//www.czso.cz/csu/czso/inflation_rate。

捷克国土面积 7.89 万平方千米，截至 2023 年底，捷克人口 1090 万，劳动力占总人口比重约为 51%，其中，大专及大学学历劳动力占比 6.74%，硕士以上学历劳动力占比 18.73%。人口分布多集中在布拉格、布尔诺、俄斯特拉发、比尔森、利贝雷茨和奥洛穆茨等城市，其中，布拉格人口达到 135.7 万，占全国总人口 12.9%。捷克全国共划分为 14 个州级行政区，其中包括 13 个州和首都布拉格市，下属 114 个市，首都布拉格是全国最大的城市和欧盟第 14 大城市，位于中波希米亚州、伏尔塔瓦河流域，同时也是全国最大的经济中心和科研中心②。如表 12-5 所示，各地区经济发展和增长情况差异较大，2022 年首都布拉格（Prague）产值占捷克 GDP 超过 1/4，其次为中波希米亚州（Central Bohemia Region）、南摩拉维亚州（South Moravian Region）和摩拉维亚—西里西亚州

---

① https：//www.czso.cz/csu/czso/inflation_rate.
② 资料来源：对外投资合作国别（地区）指南——捷克（2023 年版）。

（Moravian-Silesian Region），各占捷克国内生产总值的 11.43%、10.98% 和 8.81%，以上四个地区经济产值合计接近捷克总产值的 60%，地区总人口约 510.48 万，占捷克总人口的 47.8%[①]。2022 年，首都布拉格人均 GDP 高达 145.4 万克朗，超过全国平均水平的 2 倍，另外，除南摩拉维亚州（98.4%）接近全国平均水平外，其余各州人均 GDP 均远低于全国均值，其中，卡罗维发利州不足全国平均水平的 60%。此外，从人均雇员增加值指标来看，布拉格该指标值达到 220.3 万克朗，显著高于捷克平均水平 130 万克朗，以上各地区经济发展及增加值差异与当地人力资本、资源禀赋和优势产业的发展密切相关。

表 12-5　2022 年捷克各地区 GDP 及增加值比较

地区	GDP（亿克朗）	GDP 占比（%）	GDP 增长率（%）	人均 GDP（万克朗）	人均 GDP/ 全国平均	GVA/雇员（万克朗）
Prague	19263.2	28.38	2.3	145.36	228.9	220.34
Central Bohemia Region	7756.8	11.43	7.8	55.76	87.8	134.65
South Bohemia Region	3090.1	4.55	−1.2	48.05	75.7	101.38
Plzen Region	3266.7	4.81	1.0	55.35	87.2	110.24
Karlovy Vary Region	1110.2	1.64	−0.1	37.79	59.5	85.36
Usti Region	3607.3	5.32	0.4	44.07	69.4	100.82
Liberec Region	2026.4	2.99	1.6	45.77	72.1	100.84
Hradec Kralove Region	2992.5	4.41	0.7	54.31	85.5	116.98
Pardubice Region	2682.9	3.95	5.3	51.32	80.8	106.60
Vysocina Region	2415.6	3.56	−3.5	47.43	74.7	98.04
South Moravian Region	7451.9	10.98	2.6	62.48	98.4	124.35
Olomouc Region	3178.9	4.68	1.4	50.37	79.3	108.48
Zlin Region	3048.3	4.49	0.2	52.49	82.7	110.74
Moravian-Silesian Region	5976.7	8.81	3.5	49.98	78.7	106.31
捷克	67867.4	100.00	2.4	63.50	100.0	129.92

资料来源：捷克统计局，https：//www.czso.cz/csu/czso/regional-yearbooks。

---

① 作者依据相关数据计算。

二、劳动力市场活跃程度

相较于其他中东欧国家，捷克劳动参与率较高，2022年达到77.3%，失业率较低，2023年仅为2.6%，较2014年长期失业率已下降14个百分点（见表12-6）。捷克统计局发布数据显示，2020~2023年总人口减少6.6万，截至2022年底，捷克劳动年龄（15~64岁）人口约686.9万人，占人口总数的63.4%，略低于欧盟27国平均水平63.9%，显著低于斯洛伐克（66.6%）和波兰（65.4%）[1]。同期，捷克劳动参与率逐年上升，而失业率自2016年达到6.1%的高点后持续下降，2020~2021年受疫情影响失业率小幅上升至2.8%，2022年失业率触底2.2%后，再次上升，近期捷克失业率呈上升趋势，2024年第一季度失业率较2023年失业率高0.2个百分点，再次达到2.8%[2]，但仍略低于2017年水平（见表12-6）。劳动力长期失业率一改疫情前的下降趋势，正逐年上涨，2023年长期失业占比达到29%，2024年第一季度长期失业人数较上年同期增长1万人，累计达到4.72万人，伴随技术进步与失业时间的延长，劳动力技能与就业岗位匹配困难上升，中长期失业者将更难进行再就业。

表 12-6　2014~2023 年捷克劳动力市场主要指标　　　　单位：%

指标 ＼ 年份	2014	2015	2016	2017	2018	2019	2020	2021	2022	2023
就业/人口	69.0	70.2	72.0	73.6	74.8	75.1	74.4	74.4	75.5	—
劳动参与率	73.5	74.0	75.0	75.9	76.6	76.7	76.4	76.6	77.3	—
失业率	6.1	5.1	4.0	2.9	2.2	2.0	2.6	2.8	2.2	2.6
长期失业率	43.5	47.3	42.1	35.0	30.5	30.0	22.1	27.5	27.6	29.0

注：就业/人口比重、劳动参与率为15~64年龄段人口数据，其他指标为15~74年龄段人口数据。

资料来源：OECD Employment database, https：//stats. oecd. org/Index. aspx？DatasetCode＝LFS＿SEXA-GE＿I＿R#；欧盟统计局，https：//ec. europa. eu/eurostat/web/main/data/database。

历年失业率数据表明，捷克女性与男性失业率存在较为显著的差异，2014~2023年女性失业率均高于男性，但疫情前二者差距呈逐年缩小趋势，2014年女

---

① 捷克统计局，https：//www. czso. cz/csu/czso/population_hd。

② https：//www. czso. cz/csu/czso/ari/employment-and-unemployment-as-measured-by-the-lfs-1-quar-ter-of-2024.

性失业率较男性高 2.3 个百分点，至 2019 年男性与女性失业率分别降至 1.7% 和 2.4%，均为这一期间最低值，且二者之间差距进一步缩小到 0.7 个百分点。但显然疫情对捷克女性就业冲击更为严重，使得女性失业率较男性差距再次扩大化，2023 年女性失业率高于男性失业率 1 个百分点（见图 12-9），但男性就业人口中仅 3.2% 是兼职工作，与此同时，2014 年接近 9.5% 的就业女性仅能从事兼职工作，尽管这一比例在疫情期间呈现下降趋势，但仍显著高于男性，表明更多的女性从业者处于不充分就业状态。最新数据显示，与 2023 年第四季度相比，2024 年第一季度经季节性调整的平均就业人数增加了 15.5 万人，这一变化反映了劳动力人口的大幅增长，其中，主要是来自乌克兰的女性战争难民，表明她们正融入捷克劳动力市场。分行业来看，就业增长集中在服务业中，教育服务、批发零售业与机动车修理业各新增就业 4.34 万人和 2.81 万人[①]。

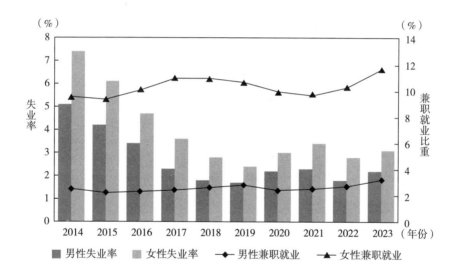

图 12-9　2014~2023 年捷克女性与男性失业率比较

资料来源：Eurostat，https：//ec.europa.eu/eurostat/web/main/data/database。

　　捷克各州劳动力就业与失业情况差异较大，乌斯季州（Ústecký）和摩拉维亚—西里西亚州（Moravskoslezský）的失业率高达 5.66% 和 5.23%，高于全国平均 3.73% 的水平，但劳动部门登记的职位空缺与申请职位人数之比却远低于全国

---

① 捷克统计局，https：//www.czso.cz/csu/czso/employment-unemployment-analyses-commentaries。

平均水平，仅为 0.36 和 0.26，其中，南波希米亚州与全国平均水平持平。另外，卡罗维发利州（Karlovy Vary Region）和帕尔杜比采州（Pardubice Region）的月平均工资处于全国最低水平，仅为每月 3.33 万～3.44 万克朗，较布拉格人均工资水平低 30%，这与各州就业结构密切相关。进一步考察各州劳动力就业的主要行业，可以看出，以制造业和批发零售业就业为主的地区，其失业率较高、平均工资较低，其中，摩拉维亚—西里西亚州和乌斯季州分别 29%、26.8% 的劳动力集中在制造业，而科学技术行业和信息通信就业比重较高的州（Central Bohemia Region，5.44%）则失业率较低且平均工资较高①。

表 12-7 2023 年捷克各州劳动力市场主要指标

地区	失业率（%）	职位空缺/职位申请	就业率（%）	月平均工资（克朗）	农林牧渔（%）	信息通信（%）	金融保险（%）	科学技术（%）
Prague	2.80	2.90	63.3	47092	0.24	10.35	6.45	12.35
Central Bohemia Region	3.17	1.76	60.7	39181	2.25	3.98	2.49	5.44
South Bohemia Region	3.12	0.98	58.2	35200	5.24	1.50	1.12	3.67
Plzen Region	2.90	1.66	60.2	36795	3.42	2.18	1.43	3.64
Karlovy Vary Region	4.38	0.66	58.0	33419	2.37	1.30	0.92	3.05
Usti Region	5.66	0.36	56.2	35601	2.15	1.49	1.56	2.72
Liberec Region	3.93	0.50	56.6	34791	1.34	1.53	0.93	3.91
Hradec Kralove Region	3.19	0.88	57.2	36042	2.82	2.29	2.51	4.22
Pardubice Region	3.10	1.24	57.9	34409	3.31	1.93	1.86	3.20
Vysocina Region	3.05	0.78	58.7	35475	6.89	1.28	1.29	3.27
South Moravian Region	4.37	0.51	58.4	37522	2.13	4.85	2.26	5.36
Olomouc Region	3.81	0.49	56.2	34642	3.90	2.02	1.75	4.18
Zlin Region	2.88	0.74	56.9	34893	2.35	2.40	1.18	3.39
Moravian-Silesian Region	5.23	0.26	56.2	35107	1.79	3.71	1.50	3.15
捷克	3.73	0.97	58.6	38444	2.53	3.77	2.36	5.10

注：失业率和职位相关数据为 2023 年，其余变量数据为 2022 年。

资料来源：捷克统计局，https://www.czso.cz/csu/czso/regional-yearbooks。

---

① 作者依据 https://www.ksh.hu/regional-data 相关数据计算整理。

三、研发投入

2022 年捷克 R&D 支出总额达 54.3 亿欧元，较 2013 年提高了 81.1%，R&D 支出占 GDP 比重从 2011 年的 1.54% 提高到 2022 年的 1.96%，远高于波兰、匈牙利、斯洛伐克等中东欧国家，与欧盟 27 国的差距有所缩小。国内 R&D 总支出中，各部门支出并不平衡，企业支出接近 2/3，占 GDP 的 1.26%，较 2011 年水平提高 50%，企业创新主体的地位开始显现，但目前这一比重仍略低于 EU-27 国的 1.48%。2013~2022 年，捷克企业研发支出连年提高，2022 年企业研发支出达 34.84 亿欧元，年均增长率高达 9%，同期，政府部门和高等教育部门研发支出占 GDP 比重稳中有降，政府部门支出占比由 2011 年的 0.32% 下降到 2022 年的 0.31%，高等教育部门支出占比在 2013 年达到最高点 0.51% 后趋于下降，2022 年占比 0.38%，与 2011 年水平持平（见图 12-10）。

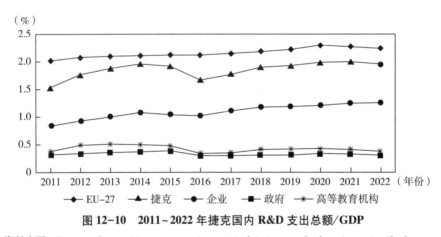

图 12-10　2011~2022 年捷克国内 R&D 支出总额/GDP

资料来源：Eurostat，https://ec.europa.eu/eurostat/web/science-technology-innovation/database。

捷克整体创新绩效明显好于匈牙利等中东欧国家。2011 年，捷克每百万居民在欧洲专利局（EPO）的申请量为 15.4 项专利，随着企业与高等院校加大合作研发力度，2023 年全年专利申请量由 2011 年的 162 项增加到 241 项，2023 年每百万居民专利申请量为 22.3 项，较 10 年前增长 44%，但仍远低于欧盟平均水平（每百万居民 152.8 项)[①]。从研发支出总量和人员地区分布来看，首都布拉

[①]　作者依据欧盟统计局相关数据计算，https://ec.europa.eu/eurostat/web/main/data/database。

格均占有绝对优势地位，如表 12-8 所示，2022 年布拉格全年 R&D 支出总额 517.4 亿克朗，研发人员数量达到 3.15 万人，分别占全国研发支出与人员总量的 38.8% 和 36.6%，其次为南摩拉维亚州两个指标分别占全国的 17.2% 和 20.3%。从企业人均 R&D 支出来看，首都布拉格远高于其他地区，其中，赫拉德茨—克拉洛韦州（Hradec Kralove Region）人均支出不足 5300 克朗，仅为布拉格人均 R&D 支出的 13.6%。从专利申请量来看，2022 年布拉格和南摩拉维亚州均居各州前列，两地区专利申请量分别为 137 件和 65 件，各占全国申请量的 27.0% 和 12.8%。在企业创新能力不足的情况下，更加凸显出大学作为创新源泉的地位，2023 年全球创新指数（Global Innovation Index，GII）显示，捷克大学与产业部门 R&D 合作得分高达 72.4[①]，132 个国家（地区）排名中，该指标排在第 23 位，排名甚至高于捷克总体创新指数第 31 位的排名[②]。因此，捷克创新绩效落后的地区应进一步加强与大学及科研机构的合作，提升自身创新实力，加速科研成果的商业转化。

表 12-8　2022 年捷克各地区 R&D 支出与专利情况比较

地区	R&D 支出 （亿克朗）	人均 R&D 支出 （克朗）	R&D 支出/ GDP（%）	研发人员 占比（%）	专利申请 （件）
Prague	517.4	39040.7	2.7	36.6	137
Central Bohemia Region	176.5	12690.3	2.3	10.0	54
South Bohemia Region	41.2	6409.0	1.3	3.5	40
Plzen Region	61.7	10449.3	1.9	4.6	24
Karlovy Vary Region	3.1	1060.2	0.3	0.3	2
Usti Region	15.0	1830.7	0.4	1.3	18
Liberec Region	36.4	8211.3	1.8	2.6	25
Hradec Kralove Region	29.2	5294.3	1.0	2.7	28
Pardubice Region	37.1	7097.7	1.4	3.1	25
Vysocina Region	15.8	3102.3	0.7	1.3	9

---

① 该指标依据对以下问题的调研统计得分情况，大学—产业 R&D 合作提问"在你的国家，大学与企业之间 R&D 合作程度如何"，1=根本不合作，7=广泛合作。

② WIPO：Global Innovation Index 2023，https://www.wipo.int/global_innovation_index/en/.

续表

地区	R&D 支出（亿克朗）	人均 R&D 支出（克朗）	R&D 支出/GDP（%）	研发人员占比（%）	专利申请（件）
South Moravian Region	229.3	19225.8	3.1	20.3	65
Olomouc Region	58.6	9281.7	1.8	4.4	18
Zlin Region	43.0	7412.4	1.4	3.7	25
Moravian-Silesian Region	68.8	5753.3	1.2	5.5	38
捷克	1333.05	12472.5	2.0	100.0	507

资料来源：捷克统计局，https：//www.czso.cz/csu/czso/regional-yearbooks。

第十三章

斯洛伐克投资体系研究

第一节　斯洛伐克利用外资概况

一、吸引外资总体趋势分析

全球金融危机发生前，2005~2008 年斯洛伐克吸引的外商投资额呈下降趋势，从 2006 年的 58 亿美元下降至 2008 年的 48.7 亿美元，此后，受金融危机影响，吸引外资总量骤降，2009 年 FDI 净流出达 607.9 万美元。伴随欧洲债务危机的影响，外资流入震荡下行，2011 年全年斯洛伐克吸引外资总额达 34.9 亿美元后，2013~2014 年斯洛伐克 FDI 再次连续两年净流出 6.04 亿美元和 5.1 亿美元。随后外商投资开始反弹，但受新冠疫情影响，2020 年 FDI 净流出高达 24 亿美元，直至 2022 年外商投资规模才恢复至 2019 年的水平，全年引资总额 29.1 亿美元（见图 13-1）。截至 2022 年底，斯洛伐克累计吸引外资总额达 573.8 亿美元，其中 2005~2011 年流入的资金占总额的 40.2%。外商投资存量占 GDP 比重自 2009年达到 42.3%后，呈现下降趋势，尽管如此，与斯洛伐克对外直接投资相比，斯洛伐克的 FDI 仍以外资流入为主，2015 年斯洛伐克吸引外商投资额占流入 OECD国家外资总额的 0.27%，这一比例略高于其 GDP 占比（0.17%），截至 2022 年底，斯洛伐克累计对外投资额仅为 54.3 亿美元。2013 年，私营部门（农业和金融业除外）就业中外资企业就业所占比重达到 22%，部门增加值占比达到 35%，此外，按增加值计算，出口对当年 GDP 贡献接近 45%，这很大程度反映出外商投资企业及其更高的进出口密集度有利于斯洛伐克进一步融入全球价值链①。

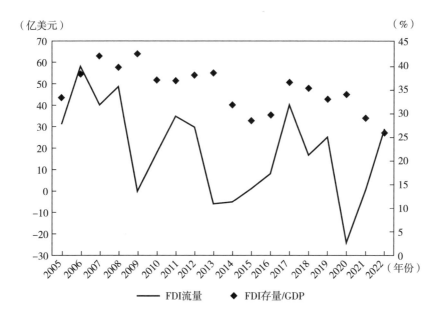

图 13-1　2005~2022 年斯洛伐克吸引外资流入金额

资料来源：UNCTAD：World Investment Report 2023，https：//unctad. org/topic/investment/world-invest-ment-report。

二、外商投资的行业分布

服务业是斯洛伐克吸引外商直接投资最多的产业，2005~2021 年，服务业吸引了超过 179 亿美元的外商投资，为同一时期流入斯洛伐克外资总额的 49.6%（见图 13-2）。其中，金融保险服务业为斯洛伐克服务业中引资最多的行业，该行业累计吸引外资 106.6 亿美元，占同期服务业引资总额的 59.6%。批发零售贸易与修理业和电力、天然气供应业分别以 38.1 亿美元和 27.7 亿美元位居服务业吸引外资第二大和第三大的行业，占斯洛伐克服务业引资总额的 21.3% 和 15.5%。同期，制造业吸引外商投资 108.5 亿美元，占同一时期流入斯洛伐克外

---

① OECD：Trade Investment Statistical Country Note（Slovak Republic），2017.

资总额的 32%，按当年 FDI 流量计，其占比由 2018 年的 33.7% 上升至 2021 年的 76.9%，呈上升趋势。其中，金属和机械设备制造为制造业中引资最多的行业，该行业累计吸引外资 27.6 亿美元，占同期制造业引资总额的 25.4%。机动车、拖车制造业以 18.4 亿美元位居制造业吸引外资第二的行业，占斯洛伐克制造业引资总额的 17.0%。

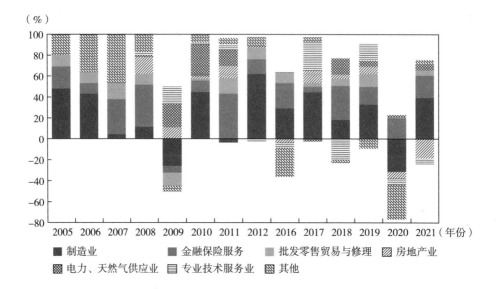

图 13-2 2005~2021 年斯洛伐克外资流入部门分布

注：缺失 2013~2015 年的数据。

资料来源：OECD（2024）FDI flows indicator, https://data.oecd.org/fdi/fdi-flows.htm。

三、外商投资方式选择

2005~2022 年，斯洛伐克吸引的外商投资中绿地投资形式占据主导地位，并购投资交易规模几乎可以忽略不计，仅在 2013 年并购交易额为 5.4 亿美元，约为当年绿地投资的 1/4，此后，尽管并购交易数量于 2019 年达到 25 件，但当年交易金额仅有 735.2 万美元。同期，绿地投资规模呈 U 型变化，投资总额于 2006 年达到峰值 92.6 亿美元后出现下降趋势，2014 年绿地投资降至历史低点 12.4 亿美元，同年，斯洛伐克企业海外并购额超过境内并购金额。2019~2022 年，绿地投资规模稳步上升，2022 年投资额达到 36.1 亿美元，较上年增长

24.1%，尽管如此，引资规模仍不及 2011 年水平（见图 13-3）。

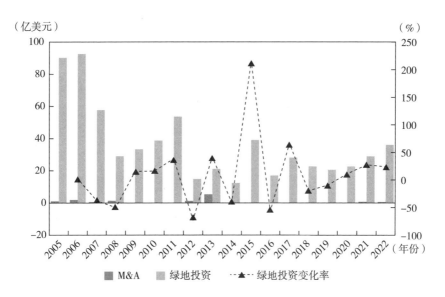

图 13-3   2005～2022 年斯洛伐克外商绿地与并购投资额

资料来源：UNCTAD：World Investment Report 2023，https：//unctad. org/topic/investment/world-invest-ment-report。

四、外商投资来源国分布

如图 13-4 所示，总体而言，斯洛伐克外商投资主要来自于欧盟成员国。欧盟 15 国累计投资 432.8 亿美元，占 FDI 流入总额的 71%，欧盟的 11 个中东欧地区成员国共投入 107.1 亿美元，占比 17.6%①。与 10 年前相比，欧洲以外国家（地区）对斯洛伐克的投资规模及其所占比重显著提高，截至 2012 年底，斯洛伐克吸引的外商投资中来自欧盟 15 国的投资占比为 74.1%。其他发达国家中，韩国是斯洛伐克在欧洲之外的最大外商投资来源国，约占总投资额的 7.1%。就单个国家而言，荷兰是斯洛伐克 FDI 的最大来源国，1993～2022 年共计 139.6 亿美元流向斯洛伐克，其他排名前五的国家分别为奥地利（97.05 亿美元）、捷克

---

① EU-15 包括荷兰、比利时、卢森堡、法国、意大利、德国、爱尔兰、英国、丹麦、希腊、葡萄牙、西班牙、奥地利、芬兰及瑞典；EU-CEE 包括波兰、匈牙利、捷克、塞浦路斯、爱沙尼亚、拉脱维亚、立陶宛、保加利亚、罗马尼亚、斯洛文尼亚和克罗地亚。

（81.6亿美元）、韩国（43.6亿美元）、德国（39.9亿美元）和卢森堡（35.9亿美元），以上六国投资额占同一时期引资总量的71.8%①。斯洛伐克是中国在中东欧地区第四大贸易伙伴，中国是斯洛伐克在欧盟之外最大的贸易伙伴。近年来，中国对斯洛伐克投资快速增长，呈现出"规模扩大化，领域宽泛化，方式多样化"的特点，在电信、研发、机械、农业和新能源等诸多领域的合作取得积极进展。中国在斯洛伐克投资合作的主要项目有联想欧洲、中东和非洲地区支持中心、ZVL AUTO汽车轴承厂、青岛软控欧洲研发和技术中心、中车集团控股博戈汽车零配件厂、海鹰集团控股IEE斯洛伐克公司及国新国际公司Galanta物流园和尼特拉汽车配件物流园等②。

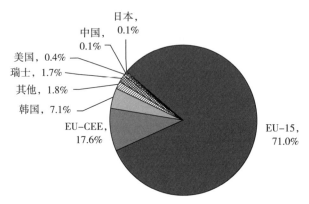

图13-4　截至2022年底斯洛伐克吸引外商投资累计额国别分布

资料来源：OECD（2024）FDI flows indicator，https：//data.oecd.org/fdi/fdi-flows.htm。

第二节　商业与政策环境

近年来，面对国际形势的快速变化和地缘政治风险的增加，各国政府加强了对关键行业外商投资的监管，更加重视外国直接投资对国家安全、经济安全以及公共秩序的影响。在此背景下，斯洛伐克也在不断强化其对外资的监管措施。2023年3月1日，斯洛伐克新的《外国投资审查法案》（Act on Screening of Fo-

---

① 作者依据OECD（2024）FDI flows indicator数据计算。

② 资料来源：对外投资合作国别（地区）指南——斯洛伐克（2023年版）。

reign Investments，以下简称"FIR 法案"）已正式生效。FIR 法案引入了斯洛伐克共和国经济部（经济部）的审批程序，该程序对于被归类为"关键外国投资"的外国投资是强制性的，对于其他外国投资则是自愿的。关键外国投资包括从事以下一项或多项活动的外国投资：武器和军事装备、两用物品和生物技术领域的制造、研究、开发或创新；关键基础设施要素的运营；基本服务的运营（包括与银行和金融市场、交通、数字基础设施、电子通信、制药和化工、智能工业、能源、水管理、医疗保健、公共服务或邮政服务相关的活动）；提供云计算领域的数字服务（提供商至少有 50 名员工，年营业额或资产超过 1000 万欧元）；全国范围的电视或广播；年营业额超过 200 万欧元的内容共享平台；出版期刊、经营新闻网站或新闻机构等①。

一、外商投资限制大幅改善，仍保留部分股权限制

2020 年斯洛伐克外商投资限制指数为 0.049，自 2006 年至今保持不变，较 1997 年的 0.067 有所下降（见图 13-5）。从具体指标来看，斯洛伐克已完全取消歧视性筛选机制、对核心外国雇员的限制和其他限制，以上三项指标值为 0，但

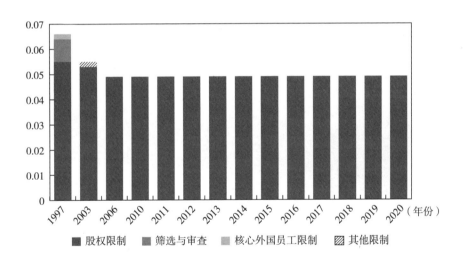

图 13-5　1997~2020 年斯洛伐克外商投资限制指数及其构成

资料来源：https：//www.oecd.org/investment/fdiindex.htm。

---

① Slovakia Adopts a New Foreign Investment Screening Regime，https：//foreigninvestment.bakermckenzie.com/2023/03/20/slovakia-adopts-a-new-foreign-investment-screening-regime/.

对外商投资仍存在较为严格的股权限制，该指标值为 0.049。根据 FIR 法案，斯经济部将对投资份额或投票权超过公司权益 25% 的风险外国投资进行核准，并有权禁止这类投资。对可能影响国家基本职能、安全或公共秩序的重大投资，国家将以企业股份或表决权的 10% 为限，对境外投资进行核准。对外国投资的审查不仅考虑到初始投资，还将考虑到对已投资并将使外国投资者股本或投票权增加至公司权益 50% 以上的外国投资。如果是关键外国投资，需对外国投资者已经获得的对目标公司的股本或投票权增加至 20% 以上的投资进行核查，并在达到至少33% 或 50% 进行再核查①。

二、部分行业取消投资限制，房地产投资业限制最为严格

根据 OECD 发布的最新数据，2020 年斯洛伐克各行业外商投资限制指数如图 13-6 所示，其中，房地产投资业投资限制指数最高，达到 1，其次为航空运输和第三产业，分别为 0.225 和 0.098。目前，斯洛伐克在食品加工、运输设备制造、批发零售、酒店餐饮、会计审计、商务服务等领域的投资限制最少，开放程度最高，限制指数为 0。军品生产、博彩业、广播电视、部分矿产资源开采及影响环保的行业，投资者需满足相关行业要求并得到政府部门的许可后方能注册。

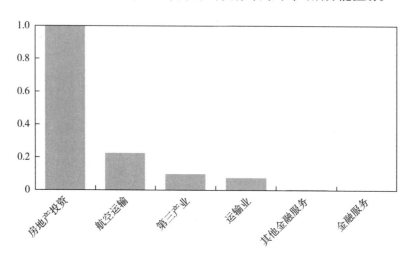

图 13-6　捷克各细分行业外商投资限制指数

资料来源：https：//www.oecd.org/investment/fdiindex.htm。

---

① 驻斯洛伐克共和国大使馆经济商务处，http：//sk.mofcom.gov.cn/article/ddfg/202212/20221203371468.shtml。

三、首都地区竞争力显著强于其他地区

根据 2023 年 5 月发布的 RCI 指数显示，斯洛伐克首都布拉迪斯拉发竞争力指数 113.6，在 234 个欧洲次区域中居于第 50 位，其排名显著高于斯洛伐克其他地区，此外，属于欠发达地区（LD）的西斯洛伐克（Západné Slovensko）竞争力超过中斯洛伐克（Stredné Slovensko）和东斯洛伐克（Východné Slovensko）等欠发达地区[①]，数据详情如表 13-1 所示。对比各地区的二级指标显示，市场规模、商业成熟度和创新指标在发达地区与欠发达地区之间的差距最大。市场规模差距主要来源于各地区人均可支配收入与人口规模的差异，如 2022 年布拉迪斯拉发地区平均月收入为 1906 欧元，同年普雷绍夫州（Prešovský kraj）和班斯卡·比斯特里察州（Banskobystrický kraj）平均月收入仅有 1223 欧元和 1340 欧元，为斯洛伐克各州最低水平，分别较前者低 35.8% 和 29.7%。此外，商业成熟度的差距主要反映各地区中小企业参与合作创新、进行组织创新活动占比的差异，如布拉迪斯拉发地区作为"温和创新者"（Moderate Innovator）以上两项创新得分为 0.36 和 0.445，而西斯洛伐克地区以上两项指标得分仅为 0.212 和 0.236[②]。各地区专利申请量、人均科技论文出版量、技术密集型行业就业的占比与研发支出占 GDP 比重等指标差异导致其创新层面的差距扩大，2022 年，布拉迪斯拉发地区拥有 R&D 人员 1.88 万人，当年研发支出 4.89 亿欧元，分别占全国研发人员和研发支出总量的 47.4% 和 45.5%，研发支出占 GDP 比重 1.59%，远高于全国平均水平 0.98%[③]。

四、外商投资优惠政策

斯洛伐克最主要的投资引导和优惠政策框架是《投资激励法》（Act No. 561/2007 Coll.），其对提供给国内和国际投资者的激励措施进行了详细规定。该法案明确提出优先鼓励资金进入工业、技术中心、战略服务和旅游行业，并对投资的最低金额和享受税收及其他优惠的条件进行了规定。2018 年 4 月，斯洛伐克

[①] 区域竞争力报告将人均 GDP 高于欧盟平均水平 100% 的区域定义为较发达地区（More Developed Regions，MD），人均 GDP 介于欧盟平均水平 75%~100% 的区域定义为转型地区（Transition Regions，TR），人均 GDP 低于欧盟平均水平 75% 的区域定义为欠发达地区（Less Developed Regions，LD）。

[②] European Commission：Regional Innovation Scoreboard 2023，https：//research-and-innovation.ec.europa.eu/statistics/performance-indicators/regional-innovation-scoreboard_en.

[③] 斯洛伐克统计局，Slovak Republic-Regional data 2022，https：//slovak.statistics.sk/。

表 13-1 斯洛伐克区域竞争力指数及排名

地区	RCI 指数	排名	发展 阶段	基础	制度	宏观 经济	基础 设施	健康	基础 教育	效率	高等 教育	劳动 市场 效率	市场 规模	创新	技术 就绪度	商业 成熟度	创新
Bratislavský kraj	113.6	50	MD	89.8	63.5	101.8	116.2	93.3	76.4	120.0	123.3	122.9	107.8	125.8	104.7	127.4	152.0
Západné Slovensko	84.8	164	LD	76.2	62.4	101.8	54.5	79.3	76.4	94.4	103.6	107.4	50.2	67.5	86.5	50.0	60.9
Stredné Slovensko	80.4	176	LD	71.5	62.8	101.8	26.9	78.0	76.4	87.5	97.1	101.4	40.5	71.6	84.8	66.2	60.0
Východné Slovensko	72.4	193	LD	69.7	59.2	101.8	32.6	69.5	76.4	73.1	83.1	85.7	28.5	70.1	87.8	57.0	60.7

资料来源：EU Regional Competitiveness Index 2.0 2022 edition，2023 年 5 月。

实行新的《投资激励法》，更加重视支持高科技、高附加值、研发领域，以及在斯洛伐克东西部失业率较高地区的外来投资，更多采用税收减免而非直接补贴的资助方式。投资补贴政策旨在增加斯洛伐克竞争力、缩小国内地区发展差距。斯洛伐克经济部鼓励投资智能行业技术、推动科学研究及在最不发达地区增加就业。

（一）优惠政策框架

投资激励法案根据项目内容和享受资助的条件，对包括工业生产、技术中心、工业生产与技术中心结合类和共享服务中心在内的四类满足条件的投资项目合格费用（Eligible Costs）予以资助。合格费用包括购买土地、厂房建筑、技术和机械设备等有形资产，以及许可、高新技术和专利等无形资产、新增就业岗位的工资和所得税减免等。投资补贴对新建项目、扩建现有项目和现有项目多样化改建等处于不同项目阶段的项目均予以支持，但扩建项目的产值或产量与向经济部提交投资补贴申请前三个会计年度的平均值相比，须增加至少15%，改建项目要求与启动改建年度的前一会计年度注册的有形和无形固定资产的账面价值相比，合格费用须超过此价值的至少200%。投资补贴受益人应确保合格费用的数额和结构比例与批准的投资补贴方案中保持一致，投资项目建设完成后，在接受投资补贴期间，保有固定资产至少3年（中小企业）或5年（大型企业），此外，必须保留与在提交投资补贴申请前12个月内平均岗位数相等的岗位数量，中小企业应在投资项目完成后保留3年，大型企业应保留5年。

（二）工业生产类项目优惠政策

投资补贴的数额依工业生产类投资项目所在地点不同而不同，A区仅限于鼓励领域的投资项目可以申请有形和无形固定资产购置补贴，B区、C区和D区（最不发达地区）申请有形和无形固定资产购置补贴的要求相对较低。此外，B区、C区和D区企业还可同时申请新增就业岗位补贴，失业率越高的地区对新增岗位数量的要求越多（见表13-2）。

表13-2　工业生产类项目投资补贴条件

新技术最低投资比例		购置资产补贴		新增就业岗位补贴		所得税减免	不动产购买或租赁补贴
		最低投资额（百万欧元）		最低投资额（百万欧元）	最低新增就业岗位数（个）	最低投资额（百万欧元）	最低投资额（百万欧元）
		鼓励领域	其他领域				
A区	60%	40	—	—	—	6	6
B区	50%	20	30	3	200	3	3

新技术最低投资比例		购置资产补贴		新增就业岗位补贴		所得税减免	不动产购买或租赁补贴
		最低投资额（百万欧元）		最低投资额（百万欧元）	最低新增就业岗位数（个）	最低投资额（百万欧元）	最低投资额（百万欧元）
		鼓励领域	其他领域				
C 区	40%	10	20	1.5	100	1.5	1.5
D 区	30%	0.5	1	0.2	20	0.2	0.2

资料来源：斯洛伐克投资贸易发展局（SARIO），Regional Investment Incentives，https：//www.sario.sk/en/invest-slovakia/investment-incentives/regional-investment-incentives。

鼓励领域包括指定的鼓励行业和鼓励技术清单，鼓励行业涉及食品制造、化学品及化学制品制造、基本药品和药物制剂制造、电脑、电子和光学产品制造、电气设备制造和汽车、拖车和半拖车制造等行业，鼓励技术涵盖自动和协作工业机器人和人工智能，特别是自主和协作机器人、集成传感器、摄像机、虚拟现实系统；工业物联网，特别是机械及产品网络，网络对象间多向通信交流；仿真，特别是使用实时数据在虚拟模型中镜像模拟现实世界；实时信息增强现实，特别是用于维护和物流的增强现实，支持展示有效信息；补充辅助生产，特别是零件及原型 3D 打印；大数据及其分析，云与网络安全等技术。

（三）技术中心类项目优惠政策

技术中心是指开发或创新技术先进型产品、技艺或制造工艺以提高附加值的投资项目，该类项目的最低投资要求各地区均保持一致。鼓励领域的投资项目的最低投资额和最低新增就业岗位数的要求相对较低。工业生产和技术中心相结合类型的投资项目，必须分别满足此两类要求，且技术中心部分的最低投资额可用于抵消工业生产部分的最低投资额。如工业生产和技术中心相结合类型的投资项目，原应分别满足技术中心类最低投资额要求 20 万欧元及工业生产类最低投资额要求 1000 万欧元，但因企业已在技术中心投资 20 万欧元，可用于抵消工业生产最低投资额，所以工业生产最低投资额降为 980 万欧元（见表 13-3）。

表 13-3　技术中心类项目投资补贴条件

领域	最低新增就业岗位数（个）	最低税前月工资（与全国平均税前月工资相比）	最低投资额（万欧元）			
			购置资产补贴	所得税减免	新增就业岗位补贴	不动产购买或租赁补贴
鼓励领域	10	2 倍	20	10	10	10

续表

领域	最低新增就业岗位数（个）	最低税前月工资（与全国平均税前月工资相比）	最低投资额（万欧元）			
			购置资产补贴	所得税减免	新增就业岗位补贴	不动产购买或租赁补贴
其他领域	20	1.7 倍	40	20	20	20

资料来源：斯洛伐克投资贸易发展局（SARIO），Regional Investment Incentives，https：//www.sario.sk/en/invest-slovakia/investment-incentives/regional-investment-incentives。

（四）商业服务中心类项目优惠政策

商业服务中心指集中提供如管理、IT、会计、财务、法律、控制、采购、营销和人力资源等支持型服务的机构，劳务租赁服务除外。满足以下要求的商业服务中心类投资项目被认定为从事于鼓励领域，即直接且仅在管理、金融和信息技术领域提供集中支持服务，并设有附加值高且自动化风险低的知识型岗位。对于鼓励领域的投资要求固定资产最低投资额为 20 万欧元，新增至少 20 个岗位，如表 13-4 所示。

表 13-4　商业服务中心类项目投资补贴条件

领域	最低新增就业岗位数（个）	最低税前月工资（与全国平均税前月工资相比）	最低投资额（万欧元）			
			购置资产补贴	所得税减免	新增就业岗位补贴	不动产购买或租赁补贴
鼓励领域	20	1.8 倍	20	0	0	0
其他领域	50	1.5 倍	—	0	0	0

资料来源：斯洛伐克投资贸易发展局（SARIO），Regional Investment Incentives，https：//www.sario.sk/en/invest-slovakia/investment-incentives/regional-investment-incentives。

对于满足以上条件的各类项目，斯洛伐克政府规定了企业投资不同地区可获得补贴的最高额度，该额度按照合格成本的百分比来计算，但布拉迪斯拉发（Bratislava region）地区不享受任何补贴。

第三节　经济环境

一、主要宏观经济指标变化趋势

全球金融危机爆发前，斯洛伐克出口占 GDP 比重接近 90%，因出口部门在

2008 年金融危机中遭受了较为严重的打击，出口急剧下滑迅速传导至消费者需求、投资等领域，2009 年斯洛伐克 GDP 陷入 5.3%的负增长。金融危机后，斯洛伐克经济加速恢复，其主要动力来自于私人消费和投资，2011 年社会固定资本投资额达 169.5 亿欧元，对当年 GDP 贡献率接近 70%。此后，斯洛伐克经济稳步增长，直到 2020 年受疫情影响，斯洛伐克经济再次负增长 3.3%，但随即于 2021 年经济再次复苏，增长率达到 4.8%，2012~2023 年，斯洛伐克 GDP 年均增长率达到 4.7%。如图 13-7 所示，与欧盟 27 国平均增长率相比，疫情发生前斯洛伐克 GDP 增长率高于平均水平，而疫情后至今则低于欧盟平均水平，2023 年第四季度斯洛伐克国内生产总值同比增长 1.2%，明显好于欧元区 0.1%的增速，也高于维谢格拉德集团其他三国：波兰（1%）、匈牙利（0%）、捷克（-0.2%）。与其他欧盟国家一样，2023 年斯洛伐克经济受到了通胀高企、贷款成本高和出口疲软的综合打击，GDP 的增长主要得益于以下三方面的积极因素，即汽车产量增加、外贸顺差扩大和利用欧盟基金扩大投资。2023 年全年来看，斯洛伐克 GDP 增长率 1.1%，较 2022 年 1.8%的增长率有所放缓，但该数值仍高于欧元区 2023 年 GDP 增长率（0.4%），也好于波兰（0.2%）、匈牙利（-0.9%）、捷克

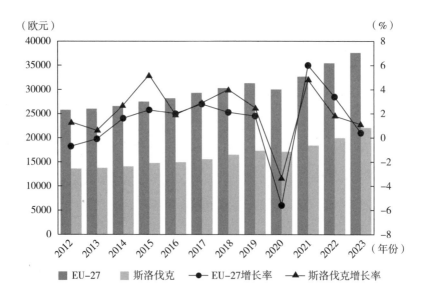

图 13-7　2012~2023 年斯洛伐克人均 GDP 与实际 GDP 增长率比较

资料来源：Eurostat，https：//ec. europa. eu/eurostat/web/national-accounts/database。

（−0.3%）。此外，同期斯洛伐克人均 GDP 呈现明显的增长态势，以当年价格计，2023 年斯洛伐克人均 GDP 达到 22090 欧元，较 2012 年增长 62.2%，与欧盟 27 国平均水平相比，斯洛伐克人均 GDP 从平均水平的 52.9% 上涨至欧盟平均水平的 58.7%，二者间差距进一步缩小，出现赶超趋势（见表 13-5）。

表 13-5　2013~2023 年斯洛伐克 GDP 及其增长率指标

指标 ＼ 年份	2013	2014	2015	2016	2017	2018	2019	2020	2021	2022	2023
GDP（亿欧元）	744.9	763.5	801.3	812.7	846.7	898.7	944.3	934.4	1002.6	1096.5	1221.6
人均 GDP（欧元）	13760	14090	14780	14960	15570	16500	17320	17110	18430	19980	22090
GDP 增长率（%）	0.6	2.7	5.2	1.9	2.9	4.0	2.5	−3.3	4.8	1.8	1.1
通胀率（%）	1.4	−0.1	−0.3	−0.5	1.3	2.5	2.7	1.9	3.2	12.8	10.5

注：通胀率未经季节性调整，上年＝100%。

资料来源：各变量数据来自欧盟统计局，其中，通胀率数据来自斯洛伐克统计局，https：//slovak. statistics. sk/。

2023 年 2 月，斯洛伐克整体通胀率达到顶峰 15.4%，在住宿餐饮（Restaurants and Hotels）服务的推动下，5 月通胀率仍高达 11.9%，此后，由于食品价格增速的放缓和能源价格正常化，如 2023 年第四季度天然气价格较上年同期仅上涨 5.2%，斯洛伐克国内通胀压力进一步缓解，导致通胀率逐月下降，2023 年 12 月整体通胀率降至 5.9%（见表 13-5），2024 年伊始，食品饮料类产品价格持续下降，2024 年 3 月价格较上月下降 0.4%，同时，第一季度航空运输服务和广告与市场调研服务价格分别较上一季度下降 20.6% 和 5.4%，使得斯洛伐克 4 月整体通胀率进一步下降至 2.1%[1]。

斯洛伐克国土面积 4.9 万平方公里，截至 2022 年底，斯洛伐克人口 542.9 万，劳动力占总人口的 51%，其中，大学以上学历劳动力占总劳动人口的 30%。人口分布多集中在布拉迪斯拉发、日利纳、科希策、普雷绍夫、尼特拉和特尔纳瓦等城市，其中，首都布拉迪斯拉发市人口达到 47.69 万，占全国总人口的 8.8%[2]。斯洛伐克全国共划分为 8 个州级行政区，下设 141 个市，首都布拉迪斯

---

[1]　https：//slovak. statistics. sk/。

[2]　布拉迪斯拉发州包括 Bratislava mesto、Malacky、Pezinok 和 Senec，总人口 72.8 万，占全国总人口的 13.4%。

拉发是全国最大的城市，同时也是许多大型商业与金融机构的总部所在地①。如表 13-6 所示，各地区经济发展和增长情况差异较大，2022 年首都布拉迪斯拉发所在州（Bratislavský kraj）产值占斯洛伐克 GDP 超过 1/4，其次为科希策州（Košický kraj）、日利纳州（Žilinský kraj）和特尔纳瓦州（Trnavský kraj），各占斯洛伐克国内生产总值的 12.1%、11.3% 和 11.0%，以上四个地区经济产值合计达到斯洛伐克总产值的 62.5%，地区总人口约 276.16 万，占斯洛伐克总人口的 50.9%②。2022 年，首都布拉迪斯拉发地区人均 GDP 达到 4.22 万欧元，超过全国平均水平的 2 倍。另外，除特尔纳瓦州（105.9）略超过全国平均水平外，其余各州人均 GDP 均低于全国均值，其中，普雷绍夫州（Prešovský kraj）仅为全国平均水平的 61%。此外，从人均雇员增加值指标来看，布拉迪斯拉发该指标值达到 6.48 万欧元，显著高于斯洛伐克平均水平 4.71 万欧元，以上各地区经济发展及增加值差异与当地人力资本、资源禀赋和优势产业的发展密切相关。

表 13-6　2022 年斯洛伐克各地区 GDP 及增加值比较

地区	GDP（亿欧元）	GDP 占比（%）	GDP 增长率（%）	人均 GDP（万欧元）	人均 GDP/全国平均	GVA/雇员（万欧元）
Bratislavský kraj	307.1	28.0	9.3	4.216	208.8	6.48
Západné Slovensko	333.6	30.4	8.7	1.846	91.4	4.32
Trnavský kraj	121.0	11.0	6.5	2.140	105.9	5.17
Trenčiansky kraj	100.2	9.1	12.7	1.756	86.9	3.91
Nitriansky kraj	112.4	10.3	7.6	1.676	83.0	3.99
Stredné Slovensko	222.9	20.3	10.9	1.707	84.5	4.16
Žilinský kraj	124.0	11.3	10.3	1.801	89.2	4.21
Banskobystrický kraj	98.9	9.0	11.6	1.601	79.3	4.09
Východné Slovensko	232.8	21.2	9.1	1.467	72.6	4.27
Prešovský kraj	99.9	9.1	9.9	1.237	61.2	3.88
Košický kraj	132.9	12.1	8.5	1.705	84.4	4.62
斯洛伐克	1,096.5	100.0	9.4	2.020	100.0	4.71

注：GDP 增长率为作者依据各地区当年价 GDP 变化百分比计算而得，并非实际 GDP 增长率。

资料来源：斯洛伐克统计局，https://slovak.statistics.sk/wps/portal/ext/themes/regional/。

___

① 资料来源：对外投资合作国别（地区）指南——斯洛伐克（2023 年版）。
② 作者依据相关数据计算。

二、劳动力市场活跃程度

斯洛伐克劳动参与率较高，2022 年为 76.1%，2023 年失业率为 5.8%，高于维谢格拉德集团其他三国：波兰（2.8%）、匈牙利（4.1%）和捷克（2.6%），与 2014 年相比，其长期失业率已下降 16 个百分点。斯洛伐克统计局发布的数据显示，2020~2023 年受疫情影响，总人口减少 3.2 万，截至 2023 年 6 月底，斯洛伐克劳动年龄（15~64 岁）人口约 357.4 万，占人口总数的 65.9%，高于欧盟 27 国平均水平 63.9% 和波兰（65.4%）[1]。同期，斯洛伐克劳动参与率逐年上升，而失业率自 2014 年达到 13.2% 的高点后持续下降，2021 年受疫情影响失业率上升至 6.9%，而后斯洛伐克失业率呈下降趋势，2023 年全年失业率降至 5.8%，2024 年第一季度失业率较 2023 年失业率再降低 0.2 个百分点，降至 5.6%[2]，已为 10 年来最低水平（见表 13-7）。劳动力长期失业率一改疫情前的下降趋势，正逐年上涨，2023 年长期失业率达到 65.1%，该比例居维谢格拉德集团四国之首，伴随技术进步与失业时间的延长，劳动力技能与就业岗位匹配困难增加，中长期失业者将更难进行再就业。

表 13-7　2014~2023 年斯洛伐克劳动力市场主要指标　　　　单位：%

指标 ＼ 年份	2014	2015	2016	2017	2018	2019	2020	2021	2022	2023
就业/人口	61.0	62.7	64.9	66.2	67.6	68.4	67.5	69.4	71.3	72.0
劳动参与率	70.3	70.9	71.8	72.1	72.4	72.7	72.4	74.6	76.1	76.5
失业率	13.2	11.5	9.7	8.2	6.6	5.8	6.8	6.9	6.2	5.8
长期失业率	81.6	76.8	70.2	72.5	71.8	67.6	55.6	56.6	66.5	65.1

注：就业/人口比重、劳动参与率为 15~64 龄段人口数据，其他指标为 15~74 龄段人口数据。

资料来源：欧盟统计局，https：//ec. europa. eu/eurostat/web/main/data/database。

历年失业率数据表明，斯洛伐克女性与男性失业率差异并不显著，2014~2023 年女性失业率均高于男性，但二者差距呈逐年缩小趋势，2015 年女性失业率较男性高 2.9 个百分点，至 2019 年男性与女性失业率分别降至 5.5% 和 6.0%，

---

[1]　斯洛伐克统计局，https：//slovak. statistics. sk/。

[2]　https：//slovak. statistics. sk/wps/portal/ext/themes/demography/labour/indicators/.

均为这一期间最低值，且二者之间差距进一步缩小到 0.5 个百分点。但显然疫情对斯洛伐克男性就业冲击更为严重，使得女性失业率较男性差距再次缩小，2023 年女性失业率仅略高于男性失业率 0.1 个百分点（见图 13-8）。但男性就业人口中仅 2.5% 是兼职工作，与此同时，2014 年接近 4.9% 的就业女性仅能从事兼职工作，尽管这一比例在此后几年间呈现下降趋势，但仍显著高于男性，表明更多的女性从业者处于不充分就业状态。数据显示，2023 年第四季度经季节性调整的平均就业人数较上年同期增加了 1.76 万人，总就业人数达到 264.08 万人。分行业来看，就业增长集中在服务业和建筑业中，服务业就业人数占比达到 62.7%，而建筑业就业增长 6.1%[①]。

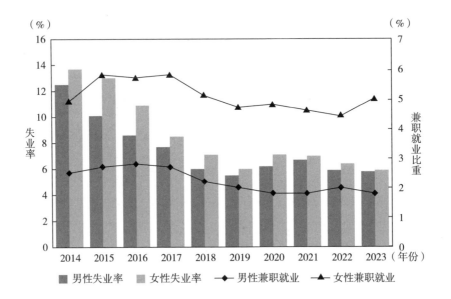

图 13-8　2014~2023 年斯洛伐克女性与男性失业率比较

资料来源：Eurostat，https：//ec.europa.eu/eurostat/web/main/data/database。

斯洛伐克各州劳动力就业与失业情况差异较大，普雷绍夫州（Prešovský kraj）和班斯卡·比斯特里察州（Banskobystrický kraj）的失业率高达 11.1% 和 9.7%，高于全国平均 6.1% 的水平，但劳动部门登记的职位空缺与申请职位人数

---

　　① 斯洛伐克统计局，Employment and unemployment in the SR（Labour Force Survey Results）for the 4th quarter 2023 including 2023 module on pension and labour market participation。

之比却远低于全国平均水平，仅为 0.03 和 0.06，其中，特伦钦州（Trenčiansky kraj）与全国平均水平持平。另外，普雷绍夫州和班斯卡·比斯特里察州的月平均工资处于全国最低水平，仅为每月 1219 欧元和 1338 欧元，较布拉迪斯拉发地区人均工资水平低 30%，这与各州就业结构密切相关（见表 13-8）。进一步考察各州劳动力就业的主要行业，可以看出，以制造业和批发零售业就业为主的地区，其失业率较高、平均工资较低，其中，普雷绍夫州和班斯卡·比斯特里察州各有 23.8%、22.9% 的劳动力集中在制造业，而科学技术行业和信息通信就业比重较高的州（布拉迪斯拉发，19.6%）则失业率较低且平均工资较高[①]。

表 13-8 2023 年斯洛伐克各州劳动力市场主要指标

地区	失业率（%）	职位空缺/职位申请	就业率（%）	月平均工资（欧元）	农林牧渔（%）	信息通信（%）	金融保险（%）	科学技术（%）
Bratislavský kraj	2.3	0.79	79.5	1903	0.58	7.93	5.12	11.65
Západné Slovensko	4.0	—	73.3	1392	3.12	0.90	0.58	3.88
Trnavský kraj	4.4	0.13	74.3	1428	3.37	0.49	0.63	3.54
Trenčiansky kraj	3.5	0.12	73.2	1397	2.15	0.83	0.45	2.57
Nitriansky kraj	4.3	0.09	72.6	1356	3.91	1.31	0.66	5.48
Stredné Slovensko	6.6	—	71.2	1371	3.34	1.96	0.72	2.48
Žilinský kraj	3.9	0.11	73.6	1397	3.26	2.70	0.65	2.23
Banskobystrický kraj	9.7	0.06	68.5	1338	3.44	1.03	0.80	2.79
Východné Slovensko	10.2	—	65.5	1322	2.54	2.91	0.88	2.79
Prešovský kraj	11.1	0.03	65.0	1219	2.94	0.58	0.94	1.50
Košický kraj	9.3	0.03	65.9	1416	2.17	5.03	0.81	3.97
斯洛伐克	6.1	0.12	71.3	1500	2.40	3.34	1.81	5.28

资料来源：斯洛伐克统计局，https：//slovak. statistics. sk/wps/portal/ext/themes/regional/。

三、研发投入

2022 年斯洛伐克 R&D 支出总额达 10.75 亿欧元，较 2013 年提高了 76%，R&D 支出占 GDP 比重从 2011 年的 0.65% 提高到 2022 年的 0.98%，远低于波兰、匈牙利、捷克等中东欧国家，与欧盟 27 国的差距呈先缩小后扩大的趋势。国内

---

① 作者依据 https：//slovak. statistics. sk/wps/portal/ext/themes/regional/相关数据计算整理。

R&D 总支出中，各部门支出并不平衡，企业支出超过 1/2，占 GDP 的 0.56%，较 2011 年水平翻了一番，企业创新主体的地位开始显现，但目前这一比重仍显著低于 EU-27 国的 1.48%。2013～2022 年，斯洛伐克企业研发支出连年提高，2022 年企业研发支出达 6.15 亿欧元，年均增长率高达 9%，同期，政府部门和高等教育部门研发支出占 GDP 比重稳中有降，政府部门支出占比由 2011 年的 0.18% 下降到 2022 年的 0.17%，高等教育部门支出占比在 2015 年达到最高点 0.51% 后趋于下降，2022 年占比 0.25%，仅略高于 2011 年 0.23% 的水平（见图 13-9）。

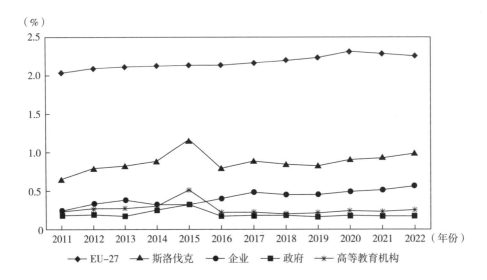

图 13-9　2011～2022 年斯洛伐克国内 R&D 支出总额/GDP

资料来源：Eurostat，https：//ec. europa. eu/eurostat/web/science-technology-innovation/database。

　　从研发支出总量和人员地区分布来看，首都布拉迪斯拉发都拥有绝对优势地位，如表 13-9 所示，2022 年布拉迪斯拉发全年 R&D 支出总额 4.89 亿欧元，研发人员数量达到 1.88 万人，分别占全国研发支出与人员总量的 45.5% 和 47.4%，其次为特伦钦州两个指标分别占全国 11.5% 和 6.7%。从人均 R&D 支出来看，特伦钦州远高于其他地区，其中，科希策州（Košický kraj）人均支出低于 2 万欧元，仅为特伦钦州人均 R&D 支出的 40.8%。斯洛伐克统计局数据显示，2020 年参与创新活动的企业占比 36.6%，随着企业规模的扩大，企业更倾向于参与创新活动，其中，大企业中 65.6% 的企业进行了创新相关活动，而中小企业这一比例分别为 47.6% 和 31.2%。进一步考察阻碍企业创新的因素，发现创新成本过高（27.2%）、企业内部创新资源有限（25.7%）和获得政府创新补贴困难（19.8%）是影响创新的最主要因素。在企业创新能力不足的情况下，更加凸显大学作为创新源泉的地位，2023 年全球创新指数（Global Innovation Index，GII）显示，斯洛伐克大学与产业部门 R&D 合作得分仅为 28.2[1]，132 个国家（地区）排名中，该指标排在第 101 位，排名远低于斯洛伐克总体创新指数第 45 位的排名[2]。因此，斯洛伐克创新绩效落后的地区应进一步加强与大学及科研机构的合作，提升自身创新实力，加速科研成果的商业转化。

表 13-9　2022 年斯洛伐克各地区 R&D 支出情况比较

地区	R&D 支出（百万欧元）	人均 R&D 支出（欧元）	R&D 支出/GDP（%）	研发人员占比（%）
Bratislavský kraj	489.32	26050.95	1.59	47.42
Západné Slovensko	270.98	34245.28	0.81	19.98
Trnavský kraj	88.45	33066.41	0.73	6.75
Trenčiansky kraj	123.66	46877.29	1.23	6.66
Nitriansky kraj	58.87	22641.53	0.52	6.56
Stredné Slovensko	181.57	29135.23	0.81	15.73
Žilinský kraj	95.23	27876.40	0.77	8.62
Banskobystrický kraj	86.34	30662.28	0.87	7.11
Východné Slovensko	133.13	19911.30	0.57	16.88
Prešovský kraj	34.92	22588.91	0.35	3.90
Košický kraj	98.20	19105.93	0.74	12.98
斯洛伐克	1075.00	27136.76	0.98	100.0

资料来源：斯洛伐克统计局，https：//slovak.statistics.sk/wps/portal/ext/themes/regional/。

---

① 该指标依据对以下问题的调研统计得分情况，大学—产业 R&D 合作提问"在你的国家，大学与企业之间 R&D 合作程度如何"，1=根本不合作，7=广泛合作。

② WIPO：Global Innovation Index 2023，https：//www.wipo.int/global_innovation_index/en/.

第十四章

斯洛文尼亚投资体系研究

第一节　斯洛文尼亚利用外资概况

一、吸引外资总体趋势分析

全球金融危机发生前，2005~2008 年斯洛文尼亚吸引的外商投资额呈上升趋势，从 2005 年 5.62 亿美元增加至 2008 年 12.2 亿美元，此后，受金融危机影响，吸引外资总量大幅下降，2009 年外资净流出 4.76 亿美元。伴随着欧洲债务危机的影响，外资流入震荡上行，2011 年全年斯洛文尼亚吸引外资总额达 10.9 亿美元后，2013 年流入斯洛文尼亚 FDI 规模再次骤降，全年 FDI 净流出 1.5 亿美元。随后外商投资加速反弹，疫情期间外商投资下降后，2021 年全年吸引外资总额达 17.7 亿美元（见图 14-1）。截至 2022 年底，斯洛文尼亚累计吸引外资总额达 211.03 亿美元，其中 2014~2022 年流入的资金占总额的 53.7%。外商投资存量占 GDP 的比重自 2008 年达到 20% 后，保持平稳，2021 年占比小幅升至 21.3%，与斯洛文尼亚对外直接投资相比，斯洛文尼亚的 FDI 仍以外资流入为主，2015 年斯洛文尼亚吸引外商投资额占流入 OECD 国家外资总额的 0.077%，这一比例略低于其 GDP 占比（0.082%），截至 2022 年底，斯洛文尼亚累计对外投资额仅为 88.8 亿美元。2013 年，私营部门（农业和金融业除外）就业中外资企业就业所占比重为 16%，部门增加值占比为 22%，此外，按增加值计算，出口对

2014 年 GDP 贡献接近 44%①。

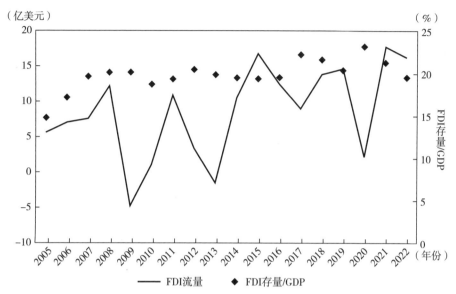

图 14-1　2005~2022 年斯洛文尼亚吸引外资流入金额

资料来源：UNCTAD：World Investment Report 2023，https：//unctad. org/topic/investment/world-invest-ment-report。

二、外商投资的行业分布

　　制造业是斯洛文尼亚吸引外商直接投资最多的产业，截至 2022 年底，吸引了 66.3 亿欧元的外商投资，高达同一时期流入斯洛文尼亚外资总额的 32.8%，同时，制造业就业人数达 19.3 万人，实现净销售收入 408 亿欧元，其中，外资企业就业人数占比 36.5%，销售收入达到 184 亿欧元，占全部销售收入的 45.1%。进一步考察流入制造业外资的技术含量，可以看出，中高技术含量外资股权占比最高达 33%，相应的销售收入和就业人数占比分别为 51% 和 43%，而中低技术和高技术含量外资股权占比几乎同为 23%，但销售收入占比差异显著，分别为 20% 和 25%，而就业人数占比为 12% 和 13%②。其次，金融保险服务业外商投资存量达 41.6 亿欧元，位居引资规模第二，占外商投资总额比重由 2013 年

---

① OECD：Trade Investment Statistical Country Note（Slovenia），2017.

② Banka Slovenije：Direct Investment 2022，October 2023。制造业高技术投资包括计算机、电子和光学仪器制造，基础医药产品和药物制剂的制造；中高技术投资包括化学品制造、电气设备制造、机械设备制造、机动车辆、拖车和半挂车制造，以及其他运输设备制造。

的 18.6% 升至 20.6%。此外，批发零售贸易与修理和信息通讯服务业分别以累计 38.5 亿欧元和 12.1 亿欧元位居吸引外资规模第三、第四的行业，占斯洛文尼亚服务业引资总额的比重分别为 19.0% 和 5.97%（见图 14-2）。房地产业引资规模仅次于信息通讯业，该行业累计吸引外资 11.7 亿欧元，占同期引资总额的 5.8%。

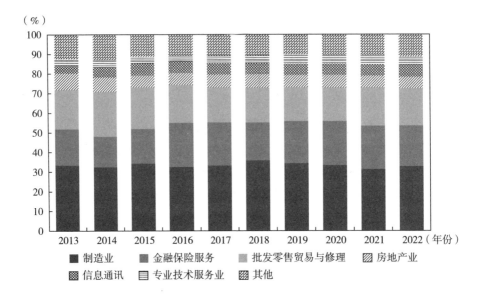

图 14-2　2013~2022 年斯洛文尼亚外资流入部门分布

资料来源：Banka Slovenije，https://www.bsi.si/en/publications/statistical-reports/direct-investment。

三、外商投资方式选择

2005~2007 年，斯洛文尼亚并购投资交易规模大幅下降，绿地投资规模于 2007 年达到峰值 6.65 亿美元，而同期企业并购资金为 0.57 亿美元，远低于绿地投资规模。此后，尽管并购交易数量不多（2005 年的 6 件升至 2020 年的 12 件），其交易金额部分年份却远超过绿地投资，如 2014 年并购交易额为 4.95 亿美元，接近当年绿地投资规模的 2.5 倍，即使疫情期间并购交易也并未受到严重影响，2020 年全年外商并购规模达 10 亿美元，创历史新高。尽管如此，2005~2022 年，从投资总量来看，绿地投资已取代并购交易成为投资者的主要投资方式，二者交易规模分别为 78.7 亿美元和 49.7 亿美元（见图 14-3）。

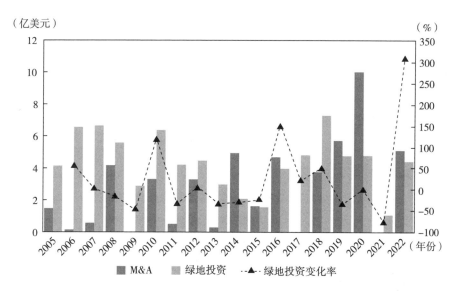

图 14-3　2005~2022 年斯洛文尼亚外商绿地与并购投资额

资料来源：UNCTAD：World Investment Report 2023，https：//unctad. org/topic/investment/world-invest-ment-report。

四、外商投资来源国分布

如图 14-4 所示，总体而言，斯洛文尼亚外商投资主要来自于欧盟成员国。欧盟 15 国累计投资 125.5 亿美元，占 FDI 流入总额的 62.2%，欧盟的 11 个中东欧地区成员国共投入 38.98 亿美元，占比 19.3%①。与 10 年前相比，欧盟成员国中的中东欧国家对斯洛文尼亚的投资规模及其所占比重显著提高，截至 2014 年底，斯洛文尼亚吸引的外商投资中来自欧盟 15 国和中东欧国家的投资占比分别为 73.1% 和 11.6%。其他发达国家中，瑞士是斯洛文尼亚在欧盟之外的最大外商投资来源国，约占总投资额的 11.3%，美国和俄罗斯所占比重趋同为 0.7%。就单个国家而言，奥地利是斯洛文尼亚 FDI 的最大来源国，1993~2022 年共计 45.85 亿美元流向斯洛文尼亚，其他排名前五的国家分别为卢森堡（23.51 亿美元）、瑞士（22.75 亿美元）、德国（18.37 亿美元）、克罗地亚（18.24 亿美

---

① EU-15 包括荷兰、比利时、卢森堡、法国、意大利、德国、爱尔兰、英国、丹麦、希腊、葡萄牙、西班牙、奥地利、芬兰及瑞典；EU-CEE 包括波兰、匈牙利、捷克、斯洛伐克、塞浦路斯、爱沙尼亚、拉脱维亚、立陶宛、保加利亚、罗马尼亚和克罗地亚；CEE-4 包括黑山、北马其顿、波黑和塞尔维亚。

元）和意大利（13.64 亿美元），以上六国投资额占同一时期引资总量的 70.5%[1]。中国是斯洛文尼亚在亚洲最大的贸易伙伴，也是斯洛文尼亚欧盟外第二大进口来源国。斯洛文尼亚是中国在前南斯拉夫地区最大的贸易伙伴。据中国海关统计，2022 年中斯货物进出口贸易总额为 74.5 亿美元，同比增长 24.4%。根据中国商务部统计，截至 2022 年底，中国对斯洛文尼亚直接投资存量 4.73 亿美元[2]。

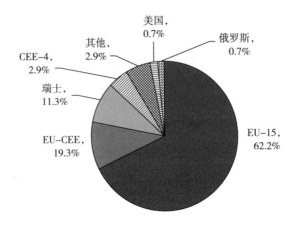

图 14-4　截至 2022 年底斯洛文尼亚吸引外商投资累计额国别分布

资料来源：Banka Slovenije，https：//www.bsi.si/en/publications/statistical-reports/direct-investment。

第二节　商业与政策环境

近年来，面对国际形势的快速变化和地缘政治风险的增加，各国政府加强了对关键行业外商投资的监管，更加重视外国直接投资对国家安全、经济安全以及公共秩序的影响。在此背景下，斯洛文尼亚也在不断强化其对外资的监管措施。2023 年 7 月 1 日，斯洛文尼亚《投资促进法修正案》（Amended Investment Pro-

---

① 作者依据 OECD（2024）FDI flows indicator 数据计算。
② 资料来源：对外投资合作国别（地区）指南——斯洛文尼亚（2023 年版）。

motion Act）正式生效，该法案引入了外国投资审查机制，对外商投资进行了重新界定，即外国直接投资（FDI）不仅包括直接或间接的初始投资，还包括对斯洛文尼亚实体企业10%及以上股权或投票权的追加投资。"修正案"对关键领域、关键技术的界定与《欧盟外商直接投资审查条例》（第2019/452号条例或"条例"）一致，但将健康与医药技术排除在关键技术之外，将医疗和防护设备排除在关键设备供应清单之外①，该法案的主要目的是阻止外国投资者对其战略性行业和企业进行投机性收购。

一、外商投资限制大幅改善，仍保留部分股权限制

2020年斯洛文尼亚外商投资限制指数为0.007，自2010年至今保持不变，较1997年的0.1大幅下降（见图14-5）。从具体指标来看，斯洛文尼亚已完全取消歧视性筛选机制和对核心外国雇员的限制，两项指标值为0，但对外商投资仍存在一定的股权限制，该指标值为0.007。如对于审计企业，外资比例不得高于49%；出版和广播领域的企业中，外资比例不得高于33%；证券经纪领域的企

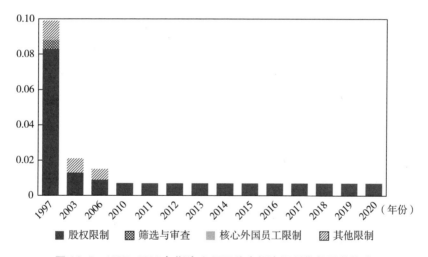

图14-5　1997~2020年斯洛文尼亚外商投资限制指数及其构成

资料来源：https：//www.oecd.org/investment/fdiindex.htm。

---

① Uradni List：NEWSLETTER OF THE OFFICIAL GAZETTE OF THE REPUBLIC OF SLOVENIA，2089. Law amending and supplementing the Investment Promotion Act（ZSInv-C），https：//www.uradni-list.si/glasilo-uradni-list-rs/vsebina/2023-01-2089/zakon-o-spremembah-in-dopolnitvah-zakona-o-spodbujanju-investicij-zsinv-c？h=ZSInv-C.

业中，外资比例不得高于 24%，而在投资公司（负责管理投资基金）中，外资比例不得高于 20%、外商投资超过其资产 20% 和在授权投资公司（经母公司授权可被投资的分公司）投资超过 15%，需获得有关部门的批准。此外，《投资促进法修正案》规定斯洛文尼亚经济、旅游和体育部（Ministry of the Economy, Tourism and Sport）根据既定标准确定外国直接投资是否影响国家公共秩序或安全，将对满足以下条件的投资进行审查：①投资已达到目标公司收购门槛（1/3 投票权），或成功完成收购要约程序后已获得目标公司 10% 的投票权，或收购要约成功获得目标公司 75% 及以上拥有表决权的股份；②外国投资者通过目标公司或新成立的公司，在境内关键领域获得 20% 及以上的市场份额；③外国投资者是否通过投资关键领域获得目标公司 25% 或 50% 的股权或投票权。

二、部分行业取消投资限制，航空运输业限制最为严格

根据 OECD 发布的最新数据，2020 年斯洛文尼亚各行业外商投资限制指数如图 14-6 所示，其中，航空与海洋运输业投资限制指数最高，达到 0.225，其次为房地产投资业和其他融资服务业，分别为 0.01 和 0.005。目前，斯洛文尼亚在农林牧渔、食品加工、运输设备制造、批发零售、酒店餐饮、会计审计等领域的投资限制最少，开放程度最高，限制指数为 0，但禁止外商在武器和军事设备的生产和销售、国家财政预算内指定的养老保险和医疗保险业、铁路与航空运输、交通与通信等领域设立独资企业。

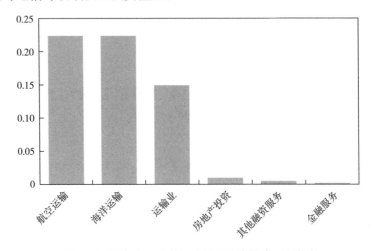

图 14-6　斯洛文尼亚各细分行业外商投资限制指数

资料来源：https://www.oecd.org/investment/fdiindex.htm。

三、首都地区竞争力显著强于其他地区

根据 2023 年 5 月发布的 RCI 指数显示，2022 年斯洛文尼亚首都卢布尔雅那所在西部地区（Zahodna Slovenija）指数 109.6，在 234 个欧洲次区域中居于第 69 位，2019 年由转型阶段升级为较发达地区，其排名显著高于斯洛文尼亚东部地区（Vzhodna Slovenija），东部地区整体仍处于欠发达阶段[①]，且 2022 年竞争力指数较 2019 年略有下降，数据详情如表 14-1 所示。对比各地区的二级指标显示，市场规模、商业成熟度和创新指标在发达地区与欠发达地区之间的差距最大。市场规模差距主要来源于各地区人均可支配收入与人口规模的差异，如 2023 年萨维尼亚统计区（Savinjska）和滨海内卡尔尼奥拉统计区（Primorsko-Notranjska）每月人均可支配收入分别为 1323.5 欧元和 1291.6 欧元，同年首都卢布尔雅那所在统计区（Osrednjeslovenska）的人均可支配收入达到 1566.85 欧元，分别较前者高出 18.4% 和 21.3%。此外，商业成熟度的差距主要反映各地区中小企业参与合作创新、进行组织创新活动占比的差异，如卢布尔雅那所在西部地区作为"实力创新者（Strong Innovator）"以上两项创新得分为 0.555 和 0.681，远低于作为"创新领导者"的捷克首都布拉格，但高于东部地区，以上两项指标得分仅为 0.499 和 0.569[②]。各地区专利申请量、人均科技论文出版量、技术密集型行业就业的占比与研发支出占 GDP 比重等指标差异导致其创新层面的差距扩大，2022 年，卢布尔雅那统计区域拥有 R&D 人员 1.39 万人，当年研发支出 6.8 亿欧元，分别占全国研发人员和研发支出总数的 54.7%、56.9%，研发支出占 GDP 比重 3.1%，远高于全国平均水平 2.1%[③]。

四、外商投资优惠政策

斯洛文尼亚企业创新旅游发展和投资事务局（SPIRIT），负责外国投资的相关事宜，吸引外国投资，执行相关的投资促进政策，以促进企业的发展和投资。

[①] 区域竞争力报告将人均 GDP 高于欧盟平均水平 100% 的区域定义为较发达地区（More Developed Regions，MD），人均 GDP 介于欧盟平均水平 75%~100% 的区域定义为转型地区（Transition Regions，TR），人均 GDP 低于欧盟平均水平 75% 的区域定义为欠发达地区（Less Developed Regions，LD）。

[②] European Commission：Regional Innovation Scoreboard 2023，https：//research-and-innovation.ec.europa.eu/statistics/performance-indicators/regional-innovation-scoreboard_en。

[③] 斯洛文尼亚统计局，https：//www.stat.si/statweb/en/home/。

表14-1 2016~2022年斯洛文尼亚区域竞争力指数及排名

地区	年份	RCI指数	排名	发展阶段	基础	制度	宏观经济	基础设施	健康	基础教育	效率	高等教育	劳动市场效率	市场规模	创新	技术就绪度	商业成熟度	创新
Vzhodna Slovenija	2016	91.7	—	LD	96.7	86.9	80.7	42.9	108.7	128.6	90.0	113.1	92.4	54.8	87.1	81.3	96.6	85.4
	2019	97.0	—	LD	100.7	89.3	109.4	66.8	92.0	144.0	95.1	112.6	101.6	56.4	90.3	88.7	83.1	99.7
	2022	96.8	111	LD	99.4	89.0	111.2	62.7	93.1	126.0	101.5	121.8	104.3	59.4	88.0	104.6	63.6	91.8
Zahodna Slovenija	2016	107.7	—	TR	97.3	86.9	80.7	45.2	110.0	128.6	108.9	138.8	113.6	60.3	119.6	94.4	139.6	136.5
	2019	107.2	—	MD	106.2	89.3	109.4	85.1	102.0	144.0	103.0	129.2	103.9	60.8	118.7	100.2	122.1	140.3
	2022	109.6	69	MD	105.8	98.0	111.2	81.5	104.5	126.0	111.2	133.6	114.5	63.9	114.3	107.5	97.8	140.7

注：斯洛文尼亚全国分为二个大区和12个统计地区，分别为东部区域（Vzhodna Slovenija）包括Pomurska，Podravska，Koroška（Carinthia），Savinjska，Zasavska，Spodnje posavska，Jugovzhodna 和 Notranjsko-kraska，西部区域（Zahodna Slovenija）包括 Osrednjeslovenska（首都卢布尔雅那所在统计区），Gorenjska（Carniola），Goriška（Gorizia）和 Obalno-kraska。

资料来源：EU Regional Competitiveness Index 2.0 2022 edition，2023年5月。

（一）优惠政策框架

外国投资者可以通过新建企业、入股、兼并和收购等方式在斯洛文尼亚投资，但并购当地企业需经斯洛文尼亚政府有关机构审查，必要时政府可以进行干预。以直接或间接方式获得5%及以上的股份，且拥有投票权的股东必须在3日内把收并购消息通知给股票发行人和证券市场署。每次获得"资格股权"（5%及以上股份）的交易都必须通告。投资开发可再生的自然资源（水、森林资源等）的企业，由地方政府部门签发特许许可，投资开发不可再生自然资源的企业，需经斯洛文尼亚政府特例审批。为促进外商投资，斯洛文尼亚针对外资创造就业、R&D活动、数字化转型和绿色转型等方面提供激励，优惠措施包括税收减免、资产加速折旧等，期望以此提高企业竞争力，促进区域平衡发展。

（二）税收优惠

2023年8月，洪水对当地基础设施造成严重破坏，为重建基础设施提供资金，斯洛文尼亚政府通过决议将2024~2028年企业所得税率由19%提高到22%，对满足一定条件的企业，给予相应的税收优惠，如投资设备和长期无形资产（机械设备、计算机设备与车辆）的企业，可按照投资额的40%抵扣当年应纳税所得额，而投资研发领域（R&D人员成本、R&D设备与服务采购）的企业，可按照投资额的100%抵扣，但第一年仅能抵扣合格金额的63%，其余部分可以未来5年内分期抵扣。另外，对于创造就业岗位的企业，针对新雇佣员工的特征，企业可以享有的税收优惠幅度存在差别，当受雇新员工年龄小于29岁或大于55岁，或25岁以下首次被雇用的员工，则雇主应纳税所得额可抵扣该雇员收入的45%（见表14-2），以上免税额均不超过企业当年应纳税所得额。此外，为企业提供相对优惠的设备折旧方式，最大年折旧率高达50%，且允许企业将某一年亏损额用于抵补其他纳税年度应纳税所得额[1]。

表14-2 斯洛文尼亚税收优惠

领域	税收减免 （应纳税所得额，%）	领域	折旧免税 （最大年折旧率，%）
设备、无形资产	40	设备、车辆和机械	20
R&D	100	计算机及其设备	50

[1] SPIRIT Slovenia Business Development Agency：DBS 08 a Corporate Income Tax SPIRIT 2022 September.

续表

领域	税收减免 （应纳税所得额,%）	领域	折旧免税 （最大年折旧率,%）
数字化转型、绿色转型	40	研发专用设备及零部件	33.3
实践培训	雇员工资（不超过平均月薪的80）	长期种植园	10
创造就业 <29 岁，>55 岁	雇员工资的 45	畜牧业	20
残疾人	雇员工资的 50、70	建筑项目	3

资料来源：Slovenia Business Development Agency，https：//www.sloveniabusiness. eu/business – environment/incentives。

（三）区域资助

对于满足条件的各类项目，斯洛文尼亚政府规定了企业投资不同地区可获得补贴的最高额度，该额度按照合格成本的百分比来计算，对欠发达以及失业率较高地区的投资支持力度更大，但首都卢布尔雅那核心区域不享受任何补贴，位于东部地区的穆拉统计区（Pomurska）和德拉瓦统计区（Podravska）可享受补贴的最高额度为合格费用的30%，而西部地区的上卡尔尼奥拉统计区（Gorenjska）和滨海—喀斯特统计区（Obalno-kraška）则分别可享受15%和25%的补贴，以上各地区投资合格成本不超过5000万欧元的中、小型企业资助额度可分别提高10%和20%。

（四）欧盟结构基金

2021~2027 年欧洲结构投资基金将通过欧盟区域发展基金（ERDF）、凝聚力基金、欧盟社会基金+（ESF+）、公正转型基金（JTF）和欧洲海洋、渔业与水产养殖基金（EMFAF）等基金，拟资助斯洛文尼亚 32.66 亿欧元，借此实现包括平衡区域发展、公平气候、数字化转型、支持创新和发展包容性市场经济等目标。与前期欧盟基金相比，新计划中各类基金作用更加聚焦。欧盟区域发展基金（European Regional Development Fund，ERDF）主要投向欠发达地区基础设施和技术创新领域，欧盟社会基金（European Social Fund，ESF+）则致力于通过技能培训提高劳动力的流动性和就业率，从而改善居民生活水平，促进社会融合发展。从资金流向看，占用金额最多的三大领域为绿色欧洲（24.7%）、包容性欧洲（23.6%）和智慧欧洲（22.3%）（见图14-7）。

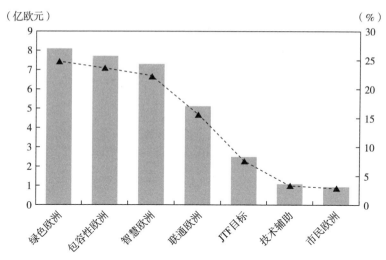

图 14-7 2021~2027 年按目标划分欧盟结构投资基金投入

资料来源：European Commission：Partnership Agreement with Slovenia-2021-2027，2022 年 10 月，第 65 页。

第三节 经济环境

一、主要宏观经济指标变化趋势

受全球金融危机影响，2009 年斯洛文尼亚 GDP 陷入 7.8% 的负增长，失业率也由危机前 4.5% 增至 2010 年的 7.4%，并持续上升至 2013 年的 10.3%。直至 2014 年实现恢复正增长 2.8%。此后，斯洛文尼亚经济稳步增长，2017 年经济增长率高达 4.8%，直到 2020 年斯洛文尼亚经济再次负增长 4.2%，但随即于 2021 年经济再次迅速复苏，增长率达到 8.2%，2012~2023 年，斯洛文尼亚 GDP 年均增长率达到 5.2%。如图 14-8 所示，与欧盟 27 国平均增长率相比，除 2022 年斯洛文尼亚 GDP 增长率略低于平均水平外，其他年份均高于欧盟平均水平，2024 年第一季度斯洛文尼亚国内生产总值同比增长 2.1%，明显好于欧元区 0.3% 的增速，高于匈牙利（1.1%）、捷克（0.2%）和波兰（2%）增速，但低于斯洛伐克（2.7%）增速①。2022 年斯洛文尼亚 GDP 中消费和投资占比分

---

① 斯洛文尼亚统计局，https：//www.stat.si/statweb/en/home/。

别为 73.5% 和 24.3%，净出口对经济贡献持续出现负值，2022 年净出口在
GDP 中占比为 -1.0%。与其他欧盟国家一样，2023 年斯洛文尼亚经济受到了
通胀高企、贷款成本高和出口疲软的综合打击。从 2023 年全年来看，斯洛文
尼亚 GDP 增长率 1.6%，较 2022 年 2.5% 的增长率有所放缓，但该数值仍高于
欧元区 2023 年 GDP 增长率（0.4%），也好于波兰（0.2%）、匈牙利（-0.9%）、
捷克（-0.3%）和斯洛伐克（1.1%）。此外，同期斯洛文尼亚人均 GDP 呈现明
显的增长态势，以当年价格计，2023 年斯洛文尼亚人均 GDP 达到 29750 欧元，
较 2013 年增长 68.1%，与欧盟 27 国平均水平相比，斯洛文尼亚人均 GDP 从平
均水平的 68.1% 上涨至欧盟平均水平的 79.1%，二者间差距进一步缩小，出现赶
超趋势（见表 14-3）。

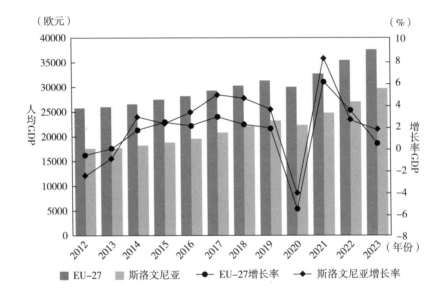

图 14-8　2012~2023 年斯洛文尼亚人均 GDP 与实际 GDP 增长率比较

资料来源：Eurostat，https://ec.europa.eu/eurostat/web/national-accounts/database。

表 14-3　2013~2023 年斯洛文尼亚 GDP 及其增长率指标

指标 ＼ 年份	2013	2014	2015	2016	2017	2018	2019	2020	2021	2022	2023
GDP（亿欧元）	364.5	376.3	388.5	404.4	430.1	458.8	485.8	470.4	522.8	570.4	630.9
人均 GDP（欧元）	17700	18250	18830	19590	20820	22140	23260	22370	24800	27050	29750

续表

指标 \ 年份	2013	2014	2015	2016	2017	2018	2019	2020	2021	2022	2023
GDP 增长率（%）	-1.0	2.8	2.2	3.2	4.8	4.5	3.5	-4.2	8.2	2.5	1.6
通胀率（%）	0.7	0.2	-0.5	0.5	1.7	1.4	1.8	-1.1	4.9	10.3	4.2

注：通胀率未经季节性调整，上年＝100%。

资料来源：各变量数据来自欧盟统计局，其中，通胀率数据来自斯洛文尼亚统计局，https：//www. czso. cz/csu/czso/inflation_rate。

2022 年 8 月，斯洛文尼亚整体通胀率达到顶峰 11.0%，在水、电和天然气等能源价格上涨（较上年同期提高 19.9%）的推动下，2023 年 3 月通胀率仍高达 10.5%，此后，由于食品价格增速的放缓和能源价格正常化，如 2023 年 11 月天然气价格较上月下降 5.9%，斯洛文尼亚国内通胀压力进一步缓解，导致通胀率逐月下降，2023 年 12 月整体通胀率降至 4.2%，2024 年伊始，文化娱乐和交通运输服务价格持续下降，1 月二者价格分别下降 1.5%和 1.2%，5 月通胀率进一步下降至 2.5%[①]。

斯洛文尼亚国土面积 2.03 万平方公里，截至 2023 年底，斯洛文尼亚人口 212.39 万，处于工作年龄段人口占总人口比重为 82.6%，受过高等教育的居民占人口总数的 25%。人口分布多集中在卢布尔雅那、马里博尔（Maribor）、采列（Celje）、科佩尔（Koper）、克拉尼（Kranj）和新梅斯托（Novo Mesto）等城市，其中，卢布尔雅那人口达到 29.7 万，占全国总人口 14.0%。斯洛文尼亚全国共划分为 12 个行政区，下属 194 个城镇，首都卢布尔雅那是全国最大的城市，同时也是全国政治、经济和文化中心[②]。如表 14-4 所示，各地区经济发展和增长情况差异较大，2022 年首都卢布尔雅那所在统计区（Osrednjeslovenska）产值占斯洛文尼亚 GDP 接近 40%，其次为德拉瓦（Podravska）、萨维尼亚（Savinjska）和上卡尔尼奥拉（Gorenjska），各占斯洛文尼亚国内生产总值的 12.68%、10.88%和 8.76%，以上四个地区经济产值合计超过斯洛文尼亚总产值的 70%，地区总人口约 136.45 万，占斯洛文尼亚总人口的 64.2%[③]。2022 年，首都卢布尔雅那所在区域人均 GDP 高达 39367 欧元，接近全国平均水平的 1.5 倍，另外，除滨海—

[①] https：//www. stat. si/statweb/en/home/.

[②] 资料来源：对外投资合作国别（地区）指南——斯洛文尼亚（2023 年版）。

[③] 作者依据相关数据计算。

喀斯特区（Obalno-kraška，96.4%）接近全国平均水平外，其余各区域人均 GDP 均远低于全国均值，其中，中萨瓦统计区（Zasavska）不足全国平均水平的 55%。此外，从人均雇员增加值指标来看，卢布尔雅那所在区域该指标值达到 5.14 万欧元，显著高于斯洛文尼亚平均水平 4.64 万欧元，以上各地区经济发展 及增加值差异与当地人力资本、资源禀赋和优势产业的发展密切相关。

表 14-4　2022 年斯洛文尼亚各地区 GDP 及增加值比较

地区	GDP（亿欧元）	GDP 占比（%）	GDP 增长率（%）	人均 GDP（欧元）	人均 GDP/全国平均	GVA/雇员（万欧元）
Pomurska	21.17	3.71	9.24	18534	68.5	4.02
Podravska	72.3	12.68	8.44	22045	81.5	4.13
Koroška	14.78	2.59	8.76	20917	77.4	4.29
Savinjska	62.05	10.88	8.80	23921	88.5	4.21
Zasavska	8.3	1.46	10.08	14563	53.9	4.14
Posavska	16.01	2.81	0.06	21132	78.2	4.18
Jugovzhodna Slovenija	37.09	6.50	6.43	25323	93.7	4.79
Osrednjeslovenska	219.29	38.45	8.26	39367	145.6	5.14
Gorenjska	49.95	8.76	14.99	23695	87.6	4.76
Primorsko-notranjska	10.03	1.76	6.70	18783	69.5	4.09
Goriška	28.52	5.00	10.20	24119	89.2	4.41
Obalno-kraška	30.89	5.42	16.79	26074	96.4	4.86
斯洛文尼亚	570.38	100.0	9.10	27040	100.0	4.64

资料来源：斯洛文尼亚统计局，https://www.stat.si/statweb/en/home/。

二、劳动力市场活跃程度

相较于其他中东欧国家而言，斯洛文尼亚劳动参与率较高，2023 年达到 75.2%，失业率较低为 3.7%，较 2014 年长期失业率已下降 17 个百分点（见表 14-5）。斯洛文尼亚统计局发布数据显示，截至 2023 年末，斯洛文尼亚劳动年龄（15~64 岁）人口约 134.57 万人，占人口总数的 63.3%，略低于欧盟 27 国平均水平 63.9%，显著低于斯洛伐克（66.6%）和波兰（65.4%）。同期，斯洛文尼亚劳动参与率逐年上升，而失业率自 2014 年达到 10.6% 的高点后持续下降，2020~2021 年受疫情影响失业率小幅上升至 5.7%，此后，斯洛文尼亚失业率呈下降趋势（见表 14-5），2023 年第四季度失业率较上一季度失业率降低 0.5 个百分点，低至 3.4%①。劳动力长期失业率一改疫情前的下降趋势，2021 年长期失业占比小幅提高到 39.1%，2024 年第一季度长期失业人数较上一季度减少约 1000 人，失业 2 年或更久的失业者人数基本保持不变，伴随着技术进步与失业时间的延长，劳动力技能与就业岗位匹配困难上升，使得长期失业者更难进行再就业。

表 14-5　2014~2023 年斯洛文尼亚劳动力市场主要指标　　　单位：%

指标 年份	2014	2015	2016	2017	2018	2019	2020	2021	2022	2023
就业/人口	63.4	64.7	65.3	68.7	70.6	71.3	70.1	71.4	73.1	72.5
劳动参与率	70.9	71.8	71.6	74.2	75.0	75.2	74.6	75.0	76.2	75.2
失业率	10.6	10.1	8.6	7.5	5.7	5.0	5.7	5.3	4.3	3.7
长期失业率	54.5	51.8	53.3	47.7	42.8	42.9	37.9	39.1	39.1	37.7

注：就业/人口比重、劳动参与率为 15~64 年龄段人口数据，其他指标为 15~74 年龄段人口数据。

资料来源：OECD Employment database，https：//stats. oecd. org/Index. aspx？DatasetCode = LFS_SEXA-GE_I_R#；欧盟统计局，https：//ec. europa. eu/eurostat/web/main/data/database。

历年失业率数据表明，斯洛文尼亚女性与男性失业率存在较为显著的差异，2014~2023 年间女性失业率均高于男性，但二者差距呈逐年缩小趋势，2014 年女性失业率较男性高 1.6 个百分点，至 2019 年男性与女性失业率分别降至 4.0% 和 5.0%，均为疫情前的最低值，且二者之间差距进一步缩小到 1 个百分点。但显然疫情对斯洛文尼亚女性就业冲击更为严重，使得 2020 年女性失业率较男性差距再次扩大，而后二者差距趋于缩小，2023 年女性失业率仅略高于男性失业率 0.1 个百分点（见图 14-9），但男性就业人口中仅 7.6% 是兼职工作，与此同时，2014 年，15% 的就业女性仅能从事兼职工作，尽管这一比例在疫情期间呈现下降趋势，但仍显著高于男性，表明更多的女性从业者处于不充分就业状态。最新数据显示，与 2023 年第四季度相比，2024 年第一季度平均就业人数增加了

_____

① https：//www. stat. si/statweb/en.

6万人，分行业来看，就业增长集中在服务业中，教育服务、信息通讯和住宿餐饮业各新增就业0.5万人、0.4万人和0.4万人[①]。

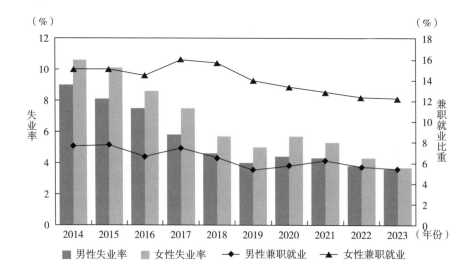

图14-9 2014~2023年斯洛文尼亚女性与男性失业率比较

资料来源：Eurostat, https://ec.europa.eu/eurostat/web/main/data/database。

斯洛文尼亚各区域劳动力就业与失业情况差异较大，滨海内卡尔尼奥拉统计区（Primorsko-notranjska）和中萨瓦区（Zasavska）的失业率高达4.7%和4.5%，高于全国平均3.7%的水平。另外，滨海内卡尔尼奥拉区和萨维尼亚区（Savinjska）的月平均工资处于全国最低水平，仅为每月1945.8欧元和2006.1欧元，较卢布尔雅那所在区域人均工资水平低20%，这与各区域就业结构密切相关（见表14-6）。进一步考察各区域劳动力就业的主要行业，可以看出，以低端制造业和批发零售业就业为主的地区，其失业率较高、平均工资较低，其中，滨海内卡尔尼奥拉区和中萨瓦区分别35.3%、27.5%的劳动力集中在制造业，而科学技术行业和信息通讯就业比重较高的地区（Gorenjska, 27.95%）则失业率较低且平均工资较高[②]。

---

① 斯洛文尼亚统计局，https://www.stat.si/statweb/en。
② 作者依据https://www.stat.si/statweb/en相关数据计算整理。

表 14-6 2023 年斯洛文尼亚各区域劳动力市场主要指标

地区	失业率（%）	就业率（%）	月平均工资（欧元）	农林牧渔（%）	制造业（%）	信息通讯（%）	金融保险（%）	科学技术（%）
Pomurska	3.8	56.4	2019.7	7.41	26.62	3.90	2.11	14.88
Podravska	4.3	53.3	2049.1	16.30	25.31	1.26	1.03	6.55
Koroška	2.5	55.2	2078.5	8.87	40.26	2.82	1.98	15.93
Savinjska	3.4	53.9	2006.1	13.29	31.33	1.86	0.93	7.65
Zasavska	4.5	55.9	2031.2	9.95	27.45	1.65	0.78	9.94
Posavska	3	50.9	2117.3	10.41	27.80	2.91	0.71	12.79
Jugovzhodna Slovenija	3.7	55.4	2262.1	20.92	39.67	0.77	0.98	10.55
Osrednjeslovenska	3.6	56.4	2442.4	12.18	14.23	1.21	0.97	10.24
Gorenjska	3.2	59.8	2169.7	2.38	34.15	7.06	3.62	20.89
Primorsko-notranjska	4.7	57.2	1945.8	5.75	35.28	2.68	1.26	9.90
Goriška	2.8	54.4	2124.0	15.20	29.91	1.58	0.93	12.11
Obalno-kraška	4.3	55.5	2139.2	9.90	12.06	2.38	1.06	10.23
斯洛文尼亚	3.7	56.4	2221.0	7.41	24.03	3.90	2.11	14.88

资料来源：斯洛文尼亚统计局，https：//www.stat.si/statweb/en/home/。

三、研发投入

2022 年斯洛文尼亚 R&D 支出总额达 12.02 亿欧元，较 2013 年提高了 28.6%，R&D 支出占 GDP 比重从 2011 年的 2.41% 下降到 2022 年的 2.11%，2016 年斯洛文尼亚该比例由高于欧盟 27 国平均水平逆转为低于后者，尽管如此，该比例仍远高于波兰、匈牙利、捷克和斯洛伐克等中东欧国家。国内 R&D 总支出中，各部门支出并不平衡，企业支出约占 70%，占 GDP 的 1.48%，较 2011 年支出提高 18.3%，企业创新主体的地位已经显现，目前这一比重与 EU-27 国平均值持平。2013~2022 年，斯洛文尼亚企业研发支出先下降后提高，2022 年企业研发支出 8.46 亿欧元，年均增长率为 1.9%，同期，政府部门和高等教育部门研发支出占 GDP 比重稳中有降，政府部门支出占比由 2011 年的 0.34% 下降到 2022 年的 0.33%，高等教育部门支出占比在 2017 年达到最低点 0.21% 后趋于上升，2022 年占比 0.27%，略低于 2011 年水平（见图 14-10）。

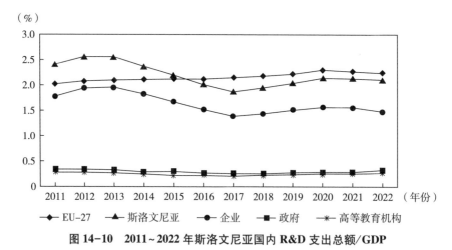

图 14-10 2011~2022 年斯洛文尼亚国内 R&D 支出总额/GDP

资料来源：Eurostat，https：//ec. europa. eu/eurostat/web/science-technology-innovation/database。

从研发支出总量和人员地区分布来看，首都卢布尔雅那所在区均占有绝对优势地位，如表 14-7 所示，2022 年卢布尔雅那所在区全年 R&D 支出总额 6.8 亿欧元，研发人员数量达到 9832 人，分别占全国研发支出与人员总量的 56.9% 和 56.6%，其次为东南斯洛文尼亚统计区（Jugovzhodna Slovenija）两个指标分别占全国 12.2% 和 8.2%。从人均 R&D 支出来看，东南斯洛文尼亚区域远高于其他地区，该地区较高的人均支出主要由企业支出拉动，企业 R&D 支出占比达到当地研发总支出的 97%，与之相对，卢布尔雅那所在的中斯洛文尼亚区和滨海—喀斯特区（Obalno-kraška）R&D 支出总额中政府支出占绝对地位，政府 R&D 支出占比分别为 37.3% 和 50.8%，而滨海内卡尔尼奥拉区（Primorsko-notranjska）的 R&D 总支出和人均支出均为全国最低水平。斯洛文尼亚统计局数据显示，2020 年参与创新活动的企业占比 62.8%，随着企业规模的扩大，企业更倾向于参与创新活动，其中，66.1% 的大企业进行了创新相关活动，而中小企业这一比例分别为 57.6% 和 64.2%。

在企业创新能力不足的情况下，更加凸显出大学作为创新源泉的地位，2023 年全球创新指数（Global Innovation Index，GII）显示，斯洛文尼亚大学与产业部门 R&D 合作得分仅为 50.2，132 个国家（地区）排名中，该指标排在第 51 位，低于斯洛文尼亚总体创新指数第 33 位的排名[①]。因此，斯洛文尼亚创新

---

① WIPO：Global Innovation Index 2023，https：//www. wipo. int/global_innovation_index/en/.

绩效落后的地区应进一步加强与大学及科研机构的合作，提升自身创新实力，加速科研成果的商业转化。斯洛文尼亚循环经济和生态创新较为领先的领域是汽车公司和电动汽车的制造业、建筑能效和可持续建筑、高效电气设备、智能计量技术和制药。2022 年 6 月 21 日，斯洛文尼亚政府数字化转型办公室宣布斯洛文尼亚获准建立两个欧洲数字创新中心（European Digital Innovation Hubs，EDIH），数字创新中心通过为中小企业提供技术专长、投资前测试机会、财政建议、培训等，支持中小企业和初创企业在内的私营公司和公共部门的数字化转型。

表 14-7　2022 年斯洛文尼亚各地区 R&D 支出与专利情况比较

地区	R&D 支出（百万欧元）	人均 R&D 支出（万欧元）	R&D 支出/GDP（%）	研发支出占比（%）	研发人员占比（%）	企业研发支出占比（%）
Pomurska	11.5	5.57	0.54	1	1.2	87.5
Podravska	65.6	5.77	0.91	5.5	6.6	29.9
Koroška	6.4	6.66	0.43	0.5	0.6	84.8
Savinjska	82.4	6.27	1.33	6.9	7.6	85.2
Zasavska	12.6	6.35	1.51	1.1	1.1	85.5
Posavska	12.7	4.57	0.8	1.1	1.6	83.9
Jugovzhodna Slovenija	146.3	10.31	3.94	12.2	8.2	97
Osrednjeslovenska	679.5	6.91	3.1	56.9	56.6	19.6
Gorenjska	59.5	5.63	1.19	5	6.1	88.1
Primorsko-notranjska	6.1	4.01	0.61	0.5	0.9	86
Goriška	91.3	7.36	3.2	7.6	7.1	68.9
Obalno-kraška	21.2	4.99	0.69	1.8	2.4	22.5
斯洛文尼亚	1195.1	6.89	2.1	100.0	100.0	44.1

资料来源：斯洛文尼亚统计局，https：//www.stat.si/statweb/en/home/。

第十五章

罗马尼亚投资体系研究

第一节 罗马尼亚利用外资概况

一、吸引外资总体趋势分析

全球金融危机发生前，2005～2008 年罗马尼亚吸引的外商投资额呈上升趋势，从 2005 年的 61.5 亿美元增至 2008 年的 134.9 亿美元，此后，受金融危机影响，吸引外资总量骤降，2009 年吸引 FDI 总量低至 46.7 亿美元。随着欧洲债务危机的影响，外资流入持续震荡下行，2011 年全年罗马尼亚吸引外资总额进一步降至 23.6 亿美元后，2012～2019 年外商投资进入稳步上升通道，但受新冠疫情影响，2020 年 FDI 流入规模再次下降至 34.3 亿美元，此后迅速反弹，2021 年全年引资总额高达 105.7 亿美元，2022 年 FDI 流入规模进一步增至 112.7 亿美元，较上年增长 6.6%（见图 15-1）。截至 2022 年底，罗马尼亚累计吸引外资总额达 1159.8 亿美元，其中 2005～2008 年间流入的资金占总额的 34.7%。外商投资存量占 GDP 比重自 2013 年达到 21.3%后，呈现下降趋势，尽管如此，与罗马尼亚对外直接投资相比，罗马尼亚的 FDI 仍以外资流入为主，截至 2022 年底，罗马尼亚累计对外投资额仅为 40.8 亿美元。

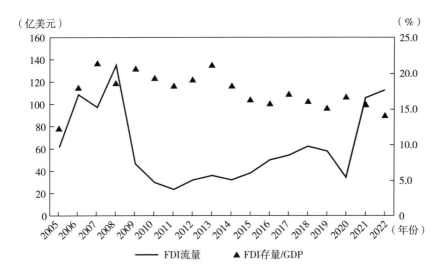

图 15-1　2005~2022 年罗马尼亚吸引外资流入金额

资料来源：UNCTAD：World Investment Report 2023，https：//unctad. org/topic/investment/world-invest-ment-report。

二、外商投资的行业分布

制造业是罗马尼亚吸引外商直接投资最多的产业，截至 2022 年底，制造业吸引了超过 325.77 亿美元的外商投资，为同一时期流入罗马尼亚外资总额的 30.2%（见图 15-2）。其次为批发零售贸易业，该行业累计吸引外资 191.4 亿美元，占同期引资总额的 17.7%，建筑与房地产交易、金融中介与保险业分别以 185.88 亿美元和 142.85 亿美元位居引资总额第三和第四，占同期外资流入的 17.2% 和 13.2%。其中，流入建筑与房地产交易和批发零售贸易业的外资增长最为明显，与 2013 年相比，2022 年以上两个行业吸引外资总额分别增加 127.3 亿美元和 123.2 亿美元，涨幅高达 198.8% 和 196.5%。同期，运输设备制造是制造业中引资最多的行业，该行业累计吸引外资 72.13 亿美元，占同期制造业引资总额的 22.1%，按当年 FDI 流量计，其占比由 2014 年的 14.9% 升至 2022 年的 22.1%，呈上升趋势。其次，制造业中累计吸引外资第二位至第四位的行业分别为石油加工、化学与橡胶塑料制品，食品、饮料与烟草制造业，冶金业，分别占制造业引资总额的 21.1%、12.2% 和 10.4%。

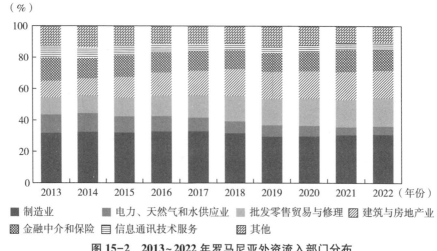

图 15-2　2013~2022 年罗马尼亚外资流入部门分布

资料来源：National Bank of Romania, Foreign Direct Investment in Romania in 2022。

三、外商投资方式选择

2005~2022 年，罗马尼亚吸引的外商投资中绿地投资形式占据主导地位，并购投资交易规模几乎可以忽略不计，仅在 2006 年并购交易额为 52.97 亿美元，略超过当年绿地投资的 1/4，此后，尽管并购交易数量于 2019 年达到 49 件，但当年交易金额仅有 1787.9 万美元。同期，绿地投资规模呈 U 型变化，投资总额于 2008 年达到峰值 291.1 亿美元后出现下降趋势，2016 年绿地投资降至历史低点 38.8 亿美元。2017~2019 年，绿地投资规模稳步上升，受疫情冲击于 2020 年小幅下降后，随即再次恢复涨势，2022 年投资额达到 89.7 亿美元，较上年增长 68%，尽管如此，引资规模仍不及 2011 年水平（见图 15-3）。

四、外商投资来源国分布

如图 15-4 所示，总体而言，罗马尼亚外商投资主要来自欧盟成员国。欧盟 15 国累计投资 828.7 亿美元，占 FDI 流入总额的 76.8%，欧盟的 5 个中东欧地区成员国共投入 118.6 亿美元，占比 11.0%[①]。其他发达国家中，瑞士是罗马尼亚

---

① EU-15 包括荷兰、比利时、卢森堡、法国、意大利、德国、爱尔兰、英国、丹麦、希腊、葡萄牙、西班牙、奥地利、芬兰及瑞典；EU-CEE 包括波兰、匈牙利、捷克、塞浦路斯和保加利亚五国，对于投资总额低于 1 亿美元的国家都统计在"其他"中。

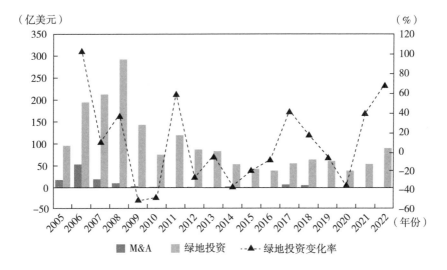

图 15-3　2005~2022 年罗马尼亚外商绿地与并购投资额

资料来源：UNCTAD：World Investment Report 2023，https：//unctad. org/topic/investment/world-invest-ment-report。

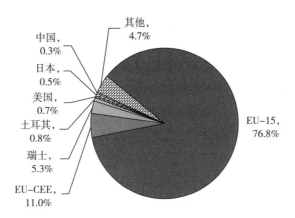

图 15-4　截至 2022 年底罗马尼亚吸引外商投资累计额国别分布

资料来源：National Bank of Romania，Foreign Direct Investment in Romania in 2022。

在欧盟之外的最大外商投资来源国，约占总投资额的 5.3%。就单个国家而言，荷兰是罗马尼亚 FDI 的最大来源国，1993~2022 年共计 236.1 亿美元流向罗马尼亚，其他排名前五的国家分别为德国（140.1 亿美元）、奥地利（129.0 亿美元）、意大利（81.5 亿美元）、塞浦路斯（68.1 亿美元）和法国（65.04 亿美元），以上六国投资额占同一时期引资总量的 66.7%。中国是罗马尼亚第八大、亚洲第一大贸易伙伴国。中国企业对罗马尼亚投资稳中有进，截至 2022 年末，中国对罗马尼亚直接投资存量为 3.07 亿美元，在罗马尼亚规模较大的投资企业包括华为技术罗马尼亚公司、中烟国际欧洲有限公司、中兴通讯罗马尼亚公司、东辉体育用品公司、海尔科技有限公司等。2020 年，海尔智家股份有限公司在罗投资超 7000 万欧元建造海尔欧洲冰箱工厂，第一条生产线年产能 60 万台，包括海尔、Hoover 和 Candy 三个品牌，该项目于 2021 年 7 月竣工试生产，12 月正式投产。此外，2023 年 3 月，中国土木工程集团有限公司中标布加勒斯特北部环城高速公路 3 号段项目，这是中国企业在罗马尼亚承建的最大基础设施项目，约 8000 万欧元①。

第二节　商业与政策环境

近年来，面对国际形势的快速变化和地缘政治风险的增加，各国政府加强了对关键行业外商投资的监管，更加重视外国直接投资对国家安全、经济安全以及公共秩序的影响。在此背景下，罗马尼亚也在不断强化其对外资的监管措施。2022 年 4 月，罗马尼亚以政府紧急法令形式通过《竞争法（修正案）》（"GEO 46/2022"），对外国直接投资建立了较为严格的安全审查制度，规范非欧盟成员国在罗投资敏感行业的审查程序，后于 2022 年 10 月 28 日以政府决定（"GD 1326/2022"）的形式通过了设置审查联席制度的法规（"GR 2022"），规定任何欧盟外的外国投资者在能源、交通、电信、银行、农业或媒体等领域投资超过 200 万欧元，均需得到授权。该授权需由罗马尼亚外商投资审查委员会（CEISD）进行评估后提交政府做出最后决定。该审查委员会由政府、相关部委和竞争理事会代表组成，其国内情报局和国外情报局代表将作为该委员会的常驻人员提出参考意见。

一、外商投资限制大幅改善，仍保留部分股权限制

2010～2018 年，罗马尼亚外商投资限制指数保持在 0.009，2019 年略有下降

---

① 资料来源：对外投资合作国别（地区）指南——罗马尼亚（2023 年版）。

至 0.008，2020 年该指数显著提升至 0.015（见图 15-5）。从具体指标来看，罗马尼亚已完全取消歧视性筛选机制和对核心外国雇员的限制，以上两项指标值为 0，但对外商投资仍存在相对较为严格的股权限制，该指标值为 0.008，2020 年其他限制指数从之前的 0.001 提高至 0.008。罗马尼亚外商投资安全审查适用范围包括外国直接投资和新投资，可简要概括为非欧盟自然人、法人或其他组织对实体投资，并取得控制权，或对资产投资，且涉及企业新建、扩产、产能多样化或整体生产流程发生根本性变化，但罗马尼亚外资安全审查制度不适用于间接投资（Portfolio Investment）①。

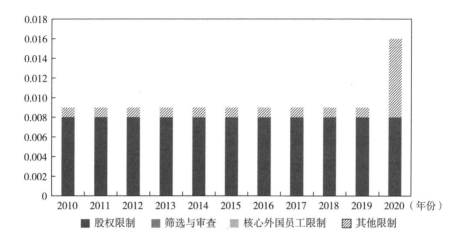

图 15-5　2010~2020 年罗马尼亚外商投资限制指数及其构成

资料来源：https://www.oecd.org/investment/fdiindex.htm。

二、部分行业取消投资限制，房地产投资业限制最为严格

根据 OECD 发布的最新数据，2020 年罗马尼亚各行业外商投资限制指数如图 15-6 所示，其中，航空运输业投资限制指数最高，达到 0.5，其次为运输业和农业，分别为 0.167 和 0.15。目前，罗马尼亚在食品加工、运输设备制造、批发零售、酒店餐饮、会计审计、商务服务等领域的投资限制最少，开放程度最高，限制指数为 0。不违背环境保护法律规范，不触犯罗马尼亚国防和国家安全

---

① 驻罗马尼亚大使馆经济商务处，http://ro.mofcom.gov.cn/article/ddfg/202311/20231103451176.shtml。

利益，不危害公共秩序、健康和道德的前提下，外资可投向工业、自然资源勘探和开发、基础设施和通信、民用和工业建筑、科学研究和技术开发、贸易、运输、旅游、银行和保险服务等各领域。

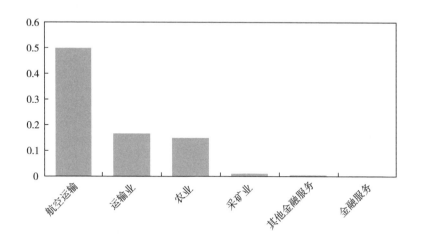

图 15-6　罗马尼亚各细分行业外商投资限制指数

资料来源：https：//www.oecd.org/investment/fdiindex.htm。

三、首都地区竞争力显著强于其他地区

根据 2023 年 5 月发布的 RCI 指数显示，罗马尼亚首都布加勒斯特竞争力指数 93.7，在 234 个欧洲次区域中居于第 129 位，其排名显著低于维谢格拉德集团四国首都地区，此外，属于欠发达地区（LD）的西罗马尼亚（Vest）竞争力超过东北部（Nord-Est）和东南部地区（Sud-Est）等欠发达地区[①]，数据详情如表 15-1 所示。对比各地区的二级指标显示，市场规模、商业成熟度和创新指标在发达地区与欠发达地区之间的差距最大。市场规模差距主要来源于各地区人均可支配收入与人口规模的差异，如 2022 年布加勒斯特地区平均月收入为 5110 列伊，同年西南奥尔特尼亚地区（Sud-Vest Oltenia）和东南部地区平均月收入仅有 3247 列伊和 3173 列伊，为罗马尼亚各地区最低水平，分别较前者低 36.5% 和 37.9%。

---

①　区域竞争力报告将人均 GDP 高于欧盟平均水平 100% 的区域定义为较发达地区（More Developed Regions，MD），人均 GDP 介于欧盟平均水平 75%~100% 的区域定义为转型地区（Transition Regions，TR），人均 GDP 低于欧盟平均水平 75% 的区域定义为欠发达地区（Less Developed Regions，LD）。

表15-1　罗马尼亚区域竞争力指数及排名

地区	RCI指数	排名	发展阶段	基础	制度	宏观经济	基础设施	健康	基础教育	效率	高等教育	劳动市场效率	市场规模	创新	技术就绪度	商业成熟度	创新
Bucureşti-Ilfov	93.7	129	MD	50.0	42.5	45.1	65.8	83.1	12.3	123.1	112.4	118.7	151.6	77.9	59.6	63.9	116.8
Vest	57.8	223	LD	40.7	53.8	45.1	33.5	58.9	12.3	76.9	74.3	99.7	33.3	31.0	41.7	16.4	32.3
Nord-Vest	56.0	226	LD	37.5	50.4	45.1	21.7	56.2	12.3	74.3	63.8	103.5	31.0	34.6	40.4	25.5	36.7
Centru	52.5	229	LD	40.4	61.6	45.1	24.8	58.0	12.3	67.1	57.4	91.8	31.8	29.6	39.2	14.5	32.7
Sud-Muntenia	52.1	230	LD	41.7	49.8	45.1	46.8	56.9	12.3	67.2	63.4	81.9	42.9	24.4	38.0	15.3	16.0
Sud-Vest Oltenia	50.2	231	LD	39.4	50.4	45.1	26.7	60.3	12.3	65.2	62.4	88.5	21.0	23.7	37.1	12.5	17.9
Nord-Est	47.0	233	LD	37.3	44.6	45.1	31.8	52.5	12.3	60.3	53.1	86.4	17.6	23.9	29.9	16.7	23.7
Sud-Est	46.1	234	LD	37.3	47.4	45.1	36.0	47.9	12.3	58.4	44.9	86.2	23.8	23.7	34.5	14.1	19.5

资料来源：EU Regional Competitiveness Index 2.0 2022 edition，2023 年 5 月。

此外，商业成熟度的差距主要反映各地区中小企业参与合作创新、进行组织创新活动占比的差异，如布加勒斯特地区作为"新兴创新者（Emerging Innovator）"以上两项创新得分为 0.141 和 0.011，而东南部地区以上两项指标得分仅为 0.035 和 0[①]。各地区专利申请量、人均科技论文出版量、技术密集型行业就业的占比与研发支出占 GDP 比重等指标差异导致其创新层面的差距扩大，2022 年，布加勒斯特地区拥有 R&D 人员 2.31 万人，当年研发支出 33.77 亿列伊，分别占全国研发人员和研发支出总量的 47.1% 和 52.5%，研发支出占 GDP 比重为 1.02%，远高于全国平均水平 0.54%[②]。

四、外商投资优惠政策

罗马尼亚投资和外贸局外国投资司负责在中央政府层面发展大型投资项目，吸引外国投资，协助外国公司实施投资项目，增加外国直接投资数量，引进专有技术，支持罗马尼亚有关地区更均衡地发展经济，缩小地区之间差距。罗马尼亚对外商投资的优惠政策和鼓励措施可分为三大类：一是欧盟资金；二是罗马尼亚国家财政援助；三是地方政府提供的相关优惠。希望享受投资优惠的外国及本国投资者需满足以下条件：促进地区发展；保护环境；提高能效以及利用可再生能源；从事研发、创新或进行高技术投资；增加就业岗位及对员工进行培训；符合政府经济社会政策的相关要求等。

（一）优惠政策框架

国家资助是罗马尼亚政府向投资者提供的主要投资优惠鼓励措施，对企业购买的符合条件的有形和无形资产提供一定数额无偿资金补助。具体金额根据项目投资领域、投资额、目的、可行性、期限以及产品和服务提供商等标准确定。2024~2026 年，罗马尼亚政府拟对投资合格费用资助 4.5 亿欧元，对包括 IT&C、研发活动、建筑业、农业和食品加工等行业满足条件的投资项目合格费用（Eligible Costs）予以资助。合格费用包括购买土地、厂房建筑、技术和机械设备等有形资产，以及许可、高新技术和专利等无形资产。投资补贴对各类新建项目均予以支持，但投资补贴受益人应确保至少投入合格费用的 25%，且投资项目建设完成后，在接受投资补贴期间，保有固定资产至少 5 年。

---

① European Commission：Regional Innovation Scoreboard 2023，https：//research-and-innovation. ec. europa. eu/statistics/performance-indicators/regional-innovation-scoreboard_en.

② 罗马尼亚统计局，https：//insse. ro/cms/en。

表 15-2 罗马尼亚投资激励措施

项目	优惠措施
一般项目	用于商业目的新技术设备再投资免税 企业应税所得按 16% 缴纳所得税 企业红利所得税率 8% 雇主社会保障费率 2.25%
IT&C	参与 IT&C（创造软件）的员工所得税为 0%，免税额适用于每月总收入不超过 10000 列伊（含）的员工
R&D	研发企业工作的员工免征所得税 研发企业免征十年利润税 R&D 合格费用特别扣减：R&D 设备加速折旧 企业所得税可额外减扣 R&D 合格费用的 50%
建筑行业	以下优惠待遇有效期至 2028 年 12 月 31 日 ①每月总收入不超过 10000 列伊（含）的员工，免收个人所得税 ②健康保险 10%（CASS） ③社会保险按照 20.25% 缴纳（CAS），较标准费率（25%）低 4.75% ④2024 年最低总工资为每月 4582 列伊（不含其他绩效奖励）
农业与食品加工业	以下优惠待遇有效期至 2028 年 12 月 31 日 ①每月总收入不超过 10000 列伊（含）的员工，免收个人所得税 ②健康保险 10%（CASS） ③社会保险按照 20.25% 缴纳（CAS），较标准费率（25%）低 4.75% ④2024 年最低总工资为每月 3436 列伊（不含其他绩效奖励）
就业补贴	企业雇用以下员工可享受额外补贴 ①雇用 45 岁以上者、单身父/母或年轻毕业生免缴一年失业保险金 ②雇用残疾人可获每月 500 列伊补贴，补贴时间最长不超过一年 ③NEETs（受过高等教育，不就业不升学的人） ④存在被社会边缘化风险的年轻人 ⑤学徒工；实习期高等教育毕业生

资料来源：罗马尼亚投资司（InvestRomania），https：//investromania.gov.ro/web/doing-business/fiscal-incentives/。

对于满足以上条件的各类项目，罗马尼亚政府规定了企业投资不同地区可获得补贴的最高额度，该额度按照合格成本的百分比来计算，对欠发达以及失业率较高地区的投资支持力度更大，但首都布加勒斯特核心区域不享受任何补贴，位于奥尔特尼亚西南部的戈尔日县（Gorj，GJ）可享受补贴的最高额度为合格费用的 70%，而相邻的梅赫丁茨县（Mehedinti，MH）、多尔日县（Dolj，DJ）和卡拉什—塞维林县（Caras-Severin，CS）则分别可享受 60%、50% 和 40% 的补贴。

（二）经济特区优惠政策

截至 2023 年 6 月，罗马尼亚全国经地区发展和公共行政部批准的工业园区共有 102 个，分布在 32 个省和布加勒斯特市。其中，普拉霍瓦省最多，达 16 个；其次为克鲁日省（11 个）和布拉索夫省（10 个）[①]（见表 15-3）。罗马尼亚研究、创新和数字化部负责审批成立科技园并监管其活动。科技园内投资可享受以下优惠条件：①由地方政府给予的土地使用和固定资产税收减让，以及法律允许的其他优惠；②科技园区内使用土地免缴土地用途变更税；③投入使用前连接公用设施的材料和设备可延迟缴纳增值税；④可获得中央和地方政府、企业及国外援助的基础设施投资和提供的设备。

表 15-3　罗马尼亚科技园区分布

科技园	地理位置	主要领域
Tehnopolis	东北部—雅西	信息技术、视听技术、食品加工和生物技术等
加拉茨	东部—加拉茨市	软件开发、知识产权研究等
Minateh	布加勒斯特市	显微和纳米技术、新材料等
蒂米什瓦拉	西部—蒂米什瓦拉	化学、物理、环境保护和计算机科学等
Tetapolis（建设中）	克鲁日—纳波卡	生物技术、光学、IT、数字传媒等领域

资料来源：对外投资合作国别（地区）指南——罗马尼亚（2023 年版）。

（三）其他优惠政策

罗马尼亚通过绿色公共采购法并设计融资计划，支持生态商业倡议、绿色建筑部门发展，提升发展绿色经济的政治意愿和公众意识；支持发展风能、太阳能等绿色清洁能源。罗马尼亚对企业（含外商）投资绿色产业和进行污染行业绿色改造的支持主要体现在资金保障方面：通过欧洲社会基金、欧洲区域发展基金等支持劳动力在绿色经济领域就业、向该领域转型和接受职业培训，增加在可再生能源、废物和水管理、绿色基础设施、生物多样性保护、生态创新、教育基础设施及研究开发的投资；落实欧盟有关指令，在欧盟区域发展基金项目中确定低碳排放经济投资的固定比例约束（较发达地区为 20%，过渡地区为 15%，欠发达地区为 12%），欧洲农村农业发展基金支持农村可再生能源和能源效率、资源管理（水、废物、土地等）和创新投资，至少 30% 的资金投向气候变化和环境领域。其他相关支持计划还包括：企业和中小企业竞争力计划；地平线 2020；金

---

① 　资料来源：对外投资合作国别（地区）指南——罗马尼亚（2023 年版）。

融工具—技术咨询 FI-TAP 平台；LIFE 计划；等等。根据 2022 年版机动车以旧换新计划，罗马尼亚财政资金对每辆报废旧车补贴 6000 列伊，对同时报废两辆旧车补贴 9000 列伊，此外根据报废车辆年限和排量情况还可额外提供 1500～3000 列伊的生态优惠券；购买混合动力车和液化天然气动力车生态补贴分别维持在 3000 列伊和 1500 列伊①。

第三节　经济环境

一、主要宏观经济指标变化趋势

全球金融危机后，罗马尼亚经济加速恢复，2012 年实现经济增长 1.9%。此后，罗马尼亚经济稳步增长，2017 年经济增长率高达 8.2%，直到 2020 年受新冠疫情影响，罗马尼亚经济再次负增长 3.7%，但随即于 2021 年经济再次复苏，增长率达到 5.7%，2012～2023 年，罗马尼亚 GDP 年均增长率达到 7.9%。如图 15-7 所示，与欧盟 27 国平均增长率相比，除 2021 年罗马尼亚 GDP 增长率略低于平均水平外，其他年份均高于欧盟平均水平，2023 年第四季度罗马尼亚国内生产总值同比增长 3%，明显好于欧元区 0.1% 的增速，也高于维谢格拉德集团四国：波兰（1%）、匈牙利（0%）、捷克（-0.2%）和斯洛伐克（1.2%）②。2022 年罗马尼亚 GDP 中消费和投资占比分别为 78.8% 和 25.1%，净出口对经济贡献持续出现负值，2022 年净出口在 GDP 中占比为 -6.9%。与其他欧盟国家一样，2023 年罗马尼亚经济受到了通胀高企、贷款成本高和出口疲软的综合打击。从 2023 年全年来看，罗马尼亚 GDP 增长率 2.1%，较 2022 年 4.1% 的增长率有所放缓，但该数值仍高于欧元区 2023 年 GDP 增长率（0.4%），也好于波兰（0.2%）、匈牙利（-0.9%）、捷克（-0.3%）和斯洛伐克（1.1%）。此外，同期罗马尼亚人均 GDP 呈现明显的增长态势，以当年价格计，2023 年罗马尼亚人均 GDP 达到 16960 欧元，较 2012 年不止翻了一番，与欧盟 27 国平均水平相比，

---

① 资料来源：对外投资合作国别（地区）指南——罗马尼亚（2023 年版）。
② 罗马尼亚统计局，https://insse.ro/cms/en。

罗马尼亚人均 GDP 从平均水平的 27% 上涨至欧盟平均水平的 45.1%，二者间差距进一步缩小，出现赶超趋势（见表 15-4）。

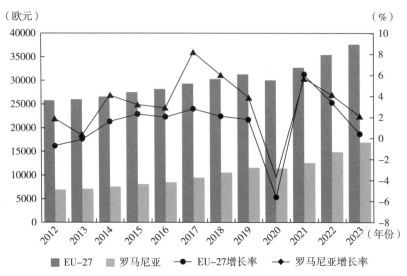

图 15-7 2012~2023 年罗马尼亚人均 GDP 与实际 GDP 增长率比较

资料来源：Eurostat, https：//ec. europa. eu/eurostat/web/national-accounts/database。

表 15-4 2013~2023 年罗马尼亚 GDP 及其增长率指标

年份 指标	2013	2014	2015	2016	2017	2018	2019	2020	2021	2022	2023
GDP（亿欧元）	1429.3	1505.2	1602.9	1674.9	1864.0	2060.7	2241.8	2204.9	2416.1	2841.7	3231.6
人均 GDP（欧元）	7150	7560	8090	8500	9510	10580	11560	11430	12630	14920	16960
GDP 增长率（%）	0.3	4.1	3.2	2.9	8.2	6.0	3.9	-3.7	5.7	4.1	2.1
通胀率（%）	3.98	1.07	-0.59	-1.55	1.34	4.63	3.83	2.63	5.05	13.8	10.4

注：通胀率未经季节性调整，上年=100%。

资料来源：各变量数据来自欧盟统计局，其中，通胀率数据来自罗马尼亚统计局，https：//insse. ro/cms/en。

2023 年 2 月，罗马尼亚整体通胀率达到顶峰 15.5%，在住宿餐饮（Restau-rants and Hotels）服务的推动下，5 月份通胀率仍高达 10.6%，此后，由于食品价格增速的放缓和能源价格正常化，如 2023 年第四季度电力价格较上年同期下降 12.3%，罗马尼亚国内通胀压力进一步缓解，导致通胀率逐月下降，2023 年 12 月整体通胀率降至 6.6%，2024 年伊始，食品饮料类产品价格持续下降，2024 年 4 月糖类和奶制品价格分别较上年同期下降 10.5% 和 0.6%，使得罗马尼亚 4 月整体通胀率进一步下降至 5.9%①。

罗马尼亚国土面积 23.84 万平方公里，截至 2023 年初，罗马尼亚常住人口 1905.5 万，其中，城市人口所占比例约为 54.6%，15～64 岁劳动年龄人口占总人口的 64.1%。人口分布多集中在布加勒斯特、雅西、克鲁日—纳波卡、康斯坦察和蒂米什瓦拉等城市，其中，首都布加勒斯特市人口达到 172.5 万，占全国总人口的 9.05%②。罗马尼亚全国共划分为 41 个县和 1 个直辖市，首都布加勒斯特是全国政治、经济、文化和交通中心，同时也是全国最大的工业中心，工业以机械制造、化工、电子、精密仪器、建材制造和木材加工为主③。如表 15-5 所示，各地区经济发展和增长情况差异较大，2021 年首都布加勒斯特（Bucharest-Ilfov）产值占罗马尼亚 GDP 超过 1/4，其次为西北部地区（North-West）、中部地区（Center）和南蒙泰尼亚地区（South-Muntenia），各占罗马尼亚国内生产总值的 12.3%、11.3% 和 11.3%，以上四个地区经济产值合计达到罗马尼亚总产值的 62.9%，地区总人口约 992 万，占罗马尼亚总人口的 52.1%④。2021 年，首都布加勒斯特地区人均 GDP 达到 11.6 万列伊，接近全国平均水平的 2 倍。另外，除西部地区（103.3%）略超过全国平均水平外，其余各地区人均 GDP 均低于全国均值，其中，东北部地区（North-East）仅为全国平均水平的 62.3%，以上各地区经济发展及增加值差异与当地人力资本、资源禀赋和优势产业的发展密切相关。

表 15-5　2021 年罗马尼亚各地区 GDP 及增长率比较

地区	GDP（亿列伊）	GDP 占比（%）	GDP 增长率（%）	人均 GDP（万列伊）	人均 GDP/全国平均
MACROREGION 1	2803.6	23.6	10.5	5.84	93.6
North-West	1462.0	12.3	10.6	5.79	92.8
Center	1341.6	11.3	10.4	5.90	94.5
MACROREGION 2	2441.7	20.5	12.0	4.37	70.0
North-East	1254.1	10.5	8.8	3.89	62.3
South-East	1187.6	10.0	15.7	5.03	80.5

---

① https://slovak.statistics.sk/.
② 作者依据罗马尼亚统计局数据计算整理。
③ 资料来源：对外投资合作国别（地区）指南——罗马尼亚（2023 年版）。
④ 作者依据相关数据计算。

地区	GDP（亿列伊）	GDP 占比（%）	GDP 增长率（%）	人均 GDP（万列伊）	人均 GDP/全国平均
MACROREGION 3	4670.8	39.3	12.5	9.12	146.0
Bucharest-Ilfov	3322.4	27.9	12.7	11.64	186.4
South-Muntenia	1348.4	11.3	12.1	5.94	95.2
MACROREGION 4	1967.8	16.5	9.8	5.56	89.0
South-West Oltenia	890.4	7.5	9.9	4.76	76.3
West	1077.4	9.1	9.7	6.45	103.3
罗马尼亚	11890.9	100.0	11.5	6.24	100.0

注：GDP 增长率为作者依据各地区当年价 GDP 变化百分比计算而得，并非实际 GDP 增长率。

资料来源：罗马尼亚统计局，https://insse.ro/cms/en。

二、劳动力市场活跃程度

罗马尼亚劳动参与率不高，2022 年为 66.8%，2023 年失业率为 5.6%，高于维谢格拉德集团三国：波兰（2.8%）、匈牙利（4.1%）和捷克（2.6%），略低于斯洛伐克（5.8%）。与 2014 年相比，其长期失业率仅下降 1 个百分点。罗马尼亚统计局发布数据显示，2020～2022 年受疫情影响，总人口减少 31.2 万，2023 年罗马尼亚劳动年龄（15～64 岁）人口约 1207.6 万人，占人口总数的 63.4%，低于欧盟 27 国平均水平 63.9% 和波兰（65.4%）。同期，罗马尼亚劳动参与率在 2020 年前逐年上升，而失业率自 2014 年达到 8.6% 的高点后持续下降，2020 年受疫情影响失业率上升至 6.1%，而后罗马尼亚失业率有所下降，但 2023 年第四季度失业率较 2023 年第三季度上升 0.4 个百分点，增至 5.8%，使得 2023 年全年失业率为 5.6%，仍高于疫情前 2019 年水平（见表 15-6）。尽管疫情后劳动力长期失业率呈上升趋势，2023 年长期失业率为 38.5%，但该比例远低于斯洛伐克 65.1% 的水平。

表 15-6　2014～2023 年罗马尼亚劳动力市场主要指标　　单位：%

指标＼年份	2014	2015	2016	2017	2018	2019	2020	2021	2022	2023
就业/人口	53.7	54.9	55.8	58.0	59.0	60.2	60.2	61.9	63.1	63.0

续表

年份 指标	2014	2015	2016	2017	2018	2019	2020	2021	2022	2023
劳动参与率	65.7	66.1	65.6	67.3	67.8	68.6	69.2	65.6	66.8	66.8
失业率	8.6	8.4	7.2	6.1	5.3	4.9	6.1	5.6	5.6	5.6
长期失业率	39.8	42.4	47.9	39.9	42.1	40.6	29.6	36.6	38.4	38.5

注：就业/人口比重、劳动参与率为15~64年龄段人口数据，其他指标为15~74年龄段人口数据。

资料来源：欧盟统计局，https：//ec.europa.eu/eurostat/web/main/data/database。

历年失业率数据表明，与维谢格拉德集团四国不同，罗马尼亚女性与男性失业率差异虽然并不显著，但2014~2023年女性失业率普遍低于男性，且二者差距呈逐年缩小趋势，2015年女性失业率较男性低1.7个百分点，至2019年男性与女性失业率分别降至5.3%和4.3%，均为这一期间最低值，且二者之间差距进一步缩小到1个百分点。但显然疫情对罗马尼亚男性就业冲击更为严重，使得男性失业率较女性差距再次扩大，2023年女性失业率仍低于男性失业率0.8个百分点（见图15-8）。此外，女性就业人口中5.3%是兼职工作，与此同时，2014年接近5.9%的就业男性仅能从事兼职工作，尽管这一比例在此后几年间呈现下降

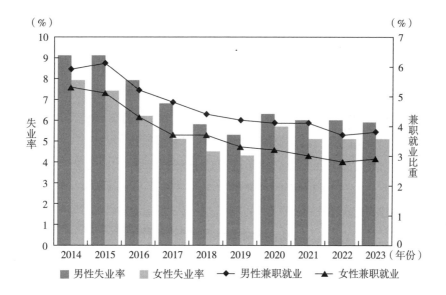

图15-8 2014~2023年罗马尼亚女性与男性失业率比较

资料来源：Eurostat，https：//ec.europa.eu/eurostat/web/main/data/database。

趋势，但仍显著高于女性，表明更多的男性从业者处于不充分就业状态。最新数据显示，2023 年第四季度总就业人数为 768.8 万人，经季节性调整的平均就业人数较上一季度减少了 4.44 万人。分行业来看，就业集中在制造业和贸易领域中，以上两个行业就业人数占比达到 19.3% 和 17.3%①。

罗马尼亚各地区劳动力就业与失业情况差异较大，西南奥尔特尼亚地区（South-West Oltenia）和东北部地区的失业率高达 5.6% 和 4.2%，高于全国平均 3.0% 的水平，但劳动部门登记的职位空缺率却远低于全国平均水平，仅为 0.4 和 0.7，其中，西北地区（North-West）与全国平均水平持平（见表 15-7）。另外，东南部地区和西南奥尔特尼亚地区的月平均工资处于全国最低水平，仅为每月 3173 列伊和 3247 列伊，较布加勒斯特地区人均工资水平低接近 40%，这与各地区就业结构密切相关。进一步考察各地区劳动力就业的主要行业，可以看出，以制造业和批发零售业就业为主的地区，其失业率较高、平均工资较低，其中，西南奥尔特尼亚地区和东南部地区各有 20.5%、19.3% 的劳动力集中在制造业，而科学技术行业和信息通讯就业比重较高的州（布加勒斯特，16.7%）则失业率较低且平均工资较高②。

三、研发投入

2022 年罗马尼亚 R&D 支出总额 13.04 亿欧元，较 2013 年增长近 1.5 倍，尽管如此，R&D 支出占 GDP 比重从 2011 年的 0.47% 小幅下降到 2022 年 0.46%，远低于波兰、匈牙利、捷克等中东欧国家，与欧盟 27 国的差距进一步扩大。国内 R&D 总支出中，各部门支出并不平衡，企业支出占比从 2011 年的 1/3 到 2022 年占比超过 60%，占 GDP 的 0.28%，较 2011 年提高了 65%，企业创新主体的地位开始显现，但目前这一比重仍显著低于 EU-27 的 1.48%。2013~2022 年，罗马尼亚企业研发支出连年提高，2022 年企业研发支出 8.11 亿欧元，年均增长率高达 18.9%，同期，政府部门和高等教育部门研发支出占 GDP 比重逐年下降，政府部门支出占比由 2011 年的 0.19% 下降到 2022 年的 0.13%，同期，高等教育部门支出占比也由 2011 年的 0.11% 下降到 2022 年的 0.04%（见图 15-9）。

---

① 罗马尼亚统计局，Employment by activities of the national economy, by age group and by sex, https://insse.ro/cms/en。

② 作者依据 https://insse.ro/cms/en 相关数据计算整理。

表 15-7 2022 年罗马尼亚各地区劳动力市场主要指标

地区	失业率 (%)	职位空缺率 (%)	就业率 (%)	月平均工资 (列伊)	制造业 (%)	批发零售贸易 (%)	农林牧渔 (%)	信息通讯 (%)	金融保险 (%)	科学技术 (%)
MACROREGION 1	2.6	0.74	70.2	3565	28.23	15.91	2.24	3.87	1.20	2.56
North-West	2.1	0.81	68.9	3635	26.87	16.05	2.08	4.83	1.51	2.46
Center	3.1	0.66	71.5	3489	29.70	15.76	2.41	2.83	0.87	2.67
MACROREGION 2	4.1	0.67	54.2	3263	19.09	18.33	3.36	2.62	1.01	2.47
North-East	4.2	0.7	50.1	3349	18.88	17.99	3.16	3.66	1.01	2.39
South-East	4	0.64	59.8	3173	19.31	18.69	3.57	1.52	1.01	2.56
MACROREGION 3	2.1	0.93	71.2	4515	15.54	18.04	1.68	6.65	2.81	5.88
South-Muntenia	3.8	0.57	56.5	3355	26.05	15.91	4.13	1.44	1.00	3.01
Bucharest-Ilfov	0.9	1.1	86.3	5110	10.16	19.14	0.43	9.32	3.74	7.35
MACROREGION 4	3.6	0.7	66.2	3473	24.98	16.55	2.83	3.22	0.98	2.68
South-West Oltenia	5.6	0.4	59.3	3247	20.46	16.63	2.86	1.61	1.11	2.59
West	1.7	0.94	73.8	3650	28.51	16.48	2.81	4.49	0.88	2.75
罗马尼亚	3.0	0.78	65.2	3801	21.38	17.27	2.41	4.41	1.66	3.68

注：职位空缺率为 2023 年数据。

资料来源：罗马尼亚统计局，https://insse.ro/cms/en。

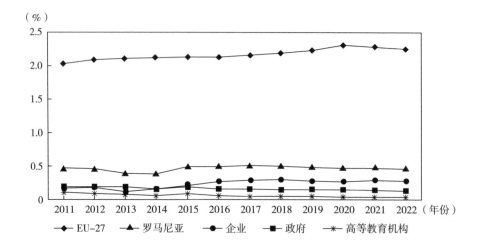

图 15-9 2011~2022 年罗马尼亚国内 R&D 支出总额/GDP

资料来源：Eurostat, https://ec.europa.eu/eurostat/web/science-technology-innovation/database。

　　从研发支出总量和人员地区分布来看，首都布加勒斯特地区都拥有绝对优势地位，如表 15-8 所示，2022 年布加勒斯特地区全年 R&D 支出总额 33.8 亿列伊，研发人员数量达到 1.76 万人，分别占全国研发支出与人员总量的 52.5% 和 49.6%，其次为中部地区和西部地区，以上两个地区研发支出占比分别为 10.7% 和 15.0%，研发人员占比依次为 13.4% 和 8.5%。从人均 R&D 支出来看，西部地区远高于其他地区，其中，东南部地区人均支出低于 10.5 万列伊，不足西部地区人均 R&D 支出的 1/3。罗马尼亚统计局数据显示，2020 年参与创新活动的企业占比 10.7%，随着企业规模的扩大，企业更倾向于参与创新活动，其中，22.6% 的大企业进行了创新相关活动，而中小企业这一比例分别为 13.3% 和 9.4%。

表 15-8 2022 年罗马尼亚各地区 R&D 情况比较

地区	R&D 支出 （亿列伊）	人均 R&D 支出 （万列伊）	R&D 支出/ GDP（%）	研发人员 占比（%）	从事创新活动企业 占比（%）
MACROREGION 1	10.95	15.42	0.39	19.9	9.85
North-West	4.09	17.52	0.28	6.5	8.92
Center	6.86	14.40	0.51	13.4	10.92
MACROREGION 2	4.84	10.52	0.20	12.9	7.99
North-East	3.54	10.54	0.28	9.4	11.95

续表

地区	R&D 支出 （亿列伊）	人均 R&D 支出 （万列伊）	R&D 支出/ GDP（%）	研发人员 占比（%）	从事创新活动企业 占比（%）
South-East	1.30	10.46	0.11	3.5	3.65
MACROREGION 3	37.51	18.66	0.80	56.5	15.41
South-Muntenia	3.74	15.22	0.11	6.9	5.52
Bucharest-Ilfov	33.77	19.14	1.72	49.6	20.35
MACROREGION 4	11.00	28.87	0.82	10.7	5.49
South-West Oltenia	1.36	16.92	0.15	2.2	3.99
West	9.65	32.05	0.90	8.5	6.50
罗马尼亚	64.3	18.06	0.54	100.0	10.66

注：此处人均 R&D 支出按从事研发活动人员数平均计算；从事创新活动企业占比指标为 2020 年数据；根据数据可得性，地区 GDP 数据为 2021 年，因此，计算得出的 R&D 支出占 GDP 比重略偏高。

资料来源：罗马尼亚统计局，https：//insse.ro/cms/en。

在企业创新能力不足的情况下，更加凸显出大学作为创新源泉的地位，2023 年全球创新指数（Global Innovation Index，GII）显示，罗马尼亚大学与产业部门 R&D 合作得分仅为 38.2[①]，132 个国家（地区）排名中，该指标排在第 79 位，远低于罗马尼亚总体创新指数第 47 位的排名[②]。因此，罗马尼亚创新绩效落后的地区应进一步加强与大学及科研机构的合作，提升自身创新实力，加速科研成果的商业转化。近年来，罗马尼亚将生态纳米技术与先进材料、ICT、空间与安全、能源、环境与气候变化、生物经济等领域确定为对外科技创新合作的优先领域，鼓励公私伙伴一起争取欧盟的竞争力计划、中小企业计划、人力资源计划（支持国外高端人才当地就业和从事研发活动）等项目，来支持研发创新活动。罗马尼亚政府也通过项目形式支持研发创新，如计划在 2022~2027 年投入 600 亿列伊，鼓励通过公私伙伴关系将研究成果转移到市场，刺激机构创新和国际合作。

---

① 该指标依据对以下问题的调研统计得分情况，大学-产业 R&D 合作提问"在你的国家，大学与企业之间 R&D 合作程度如何"，1=根本不合作，7=广泛合作。

② WIPO：Global Innovation Index 2023，https：//www.wipo.int/global_innovation_index/en/.

第十六章

保加利亚投资体系研究

第一节 保加利亚利用外资概况

一、吸引外资总体趋势分析

全球金融危机发生前，2005~2007 年保加利亚吸引的外商投资规模迅速提升，从 2005 年 39.2 亿美元增长至 2007 年 123.9 亿美元，此后，受金融危机影响，吸引外资总量骤降，2010 年仅吸引 15.5 亿美元外商投资。伴随欧洲债务危机的影响，外资流入规模一直在低水平徘徊，2011 年全年保加利亚吸引外资总额 20.5 亿美元后，2014 年保加利亚 FDI 再次降至历史低点，仅有 4.6 亿美元。随后外商投资开始反弹，2020 年 FDI 净入高达 33.97 亿美元，较上年增长 85.1%，受疫情影响，2021 年吸引外资规模小幅下降后，再次呈现上升趋势，2022 年全年引资总额 25 亿美元（见图 16-1）。截至 2022 年底，保加利亚累计吸引外资总额达 573.8 亿美元，其中 2005~2008 年流入的资金占总额的 59.2%。外商投资存量占 GDP 比重自 2009 年达到 46.6%后，呈现下降趋势，尽管如此，与保加利亚对外直接投资相比，保加利亚的 FDI 仍以外资流入为主，截至 2022 年底，保加利亚累计对外投资额仅为 34.6 亿美元。

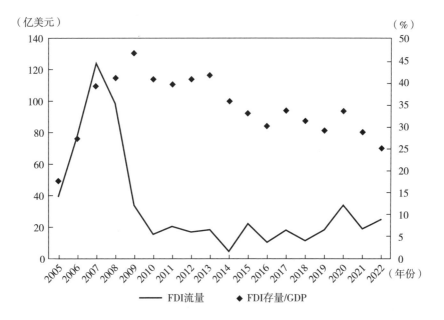

图 16-1　2005~2022 年保加利亚吸引外资流入金额

资料来源：UNCTAD：World Investment Report 2023，https：//unctad.org/topic/investment/world-invest-ment-report。

二、外商投资的行业分布

制造业是保加利亚吸引外商直接投资最多的产业，截至 2023 年底，制造业吸引了超过 112.87 亿欧元的外商投资，为同一时期流入保加利亚外资总额的 20.1%（见图 16-2）。其次为房地产业，该行业累计吸引外资 112.22 亿欧元，占同期引资总额的 20%，按当年 FDI 流量计，其占比由 2014 年的 26.2%降至 2022 年的 21.0%，呈下降趋势。金融保险服务与批发零售贸易业分别以 111.32 亿欧元和 82.26 亿欧元位居引资总额第三位和第四位，占同期外资流入的 19.9%和 14.7%。其中，流入金融保险服务和制造业的外资增长最为明显，与 2014 年相比，2023 年以上两个行业吸引外资总额分别增加 50.2 亿欧元和 47 亿欧元，涨幅高达 82.1%和 71.3%。同期，专业技术服务业吸引外资规模大幅增长近两倍，由 2014 年 13.38 亿欧元增至 35.3 亿欧元。近年来，保加利亚信息通信服务领域外资流入增长迅速，2020 年保加利亚最大的电信公司—保加利亚电信公司（BTC）被联合集团（United Group）收购，塞尔维亚 BC Partners 公司拥有联合集团超过 50% 的股份，而后 2021 年竞争保护委员会批准了电信公司（BTC）收购 Net 1 和 ComNet 两家电视台的请求，这项收购进一步增强了联合集团的市场竞争力。

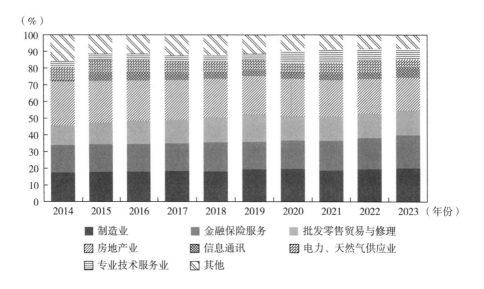

图 16-2　2014~2023 年保加利亚外资流入行业分布

资料来源：保加利亚中央银行，Bulgarian National Bank，https：//bnb.bg/Statistics/index.htm。

三、外商投资方式选择

2005~2022 年，保加利亚吸引的外商投资中绿地投资形式占据主导地位，并购投资交易规模几乎可以忽略不计，仅在 2005 年并购交易额为 25.5 亿美元，约为当年绿地投资的 60%，此后，尽管并购交易数量于 2007 年达到 32 件，但当年交易金额仅有 9.6 亿美元。同期，绿地投资规模呈下降趋势，投资总额于 2006 年达到峰值 154.2 亿美元后出现下降趋势，2016 年绿地投资降至历史低点 10.7 亿美元，同年，保加利亚企业海外并购额超过境内并购金额。2018~2022 年，绿地投资规模呈 U 型变化，2022 年投资额达到 21.6 亿美元，较上年增长 106.5%，尽管如此，引资规模仍不及 2019 年水平（见图 16-3）。

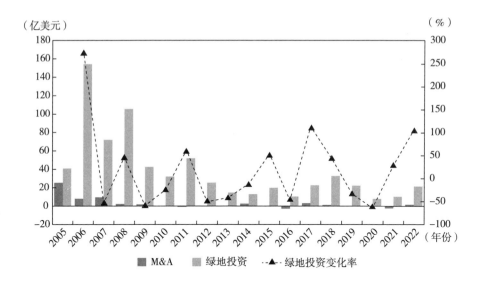

图 16-3 2005～2022 年保加利亚外商绿地与并购投资额

资料来源：UNCTAD：World Investment Report 2023，https：//unctad. org/topic/investment/world－invest-ment－report。

四、外商投资来源国分布

如图 16-4 所示，总体而言，保加利亚外商投资主要来自于欧盟成员国。欧盟 15 国累计投资 356.6 亿欧元，占 FDI 流入总额的 63.6%，欧盟的 11 个中东欧地区成员国共投入 70.96 亿欧元，占比 12.7%[1]。其他发达国家中，瑞士是保加利亚在欧盟之外的最大外商投资来源国，约占总投资额的 7.2%。就单个国家而言，荷兰是保加利亚 FDI 的最大来源国，1993～2023 年共计 71.8 亿欧元流向保加利亚，其他排名前五的国家分别为奥地利（47.5 亿欧元）、德国（42.2 亿欧元）、瑞士（40.5 亿欧元）、希腊（35.7 亿欧元）和比利时（33.7 亿欧元），以上六国投资额占同一时期引资总量的 48.4%。2022 年，中国对保加利亚双边贸易额 41.2 亿美元，主要出口产品为电机、电气设备及零件、锅炉、家具家居用品等，中国成为保加利亚在欧盟以外的第三大贸易伙伴。对保加利亚投资合作呈

---

[1] EU-15 包括荷兰、比利时、卢森堡、法国、意大利、德国、爱尔兰、英国、丹麦、希腊、葡萄牙、西班牙、奥地利、芬兰及瑞典；EU-CEE 包括波兰、匈牙利、捷克、斯洛伐克、塞浦路斯、爱沙尼亚、拉脱维亚、立陶宛、罗马尼亚、斯洛文尼亚和克罗地亚。

良好势头，中国在保加利亚投资累计达 6 亿多美元，已设立 30 多家企业或代表处，涵盖汽车、可再生能源、信息通信、农业合作、金融合作等五大领域，投资模式从贸易、投资合作逐步拓展到金融、管理模式输出①。

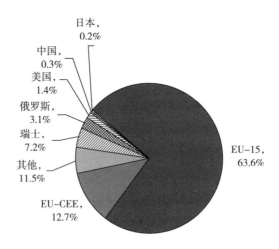

图 16-4　截至 2023 年底保加利亚吸引外商投资累计额国别分布

资料来源：保加利亚中央银行，Bulgarian National Bank，https：//bnb. bg/Statistics/index. htm。

第二节　商业与政策环境

　　近年来，面对国际形势的快速变化和地缘政治风险的增加，各国政府加强了对关键行业外商投资的监管，更加重视外国直接投资对国家安全、经济安全以及公共秩序的影响。在此背景下，保加利亚也在不断强化其对外资的监管措施。为响应欧盟"关于设立欧盟外国直接投资审查框架的第 2019/452 号条例"，即"欧盟外国直接投资审查条例"要求成员国设立外国直接投资审查制度的要求，2024 年 3 月，保加利亚修订原有的《投资促进法案》（Investment Promotion Act，即"IPA"），引入了国家层面的外国直接投资审查机制，于 3 月 12 日正式生

---

　　①　资料来源：对外投资合作国别（地区）指南——保加利亚（2023 年版）。

效。新的审批程序要求以下类型的外国直接投资都需要事先筛选（许可），即关
键基础设施投资（能源、交通、健康、媒体、数据处理与存储、航空航天和国防
等）；关键技术和两用物品（人工智能、机器人、网络安全、国防、量子技术
等）；关键要素供给（能源、原材料与食品安全）；涉及敏感信息；媒体行业投
资收购 10% 及以上股份，或绿地投资建立新企业，或对现有企业生产流程进行改
造，金额超过 200 万欧元（或等值的保加利亚列弗)①。

一、部分行业取消投资限制，鼓励外商投资

保加利亚《投资促进法案》规定了在境内促进投资的条款和程序、国家机
构在投资促进领域的运作，以及投资保护。保加利亚行业鼓励政策主要体现在
对大型投资项目的支持政策中，主要集中在再生能源制造工业、能源产业、计
算机技术研发、教育和卫生保健等领域。对于在保加利亚投资固定（非固
定）资产，并且满足条件的投资项目在获得主管部门颁发的投资证书后，都将
获得优惠政策鼓励，优惠政策有效期为 3 年。条件包括投资项目应以建立新企
业、扩大现有企业规模、开拓新产品、根本性改变生产流程或使原来的产品、
服务更现代化为目标，或属于可再生能源制造工业、发电产业、计算机技术研
发、教育和卫生保健领域。投资项目总销售额的 80% 来自以上行业，投资总额
的 40% 来自投资人及其贷款，投资项目在保加利亚持续 5 年以上，在 3 年内创
造并保持就业岗位②。

二、首都地区竞争力显著强于其他地区

根据 2023 年 5 月发布的 RCI 指数显示，保加利亚首都索非亚所在地区竞争力
指数为 85.4，在 234 个欧洲次区域中位列第 161 位，其排名显著高于保加利亚其他
地区，此外，属于欠发达地区（LD）的中北部保加利亚（Severen tsentralen）竞
争力超过东南部保加利亚（Yugoiztochen）和西北部保加利亚（Severozapaden）
等欠发达地区③，数据详情见表 16-1。对比各地区的二级指标得知，市场规模、

---

① Bulgaria introduced a mechanism for screening of foreign direct investments, https：//kpmg.com/bg/en/
home/insights/2024/03/bulgaria-introduced-a-mechanism-for-screening-of-foreign-direct-. html.

② 资料来源：对外投资合作国别（地区）指南——保加利亚（2023 年版）。

③ 区域竞争力报告将人均 GDP 高于欧盟平均水平 100% 的区域定义为较发达地区（More Developed
Regions，MD），人均 GDP 介于欧盟平均水平 75%~100% 的区域定义为转型地区（Transition Regions，TR），
人均 GDP 低于欧盟平均水平 75% 的区域定义为欠发达地区（Less Developed Regions，LD）。

表16-1 保加利亚区域竞争力指数及排名

地区	RCI指数	排名	发展阶段	基础	制度	宏观经济	基础设施	健康	基础教育	效率	高等教育	劳动市场效率	市场规模	创新	技术就绪度	商业成熟度	创新
Yugozapaden	85.4	161	TR	62.7	36.3	125.1	78.2	74.5	3.7	102.3	113.0	117.1	51.9	74.5	37.1	82.9	114.8
Severen tsentralen	62.4	212	LD	49.9	41.4	125.1	28.0	52.4	3.7	79.9	89.8	101.3	16.5	31.1	13.2	27.6	58.3
Yuzhen tsentralen	61.6	213	LD	58.2	43.7	125.1	68.8	57.2	3.7	71.4	71.6	98.0	14.4	35.3	19.8	29.1	62.4
Severoiztochen	58.9	221	LD	50.8	36.7	125.1	32.5	56.1	3.7	71.8	76.7	95.6	12.3	33.0	17.6	36.8	49.2
Yugoiztochen	53.4	227	LD	49.9	37.2	125.1	44.2	44.5	3.7	63.2	60.7	89.9	10.9	27.8	13.1	28.9	46.0
Severozapaden	49.0	232	LD	44.7	34.8	125.1	19.8	41.0	3.7	57.7	58.2	80.1	9.4	28.4	15.9	26.5	46.8

注：根据欧盟2021~2024年最新区域划分，保加利亚全国可划分为六大区（NUT2）和28个行政区域（NUT3），其中，Severozapaden（西北地区）包括 Vidin、Montana、Vratsa、Pleven和Lovech；Severen tsentralen（中北地区）包括 Veliko Tarnovo、Gabrovo、Ruse、Razgrad和Silistra；Severoiztochen（东北地区）包括 Varna、Dobrich、Shumen和Targovishte；Yugoiztochen（东南地区）包括 Burgas、Sliven、Yambol和Stara Zagora；Yugozapaden（西南地区）包括 Sofia（stolitsa）、Sofia、Blagoevgrad、Pernik和Kyustendil；Yuzhen tsentralen（中南地区）包括 Plovdiv、Haskovo、Pazardzhik、Smolyan和Kardzhali。

资料来源：EU Regional Competitiveness Index 2.0 2022 edition，2023年5月。

商业成熟度和创新指标在转型地区与欠发达地区之间的差距最大。市场规模差距主要来源于各地区人均可支配收入与人口规模的差异，如2022年索菲亚地区平均月收入为2475列弗，同年维丁县（Vidin）和蒙塔纳县（Montana）平均月收入仅有1214列弗和1293列弗，为保加利亚各县最低水平，分别较前者低51%和47.8%。此外，商业成熟度的差距主要反映各地区中小企业参与合作创新、进行组织创新活动占比的差异，如索菲亚所在的西南地区（Yugozapaden）作为"新兴创新者（Emerging Innovator）"以上两项创新得分为0.347和0.355，而保加利亚西北地区以上两项指标得分仅为0.206和0.290[1]。各地区专利申请量、人均科技论文出版量、技术密集型行业就业的占比与研发支出占GDP比重等指标差异导致其创新层面的差距扩大，2022年，首都索菲亚地区拥有R&D人员2.07万人，当年研发支出9.38亿列弗，分别占全国研发人员和研发支出总量的55.8%和74.1%，研发支出占GDP比重1.37%，远高于全国平均水平0.75%[2]。

三、外商投资优惠政策

（一）政府资助

保加利亚《投资促进法》中采用两级分类法，降低了在高科技领域、高失业率地区的投资门槛。投资分A、B级和优先投资项目，100万~500万列弗为A级，50万~250万列弗为B级，但工业高科技业务的门槛分别降至200万列弗和200万列弗，服务业高科技业务分别为100万列弗和50万列弗。对于优先投资项目，一般的要求是投资5000万列弗，雇佣劳动力50~150人。但高科技园区降至700万列弗和50名雇员，高科技和知识密集型服务（如软件、教育、研发等）为1000万列弗和50名雇员。根据雇员人数和具体所在地的经济发展和就业状况，投资额门槛还可进一步降低。被评为A、B级以及优先投资项目可以得到保加利亚政府相应的政策支持。一是缩短行政审批时间；二是在办理房地产所有权及其他权利时，标准相应降低；三是政府财政支持在投资项目中就业的29岁以下人员进一步参加职业培训。此外，A级投资项目还享受保加利亚政府提供个

---

① European Commission：Regional Innovation Scoreboard 2023，https：//research-and-innovation. ec. europa. eu/statistics/performance-indicators/regional-innovation-scoreboard_en.

② 作者依据保加利亚统计局相关数据计算整理，https：//nsi. bg/en/content/766/statistical-data，欧洲中央银行数据显示，2024年6月7日，欧元与列弗汇率为1列弗=0.5113欧元，https：//www. ec. europa. eu/stats/policy_and_exchange_rates/euro_reference_exchange_rates/html/eurofxref-graph-bgn. en. html。

性化行政服务，以及在投资项目的基础设施建设方面提供财政支持。优先投资项目还可以在不动产买卖中不进行招标程序，可能获得其他的政府支持，符合条件的项目其教育和研发活动还可以申请国家补助。

表 16-2　保加利亚投资项目分类及标准

行业 / 项目级别	一般情况（百万欧元）		创造就业岗位				优先投资项目	
	A级	B级	A级		B级			
	金额	金额	金额（百万欧元）	数量（个）	金额（百万欧元）	数量（个）	金额（百万欧元）	数量（个）
制造业	5.11	2.56	2.05	150	1.02	100	25.56	150
制造活动：化学品生产（人造纤维除外）；医药制造；计算机、光学用品制造；机械设备；汽车制造业；其他运输设备制造业；医疗仪器设备及器械制造；金属制品、机械、航空航天设备和其他运输设备修理业	2.05	1.02	—	25	—	10	15.34	100
制造业中其他行业	—						51.13	150
仓储；行政与支持服务；呼叫中心；其他商业支持服务	1.53	0.77	0.51	150	0.26	100	51.13	150
服务业　高技术知识密集型行业：软件；计算机编程与咨询；信息服务；会计、审计及税务咨询；企业总部活动；建筑工程、技术测试与分析；科学研发；教育；健康与护理	1.02	0.51	—	50	—	25	10.23	50
服务业其他行业	—						100	150
投资于失业率高于全国平均水平的地区	2.05	1.02	—	25	—	10	25.56	100
优先投资项目建设产业园区							7.67	15
优先投资项目建设技术园区							7.67	50

资料来源：保加利亚投资局，Invest Bulgaria Agency，https：//investbg.government.bg/about-the-investor/。

（二）职业培训资助与保险金返还

政府对投资于高技术和知识密集型行业或经济发展相对落后地区的企业，依据培训时长、培训团队和受训人员成本（如差旅费、租金、材料和文具、培训、咨询服务等设备折旧成本），提供资金支持，资助强度取决于企业规模与所在地区，介于培训费用的 25%~45%，最高可达 200 万欧元。此外，企业为新雇佣人员缴纳的社会保障和医疗保险金，可享受 12~24 个月保险金返还，贫困地区享受 24 个月返还。申请该项返还时，企业应在申请表格中写明员工工资水平，即缴纳基准，每年政府会批准并规定年度最高基数，如 2023 年，月度基数约为 1738 欧元，雇主需按照 18.5% 和 13.8% 比例缴纳保险金，因此，雇主为每位员工缴纳的保险额度一年为 3859 欧元（24 个月总计 7718 欧元）。

（三）欧盟结构基金

2021~2027 欧洲结构投资基金将通过区域发展、竞争力与企业创新、数字化转型、人力资本等十项计划，拟资助保加利亚 117.9 亿欧元，借此实现包括加速智慧经济转型、提升人力资本以提高创新质量与效率、提升企业与公共服务数字化水平、城乡可持续融合发展、低碳绿色经济等目标。与前期欧盟基金相比，新计划中各类基金作用更加集中。欧盟区域发展基金（European Regional Development Fund，ERDF）主要投向欠发达地区基础设施和技术创新领域，欧盟社会基金（European Social Fund，ESF+）则致力于通过技能培训提高劳动力的流动性和就业率，从而改善居民生活水平，促进社会融合发展。从资金流向看，占用金额最多的三大领域为区域发展（23.9%）、人力资本（14%）和基础设施（13.7%）（见图 16-5）。

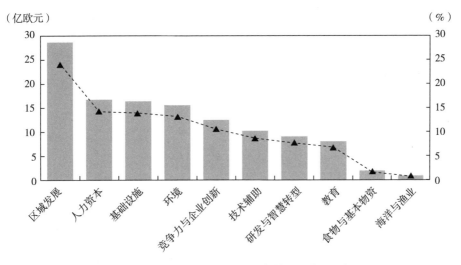

图 16-5　2021~2027 欧盟结构投资基金国家项目投入

资料来源：European Commission：Partnership Agreement with Bulgaria-2021-2027，2022 年 7 月，第 64-65 页。

第三节　经济环境

一、主要宏观经济指标变化趋势

全球金融危机后，保加利亚经济加速恢复，2014 年实现经济增长 0.9%。此后，保加利亚经济稳步增长，2019 年经济增长率高达 4.0%，直到 2020 年受新冠疫情影响，保加利亚经济再次负增长 4.0%，但随即于 2021 年经济即再次复苏，增长率达到 7.7%，2012~2023 年，保加利亚 GDP 年均增长率达到 7.5%。图 16-6 显示，与欧盟 27 国平均增长率相比，2015~2023 年，除 2017 年保加利亚 GDP 增长率略低于平均水平外，其他年份均高于欧盟平均水平，2024 年第一季度保加利亚国内生产总值同比增长 1.8%，明显好于欧元区 0.3% 的增速，高于匈牙利（1.1%）、捷克（0.2%）增速，但低于波兰（2%）和斯洛伐克（2.7%）①。2023 年保加利亚 GDP 中消费和投资占比分别为 78.0% 和 18.85%，净出口对经济贡献依然为正值，2023 年净出口在 GDP 中占比为 3.2%。与其他欧盟国家一样，2023 年保加利亚经济受到了通胀高企、贷款成本高和出口疲软的综合打击。2023 年全年来看，保加利亚 GDP 增长率 1.8%，较 2022 年 3.9% 的增长率有所放缓，但该数值仍高于欧元区 2023 年 GDP 增长率（0.4%），也好于波兰（0.2%）、匈牙利（-0.9%）、捷克（-0.3%）和斯洛伐克（1.1%）。此外，同期保加利亚人均 GDP 呈现明显的增长态势，以当年价格计，2023 年保加利亚人均 GDP 达到 14580 欧元，较 2012 年不止翻了一番，与欧盟 27 国平均水平相比，保加利亚人均 GDP 从平均水平的 22.4% 上涨至欧盟平均水平的 38.8%，二者间差距进一步缩小，出现赶超趋势（见表 16-3）。

2022 年 9 月，保加利亚整体通胀率达到顶峰 18.7%，而后呈下降趋势，尽管如此，在服装鞋帽与住宿餐饮（Restaurants and Hotels）服务的推动下，2023 年 4 月通胀率仍高达 11.6%，此后，由于食品价格增速的放缓和能源价格正常化，如 2023 年 12 月运输服务价格较上年同期下降 1.5%，保加利亚国内通胀

---

① 保加利亚统计局，https：//nsi.bg/sites/default/files/files/pressreleases/GDP2024q1_en_CVO7F4B.pdf。

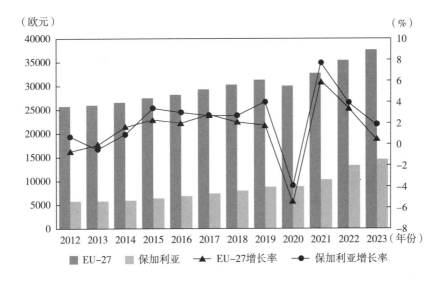

图 16-6　保加利亚人均 GDP 与实际 GDP 增长率比较

资料来源：Eurostat，https：//ec. europa. eu/eurostat/web/national-accounts/database。

表 16-3　2013~2023 年保加利亚 GDP 及其增长率指标

指标＼年份	2013	2014	2015	2016	2017	2018	2019	2020	2021	2022	2023
GDP（亿欧元）	420.6	430.2	458.0	487.5	525.0	562.0	615.3	616.1	710.6	858.0	939.5
人均 GDP（欧元）	5790	5960	6380	6840	7420	8000	8820	8880	10330	13270	14580
GDP 增长率（%）	-0.5	0.9	3.4	3.0	2.7	2.7	4.0	-4.0	7.7	3.9	1.8
通胀率（%）	0.9	-1.4	-0.1	-0.8	2.1	2.8	3.1	1.7	3.3	15.3	9.5

注：通胀率未经季节性调整，上年＝100%。

资料来源：各变量数据来自欧盟统计局，其中，通胀率数据来自保加利亚统计局，https：//nsi. bg/en/content/2518/annual-average-cpi-previous-year-100。

压力进一步缓解，导致通胀率逐月下降，2023 年 12 月整体通胀率降至 4.7%，2024 年伊始，服装鞋帽与文娱服务价格持续下降，2024 年 4 月娱乐文化服务（Recreation and Culture）价格较上年同期下降 5.9%，使得保加利亚 4 月整体通胀率进一步下降至 2.4%①。

保加利亚国土面积 11.1 万平方公里，截至 2023 年底，保加利亚人口

---

① https：//nsi. bg/en/content/2445/inflation-and-consumer-price-indices#pr-page-1.

644.55 万，约占欧盟总人口的 1.5%，其中，城市人口所占比例约为 73.5%，15~64 岁劳动年龄人口占总人口的 62.1%。人口分布多集中在索非亚市、普罗夫迪夫、瓦尔纳、布尔加斯等城市，其中，首都索非亚区域人口达到 128.7 万，占全国总人口 19.97%①。保加利亚全国共划分为 28 个大区和 265 个市，首都索非亚是全国政治、经济和文化中心②。如表 16-4 所示，各地区经济发展和增长情况差异较大，2022 年首都索非亚（Sofia－stolitsa）产值占保加利亚 GDP 超过 40%，其次为普罗夫迪夫（Plovdiv）、旧扎果拉（Stara Zagora）和瓦尔纳（Varna），各占保加利亚国内生产总值的 8.14%、6.49% 和 6.17%，以上四个地区经济产值合计达到保加利亚总产值的 61.7%，地区总人口约 264.5 万，占保加利亚总人口的 41%③。2022 年，首都索非亚地区人均 GDP 达到 53746 列弗，超过全国平均水平的两倍，另外，除旧扎果拉地区（143.1%）超过全国平均水平外，其余各地区人均 GDP 均低于全国均值，其中，锡利斯特拉地区（Silistra）仅为全国平均水平的 46.6%，以上各地区经济发展及增加值差异与当地人力资本、资源禀赋和优势产业的发展密切相关。

表 16-4　2022 年保加利亚各地区 GDP 及增长率比较

地区	GDP（亿列弗）	GDP占比（%）	GDP增长率（%）	人均 GDP（列弗）	人均 GDP/全国平均
Severozapaden	112.32	6.69	14.1	16597	63.9
Vidin	9.75	0.58	6.6	13273	51.1
Vratsa	32.72	1.95	18.2	21818	84.1
Lovech	18.15	1.08	7.4	15890	61.2
Montana	17.16	1.02	14.7	14651	56.4
Pleven	34.54	2.06	16.1	15562	60.0
Severen tsentralen	120.86	7.20	15.3	17500	67.4
Veliko Tarnovo	36.85	2.20	18.4	17959	69.2
Gabrovo	20.64	1.23	19.3	21351	82.3
Razgrad	16.11	0.96	14.4	15858	61.1
Ruse	35.63	2.12	12.1	18658	71.9

① 作者依据保加利亚统计局数据计算整理。
② 资料来源：对外投资合作国别（地区）指南——保加利亚（2023 年版）。
③ 作者依据相关数据计算。

续表

地区	GDP（亿列弗）	GDP占比（%）	GDP增长率（%）	人均GDP（列弗）	人均GDP/全国平均
Silistra	11.63	0.69	10.2	12087	46.6
Severoiztochen	166.68	9.93	20.0	20185	77.8
Varna	103.48	6.17	23.4	24007	92.5
Dobrich	23.17	1.38	10.8	15642	60.3
Targovishte	16.61	0.99	21.5	17195	66.2
Shumen	23.42	1.40	14.6	15614	60.2
Yugoiztochen	221.47	13.20	38.0	23287	89.7
Burgas	74.00	4.41	14.4	19534	75.3
Sliven	21.53	1.28	13.8	12586	48.5
Stara Zagora	108.87	6.49	74.6	37138	143.1
Yambol	17.07	1.02	17.3	15805	60.9
Yugozapaden	820.65	48.90	17.0	40676	156.7
Blagoevgrad	46.39	2.76	22.6	16041	61.8
Kyustendil	14.86	0.89	12.1	13575	52.3
Pernik	15.58	0.93	17.9	13845	53.3
Sofia	57.25	3.41	25.9	25014	96.4
Sofia（stolitsa）	686.57	40.91	16.1	53746	207.1
Yuzhen tsentralen	236.10	14.07	27.1	18115	69.8
Kardzhali	21.83	1.30	15.4	15411	59.4
Pazardzhik	35.25	2.10	21.4	15535	59.8
Plovdiv	136.68	8.14	32.3	21638	83.4
Smolyan	15.48	0.92	22.1	16425	63.3
Haskovo	26.86	1.60	23.3	12859	49.5
保加利亚	1678.1	100.0	20.7	25956	100.0

注：GDP 增长率为作者依据各地区当年价 GDP 变化百分比计算而得，并非实际 GDP 增长率。

资料来源：保加利亚统计局，https：//nsi.bg/en/content/795/regional-statistics-and-indicators-monitoring。

二、劳动力市场活跃程度

保加利亚劳动参与率较高，2023 年为 73.9%，2023 年失业率为 4.3%，高于维谢格拉德集团三国：波兰（2.8%）、匈牙利（4.1%）和捷克（2.6%），低于斯洛伐克（5.8%）。与 2014 年相比，其长期失业率下降近 8 个百分点。保加利亚统计局发布数据显示，2020～2022 年受疫情影响，总人口减少 50.4 万，2023 年保加利亚劳动年龄（15～64 岁）人口约 400.4 万人，占人口总数的 62.1%，低于欧盟 27 国平均水平 63.9% 和波兰（65.4%）。同期，保加利亚劳动参与率疫情发生前逐年上升，而失业率自 2014 年达到 12.4% 的高点后持续下降，2020 年受疫情影响失业率上升至 6.1%，而后保加利亚失业率有所下降，但 2024 年第一季度失业率较上年同期上升 0.6 个百分点，增至 5.0%，其中，初中及以下受教育程度劳动力失业率高达 18.6%，而接受过高等教育的劳动力失业率仅为 1.3%[①]，失业率整体出现上升趋势主要是受教育程度不高的劳动力拉动所致，但整体失业率仍低于疫情前 2019 年水平（见表 16-5）。尽管疫情后劳动力长期失业率呈上升趋势，2023 年长期失业占比为 52%，该比例远低于斯洛伐克 65.1% 的水平。

表 16-5　2014～2023 年保加利亚劳动力市场主要指标　　　　单位：%

指标 ＼ 年份	2014	2015	2016	2017	2018	2019	2020	2021	2022	2023
就业/人口	60.2	62.1	62.6	66.0	66.8	69.2	67.6	68.1	70.6	70.7
劳动参与率	69.0	69.3	68.7	71.3	71.5	73.2	72.2	72.0	73.7	73.9
失业率	12.4	10.1	8.6	7.2	6.2	5.2	6.1	5.3	4.2	4.3
长期失业率	59.6	60.4	58.3	54.3	57.7	55.9	44.4	49.4	54.0	52.0

注：就业/人口比重、劳动参与率为 15～64 年龄段人口数据，其他指标为 15～74 年龄段人口数据。

资料来源：欧盟统计局，https://ec.europa.eu/eurostat/web/main/data/database。

　　历年失业率数据表明，与维谢格拉德集团四国不同，保加利亚女性与男性失业率差异虽然并不显著，但 2014～2023 年女性失业率普遍低于男性，且二者差距呈逐年缩小趋势，2014 年女性失业率较男性低 2 个百分点，至 2019 年男性与女性失业率分别降至 5.6% 和 4.8%，且二者之间差距进一步缩小到 0.8 个百分点。但显然疫情对保加利亚劳动力市场冲击较为短暂，2020 年男性与女性失业率小幅上升后，随即下降，2023 年男性与女性失业率分别降至 4.4% 和 4.2%，

---

① Republic of Bulgaria National Statistical Institute, Main Labour Force Survey Results, First Quarter of 2024.

使二者差距进一步缩小至 0.2 个百分点（见图 16-7）。此外，男性就业人口中
2.4% 是兼职工作，同时，2014 年 2.5% 的就业女性仅能从事兼职工作，尽管这一
比例在此后几年间呈现下降趋势，但仍高于男性，表明更多的女性从业者处于不
充分就业状态。最新数据显示，2024 年第一季度总就业人数为 290.7 万人，平均
就业人数较上年同期下降 0.7%，全部归因于女性就业人数的减少，15 岁以上人
口中女性平均就业率仅为 47%，远低于男性的 59.1%。分行业来看，就业集中在
服务业中，服务业就业人数占比达到 65.8%[①]。

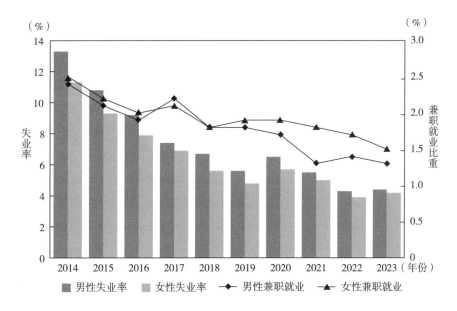

图 16-7　保加利亚女性与男性失业率比较

资料来源：Eurostat，https：//ec. europa. eu/eurostat/web/main/data/database。

　　保加利亚各地区劳动力就业与失业情况差异较大，西北地区的维丁
（Vidin）和弗拉察（Vratsa）失业率高达 12.9% 和 12.8%，远高于全国平均
4.4% 的水平，同时，西北地区劳动参与率却远低于全国平均水平，蒙塔纳
（Montana）和弗拉察参与率仅为 64.7% 和 65.7%。另外，西南地区的布拉格耶夫
格勒（Blagoevgrad）和丘斯腾迪尔（Kyustendil）的月平均工资处于全国最低水
平，仅为每月 1153 列弗和 1166 列弗，较索非亚地区人均工资水平低 50%，这与

[①]　Republic of Bulgaria National Statistical Institute，Main Labour Force Survey Results，First Quarter of 2024.

各地区劳动力受教育水平和就业行业密切相关（见表 16-6）。进一步考察各地区劳动力受教育程度，可以看出，劳动力中具有高等教育学历的劳动力占比越高的地区，其失业率较低、平均工资较高，其中，索非亚（首都区）有 57.3% 的劳动力具有大学及以上学历，而洛维奇（Lovech）和布拉格耶夫格勒这一比例仅为13.9% 和 20%[①]。

表 16-6　2023 年保加利亚各地区劳动力市场主要指标

地区	失业率（%）	劳动参与率（%）	就业率（%）	月平均工资（列弗）	具有高等教育学历劳动力占比（%）
Severozapaden	8.0	67.1	61.7	1405.3	—
Vidin	12.9	69.7	60.7	1213.8	22.3
Vratsa	12.8	65.7	57.3	1620.1	15.8
Lovech	(3.1)	65.8	63.7	1308.7	13.9
Montana	11.1	64.7	57.5	1292.8	17.8
Pleven	4.1	69.3	66.5	1419.2	23.0
Severen tsentralen	6.0	73.5	69.0	1382.4	—
Veliko Tarnovo	3.6	75.8	73.1	1342.1	27.8
Gabrovo	9.2	77.6	70.5	1426.5	23.2
Razgrad	10.2	68.3	61.3	1412.9	25.2
Ruse	(2.3)	75.0	73.3	1429.5	28.9
Silistra	12.3	67.0	58.8	1234.4	21.8
Severoiztochen	4.5	75.4	72.0	1520.1	—
Varna	(0.2)	77.1	77.0	1620.7	34.6
Dobrich	8.3	69.7	63.9	1319.8	18.3
Targovishte	11.3	72.4	64.2	1445.3	21.7
Shumen	9.6	77.5	70.1	1391.8	25.7
Yugoiztochen	4.6	73.2	69.8	1429.1	—
Burgas	3.9	72.5	69.7	1358.9	22.3
Sliven	9.0	70.0	63.7	1276.0	21.0

① 作者依据 https：//nsi.bg/en/content/795/regional-statistics-and-indicators-monitoring 相关数据计算整理。

续表

地区	失业率 (%)	劳动参与率 (%)	就业率 (%)	月平均工资 (列弗)	具有高等教育学历 劳动力占比（%）
Stara Zagora	2.3	75.7	73.9	1581.7	22.1
Yambol	7.5	74.4	68.8	1372.7	19.7
Yugozapaden	3.5	77.3	74.6	2234.3	—
Blagoevgrad	6.2	74.7	70.0	1152.8	20.0
Kyustendil	(1.6)	74.7	73.5	1165.7	22.8
Pernik	12.8	77.7	67.8	1349.0	15.6
Sofia	(1.2)	73.5	72.6	1610.8	14.3
Sofia（stolitsa）	2.7	78.7	76.5	2474.8	57.3
Yuzhen tsentralen	3.1	71.6	69.4	1400.8	—
Kardzhali	(2.7)	67.7	65.9	1307.8	24.3
Pazardzhik	5.0	72.5	68.9	1367.3	14.3
Plovdiv	2.9	72.8	70.7	1494.3	26.7
Smolyan	(5.8)	75.1	70.8	1219.4	23.8
Haskovo	(0.7)	67.8	67.3	1192.3	18.6
保加利亚	4.4	73.9	70.7	1770.2	29.9

注：失业率与就业率为 15~64 年龄段人口数据，其中，括号中数据因统计样本过少，准确度下降；月平均工资和高等教育学历劳动力占比为 2022 年数据。

资料来源：各变量数据来自欧盟统计局，其中，通胀率数据来自罗马尼亚统计局，https：//insse.ro/cms/en。

三、研发投入

2022 年保加利亚 R&D 支出总额 6.47 亿欧元，较 2013 年增长近 1.5 倍，尽管如此，R&D 支出占 GDP 比重从 2011 年的 0.53% 小幅提升到 2022 年 0.77%，远低于波兰、匈牙利、捷克等中东欧国家，与欧盟 27 国的差距略有缩小。国内 R&D 总支出中，各部门支出并不平衡，企业支出占比从 2011 年的 1/2 到 2022 年占比接近 70%，占 GDP 的 0.52%，较 2011 年提高了 85.7%，企业创新主体的地位开始显现，但目前这一比重仍显著低于 EU-27 国的 1.48%。2013~2022 年，保加利亚企业研发支出连年提高，2022 年企业研发支出 4.39 亿欧元，年均增长率高达 11.6%，同期，政府部门和高等教育部门研发支出占 GDP 比重保持稳定，政府部门和高等教育部门支出占比分别保持在 0.19% 和 0.05% 的水平（见图 16-8）。

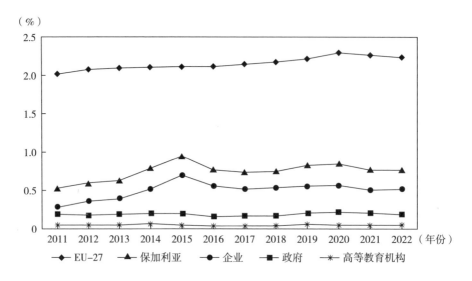

（%）

图 16-8　保加利亚国内 R&D 支出总额/GDP

资料来源：Eurostat，https：//ec. europa. eu/eurostat/web/science-technology-innovation/database。

　　从研发支出总量和人员地区分布来看，首都索非亚地区都拥有绝对优势地位，如表 16-7 所示，2022 年索非亚地区全年 R&D 支出总额 9.38 亿列弗，研发人员数量达到 2.07 万人，分别占全国研发支出与人员总量的 74.1% 和 55.8%，其次为普罗夫迪夫和瓦尔纳（Varna），以上两个地区研发支出占比分别为 5.58% 和 3.52%，研发人员占比依次为 10.1% 和 6.8%。从人均 R&D 支出来看，西南地区（Yugozapaden）和西北地区（Severozapaden）远高于其他地区，西南地区较高的人均支出主要由首都索非亚带动，而西北地区则主要由维丁和洛维奇拉动，尽管维丁区 R&D 总支出仅有 114.1 万列弗，除特尔戈维什特（Targovishte）外的全国最低水平，其人均 R&D 支出高达 4.75 万列弗，居全国之首，另外，中北部的大特尔诺沃（Veliko Tarnovo）人均支出低于 1 万列弗，不足全国平均水平的 1/5。保加利亚统计局数据显示，2020 年参与创新活动的企业占比 36.2%，随着企业规模的扩大，企业更倾向于参与创新活动，其中，76.8% 的大企业进行了创新相关活动，而中小企业这一比例分别为 50.5% 和 31.1%[①]。

_____

① https：//nsi. bg/en/content/2712/innovation-active-enterprises-share-all-enterprises.

表 16-7 2022 年保加利亚各地区 R&D 情况比较

地区	R&D 支出 （万列弗）	人均 R&D 支出 （万列弗）	R&D 支出/ GDP（%）	研发支出 占比（%）	研发人员 占比（%）
Severozapaden	3936.9	2.25	0.35	3.11	4.72
Vidin	114.1	4.75	0.12	0.09	0.06
Vratsa	531.6	2.18	0.16	0.42	0.66
Lovech	843.3	3.04	0.46	0.67	0.75
Montana	178.3	1.11	0.10	0.14	0.43
Pleven	2269.6	2.18	0.66	1.79	2.81
Severen tsentralen	3950.2	1.49	0.33	3.12	7.16
Veliko Tarnovo	572.3	0.65	0.16	0.45	2.37
Gabrovo	953.6	1.86	0.46	0.75	1.38
Razgrad	188.0	3.62	0.12	0.15	0.14
Ruse	1890.3	1.67	0.53	1.49	3.05
Silistra	346.0	4.33	0.30	0.27	0.22
Severoiztochen	6637.3	1.84	0.40	5.24	9.74
Varna	4452.7	1.76	0.43	3.52	6.83
Dobrich	567.6	1.65	0.24	0.45	0.93
Targovishte	34.4	2.46	0.02	0.03	0.04
Shumen	1582.6	2.20	0.68	1.25	1.94
Yugoiztochen	6011.7	2.15	0.27	4.75	7.53
Burgas	1730.7	3.02	0.23	1.37	1.55
Sliven	708.3	2.04	0.33	0.56	0.94
Stara Zagora	3201.4	1.93	0.29	2.53	4.49
Yambol	371.3	1.79	0.22	0.29	0.56
Yugozapaden	95984.9	4.43	1.17	75.84	58.49
Blagoevgrad	436.9	1.13	0.09	0.35	1.04
Kyustendil	372.4	1.64	0.25	0.29	0.61
Pernik	213.5	2.89	0.14	0.17	0.20
Sofia	1159.7	3.57	0.20	0.92	0.88
Sofia（stolitsa）	93802.4	4.54	1.37	74.11	55.76
Yuzhen tsentralen	10042.5	2.19	0.43	7.93	12.36
Kardzhali	275.7	4.05	0.13	0.22	0.18
Pazardzhik	2056.5	4.16	0.58	1.62	1.33

续表

地区	R&D 支出 （万列弗）	人均 R&D 支出 （万列弗）	R&D 支出/ GDP（%）	研发支出 占比（%）	研发人员 占比（%）
Plovdiv	7057.3	1.89	0.52	5.58	10.06
Smolyan	342.7	1.52	0.22	0.27	0.61
Haskovo	148.8	2.25	0.06	0.12	0.18
保加利亚	126563.5	3.42	0.75	100.0	100.0

注：此处人均 R&D 支出按从事研发活动人员数平均计算；从事创新活动企业占比指标为 2020 年数据。

资料来源：保加利亚统计局，https：//nsi.bg/en/content/2670/research-and-development-activity-rd。

在企业创新能力不足的情况下，更加凸显出大学作为创新源泉的地位，2023 年全球创新指数（Global Innovation Index，GII）显示，保加利亚大学与产业部门 R&D 合作得分仅为 48[①]，132 个国家（地区）排名中，该指标排在第 53 位，排名低于保加利亚总体创新指数第 38 位的排名[②]。因此，保加利亚创新绩效落后的地区应进一步加强与大学及科研机构的合作，提升自身创新实力，加速科研成果的商业转化。目前，保加利亚软件行业是最具投资吸引力和创新能力的领域，进驻保加利亚的跨国 IT 公司有思科、VMWARE、微软等，保加利亚创新增长部长表示，未来几年将在 IT 行业投资超过 4 亿列弗，根据复苏和可持续发展计划，数字经济预算为 1.46 亿列弗，IT 公司硬件和软件技术现代化预算约 2.6 亿列弗。

[①] 该指标依据对以下问题的调研统计得分情况，大学-产业 R&D 合作提问"在你的国家，大学与企业之间 R&D 合作程度如何"，1=根本不合作，7=广泛合作。

[②] WIPO：Global Innovation Index 2023，https：//www.wipo.int/global_innovation_index/en/.

第十七章

克罗地亚投资体系研究

第一节　克罗地亚利用外资概况

一、吸引外资总体趋势分析

全球金融危机发生前，2005~2008年克罗地亚吸引的外商投资规模呈上升趋势，从2005年18.1亿美元增加至2008年54亿美元，此后，受金融危机影响，吸引外资总量骤降，2010年FDI仅流入11.7亿美元。2008~2022年，受欧洲债务危机与疫情双重影响，流入克罗地亚的外商投资呈"双W型"变化，前期外商投资于2013年探底9.1亿美元后，迅速反弹至2014年28.9亿美元，完成第一个"W型"走势，而后开启第二轮"W型"变化，外商投资首先降至2015年的0.74亿美元，后小幅反弹至2018年的12亿美元，再次回落至2020年的1.46亿美元，至2021年外商投资规模大幅提升，远超疫情前期水平，全年引资总额44.3亿美元，接近历史高点的2008年水平（见图17-1）。截至2022年底，克罗地亚累计吸引外资总额达383.1亿美元，其中2005~2009年流入的资金占总额的46.9%。外商投资存量占GDP比重自2007年达到50.1%后，呈现下降趋势，尽管如此，与克罗地亚对外直接投资相比，克罗地亚的FDI仍以外资流入为主，截至2022年底，克罗地亚累计对外投资额仅为67.96亿美元。

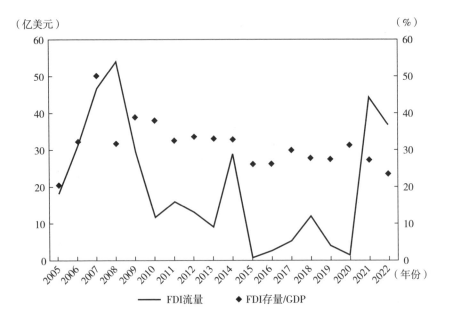

图 17-1 2005~2022 年克罗地亚吸引外资流入金额

资料来源：UNCTAD：World Investment Report 2023，https：//unctad. org/topic/investment/world-invest-ment-report。

　　尽管外资企业仅占克罗地亚活跃经济实体总量的 5%，但其平均生产率接近国内企业的两倍，同时，外资企业贡献了 30% 的总增加值、45% 的出口和 60% 研发支出。如果以出口中的国外增加值占比来衡量一国参与全球价值链（GVC）程度，2000~2018 年克罗地亚这一比例几乎没有发生大的变化，其出口中外国增加值占比为 24%，其融入 GVC 的深度远不如其他中东欧国家（均值为 38%），2018年克罗地亚出口中外国增加值最高的行业是制造业中的焦炭和精炼石油产品制造（52%）、其他运输设备制造（如船舶、航空航天器及相关机械）（46%）和基本金属制品（42%）①。

二、外商投资的行业分布

　　克罗地亚吸引的外资主要流向了服务业，截至 2023 年底，服务部门吸引了

---

　　① OECD：FDI Qualities Review of Croatia：Advancing the Strategic Framework for Investment Promotion and Facilitation，Chapter 2 Trends and qualities of foreign direct investment in Croatia.

超过 339.5 亿欧元的外商投资，为同一时期流入克罗地亚外资总额的 75.1%。其中，金融服务业（保险服务除外）为克罗地亚吸引外资最多的行业，该行业累计吸引外资 100.9 亿欧元，占同期引资总额的 22.3%。批发零售贸易（除机动车和摩托车外）与房地产投资分别以 61.6 亿欧元和 47.1 亿欧元位居吸引外资第二和第三位的行业，占克罗地亚服务业引资总额的 13.6% 和 10.4%。同期，制造业吸引外商投资 75.1 亿欧元，占同一时期流入克罗地亚外资总额的 16.6%，按当年 FDI 流量计，其占比由 2020 年的 16% 升至 2023 年的 25.9%，呈上升趋势。其中，基础医药产品和药物制剂制造为制造业中引资最多的行业，该行业累计吸引外资 14.9 亿欧元，占同期制造业引资总额的 1/5。焦炭和精炼石油产品制造业以 14.2 亿欧元位居制造业吸引外资第二的行业，占克罗地亚制造业引资总额的 18.9%（见图 17-2）。

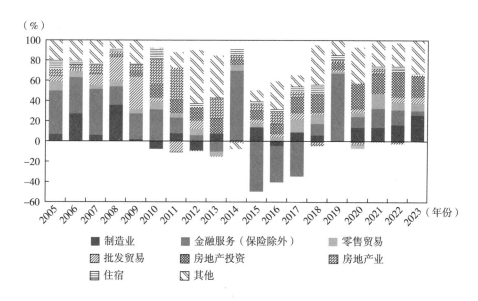

图 17-2　2005~2023 年克罗地亚外资流入部门分布

资料来源：Croatia National Bank，https：//www.hnb.hr/en/home。

三、外商投资方式选择

2005~2022 年，克罗地亚吸引的外商投资中绿地投资形式占据主导地位，并购投资交易 61.2 亿美元，其规模约为绿地投资总额的 1/4，2006 年并购交易额为 25.3 亿美元，创历史最高纪录以来，并购交易量逐年下降，2009~2014 年，交易规模几乎可以忽略不计，此后，2021 年并购交易额达到 10.7 亿美元，超过当年绿地投资额，其中，金额最大的一笔交易来自于欧洲冷冻食品巨头 Nomad Foods 以 7.24 亿美元成功收购克罗地亚食品公司 Fortenova Frozen Food Business Group①。同期，绿地投资规模呈 U 型变化，投资总额于 2006 年达到峰值 28.5 亿美元后出现下降趋势，2016 年绿地投资降至历史低点 4.5 亿美元。2020~2022 年，绿地投资规模稳步上升，2022 年投资额达到 20 亿美元，较上年增长 93%，尽管如此，引资规模仍不及 2011 年水平（见图 17-3）。

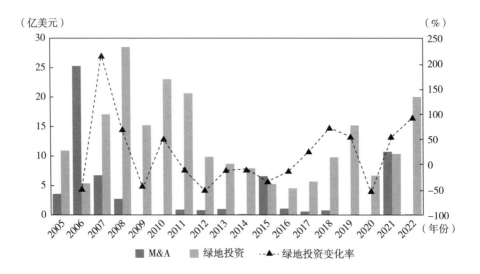

图 17-3　2005~2022 年克罗地亚外商绿地与并购投资额

资料来源：UNCTAD：World Investment Report 2023，https：//unctad.org/topic/investment/world-invest-ment-report。

四、外商投资来源国分布

如图 17-4 所示，总体而言，克罗地亚外商投资主要来自于欧盟成员国。欧盟 12 国累计投资 315 亿欧元，占 FDI 流入总额的 69.6%，欧盟的 8 个中东欧地

① https：//www.nomadfoods.com/news/nomad-foods-completes-acquisition-of-fortenova-groups-frozen-food-business-and-updates-guidance/.

区成员国共投入 93.5 亿欧元，占比 20.7%。与 10 年前相比，中东欧国家对克罗地亚的投资规模及其所占比重显著提高，截至 2014 年底，克罗地亚吸引的外商投资中来自中东欧国家的投资占比为 14.7%。其他发达国家中，瑞士是克罗地亚在欧盟之外的最大外商投资来源国，约占总投资额的 1.8%。就单个国家而言，荷兰是克罗地亚 FDI 的最大来源国，1993~2023 年共计 69.8 亿欧元流向克罗地亚，若将荷属安的列斯群岛（Netherlands Antilles）投资统计在内，则总额高达78.3 亿欧元，其他排名前五的国家分别为奥地利（62.99 亿欧元）、德国（48.7 亿欧元）、卢森堡（45.7 亿欧元）、意大利（40.6 亿欧元）和匈牙利（32.1 亿欧元），以上六国投资额占同一时期引资总量的 66.3%。中国商务部统计数据显示，2022 年中国对克罗地亚直接投资流量 522 万美元，截至 2022 年末，中国对克罗地亚直接投资存量 2.42 亿美元。2021 年 12 月 7 日，中国北方工业有限公司所属北方国际合作股份有限公司投资、建设和运营的塞尼 156MW 风电项目在克罗地亚萨格勒布举行并网发电仪式，该项目投入试运营。塞尼风电项目是克罗地亚政府近年来实施的较大规模的电力项目，是中国企业在克罗地亚投资的第一个大型清洁能源项目[①]。

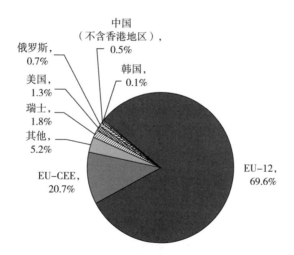

图 17-4　截至 2023 年末克罗地亚吸引外资累计额国别分布

资料来源：Croatia National Bank，https：//www.hnb.hr/en/home。

---

① 资料来源：对外投资合作国别（地区）指南——克罗地亚（2023 年版）。

第二节　商业与政策环境

近年来，面对国际形势的快速变化和地缘政治风险的增加，各国政府加强了对关键行业外商投资的监管，更加重视外国直接投资对国家安全、经济安全以及公共秩序的影响。克罗地亚尚没有建立外国投资审查机制，但根据《欧盟外资审查框架条例》（欧盟指令 2019/452 号），克罗地亚政府指定经济与可持续发展部（Ministry of Economy and Sustainable Development）国际化司作为审查外国直接投资和回应欧盟成员国或欧盟委员会有关信息请求的"国家联络点"，下设投资处负责外国投资信息核查及联系。

一、外商投资限制大幅改善，仍保留部分股权限制

2020 年克罗地亚外商投资限制指数为 0.034，自 2018 年至今保持不变（见图 17-5）。从具体指标来看，克罗地亚已完全取消歧视性筛选机制和对核心外国雇员的限制，以上两项指标值为 0，但对外商投资仍存在较为严格的股权限制和其他限制，指标值分别为 0.011 和 0.024。克罗地亚政府限制外国公司对少数战略部门服务的所有权或控制权，这些部门包括内陆水路运输、海上运输、铁路运输、空地处理、货运代理、出版、滑雪指导和基础的强制性医疗保健。除此之外，市场准入监管要求还涉及对建筑师、审计师、工程师、律师、兽医等职业的

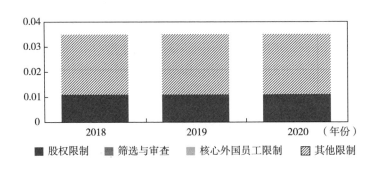

图 17-5　克罗地亚外商投资限制指数及其构成

资料来源：https://www.oecd.org/investment/fdiindex.htm。

许可要求。此外，需要特许（Concession）的领域还包括矿山开采、港口扩建、公路建设、国有农业用地的使用、狩猎权、海港的使用、电信服务、占用无线广播电视频率、国有自然保护公园的开发和利用、水资源和水道的使用、铁路建设。

二、法律服务业限制最为严格，批发零售贸易与餐饮业限制最少

克罗地亚的投资环境受《克罗地亚公司法》《投资促进法》《克罗地亚共和国战略投资项目法》以及其他法律的监管。在满足互惠条件的前提下，外国投资者在企业内享有与克罗地亚本国投资者相同的权利、义务和法律地位。根据OECD 发布的最新数据，2020 年克罗地亚各行业外商投资限制指数如图 17-6 所示，其中，法律服务投资限制指数最高，指数值为 0.239，其次为航空运输和渔业，分别为 0.199 和 0.152。目前，克罗地亚在食品加工、运输设备制造、批发零售、酒店餐饮、会计审计、移动通信等领域的投资限制最少，开放程度最高，限制指数为 0.014。

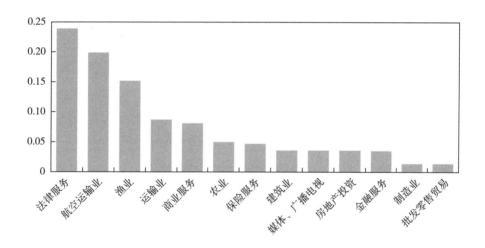

图 17-6　克罗地亚各细分行业外商投资限制指数

资料来源：https://www.oecd.org/investment/fdiindex.htm。

三、首都地区竞争力显著强于其他地区

根据 2023 年 5 月发布的 RCI 指数显示，克罗地亚首都萨格勒布竞争力指数

75.4，在 234 个欧洲次区域中位列第 144 位，其排名略高于克罗地亚其他地区，此外，属于欠发达地区（LD）的亚得里亚海地区（Jadranska Hrvatska）竞争力超过克罗地亚潘诺尼亚地区（Panonska Hrvatska）①，数据详情如表 17-1 所示。对比各地区的二级指标显示，市场规模、商业成熟度和创新指标在发达地区与欠发达地区之间的差距最大。市场规模差距主要来源于各地区人均可支配收入与人口规模的差异，如 2022 年首都萨格勒布市平均月收入为 1149 欧元，同年武科瓦尔—斯里耶姆省（Vukovarsko-srijemska）和维罗维蒂察—波德拉维纳省（Viroviti čko-podravska）平均月收入仅有 842 欧元和 821 欧元，为克罗地亚各省最低水平，分别较前者低 26.7% 和 28.5%。此外，商业成熟度的差距主要反映各地区中小企业参与合作创新、进行组织创新活动占比的差异，如萨格勒布市作为"实力创新者（Strong Innovator）"以上两项创新得分为 0.751 和 0.883，而潘诺尼亚地区以上两项指标得分仅为 0.328 和 0.628②。各地区专利申请量、人均科技论文出版量、技术密集型行业就业的占比与研发支出占 GDP 比重等指标差异导致其创新层面的差距扩大，2021 年萨格勒布市专业技术和信息通讯行业活跃企业数占当地活跃企业总数的 24.1% 和 9.8%，而西部地区的波热加—斯拉沃尼亚省（Požeško-slavonska）以上比例分别为 13.1% 和 4.2%③。

四、外商投资优惠政策

根据克罗地亚《投资促进法》（OG 63/22），涉及生产制造、开发创新、业务支持、高附加值服务活动的项目可享受所得税优惠政策和补贴。但以下行业无法享受优惠政策：渔业、水产养殖和初级农业生产部门；钢铁、煤炭、合成纤维和运输部门以及相关的基础设施；能源生产、分配和基础设施；宽带基础设施；研究基础设施；造船业；金融和保险业；卫生、福利和教育部门；贸易部门；建筑和房地产行业；采矿和采石部门的水管理、废物管理和环境修复部门；以及运输和仓储部门。

---

① 区域竞争力报告将人均 GDP 高于欧盟平均水平 100% 的区域定义为较发达地区（More Developed Regions，MD），人均 GDP 介于欧盟平均水平 75%~100% 的区域定义为转型地区（Transition Regions，TR），人均 GDP 低于欧盟平均水平 75% 的区域定义为欠发达地区（Less Developed Regions，LD）。

② European Commission：Regional Innovation Scoreboard 2023，https：//research-and-innovation.ec. europa. eu/statistics/performance-indicators/regional-innovation-scoreboard_en.

③ 克罗地亚统计局，https：//podaci. dzs. hr/en/。

表 17-1 克罗地亚区域竞争力指数及排名

地区	RCI 指数	排名	发展阶段	基础	制度	宏观经济	基础设施	健康	基础教育	效率	高等教育	劳动市场效率	市场规模	创新	技术就绪度	商业成熟度	创新
Zagreb and its commuting zone	90.0	144	TR	75.4	40.9	101.3	80.9	70.3	80.2	97.4	113.6	102.6	57.1	91.4	90.8	108.5	74.2
Jadranska Hrvatska	77.0	186	LD	72.3	49.3	101.3	50.7	72.1	80.2	79.1	101.4	86.6	22.9	74.2	89.7	84.2	43.2
Panonska Hrvatska	71.0	195	LD	69.0	40.9	101.3	41.5	70.3	80.2	69.9	88.5	78.0	19.2	72.8	95.8	69.4	46.3

资料来源：EU Regional Competitiveness Index 2.0 2022 edition，2023 年 5 月。

（一）投资补贴强度

克罗地亚经济与可持续发展部主要职责是发展和提高克罗地亚经济竞争力，制定鼓励投资和出口的战略，执行产业政策和创新及新技术应用政策，审批国内外投资项目，为投资者提供技术和咨询服务，并与其他部委和地方经济主管部门共同商定、实现具体的投资项目，解决项目实施过程中出现的问题。投资补贴对新建项目、扩建现有项目和现有项目多样化改建等均予以支持，但多样化改建项目投入的合格费用须至少超过上一财年原资产价值的 200%，而生产流程改造项目的合格费用必须超过前三个财年被改造升级资产的折旧价值，投资补贴强度取决于企业类型、投资金额与所在地区经济发展程度。其中，微型企业（雇员数小于 10 人）投资金额达 5 万欧元及以上，创造就业岗位超过 3 个，或大中小型企业投资金额 15 万欧元以上，新增就业超过 5 个，或 ICT 系统与软件开发中心投资额超过 5 万欧元，创造就业岗位 10 个以上，或企业现代化升级改造投资超过50 万欧元的企业均可申请投资补贴，各地区给予各类企业的补贴强度存在差异，首都萨格勒布地区相对补贴力度最小，具体数额如表 17-2 所示。

表 17-2　补贴强度

企业类型	雇员人数（人）	年营业额（百万欧元）	最高补贴强度（合格费用占比，%）			
			潘诺尼亚地区	北部地区	亚得里亚海地区	萨格勒布
大	>250	>50	50	50	40	35
中	<250	≤50	60	60	50	45
小	<50	≤10	70	70	60	55
微	<10	≤2	70	70	60	55

资料来源：Ministry of Economy and Sustainable Development；Investment Guide 2023。

（二）税收优惠

政府提供的税收优惠幅度取决于投资金额与新增就业数量，如表 17-3 所示，其中，微型企业（雇员数小于 10 人）或信息通信与软件研发中心投资金额达 5 万欧元及以上，创造就业岗位超过 3 个（信息通信与软件研发中心创造就业超过 10 个），可以在 5 年内享受所得税减免 50%；投资 100~300 万欧元，新增就业超过 10 个，则享有 10 年内所得税减免 75%；投资 300 万欧元以上，新增就业超过 15 个，则享有 10 年内所得税减免 100%[①]。以上投资项目的期限不能短于享

[①]　克罗地亚年所得 995421.06 欧元以上的利润税率为 18%，年所得 995421.06 欧元及以下的税率为 10%。

受优惠措施的年限，大型企业至少保持 5 年，中小企业至少保持 3 年。

表 17-3 税收优惠

投资额（百万欧元）	新雇佣人数（人）	新岗位持续期限（年）	所得税减税幅度（%）	政策期限（年）
0.15~1（微型企业和信息通信软件研发中心>0.05）	5（微型企业 3，信息通信软件研发中心 10）	中小企业 3 年 大型企业 5 年	50	10 （微型企业 5）
1~3	10		75	10
>3	15		100	10

资料来源：Ministry of Economy and Sustainable Development：Investment Guide 2023。

（三）就业补贴

新增就业补贴与地区失业率相关，为平衡地区发展，失业率较高地区的投资可以获得较高的费用补助。如投资失业率低于 10% 的地区，政府将对企业创造的每个新工作岗位给予 4% 的无偿补助，而对失业率高于 15% 的地区进行投资，企业每创造一个新的工作机会将获得 12%（最高补贴金额 3600 欧元）的资助（见表 17-4），但对于雇佣失业超过 6 个月，或 50 岁以上失业人员，或没有任何工作经验的失业者，以上比例分别可提高到 10% 或 30%（最高补贴金额 9000 欧元），而雇佣就业服务中心（Croatian Employment Service，CES）登记的其他类型失业人员则可享受 40% 的补贴。因投资项目的需要，企业对新就业工人进行特种理论技能培训时，企业可获得不超过培训费用 50% 的补助，中型企业与小微型企业补助额度在此基础上可分别提高 10% 和 20%。设立技术创新发展中心的企业将获得创造就业费用 50% 的资助，而从事战略性商业支持活动（消费者服务中心、物流配送中心、信息通讯中心、外包服务中心）的企业将得到创造就业费用 25% 的资助，同时，因投资活动购买的高新技术设备将获得 20% 的费用补助。此外，对生产流程再造、高附加值活动（创新服务、旅游服务、管理咨询服务、工业工程服务、教育服务）的投资项目，在原有新增工作岗位费用补助的基础上提高 25%。

表 17-4 新增就业岗位补贴

地区失业率（%）	补助金额	研发创新活动	商业支持 & 高附加值活动
<10	10%（€3000）*	+50%（€1500）*	+25%（€750）*
	4%（€1200）	+50%（€600）	+25%（€300）

地区失业率（%）	补助金额	研发创新活动	商业支持 & 高附加值活动
10 ~ 15	20%（€6000）*	+50%（€3000）*	+25%（€1500）*
	8%（€2400）	+50%（€1200）	+25%（€600）
>15	30%（€9000）*	+50%（€4500）*	+25%（€2250）*
	12%（€3600）	+50%（€1800）	+25%（€900）

注：*表示雇佣失业超过 6 个月，或 50 岁以上失业人员，或没有任何工作经验的失业者。

资料来源：Ministry of Economy and Sustainable Development：Investment Guide 2023。

（四）其他补贴

对新建厂房、购买高新技术机器和生产设备的固定资产投资项目，固定资产投资额 500 万欧元以上，机器设备费用至少占投资总额的 40%，其中，高新技术设备至少占设备购置费的 50%，且在失业率为 10% ~ 15% 的地区创造超过 50 个新的工作岗位，并承诺维持 3 年以上，政府将给予投资者 10% 的补助，但最高补助额为 50 万欧元，同类型投资如果他投资于失业率高于 15% 的地区，政府将给予投资者 20% 的补助，但最高补助额为 100 万欧元。此外，投资克罗地亚国有不活跃资产也可享有优惠政策，当投资金额 300 万欧元以上，新雇佣人数超过 15 人，与开始租赁时闲置资产的估值相比，3 年内资产价值增长 50% 以上，则该类不动产自投资开始起，可免费租赁最高达 10 年。免费租赁期满后，投资人可以与克罗地亚空间规划、建设和国有资产部签订购买该不动产的协议。国有不活跃资产包括属于国有并由克罗地亚空间规划、建设和国有资产部（Republic of Croatia managed by the Ministry of Physical Planning, Construction and State Assets）所管理的未被运营，且无经济活动存在的土地和建筑物。

第三节　经济环境

一、主要宏观经济指标变化趋势

受全球金融危机影响，2009 年克罗地亚 GDP 陷入 6.9% 的负增长，新增登记失业人数由危机前 20 万人激增至 27.1 万人，涨幅达 35%。尽管政府部门出台了一系列措施以提振经济，但各项关键指标显示直至 2014 年经济仍未恢复到危机前水平。此后，克罗地亚经济稳步增长，直到 2020 年受新冠疫情影响，克罗地亚经济再次负增长 8.6%，但随即于 2021 年经济强劲复苏，增长率达到 13.8%，2012~2023 年，克罗地亚 GDP 年均增长率达到 4.9%。图 17-7 显示，与欧盟 27 国平均增长率相比，2015~2023 年克罗地亚 GDP 增长率均高于平均水平，仅在 2020 年低于欧盟平均水平，2024 年第一季度克罗地亚国内生产总值同比增长 3.9%，明显好于欧元区 0.3% 的增速，同样高于维谢格拉德集团四国匈牙利（1.1%）、捷克（0.2%）、波兰（2%）和斯洛伐克（2.7%）[①]。与其他欧盟国家一样，2023 年克罗地亚经济受到了通胀高企、贷款成本高和出口疲软的综合打击，2023 年全年来看，克罗地亚 GDP 增长率 2.8%，较 2022 年 6.3% 的增长率有所放缓，但该数值仍高于欧元区 2023 年 GDP 增长率（0.4%），也好于波兰（0.2%）、匈牙利（-0.9%）、捷克（-0.3%）和斯洛伐克（1.1%）。此外，同期克罗地亚人均 GDP 呈稳定增长态势，以当年价格计，2022 年克罗地亚人均 GDP 达到 17400 欧元，较 2012 年增长 66.2%，与欧盟 27 国平均水平相比，克罗地亚人均 GDP 从平均水平的 40.6% 上涨至欧盟平均水平的 49.1%，二者间差距进一步缩小，出现赶超趋势（见表 17-5）。

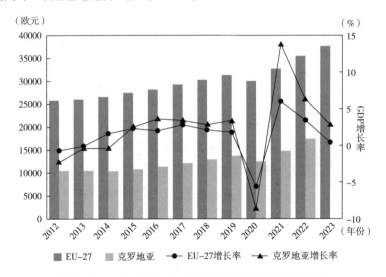

图 17-7　克罗地亚人均 GDP 与实际 GDP 增长率比较

资料来源：Eurostat，https：//ec. europa. eu/eurostat/web/national-accounts/database。

① 克罗地亚统计局，https：//podaci. dzs. hr/en/。

2022 年 11 月，克罗地亚整体通胀率达到顶峰 13.5%，在住宿餐饮（Restaurants and Hotels）服务的推动下，2023 年 8 月份通胀率仍高达 7.9%，此后，由于食品价格增速的放缓和能源价格正常化，如 2023 年 11 月电力和天然气等能源价格较上年同期下降 0.5%，克罗地亚国内通胀压力进一步缓解，导致通胀率逐月下降，2023 年 12 月整体通胀率降至 4.5%（见表 17-5）。2024 年伊始，尽管住宿餐饮价格出现上涨，但在能源价格持续下降的压力下，使得克罗地亚 4 月整体通胀率进一步下降至 3.7%①。

表 17-5　2013~2023 年克罗地亚 GDP 及其增长率指标

指标＼年份	2013	2014	2015	2016	2017	2018	2019	2020	2021	2022	2023
GDP（亿欧元）	445.3	440.8	453.6	474.5	501.0	528.8	557.7	505.4	584.6	679.9	758.6
人均 GDP（欧元）	10470	10410	10780	11370	12130	12930	13710	12490	14770	17400	
GDP 增长率（%）	-0.4	-0.4	2.5	3.6	3.4	2.8	3.4	-8.6	13.8	6.3	2.8
通胀率（%）	2.3	0.2	-0.3	-0.6	1.3	1.6	0.8	0.0	2.7	10.7	8.4

注：HICP 为消费者调和物价指数，上年＝100%。

资料来源：欧盟统计局，https：//ec.europa.eu/eurostat/web/main/data/database。

克罗地亚国土面积 5.66 万平方公里，截至 2022 年底，克罗地亚人口 385.1 万，劳动力占总人口的 44.3%，其中，就业人员中 40.2% 具有本科及以上学历。由于受经济、政治、战争等因素影响，克罗地亚对外移民浪潮不断，2021 年人口普查显示，过去 10 年间，克罗地亚人口减少约 40 万人，大部分劳动力移民至其他欧盟富裕国家。目前，克罗地亚海外侨民超过 250 万人。人口分布多集中在萨格勒布、斯普利特、里耶卡、奥西耶克、扎达尔、大戈里察和斯拉沃尼亚布罗德等城市，其中，首都萨格勒布市人口达到 76.7 万，占全国总人口 19.9%。克罗地亚全国共设 20 个省和 1 个特别市，下辖 128 个市，首都萨格勒布特别市是全国最大的城市，同时也是克罗地亚的政治、经济、文化中心②。如表 17-6 所示，各地区经济发展和增长情况差异较大，2022 年首都萨格勒布特别市（Grad Zagreb）产值占克罗地亚 GDP 超过 1/3，其次为斯普利特-达尔马提亚省

① https：//podaci.dzs.hr/en/.
② 资料来源：对外投资合作国别（地区）指南——克罗地亚（2023 年版）。

（Splitsko－dalmatinska）、滨海－山区省（Primorsko－goranska）和萨格勒布省（Zagrebačka），各占克罗地亚国内生产总值的 8.45%、7.64% 和 6.35%，以上四个地区经济产值合计达到克罗地亚总产值的 56.7%，地区总人口约 175.6 万，占克罗地亚总人口的 45.4%[①]。2022 年，首都萨格勒布人均 GDP 达到 2.54 万欧元，超过全国平均水平的 1.5 倍，另外，除滨海—山区省（109.2%）和伊斯特拉省（Istarska，108.7%）略超过全国平均水平外，其余各省人均 GDP 均低于全国均值，其中，波热加—斯拉沃尼亚省（Požeško-slavonska）不足全国平均水平的 60%。此外，从信息通讯业增加值占比指标来看，萨格勒布该指标值达到12%，显著高于克罗地亚其他省份，以上各地区经济发展及增加值差异与当地人力资本、资源禀赋和优势产业的发展密切相关。

表 17-6　2021 年克罗地亚各地区 GDP 及增加值比较

地区	GDP（亿欧元）	GDP占比（%）	GDP增长率（%）	人均 GDP（欧元）	人均 GDP/全国平均	信息通讯GVA 占比（%）
Bjelovarsko–bilogorska	11.13	1.90	18.3	10836.8	72.2	1.42
Brodsko–posavska	11.97	2.05	12.6	9070.2	60.4	2.48
Dubrovačko–neretvanska	16.79	2.87	27.6	14121.0	94.0	2.01
Grad Zagreb	200.53	34.29	13.3	25453.9	169.5	11.97
Istarska	33.09	5.66	23.8	16316.7	108.7	5.44
Karlovačka	12.40	2.12	16.3	11003.5	73.3	2.86
Koprivničko–križevačka	11.39	1.95	12.5	11062.4	73.7	0.86
Krapinsko–zagorska	11.56	1.98	13.5	9468.8	63.1	1.22
Ličko–senjska	5.49	0.94	19.9	12721.7	84.7	2.77
Međimurska	13.82	2.36	15.1	12926.7	86.1	1.80
Osječko–baranjska	31.04	5.31	14.9	11832.3	78.8	5.21
Požeško–slavonska	5.56	0.95	10.4	8672.1	57.8	2.42
Primorsko–goranska	44.67	7.64	18.9	16403.9	109.2	2.87
Sisačko–moslavačka	14.80	2.53	15.3	10524.9	70.1	1.74
Splitsko–dalmatinska	49.45	8.45	17.3	11374.3	75.8	1.55
Šibensko–kninska	11.82	2.02	18.6	12189.7	81.2	4.05
Varaždinska	21.19	3.62	10.0	13088.6	87.2	3.94

---

① 作者依据相关数据计算。

地区	GDP （亿欧元）	GDP 占比（%）	GDP 增长率（%）	人均 GDP （欧元）	人均 GDP/ 全国平均	信息通讯 GVA 占比（%）
Virovitičko-podravska	6.46	1.10	18.6	9115.9	60.7	1.73
Vukovarsko-srijemska	14.07	2.41	11.9	9732.6	64.8	1.56
Zadarska	20.53	3.51	15.3	12531.0	83.5	1.69
Zagrebačka	37.12	6.35	15.9	12168.1	81.0	2.46
克罗地亚	584.88	100.0	15.6	15015	100.0	—

注：GDP 增长率为作者依据各地区当年价 GDP 变化百分比计算而得，并非实际 GDP 增长率。

资料来源：克罗地亚统计局，https：//podaci.dzs.hr/en/statistics/gdp-and-national-accounts/annual-gdp/。

二、劳动力市场活跃程度

克罗地亚劳动参与率较高，2023 年为 70.1%，同年失业率为 6.1%，高于维谢格拉德集团四国：波兰（2.8%）、匈牙利（4.1%）、捷克（2.6%）和斯洛伐克（5.8%），与 2014 年相比，其长期失业率已下降 25 个百分点。同期，克罗地亚劳动参与率逐年上升，而失业率自 2014 年达到 17.3% 的高点后持续下降，2021 年受疫情影响失业率上升至 7.6%，而后克罗地亚失业率呈下降趋势，2023 年全年失业率降至 6.1%，2024 年 4 月失业率进一步降至 5.6%①，已为 10 年来最低水平（见表 17-7）。受疫情影响，2021 年劳动力长期失业率上升至 36.2%，此后，依然呈现下降趋势，2023 年长期失业占比为 33.6%，低于 2019 年水平，伴随技术进步与失业时间的延长，劳动力技能与就业岗位匹配困难上升，中长期失业者将更难进行再就业。

表 17-7　2014~2023 年克罗地亚劳动力市场主要指标　　单位：%

指标＼年份	2014	2015	2016	2017	2018	2019	2020	2021	2022	2023
就业/人口	54.6	56.0	56.9	58.9	60.6	62.1	62.0	63.4	64.9	65.7
劳动参与率	66.1	66.9	65.6	66.4	66.3	66.5	67.1	68.7	69.9	70.1
失业率	17.3	16.2	13.1	11.2	8.5	6.6	7.5	7.6	7.0	6.1

① https：//podaci.dzs.hr/en/。

续表

指标＼年份	2014	2015	2016	2017	2018	2019	2020	2021	2022	2023
长期失业率	58.3	63.1	50.7	41.0	40.2	35.8	28.1	36.2	35.1	33.6

注：就业/人口比重、劳动参与率为 15~64 年龄段人口数据，其他指标为 15~74 年龄段人口数据。

资料来源：欧盟统计局，https：//ec.europa.eu/eurostat/web/main/data/database。

　　历年失业率数据表明，克罗地亚女性与男性失业率差异并不显著，2014～2023 年女性失业率均高于男性，但二者差距呈先缩小后扩大趋势，2014 年女性失业率较男性高 1.8 个百分点，至 2019 年男性与女性失业率分别降至 6.2% 和 7.2%，均为 2020 年前最低值，且二者之间差距进一步缩小到 1 个百分点。但显然新冠疫情对克罗地亚男性就业冲击更为严重，使得女性失业率较男性差距再次缩小，2020 年女性失业率仅略高于男性失业率 0.1 个百分点，如图 17-8 所示。但男性就业人口中仅 4.2% 是兼职工作，与此同时，2014 年接近 6.7% 的就业女性仅能从事兼职工作，尽管这一比例在此后几年间呈现下降趋势，但仍显著高于男性，表明更多的女性从业者处于不充分就业状态。最新数据显示，2024 年第一季度就业人数较上年同期增加了 6.1 万人，总就业人数达到 164.3 万人[①]。

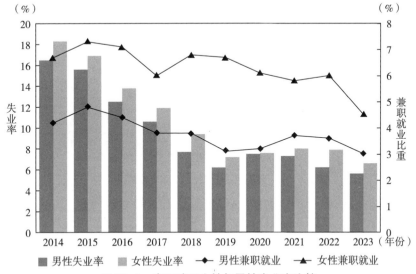

图 17-8　克罗地亚女性与男性失业率比较

资料来源：Eurostat，https：//ec.europa.eu/eurostat/web/main/data/database。

---

① https：//podaci.dzs.hr/2024/en/76771.

克罗地亚各省劳动力就业与失业情况差异较大，锡萨克—莫斯拉维纳省（Sisak–Moslavina）和奥西耶克—巴拉尼亚省（Osijek–Baranja）的失业率高达13.6%和13.5%，高于全国平均6.6%的水平。另外，维罗维帝察—博德拉维纳省（Virovitica–Podravina）和武科瓦尔—斯里耶姆省（Vukovar–Sirmium）的月平均工资处于全国最低水平，仅为每月1326欧元和1346欧元，较萨格勒布地区人均工资水平低30%，这与各省就业结构密切相关。进一步考察各省劳动力就业的主要行业，可以看出，农林牧渔业就业占比较高的地区，其失业率较高、平均工资较低，其中，维罗维帝察—博德拉维纳省、奥西耶克—巴拉尼亚省和武科瓦尔-斯里耶姆省各有6.7%、6.53%和6.48%的劳动力集中在农林牧渔业，而科学技术行业和信息通讯就业比重较高的地区（萨格勒布，17.1%）则失业率较低且平均工资较高[1]（见表17-8）。

表 17-8　2023 年克罗地亚各省劳动力市场主要指标

地区	失业率（%）	就业率（%）	月平均工资（欧元）	农林牧渔（%）	信息通讯（%）	金融保险（%）	科学技术（%）	制造业（%）	贸易与维修（%）
Bjelovar–Bilogora	9.2	74.5	1369	4.95	2.24	2.74	3.25	23.18	12.53
City of Zagreb	2.6	90.9	1934	0.35	8.59	4.47	8.52	10.55	16.38
Dubrovnik–Neretva	10.6	73.7	1458	0.82	1.86	1.64	3.20	4.95	12.26
Istria	3.6	77.6	1482	1.15	2.48	1.80	4.29	14.73	13.66
Karlovac	5.9	79.8	1512	2.78	2.20	1.84	3.10	24.51	11.99
Koprivnica–Križevci	5.3	77.7	1403	3.16	1.91	1.86	3.19	31.63	13.27
Krapina–Zagorje	4.7	77.7	1488	0.39	2.28	1.75	3.17	29.08	13.34
Lika–Senj	8.1	74.5	1405	6.34	0.72	1.29	2.10	9.36	12.15
Međimurje	4.9	85.3	1420	0.73	2.34	1.34	3.36	40.05	10.99
Osijek–Baranja	13.5	74.1	1446	6.53	3.68	1.74	4.07	16.26	13.15
Požega–Slavonia	10.7	72.3	1376	4.19	1.22	1.50	2.50	23.08	11.02
Primorje–Gorski kotar	5.4	80.6	1583	1.32	2.79	2.11	5.87	12.23	15.81
Šibenik–Knin	10.9	72.7	1444	0.86	1.52	1.70	3.28	12.68	14.50
Sisak–Moslavina	13.6	72.2	1429	2.49	2.55	1.96	2.75	20.62	13.44
Slavonski Brod–Posavina	12.2	71.8	1380	2.06	2.36	1.28	3.54	28.93	11.18

---

① 作者依据 https：//podaci.dzs.hr/en/相关数据计算整理。

续表

地区	失业率（%）	就业率（%）	月平均工资（欧元）	农林牧渔（%）	信息通讯（%）	金融保险（%）	科学技术（%）	制造业（%）	贸易与维修（%）
Split-Dalmatia	11.8	73.8	1499	0.82	3.21	2.08	4.75	10.13	17.80
Varaždin	3.1	84.0	1440	0.63	2.58	1.80	3.19	35.90	11.67
Virovitica-Podravina	15.3	64.0	1326	6.70	1.23	1.77	2.90	24.40	12.14
Vukovar-Sirmium	10.8	72.8	1346	6.48	1.74	1.40	2.40	17.07	12.16
Zadar	5.3	78.7	1448	3.51	1.66	2.39	3.67	8.61	17.82
Zagreb	4.4	83.4	1596	0.93	4.42	2.67	4.54	18.15	18.86
克罗地亚	6.6	80.9	1584	1.82	4.07	2.54	4.99	16.69	14.99

资料来源：克罗地亚统计局，https：//podaci.dzs.hr/en/statistics/gdp-and-national-accounts/annual-gdp/。

三、研发投入

2022 年克罗地亚 R&D 支出总额达 9.59 亿欧元，较 2013 年增长近 2 倍，R&D 支出占 GDP 比重从 2011 年的 0.74% 提高到 2022 年 1.43%，远低于捷克和斯洛文尼亚等中东欧国家，与欧盟 27 国的差距呈缩小趋势。国内 R&D 总支出中，各部门支出并不平衡，企业支出超过 1/2，占 GDP 的 0.78%，较 2011 年水平不止翻了一番，企业创新主体的地位已经显现，但目前这一比重仍显著低于 EU-27 国的 1.48%。2013~2022 年，克罗地亚企业研发支出连年提高，2022 年企业研发支出达 5.21 亿欧元，年均增长率高达 12.7%，同期，政府部门和高等教育部门研发支出占 GDP 比重也小幅上升，政府部门支出占比由 2011 年的 0.2% 上升到 2022 年的 0.25%，2022 年高等教育部门支出占 GDP 比重达 0.4%，较 2011 年翻了一番，但在 R&D 总支出中所占比重仅略高于 2011 年 27% 的水平（见图 17-9）。

克罗地亚统计局数据显示，2020 年参与创新活动的企业占比 49.5%，随着企业规模的扩大，企业更倾向于参与创新活动，其中，大企业中 79.4% 的企业进行了创新相关活动，而中小企业这一比例分别为 61.3% 和 46.6%。进一步考察企业创新的类型，发现 17.2% 的企业进行了流程创新（大企业这一比例为 23.2%），仅有 5.5% 的企业对产品进行了创新。对企业进行的调查显示，创新成本过高（24%）、企业内部创新资源有限（20.1%）和缺少技术创新人才（17.3%）

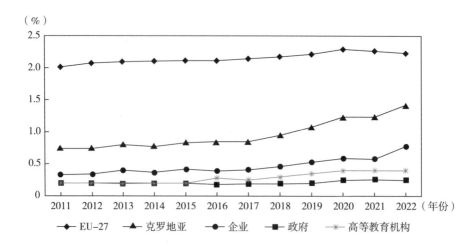

图 17-9　克罗地亚国内 R&D 支出总额/GDP

资料来源：Eurostat，https：//ec. europa. eu/eurostat/web/science-technology-innovation/database。

是影响创新的最主要因素①。2023 年，克罗地亚专利申请量 171 件，较上年增长 31.5%，其中，3/4 以上的专利申请人来自萨格勒布（40.9%）和亚得里亚海地区（36.6%）。专利申请量居前两位的领域是化学（32.2%）和电器工程（22.6%）。2023 年全球创新指数（Global Innovation Index，GII）显示，克罗地亚大学与产业部门 R&D 合作得分仅为 22②，132 个国家（地区）排名中，该指标排在第 113 位，排名远低于克罗地亚总体创新指数第 44 位的排名③。因此，克罗地亚创新绩效落后的地区应进一步加强与大学及科研机构的合作，提升自身创新实力，加速科研成果的商业转化。

---

① https：//podaci. dzs. hr/media/3qggueqk/zti-2022-2-5-innovation-in-enterprises-2018-2020. pdf.

② 该指标依据对以下问题的调研统计得分情况，大学-产业 R&D 合作提问"在你的国家，大学与企业之间 R&D 合作程度如何"，1=根本不合作，7=广泛合作。

③ WIPO：Global Innovation Index 2023，https：//www. wipo. int/global_innovation_index/en/.

综合篇

第十八章

中东欧八国外商投资比较及
中国企业投资对策

第一节　中东欧国家吸引外商投资比较

一、各国外资存量及来源比较

（一）外商投资存量梯队模式明显

从吸引外商投资总量规模来看，中东欧八国呈现"高—中—低—微"四梯队变化。截至 2022 年末波兰外资存量达 2698.4 亿美元（见表 18-1），位居中东欧国家之首，捷克以 2026.8 亿美元紧随其后，罗马尼亚和匈牙利外商投资规模居于第二梯队，外资总量略超过 1000 亿美元，保加利亚与斯洛伐克吸引外资数量相当，约为 574 亿美元，位于第四梯队的克罗地亚和斯洛文尼亚外资规模远小于第一梯队。为消除经济总量差异带来的影响，进一步比较各国外商投资存量占 GDP 比重发现，捷克该指标接近 70% 仍处于第一梯队，同时保加利亚这一比例达到 63.5%，位居中东欧国家第二位，晋升至第一梯队，而克罗地亚外资存量占 GDP 达到 53.2%，与匈牙利共处第二梯队，波兰、罗马尼亚和斯洛文尼亚这一比例介于 35%~40%，处于第四梯队（见图 18-1）。考虑到各国人口规模的差异，比较各国人均外资存量可以看出，捷克人均 FDI 存量 1.87 万美元，仍位居中东欧各国首位，尽管如此，与欧盟成员国人均2.5万美元的外资存量仍存在差距，匈牙利和斯洛伐克则刚刚超过1万美元居于第二梯队，而罗马尼亚人均FDI存量为中东欧各国中最低水平，仅有0.61万美元。纵观以上三个指标，捷克均处于第一梯队，显然对外商投资吸引力强于其他中东欧国家，而波兰和罗马尼亚尽管外资总量规模较大，但外商投资与其经济总量和人口规模并不匹配。

表 18-1 中东欧各国外商投资比较

国家（地区） \ 指标	外资存量（亿美元）	人均外资存量（万美元）	FDI 存量/GDP（%）	EU-15 占比（%）	CEE 占比（%）
波兰	2698.40	0.73	39.12	82.7	7.7
捷克	2026.79	1.87	69.75	52.6	4.9
罗马尼亚	1159.80	0.61	38.80	76.8	11
匈牙利	1042.54	1.09	58.90	71.1	4.6
保加利亚	573.78	0.89	63.51	63.6	12.7
斯洛伐克	573.75	1.06	49.64	71	17.6
克罗地亚	383.14	0.99	53.22	69.6	20.7
斯洛文尼亚	211.03	1.00	35.13	62.2	19.3
欧盟 27 国	111704.6	2.49	66.64	—	—

资料来源：作者依据 UNCTAD：World Investment Report 2023，https：//unctad.org/topic/investment/world-investment-report 数据计算整理。

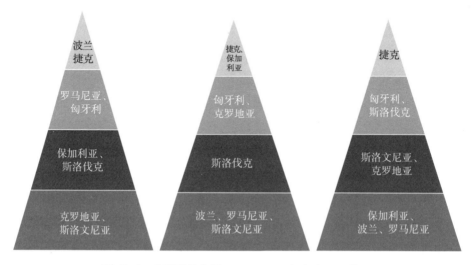

图 18-1 各国外资存量、FDI/GDP 和人均 FDI 梯队

资料来源：作者依据表 18-1 数据绘制。

（二）各国投资依赖差异显著

比较中东欧各国外商投资主要来源国（地区）发现，波兰82.7的外商投资来自于欧盟15国，但来自中东欧地区的投资占比相对较低（7.7%）（见图18-2）。与之相对，克罗地亚对中东欧国家的投资依赖最强（20.7%），其次为斯洛文尼亚（19.3%）。无论是外资存量占GDP比重，还是人均FDI存量都居于首位的捷克，对欧盟15国与中东欧地区投资依赖程度最弱，进一步分析其外资来源，发现美国是捷克在欧洲之外的最大外商投资来源国，约占总投资额的5.1%，超过中东欧国家投资总额占比（4.9%），其次为瑞士（4.9%）、日本（2.2%）和韩国（1.5%），可见，就投资层面而言，捷克与中东欧其他国家的紧密程度不如美国。除欧盟成员国与中东欧地区其他国家外，瑞士和韩国对中东欧八国投资影响力最大，斯洛文尼亚、保加利亚和罗马尼亚来自于瑞士的投资占比分别达到11.3%、7.2%和5.3%，斯洛伐克和匈牙利外商投资中韩国占比为7.1%和6.7%。同期，除匈牙利吸引了较多的中国投资（1.7%）外，中国对多数中东欧国家的投资规模较小（捷克和克罗地亚中国投资占比均为0.5%），几乎可以忽略不计。目前，匈牙利已连续多年成为中国在中东欧地区的第一投资目的国，匈牙利投资促进局发布最新数据显示，2023年中国对匈牙利直接投资76亿欧元，占匈牙利吸引外国直接投资总额的58%，继2020年后中国再次成为匈牙利最大外资来源国。

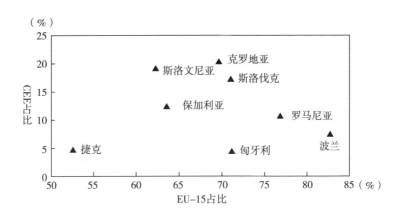

图 18-2　截至 2022 年末中东欧各国外资主要来源比较

资料来源：作者依据表 18-1 数据绘制。

二、各国外资净流入存量行业分布

（一）服务业外资占绝对优势地位

截至 2022 年末，中东欧八国中，仅匈牙利制造业外资存量超过服务业，而且伴随制造业投资加速流入，其占比近年来呈稳步增长趋势。其他中东欧 7 国服务业外资存量占比都显著高于制造业，其中，保加利亚服务业外资占比高达 70%，居各国之首，捷克、克罗地亚和罗马尼亚三国服务业外资占比均超过 60%。斯洛伐克制造业外资占比 33.9%，仅次于匈牙利，位居第二位，其次为波兰和斯洛文尼亚（见表 18-2）。

表 18-2　中东欧各国吸引外商投资存量行业分布　　　单位：%

行业 国家 （地区）	制造业				服务业					
	金属机械产品制造	石油化学医药	机动车辆、拖车制造	总体	房地产	批发零售贸易	信息通信	金融保险	专业技术	总体
保加利亚	—	—	—	19.66	21.04	14.54	4.00	18.62	7.23	70.03
捷克	7.67	2.92	6.33	25.20	10.44	7.94	4.14	37.23	5.15	67.78
克罗地亚	1.02	7.39	0.67	16.60	6.04	0.38	5.48	23.60	4.73	62.36
匈牙利	9.72	14.60	9.45	46.77	8.24	9.63	4.12	7.95	8.09	42.45
波兰	6.56	5.51	5.84	33.05	9.85	15.74	5.38	11.69	9.17	56.98
罗马尼亚	2.30	6.36	6.68	30.18	17.22	17.73	4.04	13.23	4.00	60.95
斯洛文尼亚	5.58	11.58	2.69	32.82	5.79	19.04	5.97	20.60	5.79	59.46
斯洛伐克	10.00	6.16	9.67	33.87	8.11	8.25	5.14	26.22	2.85	59.22

注：受到数据可得性限制，斯洛伐克数据为 2021 年，其他国家为 2022 年；保加利亚制造业细分行业数据缺失；罗马尼亚将房地产和建筑业数据合计统计，因此，占比偏高。

资料来源：作者依据投资篇中各国相关数据计算整理。

（二）细分行业优势凸显

细分行业外商投资存量规模一定程度上反映出各国的比较优势，首先，从制造业细分行业数据来看，匈牙利和斯洛文尼亚在石油提炼与加工、化学与医药品制造和橡胶塑料制品行业优势明显，两国该行业外资存量占比分别达到 14.6% 和 11.6%，显著高于其他国家。金属与机械产品制造（电子设备除外）领域，斯洛伐克（10%）、匈牙利（9.7%）和捷克（7.7%）领先于其他国家，斯洛伐克和匈牙利同时在车辆和其他运输设备制造具有优势。其次，服务业细分行业中，捷克金融保险服务外资存量占比高达 37%，超过制造业，居各国首位，斯洛伐克、克罗地亚和斯洛文尼亚该行业占比均高于 20%。相比之下，斯洛文尼亚、罗马尼亚和波兰在批发零售贸易与修理业具有较大优势，外资存量占比分别为 19%、17.7% 和 15.7%，保加利亚房地产业外资存量占比超过 1/5，为各行业中吸引外资最多的领域。

第二节　外国直接投资审查制度及其影响

一、欧盟"外国直接投资审查条例"实施与外商投资概况

2019 年 3 月 19 日，欧洲议会和欧盟理事会正式颁布了"关于设立欧盟外国直接投资审查框架的第 2019/452 号条例"，即"欧盟外国直接投资审查条例"，该条例自 2020 年 10 月 11 日起正式实施。条例虽未强制成员国采用外国直接投资审查机制，但鼓励成员国根据自身情况设立各自的审查制度，为欧盟委员会及其他成员国提供了在认为某项外国直接投资可能影响欧盟或其他成员国安全时进行干预的程序，从而加强了欧盟对成员国外商投资管控的协调和监督能力。截至 2024 年 6 月底，欧盟 27 个成员国中已有 24 个国家向欧盟委员会通报了国家层面的外国直接投资审查机制，克罗地亚、塞浦路斯和希腊 3 国审查机制仍在开发中。

2023 年 10 月，欧盟发布第三份《外国直接投资审查年度报告》，报告显示：欧盟吸引外商直接投资减少，主要来源地包括美国、英国、离岸金融中心、中国等，前六大接受审查的来源地分别是美国、英国、中国、日本、开曼群岛和加拿大，欧盟对外商投资审查力度持续加大。2022 年，中国对欧盟成员国的直接投资主要采取绿地投资的形式，绿地项目集中在德国、西班牙、瑞典和法国，以上四国份额均超过中国项目总量的 10%。除瑞典外，中国绿地前四大目的地同比均出现下滑，尤其是德国下降 46.2%。分行业来看，60% 以上的中国绿地项目集中在零售业和制造业，尽管如此，2022 年零售业（−52.3%）和制造业（−15.2%）项目数量均出现同比下降。按照外商投资的技术含量来看，与 2020 年相比，2022 年

中国低技术含量投资占比上升 20 个百分点，达到 40%，而高技术含量投资占比则由 80% 降至 60%，该趋势与美国对欧盟投资形成鲜明对比，美国对欧盟高技术含量投资占比由 51.7% 上升为 66.2%。同年，中国制造业资本支出前五大绿地项目均与高科技制造活动相关，其中，最大的两个项目与电池制造有关（合计支出 93 亿欧元），前五大项目中的其他三个项目与电动汽车或电动汽车电池的生产有关（合计支出 31 亿欧元）[①]。

二、外资审查活动"量效齐增"

（一）外资审查机制效力不断提升

根据成员国提供的汇总数据，2022 年欧盟成员发起了 1444 份外资审查案件，较 2021 年的 1563 起有所下降，但成员国对外商投资项目的敏感度进一步提升，被正式审查的交易越来越多。在所有申请中，大约 55% 的案件经过了正式审查，较 2021 年仅 29% 的案件进入正式审查环节大幅增加，各国审查当局对于"关键"部门的外商投资活动关注度提高。在进入正式审查程序的所有交易中，86% 的交易获得无条件批准（2021 年为 73%），9% 的交易采用了有条件的批准或有减损措施（2021 年为 23%）。

（二）审查交易涵盖行业较为集中

2022 年，各成员向欧盟委员会通报的外资审查交易主要集中在制造业（27%）、ICT 行业（24%）、专业技术服务（12%）、批发零售（9%）以及金融服务（8%），其中，前两名行业与 2021 年保持一致，专业技术服务取代金融服务位居第三位[②]（见图 18-3）。进入第二阶段审查的案件行业集中特征更加突出，制造业（59%）、ICT 行业（23%）和运输仓储服务（8%）占比之和达到 90%，其中，制造业涉及能源（由 2021 年 21% 降至 16%）、航空航天（由 2021 年 20% 降至 16%）、国防军事（由 2021 年 25% 降至 13%）、半导体（由 2021 年 18% 降至 9%）、医药、数据处理与存储和网络安全等产业（见图 18-4）。

（三）中国对欧盟投资被审查情况

中国是欧盟外资审查的重点关注对象。2022 年，17 个欧盟成员国根据《外国直接投资审查条例》项下的合作与通知机制，向欧盟委员会提交了共计 423 份

[①] European Commission：Third Annual Report on the screening of foreign direct investments into the Union，2023.

[②] 专业技术服务包括法律、会计、市场调研、咨询及生物技术研发与实验等。

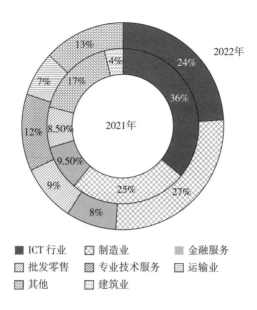

ICT 行业　制造业　金融服务
批发零售　专业技术服务　运输业
其他　建筑业

图 18-3　受审查交易行业分布比较

资料来源：欧盟委员会。

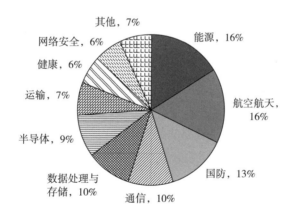

图 18-4　进入第二阶段审查的制造业细分行业分布

资料来源：欧盟委员会。

案件通报，其中，主要来源地是美国、英国、中国、日本、开曼群岛（4.8%）和加拿大（4.6%）六国，与 2021 年相比，美国最终投资者的比例从 40% 下降到 32%，英国从 10% 下降到 7.6%，来自中国投资者的比例从 7% 降至 5.4%，来自日本的投资者比例从 3% 上升至 5%，其他国家占比从 29% 上升至 40%，最终投资者来源地呈多样化趋势。但因中国对欧盟投资目标（制造业）与欧盟外资审查重点行业（ICT 行业和制造业）重合度较高，使得中资企业对欧盟投资项目经历审查的概率提升，如 2022 年中国在欧盟股权投资项目中占比仅为 2.3%，但对中国投资的审查比例（5.4%）明显高于中国在欧盟外商投资占比。伴随中资企业投资目标向非关键行业的转移，2022 年零售业投资占绿地投资比重 38%，超过制造业占比 25.9%，来自中国的投资项目被审查比例将进一步下降。

三、中东欧国家外资审查制度现状

如表 18-3 所示，目前，中东欧八国中仅有克罗地亚尚未建立国家层面的外国直接投资审查制度，但已开始咨询或进入设立新投资审查机制立法进程。各国中最早出台国家层面外资审查制度的国家是波兰和斯洛文尼亚，为减轻（消除）疫情影响对外商投资进行审查，此后，两国先后于 2022 年和 2023 年对相关法案进行修订，扩大了外资审查范围。值得注意的是各国均对未能履行投资审查机制有关规定的投资者进行罚款，仅有波兰对有关责任人除罚款外还将进行长达 5 年监禁的刑事处罚。投资审查涵盖的行业与欧盟"条例"（及修订提案）保持一致，审查的特定领域包括：关键基础设施，如能源、交通、水资源、航空和国防；重要技术和双用途产品，例如人工智能、机器人、半导体、网络安全等；关键资源的供应，比如能源和原材料；保护敏感信息，如个人数据保护；媒体的自由和多元化。2023 年 11 月，罗马尼亚政府通过紧急法令（Emergency Ordinance No. 108/2023）修订其外国直接投资审查制度，进一步扩大了审查范围，包括获得目标企业"有效参与管理"权限的投资行为①。预计未来 1~2 年，中东欧国家将全部建立或完善本国的审查机制，进一步降低审查门槛，扩大外资审查范围。

四、外资审查制度对中国投资的影响

以 2023 年 6 月"欧洲经济安全战略"为指导原则，欧盟委员会于 2024 年 1 月 24 日发布了"欧洲经济安全一揽子计划"，提出了以下修订提案：①确保所有成员国都建立有效的审查机制，促进与国内相关规则协调一致性；②明确规定所有成员国必须审查外国直接投资涉及的最小行业领域范畴，确保关键领域的安

---

① ORDONANŢĂ DE URGENŢĂ nr. 108 din 29 noiembrie 2023，https：//legislatie. just. ro/Public/Detalii-DocumentAfis/277026.

表18-3 中东欧八国外资审查机制设立及实施情况

国家	设立/生效时间	负责部门	触发申报义务	初期审查程序	正式审查阶段	民事/刑事制裁	提交审查案件数量（件）	控制程序（详细审查）（个）	禁止投资	重点关注领域
波兰	2020年7月	波兰竞争管理局（Polish Competition Authority）	①取得相关企业50%及以上的投票权/股权；有权任命/解雇企业管理委员会或监督机构的大多数成员 ②取得总表决权20%或40%及以上的股权，或利润分配权 ③以其他方式（如租赁资产）取得波兰公司的重要参与股或支配地位	30个工作日，批准投资决议或启动投资审查决议	120个自然日	罚款：5000万兹罗提（约1240万美元）；监禁：最长5年	7	1	0	石油、天然气、支付、运输和食品
匈牙利	2022年1月5日	经济部长（Minister of National Economy）	①取得股权、债券所有权、用益物权，投资额超过3.5亿福林，战略性企业5%以上股权；上市公司3%以上股权 ②取得股权10%、20%或50%；投资后企业合计外资股比超过25%（上市公司除外）③取得经营权	30个自然日，批准投资决议或禁止投资决定	对于审查机构做出的禁止决定，外国投资者可向布达佩斯首都地区法院提起行政诉讼	罚款：自然人，不低于10万福林、法人，不低于战略性企业上一年度净营业额的1%；罚款不高于投资价值的两倍	13	6	0	能源、运输和通信领域
捷克	2021年5月1日	工业贸易部（Ministry of Industry and Trade）	涉及公共安全领域，取得股权10%及以上	45个自然日	135个自然日					军事材料、两用物品、关键基础设施
斯洛伐克	2023年3月1日	经济部（Ministry of Economy）	①非关键投资，取得25%以上股权 ②关键投资，取得10%以上股权 ③新增关键投资，累计股权达到20%、33%或50%；非关键投资，累计股权达到50% ④对目标公司行使控制权	非关键投资：45个自然日；关键投资：130个自然日		罚款：不超过外国投资价值或外国投资者集团上一财年净营业额的2%	8		0	武器制造与研发、关键基础设施运营、数字服务、电视广播等

续表

国家	设立/生效时间	负责部门	触发申报义务	初期审查程序	正式审查阶段	民事/刑事制裁	案件处理情况			重点关注领域
							提交审查案件数量(件)	控制程序(详细审查)(个)	禁止投资	
罗马尼亚	2022年4月18日	外商投资审查委员会(CEISD)	①投资价值超过200万欧元 ②涉及全体公民和社会安全、边境安全、能源与运输安全、重要资源供应安全、信息和通信系统安全、金融、财政、银行和保险安全、武器、弹药、爆炸物和有毒物质的生产和流通 ③产业安全、灾害防护、农业与环境保护；国有企业私有化经营及管理的保护	批准投资决议：135个自然日内做出	如果CEISD向罗马尼亚政府建议禁止投资或有条件允许，则没有时间上限	罚款：不超过投资者前一年总营业额的1%~5%，或1000万~5000万列伊				能源与运输安全；关键基础设施，信息通信系统等
保加利亚	2024年3月12日	跨部门审查理事会(Screening Council)	①投资价值超过200万欧元 ②关键基础设施投资、关键技术和两用物品 ③高技术领域取得10%及以上股权	45个自然日		罚款：投资额的5%，或不低于5万列弗（约2.5万欧元）				能源、交通、媒体、数据处理、航空航天存储和国防
斯洛文尼亚	2023年7月1日	经济、旅游和体育部(Ministry of the Economy, Tourism and Sport)	①取得企业10%及以上股权或获得企业10%及以上股权的投票权 ②关键基础设施、运输、媒体、AI、数据处理、关键能源供应等 ③关键领域取得至少20%市场份额；或投资后获得25%或50%股权	没有明确规定时间，通常8周内	交易完成2年内	罚款：不超过50万欧元				关键基础设施，运输，媒体，数据处理
克罗地亚	否									

资料来源：作者依据相关资料整理。https：//www.mpo.gov.cz/en/foreign-trade/investment-screening/；https：//legislatie.just.ro/Public/DetaliiDocument/254239；https：//www.whitecase.com/insight-our-thinking/foreign-direct-investment-reviews-2024-slovenia。

全；③将审查对象扩大到那些虽然为欧盟企业，但其最终控制权属于非欧盟的个人或企业所进行的投资，以增强欧盟经济安全，最大限度地降低因地缘政治紧张加剧和技术变革加速而带来的风险。

（一）中资企业绿地投资挑战加剧

根据柏林墨卡托中国研究中心（MERICS）和荣鼎集团发布的报告显示，2022 年中国在欧投资总额为 79 亿欧元，其中绿地投资占比达 57%，同比增长53%，这是自 2008 年以来绿地投资首次超过并购。中企绿地投资的激增主要是由汽车电池产业的大型项目推动的，例如宁德时代、远景动力、蜂巢能源等中国企业在德国、英国、法国及匈牙利投资建厂，这些国家的投资总额占中国在欧投资总额比例高达 88%[①]。欧盟此轮修订提案建议所有欧盟成员国将绿地投资（包括设立新设施或新企业）纳入外商投资审查范围，尤其是涉及关乎国家安全或公共秩序关键行业的投资。若该规定正式立法，此举将不可避免地对中国企业在太阳能、风能、新能源汽车、半导体等关键领域的绿地投资产生重大影响。

（二）中企在欧子公司将被审查

修订草案在审查范围上做出显著扩展，将审查主体从原有的"外国直接投资"（FDI）拓宽到更广泛的"外国投资"（FI），不仅包括"外国直接投资"，还包括"境外控制的欧盟投资"也将成为审查对象。这意味着，对中国投资者而言，即便其在欧盟拥有经济活动实质性的子公司，并通过这些子公司进行投资，这些活动也将受到欧盟成员国外商投资审查制度的约束。

（三）特定领域审查更为严格

修订草案确立了强制触发外商投资审查的"最低标准"。现行条例并未详细规定哪些情况下必须进行审查，修订草案指出如果外商投资涉及对欧盟具有重要战略意义的项目或计划（如 EU GOVSATCOM 政府卫星通信计划、欧盟太空计划、数字欧洲计划等），或投资目标企业涉及对欧盟安全和公共秩序至关重要的关键技术或领域（如先进半导体、人工智能、量子技术、能源技术、高级材料技术、关键医疗保健系统和金融体系关键活动等），则成员国必须对该项外商投资进行审查。随着欧盟外商投资审查条例的修订和强化，中国投资者在欧洲的投资

---

① Rhodium Group and the Mercator Institute for China Studies（MERICS）：EV Battery Investments Cushion Drop To Decade Low，May 2023.

活动，特别是在太阳能、风能、新能源汽车、半导体、电池和储能等关键领域，将面临更多的审查和监管。

第三节　中东欧国家吸引外商投资重点行业及优势

一、各国的优势产业及引资重点行业

本节对中东欧国家优势产业的分析综合考虑了前两篇中各国细分行业参与全球价值链和对外贸易情况，以及各国外商投资重点行业及政府为吸引外资出台的各类优惠政策。

（一）波兰优势产业及特点

1. 汽车（零部件）制造业

波兰汽车及其零部件制造业优势明显，且以零部件生产为主，几乎所有汽车零部件均可在波兰生产，也是全球十大汽车零部件出口国。2022 年波兰汽车业产值约占工业总产值的 8%，汽车类产品出口额达到 397 亿欧元，较上年增长超过 21%，占波兰出口总额的 13.5%，其中，零部件出口 143 亿欧元，同比增长 18.7%①。主要产品包括发动机、汽车紧固件、焊接件、塑料件、电子布线、铸件、汽车玻璃等。2022 年波兰乘用车产量 25.5 万辆，外资企业在波兰汽车工作中占主导地位，主要汽车制造商有菲亚特汽车波兰公司、通用汽车波兰公司（波兰欧宝）和大众汽车波兹南公司等。此外，波兰是欧盟最大的锂离子电池出口国，2022 年波兰锂离子蓄电池出口额 87 亿美元，同比增长近 12%，同年 9 月欧盟委员会表决通过欧盟区域发展基金向波兰南部的西里西亚投入 7000 万欧元用于研究锂电池的回收再利用。该行业人力资本储备丰富，人才储备包括近 150 万名学生，其中超过 30 万名学生毕业于工程专业，受过技术教育人数和员工数均处于区域领先地位。

2. 家具制造业

2022 年，波兰是世界第三大多孔纤维板生产国、第六大刨花板和硬纤维板

---

① 波兰投资贸易局，*The Automotive & Electromobility Sector*，2023。

生产国，世界第二大（欧洲第一大）家具出口国，该行业出口总额 153.5 亿美元，同比增长 7%，2012～2022 年均出口增长率达到 5.7%①，2023 年拥有超过 3.2 万家家具制造企业，雇员人数约 20 万人，特别是坐垫、家具及其零件出口规模较大，出口目的国主要为西欧国家，包括德国（约占 34.2%）、荷兰（7.6%）、法国（7.2%）、英国（6.7%）以及捷克（5.0%）等。波兰当地规模较大的企业包括 BRW（Black Red White，波兰和海外拥有 21 个生产厂）、Nowy Styl 集团公司是欧洲第三大办公家具制造商，拥有高技术办公家具生产厂，2023 年销售收入 3.1 亿欧元。

3. 商务服务业

商务服务业（Business Services Sector，BSS）优势明显，2023 年新增就业 3.2 万人，就业总人数超过 43.5 万人，同比增长 8%。波兰以其高质量服务、可忽略的文化差异、较小的时差成为美欧企业外包服务的首选，截至 2023 年末，波兰拥有流程外包（BPO）、共享服务中心（Shared Service Center，SSC）、IT 和研发中心 1800 家，其中，外资企业 1250 家，雇员占比 83.6%，IT 中心占比超过 45%。疫情使该行业加速向 IT 演变，新增投资中 IT 中心占比达 50%，其中，人工智能、机器人和大数据投资越发重要，提高了对技术专业人才的需求。现代商务服务中心分布于波兰 87 个城市，其中，克拉克夫雇员人数（9.8 万）居全国之首，占全部就业的 22.5%，其次为华沙（9.53 万）和弗罗茨瓦夫（6.34 万）②。

（二）匈牙利优势产业及特点

1. 汽车（零部件）制造业

汽车及零部件制造业是匈牙利支柱产业，2022 年产值约 354.5 亿美元，占制造业产值的 23.6%，其中，90.2% 的产出出口国外。目前，行业拥有 800 多家企业，从业人员达 15.1 万人。截至 2022 年底，全球最大的 20 家一级汽车供应商有 14 家落户匈牙利，乘用车和发动机生产企业基本为外资，本土企业主要从事商用车和汽车零配件的生产，匈牙利已形成了体系完备、配套齐全的汽车工业产业链。匈牙利是除德国和中国外，唯一拥有三大德国高级汽车品牌（宝马、奔驰、奥迪）生产基地的国家，近年来政府高度欢迎电动汽车领域投资，将电动汽车和动力电池产业视为产业转型的关键，2018 年以来，韩国三星 SDI、SK Inno-

---

① 波兰投资贸易局，*The Furniture Sector*，2023。

② Business Services Sector in Poland 2023，https：//absl.pl/en/news/p/Record-growth-in-the-value-of-business-services-provided-in-Poland。

vation、LG 化学，日本汤浅集团（GS Yuasa），中国宁德时代（CATL）、亿纬锂能（EVE Power）等企业在匈投资建设电动汽车所需动力电池工厂，带动本国阴极材料、锂电池隔膜、金属回收等一大批上下游企业赴匈牙利进行配套投资。

2. 电子设备制造业

电子设备制造业是匈牙利规模最大的产业之一，2023 年产值约 306 亿欧元，同比增长 9.3%，占制造业产出的 23.1%。同时，匈牙利也是中东欧地区最大的电子产品生产国，雇员数量达 17.4 万，93.2% 的产品用于出口，占出口总额的 30.9%[①]。行业世界知名原始设备制造商和电子产品代工企业均在匈牙利设立生产基地和研发中心，外资企业在该行业占据主导地位，匈牙利生产的电子产品主要包括手机、电视机、电脑、电冰箱、电工器材、小家电和汽车电子配件等。

3. 信息通讯技术业

信息通讯技术（ICT）业包括通讯、IT 外包、IT 服务及软硬件产品，匈牙利 ICT 产业迅猛发展，成为中东欧地区计算机组装和通讯设备制造龙头。2022 年，行业内企业超过 7 万家，从业人数约 25 万人[②]，行业增加值占 GDP 的 5.8%，该比例低于保加利亚（7.5%），但高于中东欧其他国家，其中，ICT 制造业和 ICT 服务业增加值各占 GDP 的 1.2% 和 4.6%[③]。硬件生产集中在中部地区，软件则集聚在首都布达佩斯。2024 年 4 月，匈牙利外交和贸易部长彼得·西雅尔托宣布，中国烽火通信科技将在匈牙利建立其最大欧洲基地，投资 80 亿福林，创造约 150 个新岗位，匈政府将提供 15% 的财政支持。

（三）捷克优势产业及特点

1. 航空航天设备制造业

航空航天设备制造是捷克传统优势产业，除喷气教练机、轻型战斗机之外，捷克主要生产民用、运动和私人小型飞机，是欧洲仅次于德国的超轻型飞机生产国。每年约生产 550 架轻型飞机、运动飞机和 1400 个螺旋桨，产品 80% 以上用于出口。中捷克州是捷克飞机制造业最集中的地区，目前有 7 家飞机制造企业，其中，AERO Vodochody 和 Evektor-Aerotechnik 两家企业规模最大。该行业的主

---

① Electronics Industry in Hungary，https：//hipa. hu/insights/.

② ICT in Hungary，https：//hipa. hu/sector/ict/.

③ 欧盟统计局：ICT sector-value added, employment and R&D，ICT 制造业包括电子元件和电路板制造、通信设备制造、计算机及辅助设备制造、消费电子产品制造和光学媒介制造；ICT 服务包括计算机编程、咨询与相关活动、电信服务、信息通信设备批发与维修、数据处理和软件发布等。

流产品包括超轻型飞机、喷气教练机、轻型战斗机、运动飞机、滑翔机，还有飞机零配件、雷达设备和机场空管系统，其中，中国是捷克航空雷达的主要出口国。霍尼韦尔、通用电气航空集团（GE Aviation）等多家跨国公司在捷克建立了航空航天产品的生产和研发基地。

2. 汽车制造业

汽车制造与设计优势明显。捷克拥有世界上集中度最高的汽车制造和设计产业，深度嵌入欧洲汽车产业链条，2022 年乘用车产量 121.8 万辆，同比增长 10.2%，汽车工业产值在工业生产和出口中占比均为 21%，对 GDP 贡献达到 7.5%，汽车产业直接就业总人数超过 15 万人，占全部就业人口比例 3.1%。除悠久的产业历史、良好的基础设施外，低成本创新能力较强的人力资本和稳定的供应商成为捷克汽车产业吸引投资的关键。技术相关专业在校生超过 90000 人，每年毕业生约 20000 人进入相关产业，因此，吸引了包括斯柯达、丰田标志雪铁龙和韩国现代等主要汽车生产商。此外，政府通过企业所得税减免、培训补贴、就业创造现金补贴等方式，旨在吸引汽车制造、设计及研发企业的投资。

3. 机械设备制造业

经过多年重组改造和外资大规模进入，捷克机械设备制造技术水平和质量明显提高。捷克在机床、电站设备、锅炉、矿山机械、食品机械、环保设备、纺织机械和军工产品等领域拥有较强竞争力。2022 年该行业收入占制造业比重超过 10%，其中，80%~90% 产品出口世界其他地区，从业人数占全国制造业总就业人数的 12.5%。捷克在地震预测、预报和预防技术上形成一套有效机制和体系，多年来未发生因矿震导致的伤亡事故，其爆破卸压技术效果显著，这项技术有效预防了该地区矿震事故发生，对中国解决煤矿矿震危害具有借鉴意义。捷克采矿设备工业协会和主要生产商（OKD、HBZS a. s. 公司和 Bánské projekty Ostrava a. s. 公司）积极开拓中国市场，希望与中资企业开展合作。

（四）斯洛伐克优势产业及特点

1. 汽车制造业

汽车产业在斯洛伐克经济中占有重要的战略地位，2022 年斯洛伐克汽车产量 97 万辆，总产值占 GDP 的 13%，占工业总产值比重达 50.3%。斯洛伐克人均汽车产量继续稳居世界第一，每千人产量达到 184 辆汽车，远超捷克、日本、美国等汽车生产大国。目前，大众、起亚、斯特兰蒂斯和捷豹路虎四大汽车制造商均在斯洛伐克设有生产厂，此外，还有超过 350 家的汽车产业相关供应商。四大汽车制造商和一级供应商（Tier 1 suppliers）直接雇用员工 17.6 万人，整个汽车产业链容纳就业 26.1 万人[①]。目前，斯洛伐克正在布局新能源汽车发展，是欧洲仅次于德法两国的第三大新能源汽车生产国，年产量为 7.5 万辆。

2. 机械设备制造业

机械设备制造业（MEI）是斯洛伐克主要支柱产业之一，与汽车制造业密不可分。2022 年雇员 20 人以上的企业 860 家，就业人员占比高达 39%，行业总产出价值 402 亿欧元，占工业总产值的 45%，总利润 140 亿欧元[②]。74% 的行业产出提供给汽车制造企业或其零部件供应商，另外 25% 则流入金属制品和机械设备制造业，该行业企业主要分布在传统工业优势地区，如西北部工业城市日利纳（Žilina），或汽车制造企业集中区域，包括布拉迪斯拉发（Bratislava）和特尔纳瓦（Trnava）等地区。目前，斯洛伐克机械设备制造业主要产品包括：建筑机械、林业机械、电站及其他锅炉、铁路机车、车厢、机床、教练机发动机、医疗器械、轴承等。

3. 电子电气元件制造业

近年来，在政府鼓励政策支持下，外资进入斯洛伐克电子工业的增速明显上升，三星、索尼、富士康等跨国公司先后在斯洛伐克落户。2022 年，该行业雇员 20 人以上的企业 207 家，电子产品工业产值达 84 亿欧元，占工业总产值约 7%，电子工业附加值达 14 亿欧元，直接雇用人员超过 4.7 万人。按就业人员数量划分，Trenčín（30%）、Nitra（20%）和 Žilina（18%）吸纳就业接近 70%。以销售收入计，行业前三大企业分别为三星电子（LCD 模块和 LED 屏幕）、富士康（液晶和 OLED 电视和印刷电路板）和松下工业设备（控制板、充电器、扬声器、传感器），销售收入分别为 16.5 亿、9.7 亿和 4.96 亿欧元[③]。此外，斯洛伐克汽车行业的快速发展为汽车相关的电子产品，如车载通讯设备和车载娱乐设备的发展带来了较大空间，进一步促进了该行业的发展。

（五）罗马尼亚优势产业及特点

1. 信息通信业（IT&C）

信息技术和通信行业是罗马尼亚经济增长的重要引擎，其增幅一直高于国内生产总值增长率。罗马尼亚国家统计局发布最新数据显示，信息技术和通信行业

---

① SARIO：Automotive Sector in SLOVAKIA.

② SARIO：Machinery & Equipment Industry in SLOVAKIA.

③ SARIO：Electronics & Electrical Components Industry in SLOVAKIA.

的市场规模以年均 5 亿欧元的速度增长。2017~2021 年，ICT 行业产值年均增长 8%，预计到 2030 年罗马尼亚数字经济规模将达到 520 亿欧元。2022 年，罗马尼亚 IT&C 产值接近 200 亿欧元，占 GDP 的比重为 6.6%，对 GDP 增长的贡献率达到 1.3%，居各行业之首。该行业从业人员接近 23 万人，占全国就业人数的 4.4%，从业人员中 76.5% 具备本科及以上学历，高于欧盟平均 64.5% 的水平[1]，从业人员可享受免除 10% 个人所得税的待遇。2023 年通信、计算机和信息服务贸易出口额 100.4 亿欧元，增长 7.6%，实现顺差 59 亿欧元，占服务贸易顺差总额的 44.4%。全国主要的 IT 外包和客户软件开发中心包括布加勒斯特、蒂米什瓦拉、克鲁日—纳波卡（Cluj-Napoca）、布拉索夫（Brasov）和雅西（Iasi）。

2. 批发零售服务业

2021 年服务业在罗马尼亚出口贸易增加值中占比达到 64%，其中，租赁和零售贸易与维修业增加值占比分别达到 16% 和 10%。2022 年，罗马尼亚批发零售、汽车和摩托车维修、运输仓储以及住宿餐饮业实现产值 533.7 亿欧元，同比增长 6.6%。除汽车和摩托车之外的批发业销售收入同比增长 22%，实际增幅为 16.6%，除汽车和摩托车以外的零售业销售收入同比增长 4.4%，汽车和摩托车批发零售及其保养和维修业营业收入同比增长 6.7%。2022 年企业服务业营业收入同比增长 27.3%，居民服务业营业收入同比增长 26.3%。

3. 交通运输服务业

罗马尼亚主要的物流货运公司多数是跨国公司，在信息技术系统、标准化运作以及与重要国际运输公司关系方面具有优势。罗马尼亚国家银行（BNR）公布的初步数据显示，2023 年交通运输服务贸易出口额 105.8 亿欧元，增长 3.8%，实现顺差 59.8 亿欧元，占服务贸易顺差总额的 45%。按照运输方式，占比最大的是公路运输服务，进出口贸易额为 100.4 亿欧元，占交通运输服务贸易的 66.1%。其次是空运服务，贸易额为 12.8 亿欧元，占比为 8.4%[2]。世界银行 2023 年物流绩效指数（LPI）显示，罗马尼亚得分为 3.2，落后于波兰（3.6）和捷克（3.3）。罗马尼亚在交货时间以及追踪货物能力方面表现较好，但运输基础设施质量得分较低[3]。2020~2030 年，罗马尼亚将投资 730 亿欧元用于改善交通基础设施，其中，道路基础设施投资 369.3 亿欧元，铁路领域投资额 191.6 亿欧

---

① https://investromania.gov.ro/web/doing-business/itc/.

② 中华人民共和国驻罗马尼亚大使馆经济商务处：《2023 年 1~12 月罗马尼亚服务贸易进出口情况报告》。

③ https://lpi.worldbank.org/international/global.

元，地铁基础设施投资 88 亿欧元，港口领域投资额 44.6 亿欧元[①]。

（六）保加利亚优势产业及特点

1. 汽车制造业

汽车行业在保加利亚国民经济中占有重要地位。2022 年，汽车行业对保加利亚 GDP 的贡献率达 11%，就业人数超过 7.5 万人，行业产品 99% 用于出口，欧洲 80% 的汽车传感器产自保加利亚。汽车行业企业超过 350 家，汽车研发中心 36 家[②]。保加利亚于 2023 年 4 月正式加入欧洲电池联盟，有望成为汽车和储能系统关键部件的生产中心。保加利亚政府还与当地领先的研究机构和技术院校签署了合作协议，共同创建人才培养项目。按员工人数计，2020 年规模最大的三家企业分别是 Yazaki（7000 人）、Sensata Technologies（3658 人）和 Enterprise Services（3163 人），其中，Sensata Technologies 同时是行业中营业收入最高的企业，收入达到 2.33 亿欧元。

2. 软件与信息通信服务业

保加利亚 IT 业已连续多年获得两位数增长，2021 年保加利亚 IT 从业者共计约 5 万人，85% 的就业人员年龄在 35 岁以下，年营业收入达 55 亿列弗，创造了该国约 4.3% 的 GDP。进入保加利亚的跨国 IT 公司有思科、VMWARE、微软等。IT 人才主要来自索非亚大学和科技大学。保加利亚软件及相关服务业是最具投资吸引力和创新能力的领域，2020 年保加利亚 GDP 受疫情影响下降 4.2%，但其软件行业创造的收入同比仍然增长了 10%，预计到 2024 年，软件产业占 GDP 比重将达到 6% 左右，可见，该行业存在较大的投资合作空间。

3. 其他商务服务业

其他商务服务业主要是指保加利亚的旅游业。保加利亚拥有丰富、宝贵的文化和历史遗产，境内文化古迹超过 40000 座，在欧洲排名第三，仅次于意大利和希腊。2022 年，保加利亚全年入境外国游客 372.2 万人次，同比增长 38.5%。入境游收入超 37 亿列弗，同比增长 48.2%，入境游客量最多的国家是罗马尼亚、土耳其、德国、希腊和波兰等国，其中，来自欧盟国家的游客数为 219.3 万人次，同比增长 51.4%。为使境外游客更加便利，保加利亚旅游部与外交部等机构成立联合工作组，着力推动优化外国公民的签证申请流程。此外，为了更好地开

---

① 中华人民共和国商务部：《罗交通部长表示未来十年交通运输领域需 730 亿欧元投资》，http：//m. mofcom. gov. cn/article/i/jyjl/m/202007/20200702986648. shtml。

② European Cluster Collaboration Platform：The Automotive Industry in Bulgaria 2023.

发远程客源市场，保加利亚政府与周边邻国合作，共同打造互联互通、多元有趣的巴尔干多国旅游路线。

（七）斯洛文尼亚优势产业及特点

1. 金属制品业（Metal processing and machinery）

金属制品业包括金属加工和机械制造业，2022年行业内企业3700家，从业人员68850人，年收入132亿欧元[1]。主要金属加工产品为车辆部件、水轮机和各种金属制品，前五大出口市场为德国（24%）、意大利（12%）、奥地利（10%）、克罗地亚（9%）和波兰（4%），主要出口品包括钢铝锭和薄板、汽车用铝压铸产品、铸件和合金、金属配件、金属工具和水轮机等，主要金属生产厂商有SIJ钢铁集团和Impol铝制品公司。目前，在金属复合材料、铝合金及制品、材料加工机械和农林机械领域投资潜力较大。

2. 汽车制造业

汽车工业是斯洛文尼亚最重要的制造业部门之一，也是其优势产业之一。2022年，汽车业企业276家，拥有雇员约1.66万人，产值约占GDP的10%，年收入41亿欧元，对斯洛文尼亚出口总额的贡献达20%[2]。斯洛文尼亚主要汽车产品包括座椅及部件、车厢内部装饰材料、底盘、制动系统、汽车发动机、电子/电气元件、转向系统、动力部件、点焊设备、传动部件以及研发服务。汽车企业对于质量标准有着较为严格的控制和管理，其产品以出口为主，前五大出口市场为德国（33%）、法国（14%）、意大利（7%）、克罗地亚（6%）和奥地利（4%）。对于想要为新车进行系统测试，为智能、自动驾驶和电动汽车提供电气元件和软件的车企有较大的吸引力。

3. 化学与医药制造业

斯洛文尼亚已经形成以生产医药及医药中间体、化妆品、化学制剂、橡胶及塑料制品等为主的现代化学工业格局。随着汉高、诺华、固特异、科莱恩特等知名外资化工企业的进入，其化工产业正逐渐向生产专利技术及高附加值产品转型。2022年，化学与医药行业企业250家，从业人员14430人，年收入36亿欧元，按人均产出计，斯洛文尼亚是欧洲五大药品制造国之一[3]。前五大出口市场为瑞士（58%）、德国（5%）、俄罗斯（4%）、波兰（3%）和克罗地亚（3%），

---

① https：//www.sloveniabusiness.eu/industries-and-technologies/metal-processing-and-machinery.

② https：//www.sloveniabusiness.eu/industries-and-technologies/automotive-industry.

③ https：//www.sloveniabusiness.eu/industries-and-technologies/healthcare.

主要出口产品包括仿制药、生物制药、医疗激光与光学设备、用于基因治疗或转化医学的 IT 平台、牙科设备、天然保健品、化妆品和膳食补充剂等。目前，在生物制药研发与生产、实验室流程数字化、基因和细胞疗法、光子治疗和诊断等领域投资潜力较大。

（八）克罗地亚优势产业及特点

1. 信息通信业（ICT）

自 2008 年起，克罗地亚信息和通信技术（ICT）产业快速发展。截至 2022 年末，克罗地亚信息通信行业有企业 14087 家，员工超过 6.2 万人，月均工资 2300 欧元，仅略高于保加利亚，低于其他中东欧国家[①]。主要外商投资企业包括西门子、爱立信、特斯拉、IBM、甲骨文和源讯（Atos IT Solutions and Services）等。2023 年世界竞争力中心的数字竞争力指数中，克罗地亚在 63 个经济体中排名第 43 位，在 27 个欧盟成员国中排名第 21 位，且处于上升趋势。根据克罗地亚《2032 年数字克罗地亚战略》，到 2032 年，ICT 行业占 GDP 的份额预计将增长至 13%~15%。

2. 旅游业

克罗地亚是地中海旅游胜地，旅游业是克罗地亚支柱产业之一。2022 年，克罗地亚旅游业快速复苏，旅游业注册企业超过 2.14 万家，员工人数 11.56 万，占全国就业人数的 9.4%，月均工资 1286 欧元。旅游业净收入 58.7 亿欧元，较上年同比增长 49.7%，游客到访 1777.5 万人次，同比增长 39.1%，其中，外国游客到访 1532.4 万人次，同比增长 44%；游客过夜 9004 万晚，其中，外国游客过夜数占 91.4%。同年，克罗地亚旅游业对其 GDP 的直接贡献率达到 11%，远高于欧盟平均 4.5% 的水平，旅游密度指数达到 23.3，远高于欧盟平均值 6.15，表明克罗地亚是所有欧洲国家中对旅游业最为依赖的国家[②]。

3. 食品饮料加工业

克罗地亚食品加工业较为发达，是克罗地亚加工业中就业人数最多的行业，行业总收入位列加工业第一位。2022 年，食品加工业注册企业 3423 家，员工人数超过 5.83 万，食品和饮料加工业月均工资分别为 1294 欧元和 1806 欧元[③]。主要出口烟草、调味品、汤料、糖果、鱼罐头、牛肉罐头、烈性酒和啤酒，克罗地

---

① https：//investcroatia.gov.hr/en/ict/.
② EU Tourism Dashboard, https：//tourism-dashboard.ec.europa.eu/.
③ https：//investcroatia.gov.hr/en/food-industry/.

亚"波斯图普"和"丁加奇"牌葡萄酒及部分火腿肉、奶酪、李子酒等产品享有欧洲原产地保护商标。

二、劳动力市场优势

(一)制造业劳动力成本普遍低于服务业

保加利亚制造业与服务业劳动力每小时工资为各国最低水平,分别为每小时7欧元和8.8欧元。与维谢格拉德集团其他三国相比,波兰制造业劳动力成本优势开始显现,每小时总成本为10.8欧元,低于斯洛伐克、捷克和斯洛文尼亚等国家,远低于欧盟27国平均水平。中东欧国家普遍制造业劳动力成本高于服务业,但匈牙利和克罗地亚服务业成本偏低,分别为欧盟平均水平的47%和52%(见图18-5)。

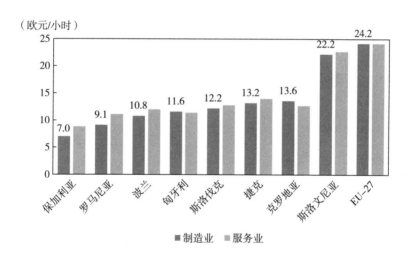

图18-5　2023年各国劳动成本比较

资料来源:Eurostat,https://ec.europa.eu/eurostat/data/database。

(二)罗马尼亚劳动生产率涨幅最大,捷克劳动生产率最高

保加利亚和罗马尼亚劳动生产率增长迅速,2012年仅为欧盟平均水平的44%和58.2%,位居各国中最后两位,2023年分别达到56.8%和84.2%,其中,罗马尼亚劳动生产率仅次于斯洛文尼亚和捷克,位居中东欧国家第三位。同期,匈牙利和斯洛伐克是中东欧国家中仅有的生产率下降的国家,其中,匈牙利劳动生产率先下降后上升呈U型变化,尽管如此,2023年生产率略低于2012年

73.4%的水平，在此期间斯洛伐克劳动生产率则下降超过4个百分点，2012年其生产率相当于欧盟平均水平的83.7%。总体来看，尽管中东欧国家生产率有所提升，但与德国、奥地利等西欧国家相比，仍存在较大差距（见图18-6）。

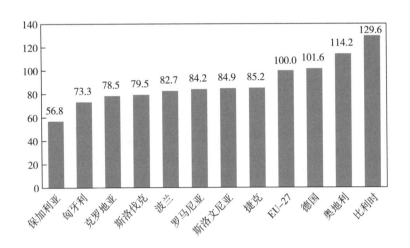

图18-6 2023年各国劳动生产率比较（EU-27=100）

资料来源：Eurostat，https://ec.europa.eu/eurostat/data/database。

三、综合竞争力比较

（一）经济规模与增长潜力

东道国的市场规模和居民收入状况直接影响外商投资企业的本地市场销售和产业配套能力，东道国的市场规模越大、人均收入越高，越有利于外国投资者的市场销售。本小节以国内生产总值（GDP）表示一国的市场规模，人均GDP表示居民收入状况，如表18-4所示，2023年波兰的市场规模遥遥领先其他国家，其次为罗马尼亚和捷克两国GDP均超过2100亿美元，再次为匈牙利和斯洛文尼亚，市场规模较小的是克罗地亚、保加利亚和斯洛伐克三国。按照购买力平价折算后的人均GDP来看，2024年斯洛文尼亚、捷克和波兰三国居民购买力最强，其次为克罗地亚、匈牙利、斯洛伐克和罗马尼亚四国，保加利亚人均GDP不足3万美元。以2019~2024年人均GDP和GDP平均增长率表示增长潜力，可以看出，市场规模较小的克罗地亚和保加利亚经济增长潜力最强，人均GDP增长率超过4%，其次是波兰经济增速较快，增长率分别为3.3%和2.6%。尽管市场规模和人均 GDP 均居中东欧国家前列，但捷克近 5 年平均经济增长几乎处于停滞状态，亟待发掘新的增长动能。

表 18-4　中东欧各国竞争力情况比较

指标 国家	GDP （亿美元）	人均 GDP （亿美元）	人均 GDP 增长率 （%）	GDP 增长率 （%）	竞争力排名					AI 就绪度
					经济绩效	政府效率	商业效率	基础设施	总体	
波兰	6335.6	39179	3.33	2.63	19	44	46	38	41	0.60
罗马尼亚	2360.4	34482	2.75	2.25	47	48	54	51	50	0.58
捷克	2153.0	40308	0.09	0.08	35	25	30	28	29	0.65
匈牙利	1561.9	36488	2.00	1.60	36	51	67	41	54	0.56
斯洛文尼亚	1042.9	42554	2.06	1.93	37	46	57	37	46	0.63
克罗地亚	664.1	36497	4.43	3.22	49	47	59	44	51	0.58
保加利亚	628.9	28720	4.17	2.37	45	56	65	59	58	0.58
斯洛伐克	543.9	35202	1.86	1.25	56	62	64	50	59	0.59

资料来源：GDP 总量数据来自世界银行 World Development Indicators 数据库，2015 年不变价美元表示，其他 GDP 数据来自于 IMF World Economic Outlook，April 2024，2024 年数据为 IMF 预测结果；竞争力指标来自 IMD World Competitiveness Yearbook 2024；AI 就绪度指数来自 IMF AI Preparedness Index 2023，该指数介于 0~1，数值越大，表示采用 AI 技术基础越好。

（二）中东欧国家竞争力比较

2024 年 6 月，瑞士国际管理发展研究院（International Institute for Management Development，IMD）发布最新《世界竞争力报告》显示，67 个国家（地区）中捷克排名第 29 位，居于中东欧国家之首，其次为波兰和斯洛文尼亚，排名分别第 41 位和第 46 位，其他五国位次介于 50~60（见表 18-4）。竞争力综合指标由 4 个二级指标、20 个三级指标和 336 个评价标准构成①，其中，经济绩效评价包括一国经济、贸易、投资、就业和物价水平五个方面，政府效率涵盖财政、税收、组织架构、公司法和社会管理，商业效率包括企业生产率、劳动力、金融、管理和商业伦理等鼓励企业进行创新和负责任经营的环境，基础设施不仅评价基本基础设施，还包括技术、科学基础设施、健康与教育等方面。进一步考

---

① 336 个评价标准中，92 个来自《企业高管意见调查（Executive Opinion Survey）》。

察各国竞争力的二级指标，可以看出，波兰经济绩效排名第 19 位，居中东欧国家之首，这也再次印证上一小节笔者对波兰经济规模与增长潜力分析得出的结论。此外，捷克在政府效率、商业效率和基础设施三方面排名均领先于其他国家，表明捷克具备良好的经济发展基础。

比较 2020 年与 2024 年的数据发现，仅克罗地亚、捷克和罗马尼亚三国竞争力排名上升，其他国家排名都出现不同程度的下降，其中，斯洛文尼亚和保加利亚下降最多，分别由第 35 位、第 48 位下降至第 46 位和 58 位，斯洛文尼亚排名的下降主要由于商业效率指标中劳动力市场排名过低，仅排在第 59 位，这与前文中提到的斯洛文尼亚劳动力成本是中东欧地区最高不无关系。另外，伴随着数字技术的发展和广泛应用，越来越多的企业倾向于在生产中采用机器人和其他人工智能技术，因此，各国数字基础设施和人工智能发展水平也成为吸引外商投资的重要因素之一。国际货币基金组织（IMF）发布的人工智能就绪度指数显示，2023 年捷克、斯洛文尼亚和波兰三国 AI 就绪度较高，该指数都超过 0.6，表明以上三国具备良好的数字基础设施和数字人才储备。

第四节　中国企业对中东欧国家投资对策

一、应对中东欧国家外资安全审查制度变革的对策

本节研究的中东欧八国均为欧盟各成员国，因此，随着欧盟委员会《条例》修订案的提出，中东欧各国将逐步建立并完善国家层面的外资安全审查制度，从而导致中资企业对当地投资准入门槛的提高以及投资成本的增加。

（一）契合当地产业发展，以绿地投资规避投资审查

股权投资方式因有利于投资者迅速立足东道国、减少市场竞争对手。我国企业对欧盟进行的股权投资多次触发外资安全审查，导致投资交易被否决。相对于股权投资，绿地投资有利于带动当地投资与就业，面临的事实限制较少，有助于顺利通过东道国的投资审查。当前，数字化和绿色转型是中东欧国家产业发展战略的两大主题，具备国际市场竞争力的中资民营企业应重点面向绿色转型、数字化等与东道国产业发展需求契合度较高的产业，通过绿地投资方式进入东道国市

场，有效绕开外资审查、提升海外市场竞争力和市场份额①。

（二）鼓励中资企业同他国投资者进行联合投资规避风险

从近年的投资监管政策动向来看，欧盟如今正处于外资监管趋严的敏感时期，我国企业应当暂时隐藏锋芒，以更加平缓的方式对外投资，如与其他国家的企业合资合作。与他国投资者进行联合投资虽然不如并购那般迅速和高效，但也具有减少和避免政治风险、获取多重优惠待遇等优势。尤其在当前中国投资者受到指向性歧视的情况下，我国企业应当寻找欧美等强势国家的企业进行联合投资，利用多重利益关系来规避对方歧视性的安全审查。比起中资企业，发达国家的投资者有着更加丰富的赴欧投资经验和应对外资安全审查的技巧，中资企业在与其联合投资过程中，可以汲取对方的相关知识、内部信息和经验，以弥补自身应对外资安全审查经验的不足②。

（三）抓住法案生效前窗口期，降低投资不确定性

投资审查程序环节增多、流程延长导致投资时间成本增加，审查标准不确定性导致投资沉没性成本增加。修订条例实施后可能会影响到中资企业对欧投资的确定性、交易时间安排以及所需提交信息的详细程度等。考虑到修订条例的通过和实施可能需要一段时间，中国投资者应抓住法案生效前的窗口期，提前进行详细的法律和市场研究，确保投资项目符合目标国和欧盟的规定。在投资策划阶段，应评估项目是否会触发审查，以及可能的审查结果，从而做出相应的风险评估和时间规划，确保投资顺利进行③。

二、中资企业投资中东欧国家优势产业对策

结合本章前面部分对中东欧国家优势产业特征，以及特色产品和服务的分析，综合三大类型产业，提出中国企业与中东欧国家进行合作的对策。

（一）汽车制造业投资对策

中东欧国家特别是维谢格拉德集团四国，均在汽车零部件生产、组装、研发领域具有较强优势，特别是汽车设计与开发、汽车材料、汽车零部件制造技术及

① 曹鸿宇，张璐薇. 欧盟外资流入趋势及外资审查机制对中国投资的影响［J］. 国际金融，2023（1）.

② 肖蓓，李馨. 欧盟外资安全审查制度变革下中资企业赴欧投资的挑战与法律应对［J］. 国际经济法学刊，2024（1）.

③ 陈玺. 欧盟审查趋严：外国直接投资审查修订背后的中企投资考量［N］. 第一财经，2024-03-07.

装备、汽车检测与测试、智能网联和新能源汽车等方面。中国与中东欧企业可通过建立新能源汽车产业技术联盟或产学研一体化的合作模式，加速汽车产业链的融合，即通过明确界定合作技术范围，充分利用联盟成员的技术优势，在相互学习和技术积累中，提高联盟竞争力；另外，中国企业可与中东欧高校或科研机构建立产学研合作长效机制，加强人才培养与技术储备方面的合作。

此外，聚焦未来汽车技术开发，电动化、轻量化、自动驾驶、智能网联等新技术新理念，搭建设计—研发—生产—制造一站式汽车工程平台，对接当地整个汽车制造产业链中各环节新技术和新产品，推动汽车制造上下游产业链融合，为汽车制造业国际投资与合作创造新的契机。

（二）信息通信技术业投资对策

我国信息通信业发展的短板是核心技术受制于人，如我国高端通用芯片、5G射频器件等核心元器件高度依赖进口，工业互联网相关的核心元器件、基础软件、工业控制系统、高端工业软件等产业基础薄弱。中东欧国家信息通信产业在电子元件和电路板制造、计算机编程与咨询服务等细分领域具有比较优势，因此，中国与中东欧国家可以通过搭建公共创新服务平台，促进产学研用深度融合，共同推动重点领域关键共性技术研发和系统集成，形成创新突破的强大合力。此外，双方可以进一步深化数据跨境流动、信息通信标准合作、人工智能应用和治理等领域的合作。

（三）旅游业投资对策

以各国旅游业发展阶段为基础，综合运用市场互换模式、市场—产品共享模式和要素协同模式。对于在城市规模和旅游市场规模上比较接近的合作方（城市或城市群层面），可采取市场互换模式进行合作，各方从合作中收益大体均衡；另外，两个或多个中东欧国家推出联合线路，对接国内多城市旅游市场，形成共同开发市场的合作模式，如波兰（克拉科夫）—捷克（布拉格）—匈牙利（布达佩斯）—克罗地亚（杜布罗夫尼克）对接上海—杭州—西安—北京线路，进行联合推广；在前两种合作的基础上，可进行旅游相关要素的整合，即进入更高级的要素协同合作，如中国相关企业投资中东欧国家当地旅游机构，提供行程规划、旅游运输、投融资等相关服务。

第十九章

中东欧八国金融体系改革研究

　　中东欧八国在 20 世纪末至 21 世纪初经历了深刻的金融体系改革，这些改革是这些国家经济转型和融入欧洲经济体系的重要组成部分。随着冷战的结束和市场经济原则的引入，这些国家开始从传统的计划经济银行体系过渡到以市场为导向的金融架构。改革的核心目标是建立一个更加稳健、透明和高效的银行系统，能够促进经济增长、增强金融稳定性，并与国际金融标准接轨。这些国家通过实施一系列政策和法规，包括中央银行独立性的增强、利率市场化、金融监管的改进以及外资银行的引入，成功地重建了它们的金融体系。特别是在 2004 年前后，随着一些国家加入欧盟，金融改革的步伐进一步加快，以满足欧盟的金融监管和市场一体化要求。这些改革不仅对中东欧八国的金融稳定性和经济增长产生了深远影响，也为学术界提供了丰富的研究课题，涉及宏观经济政策、金融监管框架、银行业结构调整以及国际资本流动等多个领域。

　　一个国家的金融体系主要包括正规金融体系和非正规金融体系，其中正规金融体系主要是由金融机构和金融市场、金融服务和金融工具构成，金融中介机构和金融市场的结构和特质决定了一个国家金融制度的特征①。世界银行的金融发展数据库将金融体系分为金融机构和金融市场两部分。此篇对于中东欧八国金融体系改革研究也是从这两方面进行研究。

---

① 王博，刘忠瑞. 中印金融体系改革、发展与功能比较研究 [J]. 金融监管研究，2017（12）：35-51.

第一节　中东欧八国金融机构改革

一、银行机构改革

健全而有效的金融部门是促进一个国家经济长期稳定和发展的重要因素。中东欧国家金融结构具有统一而显著的特点：银行部门在金融系统中居主导地位。在经济转轨初期，中东欧国家奠定了银行主导的历史基调。从资产规模看，银行在金融体系中占据了最重要的地位，中东欧国家银行占金融机构总资产的份额超过了80%。银行占金融机构资产的份额有捷克为81.1%，匈牙利为86.2%，波兰为84.8%，斯洛伐克为92.7%，斯洛文尼亚为88.0%。在这期间，保险公司是第二大金融机构，但是其资产的份额仍然低于10%，由此可见，银行对于金融系统起着举足轻重的作用。到目前为止，在中东欧国家金融结构中占据主导地位的仍然还是银行部门，这一点在金融危机时期表现得更为明显，在此期间，中东欧国家金融结构以银行为主导的特征非但没有消失，反而进一步强化了。但是，金融危机发生之后，为了增加本国资金的独立性，减少对西方发达国家资金的过度依赖，寻找经济社会发展所需资金的更多来源，中东欧国家将经济增长的方向转向了"东方"（主要是对中国），同时也逐步强化了中东欧国家内部的直接融资行为①。在此期间，虽然银行部门在金融系统中的主体地位没有变化，但是银行资产占国内生产总值的比重下滑了，同期股票市场却在金融危机的巨大滑坡后呈现出了一个增长的趋势。本部分对于中东欧国家的金融体系改革进行研究，其中必不可缺的就是对银行改革的研究，本部分将以全球金融危机为核心节点论证中东欧八国金融体系改革中的银行改革。

（一）危机前中东欧八国的银行改革

1. 从单一银行体系向二级银行体系过渡

中央计划经济下银行体制的主要特点是单一银行体制。在中央计划经济中，

---

① 张振家，刘洪钟. 中东欧国家银行主导型金融结构的形成与调整 [J]. 金融理论探索，2019（1）：54-63.

银行起着被动作用。单一银行体制有诸多缺点，并且只适应于中央计划经济体制，因为在计划经济下货币及商品关系只起从属作用，所以要建立市场经济就需要建立二级银行体系。

波兰：20 世纪 80 年代末至 90 年代初，波兰正处于从计划经济向市场经济转型的关键阶段[①]，其中包括对银行体系的重大改革。1989 年，波兰颁布了新的银行法，标志着该国银行体系从单一银行体系向二级银行体系的转变。这一改革的核心是分离中央银行和商业银行的职能，确立了中央银行的独立性，并引入市场竞争机制。

捷克：捷克的改革在"布拉格之春"被扼杀后，经济体制变得更加僵化。1989 年捷克银行业不良贷款率达 20%，资本充足率仅有 0.85%，银行结构高度集中，四大银行占捷克银行业总存款的 80% 和总贷款的 70%。20 世纪 90 年代初，捷克计划经济解体、原有苏联东欧间的贸易体系打破，来自国际及市场的冲击加剧，经济社会涌现危机，通货膨胀严重，同时还伴随着高失业率，1991 年通货膨胀率高达 58%。1990 年后捷克银行业遵循了欧洲银行业的模式，开始建立二级银行体系，将单一银行分解为中央银行与多家商业银行[②]，贷款从中央银行转移到商业银行。从中央银行分离出来 3 家商业银行，中央银行与商业银行实现了分离。

保加利亚：在 20 世纪 80 年代末至 90 年代初，保加利亚经历了从单一银行体系向二级银行体系的重要转型。1987 年，保加利亚进行了金融体制改革，建立了由人民银行即中央银行、商业银行和国家储蓄银行三部分组成的银行体系。这一改革的目的是为了促进金融部门的竞争，鼓励私人银行的发展，并同时允许外国银行的进入。到了 1989 年，保加利亚进一步巩固了其两级银行体系，中央银行具有独立性，主要负责发行货币、制定货币政策，并保证本国货币的稳定。商业银行则基于市场原则进行运作，实行自主经营、自负盈亏。这些改革措施增强了保加利亚银行体系的稳定性，为后续抵御金融危机的冲击打下了基础。然而，值得注意的是，在剧变后，保加利亚经济发展失去平衡[③]，在 1996 年经历了严重的金融危机，导致该国货币列弗不断贬值，通货膨胀率飙升至非常高的水

---

①　苏德金，李乾文. 法治视角下波兰国家审计推进腐败治理的路径研究 [J]. 南京审计学院学报，2014，11（6）：104-112.

②　冯彦明. 中东欧国家银行体制改革的经验与启示 [J]. 银行家，2008（11）：96-98.

③　张颖. 剧变后保加利亚的经济危机及摆脱危机的措施 [J]. 苏联东欧问题，1991（5）：66-70.

平，如图 19-1 所示，1996 年保加利亚金融危机后通货膨胀率骤升。为了控制高通胀并稳定宏观经济，国际货币基金组织（IMF）提出了"联系汇率制"，将列弗与欧元挂钩，将汇率控制在 1.95583。这一措施帮助保加利亚控制了通货膨胀，并在 2019 年底成为欧盟中负债率较低的国家之一。尽管面临诸多挑战，保加利亚的金融改革为其后续的经济发展和金融稳定奠定了重要基础。

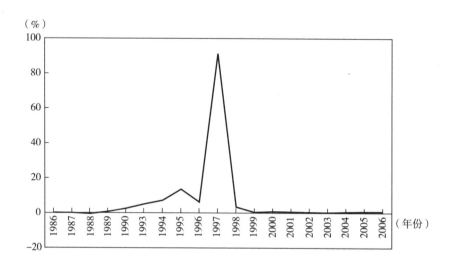

图 19-1　保加利亚 1986~2006 年按 GDP 平减指数衡量的通货膨胀（年通胀率）

资料来源：世界银行数据库。

　　罗马尼亚：20 世纪 90 年代，该国开始了从单一银行体系向二级银行体系的转型，实现了金融改革的重要一步。与此同时，外资银行的引入显著增加了市场竞争，促进了金融服务的多样化和质量提升。之后，罗马尼亚也开始放开资本账户的外汇长期流通业务，这是其银行体系改革的关键步骤之一。到了 2006 年，外资银行在罗马尼亚的市场份额已经达到了显著的水平，这一变化对提高金融系统的效率和稳定性起到了积极作用。2007 年，罗马尼亚加入欧盟，为罗马尼亚带来了经济发展新机遇①，罗马尼亚银行系统的资产总额得到了显著增长，反映出银行体系改革的积极效应。此外，罗马尼亚政府通过实施宏观审慎政策，加强了对银行资本充足率的要求，以及对跨境资金流动的监管，增强了金融系统抵御

---

① 高潮. 罗马尼亚：入盟展现投资机遇［J］. 中国对外贸易，2008（5）：72-75.

风险的能力。这些改革措施不仅提升了罗马尼亚金融系统的稳健性，而且为该国在 2008 年全球金融危机中保持相对稳定奠定了基础。

匈牙利：在 2008 年全球金融危机之前，匈牙利经历了一场重要的银行体系改革①，从以国有银行为主导的单一银行体系逐步过渡到更加多元化的二级银行体系。这一转型始于 20 世纪 80 年代，当时匈牙利政府采取了一系列市场化改革措施，包括私有化和引入外资银行。

2004 年 5 月，匈牙利加入了欧盟，这为外资银行的进入提供法律和市场基础。随后，多家国际银行开始在匈牙利设立分支机构或通过收购当地银行进入市场。例如，2005 年，匈牙利最大的国有银行之一，匈牙利储蓄银行（Magyar Kútványbank）被意大利联合信贷银行（UniCredit）收购，这标志着外资银行在匈牙利市场的影响力开始显著增强。

此外，匈牙利政府还实施了一系列旨在提高金融稳定性和竞争力的政策。这包括加强银行监管、提高资本充足率要求、推动金融创新和提升金融服务质量。这些措施有助于匈牙利银行体系在 2008 年金融危机中表现出相对的韧性。

改革期间，匈牙利的银行资产总额显著增长。据世界银行数据显示，2004 年匈牙利的银行资产总额为 GDP 的 60%左右，而到了 2008 年，这一比例增长到了近 90%，显示了银行业在国民经济中的比重显著提升。

然而，尽管取得了这些进展，2008 年金融危机仍然对匈牙利经济产生了重大影响，导致经济增长放缓，失业率上升。但相比之下，匈牙利的银行体系由于改革而增强了抵御危机的能力，没有出现大规模的银行破产或系统性风险。

克罗地亚：在 21 世纪初期，克罗地亚的银行体系经历了重要的结构性改革，这一改革是在 2008 年全球金融危机前几年进行的。从单一银行体系逐步过渡到更为复杂的二级银行体系就是改革中比较重要的一部分。在改革之前，银行业务主要集中在几家大型国有银行手中，这些银行在金融系统中占据了主导地位。然而，随着市场化和私有化的推进，克罗地亚政府开始推动银行业的多元化，以提高金融稳定性和竞争力。

2004 年左右，克罗地亚通过了一系列银行法律和法规，为外资银行的进入和国内新银行的成立创造了条件。这一时期，外资银行如奥地利的 Erste Bank 和意大利的 UniCredit 开始进入克罗地亚市场，并通过收购当地银行扩展了它们的

---

① 谭鹏万. 匈牙利转轨时期的银行业改革［J］. 外国经济与管理，2003（6）：41-44.

业务网络。这些外资银行的参与不仅增加了市场竞争，还带来了先进的银行业务技术和管理经验。

例如，2005 年 Erste Bank 的进入，它通过收购了当地的小银行来扩大其市场份额，并且引入了新的金融产品和服务，如在线银行和个人理财顾问。这些创新提高了客户的服务质量，并且促进了金融产品的多样化。

此外，克罗地亚中央银行也加强了对银行业务的监管，以确保金融系统的稳定和透明。监管改革包括实施更为严格的资本充足率要求和风险管理标准，这些措施在一定程度上提高了银行的抗风险能力。

总体而言，克罗地亚银行体系的改革是一个渐进的过程，涉及法律框架的调整、市场结构的变化和监管环境的加强。这些改革在金融危机前为克罗地亚的金融系统增加了弹性，尽管 2008 年的全球金融危机对克罗地亚经济产生了影响①，但该国的银行体系相对保持了稳定。

斯洛文尼亚：在金融危机之前，斯洛文尼亚的银行体系经历了重要的结构变革，从单一银行体系向二级银行体系转型。这一转型过程始于 20 世纪 90 年代初期，并在 21 世纪加速进行，斯洛文尼亚也被欧盟称为"中东欧经济转轨最成功的国家"②。2004 年斯洛文尼亚加入欧盟后，为了适应欧盟的金融监管标准和提高金融体系的效率及稳定性，开始了一系列金融改革。二级银行体系的特点是存在一个中央银行和多个商业银行，商业银行在中央银行的监管下运营，提供多样化的金融服务。通过这种改革，斯洛文尼亚的目的是建立一个更加稳健和更具竞争力的金融环境，以促进经济发展和增强抵御金融危机的能力。

斯洛伐克：1989 年东欧剧变发生后，斯洛伐克和捷克开始经济转型③。在 20 世纪 90 年代初，斯洛伐克开始了一系列深刻的金融体系改革。1993 年，斯洛伐克与捷克斯洛伐克联邦分离后，迅速采取行动，通过立法和市场激励措施促进了银行部门的重组和私有化。到了 1995 年，外资银行开始大量进入斯洛伐克市场，带来了先进的管理经验和技术，这进一步促进了银行体系的竞争。1996 年，斯洛伐克政府实施了一系列银行法改革，加强了金融监管和审慎监管标准，为银行体系的稳定奠定了基础。通过这些改革，斯洛伐克成功地建立了一个更加稳健和透明的金融体系，这为其后续加入欧盟和经济一体化打下了坚实的基础。

---

① 赵嘉政. 金融危机对克罗地亚影响加深［N］. 光明日报，2008-11-04（8）.
② 龚猎夫. 斯洛文尼亚——中东欧经济转轨最成功的国家［J］. 国际问题研究，1996（2）：44-47.
③ 徐长生. 捷克与斯洛伐克经济转型比较研究［J］. 浙江万里学院学报，2017，30（5）：1-5.

2. 改造国有商业银行

在转轨期间，中东欧国家国有商业银行存在着很多问题比如坏账积累、信贷活动存在着内部交易、缺乏有效的风险评估、国有银行的私有化尚未大规模展开等，这些情况促使中东欧国家进行银行改造（见表 19-1）。中东欧国有银行改造的顺序是先对国有银行的资产负债表进行清理、处理银行的不良资产，然后对国有银行采取私有化措施，并为国有银行寻找外国投资者。在中东欧国家银行改造的实践中，私有化特别是将国有银行卖给国外投资者的措施是国有银行改造的主要方式①。

表 19-1　2005 年部分中东欧国家银行业外资银行的比重　　　　单位：%

指标	波兰	保加利亚	捷克	匈牙利	罗马尼亚	斯洛伐克
外资银行占银行总数比例	82	68	75	71	73	70
外资银行资产比重	74.0	74.5	84.4	82.6	59.0	97.3

资料来源：2006 年欧洲复兴开发银行转型报告（EBRD Transition Report 2006）。

波兰：20 世纪 90 年代初期，波兰对银行部门不再严格管制并且放宽了私人银行进入条件。在短期内，波兰出现了 60 多家新的规模较小的私营银行，主要功能是为当地专门的经济部门服务。同时这时也能看见外国银行在波兰展开业务的身影，有几家著名的外国银行在波兰建立了 3 家银行（Citibank、Creditanstalt 和 Raiffeisen-Centrobank）②。波兰银行的私有化开始于 1993 年，1993~1995 年有 4 家银行通过在股票市场上市实现了私有化，国家仍控制着 33%~48% 的股份，而到了 2000 年，商业银行 63.7% 的资产都被外资控制了。如表 19-1 可以看出，到 2005 年波兰外资银行资产比重已经达到了 74%。

捷克：由于私有化没有使市场取向的独立的银行业出席出现，捷克 1992 年的私有化出现了一些问题。1997~2000 年捷克进行了银行第二轮私有化，将 Ceskoslovenska Obchodni Banka（CSOB）、Ceska Sporitelna（CS）和 Investicni a Postovni Banka（IPB）的大多数股份卖给外国人。直到 2001 年 6 月，捷克政府将

① 刘万明. 金融转型比较研究：中东欧与独联体转轨国家 [J]. 云南财经大学学报，2010，26（5）：67-74.

② 刘超. 制度变迁：国有独资银行的内生性垄断及其解决途径 [J]. 江西社会科学，2007（12）：113-117.

Komercni Bank（KB）卖给 Societe Generate，这标志着捷克 4 家大银行的私有化得以完成。到 2001 年中期，捷克大银行的国有股份的私有化得以完成。2001 年12 月底，外资拥有了 16 家银行和 10 家外国分支机构，国家对银行的控股大幅度下降，国有制主要集中在政府向支持出口和中小企业的专业银行中。至 2002 年 3 月，全国 38 家银行中有 26 家由外国银行控股，外国资产已占银行总资产的 95%①。

保加利亚：转轨初的几年，结构问题明显地出现在保加利亚的银行系统中。20 世纪 90 年代上半期，保加利亚社会党政府允许小的私人商业银行进入。1996 年年底，因为宏观经济的管理不善和银行治理能力欠缺，保加利亚的社会经济遭遇了危机。保加利亚政府采取措施想要国有银行重现生机，实行私有化，允许外国资本参与。同时保加利亚对国有银行进行了资金帮助，国有银行所获得的资金达到了当年 GDP 的 35%。保加利亚首先对邮政银行、保加利亚联合银行、HEBROSBANK、EXPRESSBANK 等容易改造的银行进行私有化。到 2000 年底，保加利亚银行资产中国有资产的份额不足 20%，而外国控制的银行占银行总资产的 74%②。表 19-1 中，2005 年底这一数额达到了 74.5%。

罗马尼亚：1990~1998 年，罗马尼亚国有专业银行和储蓄银行占主导地位。到 1995 年年末，罗马尼亚 5 家最大的国有商业银行（Bandore、Banca Roman pantry Desolater、Casa de Economic si Consemnatiuni、Banca Arcola、Banca Commerciala Romana）占据着银行总资产的 73%。银行私有化也有了一些进展，20 世纪 90 年代末，国有银行控制着银行资产的 47.4%，外国银行控制着罗马尼亚银行资产的 49.6%③，形成了国有银行和外国银行各占半壁江山的局面。由表 19-1 可知，到 2005 年罗马尼亚外资银行资产比重已经达到了 59%。

匈牙利：中东欧八国中，匈牙利可以说是中东欧国家银行改革的先行者。20 世纪 90 年代初，匈牙利国有商业银行的资产境况不断恶化，大多数银行无清偿能力。国有银行数次接受到了匈牙利政府的注资，这也大大增加了匈牙利的公共债务。同时匈牙利政府这种通过给国有商业银行注入资金的方式来救助国有商业银行的行为产生了很大的道德风险。1998 年，由于存在着管理不善和道德问题，匈牙利私营的邮储银行即将破产。匈牙利政府对其是否保持国有或私有化产生了纠结；2000 年春季，匈牙利政府打算将其转给国有邮局管理和经营。据统计，

---

① 姜琍. 捷克与斯洛伐克政治、经济和外交转型比较 [J]. 欧洲研究，2010，28（1）：99-118+161-162.

②③ 冯彦明. 中东欧国家银行体制改革的经验与启示 [J]. 银行家，2008（11）：96-98.

匈牙利的银行资产受外国控制的比例在 1999 年年底已经快要接近 70%，如表19-1 中，2005 年这一数额已超过 80%，达到了 82.6%。

斯洛文尼亚：在 2004 年加入欧盟之前，斯洛文尼亚的金融体系改革已经开始取得进展，其中包括对国有银行体系的重要改造。这一改革的核心目标是提高银行系统的效率和竞争力，以适应市场经济的要求，并为加入欧盟后的金融市场一体化做准备。改革措施包括实行银行股份化，引入私人资本和外国投资者，以及改善银行内部管理和风险控制机制。通过这些改革，斯洛文尼亚成功地将国有银行转变为更加市场化和商业化的金融机构，增强了其在国际金融市场中的竞争力。这些改革举措为斯洛文尼亚银行业的稳定和增长奠定了基础，使其在 2008年全球金融危机中表现出相对的韧性。尽管如此，斯洛文尼亚在危机后仍面临财政赤字和债务负担的挑战，但得益于改革成效，其财政状况和银行体系的稳健性得到了国际评级机构的认可。

克罗地亚：在 20 世纪 90 年代初期，克罗地亚经历了从计划经济向市场经济转型的关键时期，金融体系改革成为这一转型过程的重要组成部分。特别是在1993 年，为了建立一个更加市场化和竞争性的金融系统，克罗地亚政府开始着手对国有银行进行结构性改革，这些改革的核心措施有实施银行私有化、引入外资银行以及加强金融监管框架等。

具体而言，克罗地亚政府通过公开招标和拍卖的方式，将主要的国有银行转变为股份制公司，从而吸引了包括欧洲银行在内的多国投资者。此外，为了提高金融系统的稳定性和透明度，克罗地亚中央银行和金融监管机构加强了对银行业务的监管，确保了银行资本充足率的合规性，并推动了风险管理和内部控制机制的建立。

到了 2001 年，克罗地亚的银行体系已经实现了显著的多元化，外资银行在市场中的参与度显著提升。通过这一系列改革，克罗地亚不仅提高了本国金融体系的效率和活力，而且为后续加入欧盟和进一步融入欧洲金融市场打下了坚实的基础。

斯洛伐克：在金融危机前夕，斯洛伐克的金融体系改革着重对国有银行进行了深刻的结构调整。该国政府采取了一系列措施以促进银行业的市场化和现代化，包括实施银行私有化政策，引入国际战略投资者，以及加强金融监管和风险管理体系。通过这些努力，斯洛伐克的银行系统逐步过渡到了一个更具竞争力和活力的二级银行体系，提高了金融机构的服务质量和运营效率。特别是斯洛伐克在 2006 年之前进行了一系列的金融改革和私有化措施①，这不仅增强了银行的资本基础，还改善了资产质量，为抵御即将到来的全球金融危机奠定了坚实的基础。此外，斯洛伐克政府还注重提升金融透明度和责任制，通过立法确立了现代公司治理结构，确保了银行业的健康和可持续发展。

（二）全球金融危机爆发时中东欧八国的银行状况

2008 年全球爆发了金融危机，同年 10 月欧元区经济情绪指数、工业信息指数以及消费信心指数都出现了大幅下降，而欧元区的低迷也将中东欧国家经济发展拖入了泥潭，中东欧八国的经济增长速度呈现出了明显的下滑。国际金融危机爆发后中东欧国家经济增长走势开始出现恶化的迹象②，部分中东欧国家成为这次金融危机的重灾区，除波兰经济保持增长外，其他中东欧国家经济陷入了衰退③。从图 19-2 可以看出，2008 年金融危机爆发后，中东欧八国人均 GDP 增长

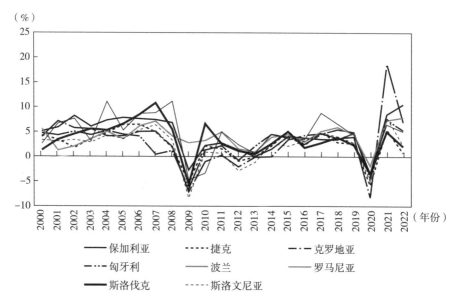

图 19-2　中东欧八国 2000~2022 年人均 GDP 增长率

资料来源：世界银行数据库。

---

① 姜琍．捷克与斯洛伐克政治、经济和外交转型比较 [J]．欧洲研究，2010，28（1）：99-118+161-162．

② 徐坡岭，张鲁平．国际金融危机冲击下中东欧国家经济走势分析 [J]．俄罗斯研究，2009（3）：55-67．

③ 孔田平．国际金融危机背景下对中东欧经济转轨问题的再思考 [J]．国际政治研究，2010，31（4）：17-30+187．

率出现了明显下降的趋势。同时，在几个因素的影响下中东欧八国金融结构银行主导的特征进一步增强了。

首先，外资银行的支持是中东欧国家国内银行系统地位进一步巩固和加深的主要原因。在世界金融危机爆发期间，波兰、捷克、匈牙利、斯洛文尼亚等国家中外资银行的母银行得到了国际货币基金组织以及欧盟的支持。2008～2009 年，外资银行资产占中东欧国家银行总资产中的比例都有所下降，波兰下降了 4.1%、捷克下降了 1.3%、匈牙利下降了 2.5%、斯洛文尼亚下降了 0.6%[①]。

其次，世界金融危机爆发后，与中东欧国家金融市场相比，危机对于各国银行系统的打击还是略小，由此也进一步加强了银行部门在金融系统中的主导地位。

如表 19-2 所示，在 2008 年金融危机爆发以后，虽然波兰、匈牙利、捷克、斯洛伐克、斯洛文尼亚这几个国家银行的数目没有增加很多，但是银行部门总资产占国内生产总值的比重进一步增加，不仅均超过 80%，斯洛文尼亚更是高达 127.9%[②]，由此可见，金融危机也进一步使得银行部门在金融体系中占据主要地位。

表 19-2　2007 年、2008 年部分中东欧国家银行规模指标

指标	波兰		匈牙利		捷克		斯洛伐克		斯洛文尼亚	
	2007 年	2008 年	2007 年	2008 年	2007 年	2008 年	2007 年	2008 年	2007 年	2008 年
银行数目（家）	64	70	40	39	37	37	26	26	27	24
银行部门总资/GDP（%）	71.5	86.3	108	126	105	112	89.6	93.4	122	128

资料来源：EBRD Transition Report 2007，2009；BSI，IMF，Raiffeisen Research，转引自 CEE Banking Sector Report，June 2009。

最后，纵然危机爆发对中东欧各国的经济发展产生了很大影响，但是中东欧国家长期以来形成的经济增长模式对银行信贷依赖性进一步加强了。中东欧国家

---

① 张振家，刘洪钟. 中东欧国家银行主导型金融结构的形成与调整［J］. 金融理论探索，2019（1）：54-63.

② 庄起善，吴玮丽. 为什么中东欧国家是全球金融危机的重灾区？［J］. 国际经济评论，2010（2）：29-39+4.

经济增长高度依赖"内外信贷"是一种常规模式①。在金融危机期间，中东欧国家外商投资水平下降，而银行系统在金融危机期间表现出来的弹性和承担提供信用能力大大提升了。

受 2008 年国际金融危机的冲击，大部分新兴市场国家出现了资本骤停，尤其以中东欧国家最为严重②。同时，中东欧八国在 2008 年金融危机中，金融体系尤其是银行业也经历了重要的改革，以下是各国具体在危机中的银行改革情况：

波兰：波兰在金融危机期间，政府采取了一系列措施来稳定金融市场，包括资本重组和国有化措施。2008 年，波兰政府对部分银行进行了资本重组，以增强其抵御危机的能力。此外，波兰还建立了一个存款担保基金，以保护储户的利益并增强公众对银行系统的信心。

捷克：捷克的银行体系在危机中相对稳定，但政府仍然采取了预防措施。捷克国家银行（Česká národní banka）在危机期间加强了对银行的监管，并提供了流动性支持。捷克政府还实施了银行压力测试，以评估其抵御危机的能力。

匈牙利：匈牙利在金融危机中受到了较大冲击，政府采取了包括国有化在内的一系列措施。2008 年，匈牙利政府对银行系统进行了资本注入，并实施了严格的监管措施。此外，匈牙利还设立了特别基金，用于支持那些面临困难的金融机构。

罗马尼亚：罗马尼亚在危机中也实施了银行改革，包括加强监管和提高银行资本要求。罗马尼亚政府还推出了银行重组计划，旨在提高银行系统的稳定性和透明度。此外，罗马尼亚国家银行（National Bank of Romania）也在危机期间提供了流动性支持。

斯洛文尼亚：斯洛文尼亚在金融危机中面临了严重的银行体系问题，政府在 2013 年对主要银行进行了资本重组和部分国有化。这一措施旨在恢复银行的偿付能力和贷款能力，同时保护储户和投资者的利益。

克罗地亚：克罗地亚在危机中采取了一系列银行改革措施，包括加强监管和提高银行资本充足率。克罗地亚政府还实施了银行资产质量评估，以识别和解决不良贷款问题。此外，克罗地亚还推动了银行业务的透明度和风险管理。

---

① 张振家，刘洪钟．中东欧国家银行主导型金融结构的形成与调整［J］．金融理论探索，2019（1）：54-63.
② 徐坡岭，陈旭．中东欧国家 2008 年资本骤停的原因及对中国的启示［J］．欧亚经济，2014（1）：23-38.

斯洛伐克：斯洛伐克在金融危机期间，政府对银行系统进行了资本重组，以增强其抵御风险的能力。斯洛伐克国家银行（Národná Banka Slovenska）在危机中发挥了关键作用，提供了流动性支持并加强了对银行的监管。

保加利亚：保加利亚在金融危机中也实施了银行改革，包括提高银行资本要求和加强监管。保加利亚政府还推动了银行业务的透明度和风险管理，以提高银行系统的稳定性。此外，保加利亚国家银行（Bulgarian National Bank）也在危机期间提供了流动性支持。

每个国家的改革措施都有其特定的背景和目的，旨在增强银行系统的稳定性和抵御未来潜在危机的能力。

（三）危机后中东欧八国的银行改革

全球金融危机爆发后，中东欧八国都历经了经济衰退的最低谷，经过几年经济调整才达到了经济正增长，但是欧洲主权债务危机的爆发使得中东欧八国刚刚复苏的经济又遭遇了挫折，当时的状况是中东欧国家的外部融资大量减少，各国的投资需求又进一步转向各国的银行部门，各国经济增长速度对银行部门的依赖性又加强了①。在这个时期，中东欧八国对银行主导型的金融机构有了更深的理解，并从国家政策以及银行业发展和运营的宏微观层面来进行了相应的金融改革，也相应地进行了银行改革。

首先，各国国家银行开始调整了以往宽松的货币政策，加强了银行系统监管，最为普遍的政策是提高长期利率，这个政策能够巩固银行系统的流动性。同时还有政府帮助企业进行清算债务，鼓励并帮助企业去寻找非银行部门的融资渠道，在这个时期中东欧国家都认识到了国内信用对银行系统的依赖性，其中，包括斯洛文尼亚等国家在内的欧元区针对这一点直接提出了要从银行部门转向资本市场，寻求资金来源的多样性，改善中小企业融资渠道。

其次，中东欧国家银行业的发展思路进行了调整，不仅要照顾到"量"还要兼顾到"质"，评价一国银行业发展水平并不能单纯地去看各国中央银行资产占国内生产总值的比重，还要去考虑到包含营利性指标和安全性指标的银行系统质量指标。

最后，为了寻求经济更好地发展，资金来源更加多样，填补西欧资本流入的

---

① 张振家，刘洪钟. 中东欧国家银行主导型金融结构的形成与调整 [J]. 金融理论探索，2019 (1)：54-63.

空缺，中东欧八国开始将经济发展战略转向中国，来寻求中国资金的支持。例如，近年来保加利亚外交政策的一个重要方向，乃是从中国的崛起中获取机遇以及扩大其在中东欧地区的影响力，这有可能在 2019 年继续作为该国的首要任务之一。中东欧区是中国的"一带一路"倡议这一全球政治计划的重要组成部分，其中的"16+1"模式对中国同欧洲的交往从总体上发挥着至关重要的作用。在索非亚密切关注其与布鲁塞尔、华盛顿和莫斯科等传统伙伴的友好关系发展之时，世界却发生了急剧而重大的变化。国际合作多极模式（Multipolar Model）的发展，世界经济、贸易、金融和信息的全球化都不可避免地使保加利亚置身于一个更加复杂的世界。

在 2008 年全球金融危机的冲击下，中东欧国家面临的金融稳定挑战促使各国采取了一系列银行改革措施。下面是针对波兰、捷克、匈牙利、罗马尼亚、斯洛文尼亚、克罗地亚、斯洛伐克和保加利亚这八个国家金融危机后银行改革的具体概述：

波兰：2008 年全球金融危机后，为了增强银行的稳健性，提高监管效率，并保护消费者利益，波兰采取了一系列改革措施。主要的改革措施有：

第一，资本重组：波兰政府实施了银行资本重组计划，以确保银行有足够的资本基础来抵御潜在的金融冲击。波兰政府在 2009 年对部分银行进行资本重组。这一措施包括向银行系统注入资金，以及推出政府担保的债券发行计划。

第二，监管加强：波兰金融监管局（Polish Financial Supervision Authority, PFSA）加强了对银行业务的监管，特别是对风险管理和流动性要求的监控。

第三，压力测试：定期对银行进行压力测试，以评估它们在极端经济情况下的稳健性。

第四，存款保险：提高了存款保险计划的覆盖范围和效力，以保护小额存款者。

这些改革措施有助于波兰银行体系在随后的欧洲债务危机中保持相对稳定。通过提高资本充足率和流动性标准，波兰银行更能抵御外部冲击。这些改革措施实施后，波兰银行体系的稳健性得到了提升，不良贷款率降低，同时银行业对实体经济的支持作用增强。

捷克：捷克在 2008 年全球金融危机后的金融体系改革中的银行改革主要集中在提高银行资本充足率、增强监管框架以及改善风险管理实践方面。2009 年，捷克国家银行（Česká Národní Banka, CNB）采取了一系列措施来稳定金融市场，包括对本国银行系统进行资本重组，以确保它们能够承受潜在的金融冲击。此外，CNB加强了对银行的流动性监管，引入了更为严格的压力测试，以评估银行在不同经济情况下的稳健性。捷克政府还推动了银行业务透明度的提升，改善了公司治理结构，并强化了对消费者保护的措施。

在改革期间，捷克政府和监管机构特别关注了国有银行的私有化进程，通过引入国内外战略投资者来提高银行的效率和竞争力。私有化不仅为银行带来了新的所有者和资金，还引入了新的管理经验和技术，提升了银行的服务水平和风险控制能力。

此外，捷克还注重于发展多层次的金融市场，减少经济对银行信贷的依赖。通过推动债券市场和股权市场的发展，捷克为企业提供了更多元化的融资渠道。这些改革措施的结果是，捷克的金融体系变得更加稳健和透明，银行的服务质量和效率得到提升，为捷克经济的持续增长提供了坚实的金融支持。

全球金融危机发生后到现在，捷克的金融体系改革成效显著，银行系统的资本充足率显著提高，不良贷款率降低，金融监管框架更加完善，风险管理能力得到加强。捷克国家银行持续监测金融市场的稳定性，并与国际金融组织如欧洲中央银行（ECB）和国际货币基金组织（IMF）保持紧密合作，以确保捷克金融市场与国际标准接轨。通过这些综合性的改革，捷克成功地提升了其金融体系的抗风险能力，为未来的经济发展奠定了坚实的基础。

匈牙利：匈牙利在2008年全球金融危机之后迅速采取了一系列银行改革措施，以稳定金融市场和提高银行体系的韧性。1993年底，匈牙利开始对银行部门全面资本重组①。金融危机后，匈牙利政府对银行系统注入公共资金以增强银行的资本基础，并通过提供政府担保的债券来提高银行的流动性。此外，匈牙利中央银行（Magyar Nemzeti Bank，MNB）加强了对银行业务的监管，提高了风险管理标准，并实施了更为严格的压力测试来评估银行在潜在危机中的稳健性。

在随后的几年中，匈牙利继续推进银行业的结构性改革，包括鼓励银行整合、提高金融服务效率和促进健康的市场竞争。2011年，匈牙利通过了新的银行法，主要目的在于加强银行治理、提高透明度和增强对消费者的保护。此外，匈牙利政府还推动了银行业务的多元化，减少对传统贷款业务的依赖，并通过发展资本市场为企业提供更广泛的融资渠道。

---

① 谭鹏万．匈牙利转轨时期的银行业改革［J］．外国经济与管理，2003（6）：41-44.

到 2022 年，匈牙利的银行改革成效显著。银行体系更加稳健，资本充足率得到提升，不良贷款率显著下降，如图 19-3 所示，2005~2022 年中东欧八国银行不良贷款与贷款总额的比率都有了一定程度的下降。匈牙利的银行体系抵御风险的能力得到增强，为国家的经济增长和金融稳定提供了坚实的基础。

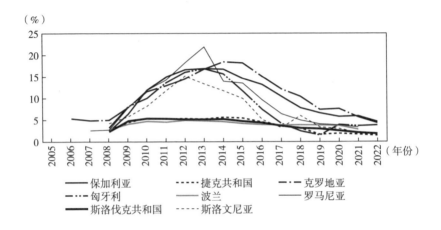

图 19-3　2005~2022 年中东欧八国银行不良贷款与贷款总额的比率

资料来源：世界银行数据库。

罗马尼亚：自 2008 年全球金融危机爆发以来，罗马尼亚致力于一系列强化金融稳定性和促进透明度的银行体系改革。罗马尼亚的金融改革旅程体现了其对提升金融监管框架和增强银行业务稳健性的坚定承诺。

在危机初期，罗马尼亚政府及时介入，通过资本注入来稳固那些面临流动性压力的银行，这一举措有效防止了系统性风险的扩散。随后，罗马尼亚国家银行（National Bank of Romania，NBR）着手加强监管措施，包括提高银行的资本充足率标准和实施更为严格的资产质量评估。

2010 年后，罗马尼亚继续推进银行业的结构调整，通过促进银行合并和收购来优化资源配置，提高行业整体效率。目前，罗马尼亚的银行改革取得了积极成果。银行资本充足率得到显著提升，如图 19-3 所示，不良贷款比率显著下降，金融监管框架与国际标准进一步接轨。罗马尼亚的银行体系展现出更强的韧性，能够更有效地应对潜在的金融波动。此外，罗马尼亚政府还注重培养国内储蓄文化，鼓励使用本币进行贷款，以减少对外币借款的依赖，从而降低汇率风险。

总体而言，罗马尼亚的银行改革是一个渐进的过程，通过不断的政策调整和监管强化，该国的金融体系变得更加稳健和透明，为支持国家经济的持续健康发展提供了坚实的金融基础。

保加利亚：保加利亚在 2008 年全球金融危机之后，采取了一系列创新且针对性的措施来重塑其银行体系，以应对危机带来的挑战并预防未来潜在的金融动荡。该国的改革策略着重于提升金融监管的质量、增强银行资产的韧性以及优化金融服务的效率。

金融危机爆发不久，保加利亚政府迅速对关键银行进行了资本重组，确保了金融系统的流动性，并防止了银行挤兑现象的发生。随着危机的深入，保加利亚国家银行（Bulgarian National Bank，BNB）加强了对银行业的审慎监管，引入了国际标准的资本充足率和流动性覆盖率要求，以及更为严格的风险评估框架。

进入 21 世纪 10 年代，保加利亚继续深化金融改革，推动了银行业务的透明度和问责制。BNB 采取了一系列措施来提高银行治理标准，包括增强银行董事会的独立性和专业性，以及提升了银行风险披露的要求。此外，保加利亚政府还鼓励金融创新，支持银行采用新技术以提高服务效率，同时确保金融科技的发展不会威胁到金融系统的稳定性。

如今，保加利亚的银行改革成效显著，通过这些措施，保加利亚的金融体系变得更加强健，银行体系的稳健性得到了国际社会的广泛认可。不良贷款率大幅降低，资本充足率保持在健康水平，而且银行业务的透明度和效率都有了显著提升。BNB 的监管框架与国际标准接轨，有效地平衡了金融稳定性与市场发展的需求。

斯洛伐克：斯洛伐克在 2008 年全球金融危机之后，实施了一项全面而深入的银行体系改革计划，以增强金融稳定性并促进经济的健康发展。该国的改革策略特别强调提升金融监管的独立性、加强风险管理实践以及推动银行业务模式的现代化。

在危机应对阶段，斯洛伐克政府及时对关键银行进行了资本注入，确保了金融系统的稳定，并防止了流动性危机的发生。斯洛伐克国家银行（Národná banka Slovenska，NBS）随后加强了对银行业的监管，提高了对银行资本充足率的要求，并引入了更为严格的流动性和风险管理标准。

随着经济的逐步恢复，斯洛伐克政府着手推动银行业务的透明度和问责制，通过立法增强了银行治理的规范性，提升了董事会和监事会的运作效率。此外，

NBS 还推动了银行业务模式的创新，鼓励银行利用数字技术提高服务效率，同时确保金融科技发展在可控范围内，不威胁金融系统的安全。

从金融危机爆发后到现在，斯洛伐克的银行改革取得了积极成效，银行体系的稳健性得到了显著提升。不良贷款率显著下降，资本充足率维持在较高水平，金融监管框架与国际标准进一步接轨。NBS 的前瞻性监管确保了金融市场的稳定性，同时促进了金融创新与消费者保护的平衡。通过这些综合性措施，斯洛伐克的金融体系更加强健，为国家的长期经济增长和金融稳定奠定了坚实基础。

斯洛文尼亚：斯洛文尼亚在 2008 年金融危机之后，采取了针对性的银行体系改革措施，以增强银行业的抵御风险能力和支持经济的稳定增长。该国的改革策略专注于提升金融监管的严格性、优化银行资产负债表结构以及促进金融市场的多元化发展。

在金融危机的直接影响下，斯洛文尼亚政府实施了紧急救助计划，包括对重要银行的资本注入，以及通过成立专门的资产管理公司来处理累积的不良贷款。这些措施旨在快速稳定银行体系，恢复市场信心。斯洛文尼亚银行（Bank of Slovenia）加强了对银行业的审慎监管，引入了更为严格的资本和流动性标准，以及更加透明的风险披露要求。

随着金融市场的逐步复苏，斯洛文尼亚进一步推动了银行业的结构调整，鼓励通过市场化手段进行并购重组，以提高行业集中度和效率。同时，该国也注重于提升金融服务的创新能力，支持金融科技发展，以增强银行服务的可达性和便捷性。

斯洛文尼亚的银行改革取得了积极的成果。斯洛文尼亚银行的监管措施与国际金融监管标准实现了有效对接，确保了金融市场的稳定性和抗风险能力。通过这一系列综合性改革，斯洛文尼亚的金融体系更加坚韧，为国家的持续繁荣和金融安全提供了坚实的支撑。

克罗地亚：克罗地亚在经历 2008 年金融危机的冲击后，着手实施了一系列旨在强化金融部门稳健性的改革措施。该国的银行改革策略着重于提升银行的资本实力、深化监管改革以及激发市场活力。

面对金融危机的挑战，克罗地亚政府及时对银行业进行了资本重组，并通过立法手段加强了对银行业务的监管框架。克罗地亚国家银行（Hrvatska Narodna Banka，HNB）在这一过程中扮演了核心角色，通过提高资本充足率标准和实施更为严格的监管审查，增强了银行的抗风险能力。

在随后的年份中，克罗地亚继续推进金融领域的市场化改革，包括放宽市场准入、促进公平竞争，以及推动金融产品和服务的创新。HNB还特别强调了金融消费者保护，并确保了市场的透明度和公正性。

二、非银行金融机构改革

非银行金融机构（Non-Bank Financial Institutions，NBFIs）是金融体系中的重要组成部分，对整个金融体系的健康发展具有举足轻重的作用①，它们包括投资基金、证券公司、保险公司、养老基金、金融租赁公司等。这些机构提供多样化的金融服务，如信贷、投资、风险管理、资产管理和财务咨询等，不仅丰富了金融市场的层次，而且增强了金融资源的配置效率。

波兰、捷克、匈牙利、斯洛伐克、保加利亚、罗马尼亚、斯洛文尼亚和克罗地亚等国在金融体系改革中对非银行金融机构（NBFI）的改革给予了高度重视。为了使得本国金融市场运行效率提高并降低其系统性风险，中东欧八国也对非银行机构实施了一些改革，同时也加强了对这些机构的监管。

以捷克为例，该国在20世纪90年代初的转型期间，对国有银行进行了私有化改革，同时推动了非银行金融机构的发展②。捷克通过证券私有化政策，用投资券形式给国民平均分配国有资产的价值主体，增强了公众对改革的支持，并促进了金融市场的发展。此外，捷克还成立了"坏账银行"来处理不良资产，并通过国家财产基金（NPF）发行债券，以增强银行资本充足率，这些措施有助于非银行金融机构的稳定运行和长期发展。

波兰在金融体系改革中也特别注重非银行金融机构的作用。波兰政府推出了"波兰新政"计划，进行税制改革，以促进非银行金融机构的发展。此外，波兰还加强了对这些机构的监管，以确保金融市场的稳定性和透明度③。

匈牙利的改革则体现在金融科技和数字化方面。匈牙利中央银行发布的金融科技报告指出，尽管2020年经济低迷，金融科技行业仍在蓬勃发展。匈牙利中央银行还建立了"匈牙利中央银行创新中心"（MNB Innovation Hub），旨在连接金融科技领域的参与者，并设立了监管沙箱，以促进金融科技的创新和测试。

---

① 蒋楚云. 商业银行和非银行金融机构合作的探讨 [J]. 商场现代化，2014（29）：171-172.

② 廖明，葛志立. 俄罗斯、匈牙利、捷克经济转轨的经验与教训 [J]. 俄罗斯中亚东欧市场，2004（2）：18-25.

③ 段小茜，陈媛. 英国、波兰维护金融稳定的经验做法和启示 [J]. 中国金融，2004（17）：61-62.

斯洛伐克的非银行金融机构改革是该国金融体系改革的重要组成部分，主要目的在于提升整个金融行业的竞争力和稳定性。这些改革范围包括养老金管理公司、投资基金、保险公司以及其他金融服务提供者在内的多样化金融机构。斯洛伐克在金融领域的改革中，特别强调了对非银行金融机构的监管强化，以提高市场的透明度和确保公平竞争的环境。该国还重视风险管理和内部控制体系的优化。除此之外，斯洛伐克积极倡导金融产品创新和金融科技的发展，为非银行金融机构带来了新的发展机遇和多样化的服务模式。通过这些改革，斯洛伐克的非银行金融机构能够更好地服务于消费者和企业，同时也为国家的经济增长和金融稳定做出了积极贡献。

保加利亚的非银行金融机构改革也是该国金融领域改革的关键组成部分，不仅用于增强金融系统的稳定性和透明度，还提升了金融服务的效率和多样性。近年来，保加利亚见证了非政府部门贷款的显著增长，截至 2020 年底，保加利亚非政府部门贷款总额相当于该国 2020 年预计国内生产总值的 55.5%；2021 年该增长率达到了 8.7%，总额达到 712 亿列弗（约 411 亿美元）。这一增长反映了非银行金融机构在提供贷款和金融服务方面的活跃态势。例如，对金融公司的贷款同比增长了 15%，而对非金融企业的贷款总额也实现了 4.6% 的增长。此外，家庭贷款的年增长率更是达到了 13.4%，显示出非银行金融机构在满足家庭和企业需求方面发挥了重要作用。

此外，保加利亚也在积极推动金融科技（FinTech）的发展，利用数字化创新来使金融服务更加便利化，比如在线银行业务和移动支付。实施这些创新措施之后，保加利亚不仅使本国金融交易更加快捷顺畅，还扩大了本国金融服务覆盖的地理范围，尤其是对于偏远地区。通过这些改革，保加利亚的非银行金融机构能够更好地适应现代金融市场的需求，为国家的经济增长和金融稳定做出了积极贡献。

罗马尼亚政府也采取了一系列措施对其非银行金融结构进行改革，例如，罗马尼亚政府通过立法改善了金融租赁公司的运营环境，允许它们提供更多样化的金融服务，这在一定程度上促进了金融租赁市场的增长。同时，罗马尼亚的保险公司也经历了重要的结构调整，政府推动了保险市场的自由化，引入了更多外资保险公司，增加了市场竞争，提高了服务质量。

罗马尼亚的非银行金融机构改革还包括了对风险管理和内部控制的强化，以应对金融市场的波动和潜在的金融风险。该国家与国际货币基金组织（IMF）及世界银行等全球性金融机构展开合作，引入国际认可的金融监管规范，从而增强了对非银行金融机构的监管力度，这有助于增强金融体系的整体稳定性。

通过这些改革，罗马尼亚的非银行金融机构能够更好地服务于实体经济，支持国家的经济增长，同时也为投资者提供了更多的投资机会。

在斯洛文尼亚的金融改革中，非银行金融机构在面临疫情带来的挑战时，展现了一定的脆弱性，如斯洛文尼亚中央银行报告指出，尽管 2020 年 1 至 11 月银行业实现了较大利润，但金融风险仍在急剧增加，特别是在餐饮与公共服务领域，银行的最大客户群体利润大减。

克罗地亚的非银行金融机构的改革得到了国际货币基金组织（IMF）和世界银行的支持，这些机构通过提供资金援助和低息贷款，帮助克罗地亚进行经济建设，同时与此而来的也有西方的价值标准和规则，虽然这些援助在一定程度上助力了克罗地亚的发展，但是也有可能埋下未知的隐患。

两国都在努力构建一个更加多层次、差异性、专业化的金融服务体系。例如，斯洛文尼亚在经合组织（OECD）的建议下，政府采取了 15 种措施修复银行体系，并着重强调了财政的可持续性和通过结构性改革推动潜在经济增长的重要性。克罗地亚则在国际金融机构的支持下，推动了银行业的重组，增加了资本化和流线型运作，提升了服务能力和竞争能力。

在实施了这些改革措施之后，斯洛文尼亚和克罗地亚的非银行金融机构能够更好地适应现代金融市场的需求，为国家的经济增长和金融稳定做出了积极贡献。同时，两国也在积极推动金融科技的发展，利用数字化创新来提供更便捷的金融服务。

这些改革措施都体现了中东欧国家在非银行金融机构改革方面的积极努力和取得的成效。这不仅使得这些国家的金融市场更加多元化，金融服务更加高效，还为金融稳定和经济增长提供了支持。

第二节 中东欧八国金融市场改革

金融市场按照交易标准的不同主要划分为货币市场、资本市场、外汇市场、金融衍生品市场、保险市场、黄金市场及其他投资品市场。其中，以股票市场、债券市场和基金市场的资本市场最为重要。

波兰、捷克、匈牙利、斯洛伐克、保加利亚、罗马尼亚、斯洛文尼亚和克罗地亚等国在金融体系改革中的金融市场改革是这些中东欧国家经济转型的关键步骤。这些改革旨在建立更加开放和市场化的金融环境，促进金融资源的有效分配，增强金融服务的竞争力，并与国际金融体系接轨。通过引入外资、发展资本市场、实施金融监管改革以及推动金融科技和数字化，这些国家在提升本国金融市场的透明度和效率、吸引外国直接投资、促进经济增长和提高金融稳定性方面取得了显著进展。这些改革措施不仅对各自国家的经济发展起到了推动作用，也对区域经济一体化和全球金融市场的互动产生了积极影响。

一、波兰

波兰金融体系改革中的金融市场改革是该国经济转型的关键环节，其核心目标是构建一个更加开放、透明和高效的金融环境。通过一系列政策措施和法律框架的建立，波兰金融市场改革在提升金融服务质量、吸引外资、深化市场功能等方面取得了积极进展，为波兰经济的持续增长和区域金融稳定奠定了坚实基础。

波兰金融体系改革中的金融市场改革是其经济转型的重要组成部分，改革的核心措施包括：

（一）私有化和市场自由化

波兰金融体系改革中的私有化和市场自由化是其经济转型的关键措施，对促进金融市场的深度和广度起到了重要作用。在 20 世纪 90 年代初，波兰政府实施了大规模的国有企业私有化计划，这不仅包括了工业和制造业，还涵盖了银行业和金融服务业。通过公开招标、股票市场上市和引入战略投资者等多种方式，波兰成功地将国有企业转变为私有企业，增强了金融市场的活力和竞争力。

例如，波兰在 1991 年引入了"大众私有化计划"（Mass Privatization Program），通过发行私有化凭证（Coupons），允许普通公民投资于国有资产，这一政策极大地提升了公众对改革的参与度和支持。此外，波兰政府还推行了市场自由化政策，放开了金融市场，允许外资银行和金融机构进入国内市场，这增加了市场的深度和广度，提高了金融服务的质量和效率。

（二）监管体系改革

波兰加强了金融监管，建立了更为严格的监管框架，波兰银行、证券、保险监管机构正在通过各种方式加强协调与合作，如并表监管、建立谅解备忘录机制、各监管机构交叉互派代表等，以形成监管合力①。以确保金融系统的稳定性和安全性。这包括对银行资本充足率、流动性和风险管理等方面的监管。

例如，波兰成立了金融监管局（Polish Financial Supervision Authority，PF-SA），这是一个独立的监管机构，负责监督金融市场的运作，确保金融机构遵守相关法律法规。PFSA 的职责包括对银行、保险公司和养老基金等金融机构的监管，以及对市场行为和金融产品的监督。

改革的一个关键成就是引入了国际货币基金组织（IMF）和世界银行推荐的金融监管标准，如巴塞尔协议（Basel Accords），这些国际标准提高了银行资本充足率的要求，增强了风险管理。

（三）资本市场发展

波兰政府推动了股票市场、债券市场和基金市场的发展，并于 2004 年加入欧盟而完全融入欧洲金融体系②。通过提供透明的交易规则和强有力的法律保护，吸引了国内外投资者参与，增强了资本市场的融资功能。一个具体的案例就是波兰发展基金（Polish Development Fund，PFR）的建立，该基金通过其下属机构如波兰工业发展署（Industrial Development Agency，ARP）和波兰国家开发银行（Bank Gospodarstwa Krajowego，BGK）等，支持了基础设施投资、创新和企业发展，同时促进了外商投资的管理。这些措施加强了波兰资本市场的深度和广度，提高了市场运作的效率和安全性。

（四）金融产品和服务创新

对企业来说，金融创新可以提供更加灵活和多样化的融资方式③。为了满足市场需求和提高金融系统的效率，波兰金融市场推出了多种新的金融产品和服务，如衍生品交易、投资基金和保险产品等。

（五）国际合作

波兰金融市场改革也注重与国际市场的融合，通过与欧盟和其他国际金融组织的合作，采纳国际标准，提高了波兰金融市场的国际竞争力。

同时，世界银行的数据显示，1995～2022 年波兰的贸易额占国内生产总值（GDP）的比重显著增加，如图 19-4 所显示，到 2022 年，这一比重增加到了120%，这反映了金融市场改革对于促进贸易和经济发展的积极作用。这些措施

---

①② 黄润中，单昕欣，胡奇玮. 波兰金融业及其监管的演变与启示 [J]. 广西金融研究，2003（5）：22-25.

③ 张娇. 金融创新助力制造业高质量发展的路径研究 [J]. 企业改革与管理，2024（6）：117-119.

和数据表明，波兰金融市场改革在提升市场效率、促进经济发展和增强国际竞争力方面取得了显著成效。

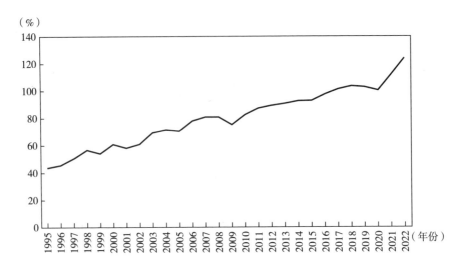

图 19-4　1995~2022 年波兰贸易额占国内生产总值（GDP）的比重变化

资料来源：世界银行数据库。

二、捷克

捷克金融体系改革中的金融市场改革是该国经济转型的重要组成部分，这一改革致力于构建一个更加稳定、高效和透明的金融环境。通过实施一系列措施，包括银行私有化、资本市场的发展、金融监管体系的强化以及金融服务的多样化，捷克成功地提升了金融市场的竞争力和深度。这些改革促进了国内外投资，增强了捷克金融市场与国际市场的融合，并为捷克经济的持续增长和区域金融稳定奠定了坚实基础。

捷克金融体系改革中的金融市场改革是一个复杂而深入的过程，涉及多个层面的变革：

（一）不良资产处理

为了解决银行危机，捷克承接了国有企业的长期拖欠债务，并设立了国家财产基金（NPF）来核销银行坏账，提高资本充足率。

（二）证券市场发展

捷克证券市场的改革与其大众私有化进程密切相关。政府通过股权凭证分配的方式，将国有资产的价值主体平均分配给民众，并通过投资基金进行资本市场的间接投资。为了支持证券市场的发展，捷克投资建立了现代化的交易基础设施，包括在线交易平台和清算结算系统，提高了市场的效率和透明度。证券市场的改革吸引了大量外国投资者，外资的流入不仅为捷克企业提供了资金，也带来了先进的管理经验和技术。

（三）监管体系强化

一直以来，捷克都很注重金融体系的监管。2003 年，捷克对金融业实行分业监管[①]，后来捷克建立了更为严格的金融监管体系，以确保金融市场的稳定性和透明度。例如：捷克成立了专门的金融监管机构，如捷克国家银行（Česká národní banka，CNB）和捷克国家银行下设的金融监管机构，负责监督金融市场的运作，确保金融机构遵守相关法律法规；捷克通过要求金融机构提高信息披露的质量，增强了市场的透明度。这包括定期的财务报告、风险暴露情况以及业务运营的详细信息。

（四）资本市场的基础设施建设

捷克投资于金融市场基础设施，如交易平台和清算结算系统，以提高市场运作的效率。

（五）经济战略和创新

捷克制定了包括《捷克共和国 2020—2030 年经济战略》和《捷克共和国 2019—2030 年创新战略》在内的多项战略，旨在推动经济的数字化和绿色转型。

（六）复苏计划

捷克向欧盟提交了《国家复苏计划》，申请欧盟复苏和恢复基金（RRF），该计划旨在通过投资于环境和数字化项目，推动经济的智能、可持续和包容性增长。

这些措施和例子表明，捷克金融市场改革旨在通过私有化、引入外资、处理不良资产、加强监管和基础设施建设，以及制定前瞻性经济战略，来建立一个更加稳定、透明和有竞争力的金融体系。

---

① 龚方乐. 捷克、丹麦的货币政策与金融监管［J］. 浙江金融，2003（5）：5-9.

三、匈牙利

匈牙利是欧洲中部内陆国家，国土面积约 9.3 万平方公里，人口约 970 万，2021 年人均 GDP 约 1.6 万美元。在联合国公布的 2021 年人类发展指数（HDI）名单上，匈牙利在全部 191 个国家中排名第 46 位，属于中等发达国家。

匈牙利金融体系改革中的金融市场改革是该国经济转型和现代化进程的关键环节，这一改革通过引入市场机制、加强监管框架、发展多层次资本市场、促进金融创新以及加强与国际金融体系的融合，显著提升了匈牙利金融市场的竞争力和吸引力。这些措施不仅促进了国内金融市场的深化和成熟，也为匈牙利经济的稳定增长和可持续发展提供了有力支持。以下是匈牙利金融市场改革的关键措施：

（一）信贷控制改革

国家银行修改了信贷控制办法，不再下达贷款指标，而是实行存款准备金制度，这为国家银行有效控制信贷总规模提供了灵活性。匈牙利国家银行（Magyar Nemzeti Bank，MNB）对信贷控制策略进行了调整，放弃了传统的行政指令方式，转而采用更为市场化的手段来调控信贷规模。这种改革意味着银行不再受到硬性的贷款额度限制，而是根据市场条件和风险管理原则自主决定贷款发放。改革促进了信贷市场的健康发展，提高了金融资源的配置效率。企业和个人能够更加便捷地获得贷款，支持了经济活动和消费增长。

（二）商业信用业务

匈牙利允许企业间互相贷款，调剂资金，这促进了企业间资金的横向流动和经济联合。同时，匈牙利政府通过国家开发银行作为债券市场的唯一中介人，严格审查债券发行部门的信誉，并确保发行者有偿还能力，保障了投资者的利益。

（三）债券市场发展

匈牙利发展了债券市场，企业可以通过发行债券筹集资金，这为企业提供了新的融资渠道，并促进了资金的有效配置。

（四）金融科技和数字化

匈牙利中央银行推动了金融科技和数字化进程，包括建立"匈牙利中央银行创新中心"和监管沙箱，以及推出聊天机器人和移动应用程序，以促进金融科技知识的传播和金融科技服务的普及。

（五）国际合作

匈牙利的金融科技和数字化进程中，企业与国际大型科技公司，如美国的谷歌、亚马逊、脸书、苹果、微软以及中国的华为等进行合作，进一步提升了国内金融服务的质量和效率。

这些措施和例子都表现出匈牙利金融市场改革通过引入市场机制、增强银行竞争力、发展多元化金融服务、推动金融科技创新和国际合作，以及发展绿色金融，成功地推动了金融市场的现代化和国际化。

四、保加利亚

自 1989 年转轨以来，保加利亚基本建立了市场经济体制。[①] 保加利亚金融体系改革是该国经济转型的重要组成部分，特别是在金融市场领域，改革的实施对促进经济稳定增长和提高金融行业竞争力起到了关键作用。保加利亚金融市场改革主要有：

（一）货币委员会制度

保加利亚实行了货币委员会制度和联系汇率制度，将其货币列弗与欧元挂钩，维持固定汇率 1.95583，有效控制了通货膨胀并保持了货币政策的稳定性。这一制度在 1996 年经济危机后实施，并在金融危机中证明对于经济稳定起到了重要作用。

（二）金融自由化与市场开放

保加利亚金融市场改革还包括金融自由化，允许更多的外资银行进入市场，增加了竞争和金融服务的多样性。这一措施提高了金融行业的效率，并促进了金融创新。

（三）金融监管的加强

保加利亚加强了金融监管，提高了金融透明度和风险管理。例如，保加利亚政府在金融危机后采取了谨慎的放贷政策，减少了风险性投资，以避免坏账的产生，并保护银行资产。

这些改革措施的实施使得保加利亚金融市场在稳定性、开放性和监管效率方面取得了显著进步，为该国经济的持续增长和区域金融稳定奠定了坚实基础。

---

① 赵雪林. 对中东欧转轨 20 年的几点看法——以保加利亚为案例的分析［J］. 俄罗斯东欧中亚研究，2013（2）：36-40+95.

五、罗马尼亚

罗马尼亚金融体系改革是该国经济现代化和融入欧洲经济体系的关键步骤。金融市场改革作为改革的核心，旨在提升金融行业的透明度、稳定性和竞争力，同时促进金融资源的有效分配和经济的持续增长。罗马尼亚通过一系列政策和法规的实施，成功地改善了金融市场的运作，吸引了外资，增强了金融服务的深度和广度。以下是罗马尼亚金融市场改革的具体措施和成效：

（一）监管体系的强化

罗马尼亚建立了更为严格的金融监管体系，以确保金融市场的稳定性和透明度。通过与国际货币基金组织（IMF）和世界银行的合作，罗马尼亚采纳了国际金融监管标准，加强了对金融机构的监管。

（二）资本市场的发展

罗马尼亚政府推动了股票市场和债券市场的发展，为企业提供了更多元化的融资渠道。布加勒斯特证券交易所的现代化和国际化，吸引了更多的投资者和上市公司。

（三）金融科技的推动

罗马尼亚政府支持金融科技创新，推出了一系列政策以促进金融科技企业的发展。金融科技的兴起为罗马尼亚金融市场带来了新的活力，提高了金融服务的效率。

（四）宏观经济政策的协调

罗马尼亚政府实施了稳健的宏观经济政策，通过财政纪律和合理的货币政策，保持了宏观经济的稳定，为金融市场改革提供了良好的外部环境。

作为欧盟成员国，罗马尼亚不仅是重要的共建"一带一路"国家，也是中国同中东欧国家乃至欧洲合作的支点之一①。以上措施的实施使得罗马尼亚金融市场在稳定性、开放性和创新性方面取得了显著进步，为该国经济的持续增长和区域金融稳定奠定了坚实基础。

六、斯洛伐克

斯洛伐克金融体系改革是该国经济结构调整和增长动力转换的重要策略之

---

① 杨超，祁欣，王志芳，等. 罗马尼亚产业投资环境与合作潜力［J］. 国际经济合作，2018（7）：72-76.

一。金融市场改革作为改革的核心组成部分，其目的在于构建一个更加开放、透明和高效的金融环境，以促进经济的稳定增长和国际竞争力的提升。通过一系列政策和法规的实施，斯洛伐克在金融市场的自由化、监管体系的完善、银行系统的强化、资本市场的发展以及金融科技的创新等方面取得了显著成就。以下是斯洛伐克金融市场改革的关键措施和成效：

（一）外资引入

为了引进国外资本，斯洛伐克政府依据本国的地理位置优势、生产要素状况，以及欧盟的相关规定，出台了一系列优惠政策来吸引外资。例如，根据《国家资助法》，在中部和东部等经济相对落后地区投资的企业，最高可获投资支出50%的国家资助，具体形式涵盖所得税减免、就业补贴、进口关税免除等，旨在降低外资企业成本，提升投资吸引力，促进区域经济均衡发展①。

（二）监管体系的加强

斯洛伐克加强了金融监管体系，提高了金融市场的透明度和稳定性。通过与欧盟的合作，斯洛伐克采纳了欧盟的金融监管标准，增强了对金融机构的监管力度。

（三）资本市场的培育

斯洛伐克政府推动了资本市场的发展，为企业提供了多元化的融资渠道。布拉迪斯拉发证券交易所的建立和完善，为国内外投资者提供了更多的投资机会。

（四）金融科技的发展

斯洛伐克政府支持金融科技创新，通过制定相关政策和提供资金支持，促进了金融科技企业的发展，提高了金融服务的效率和可达性。

（五）宏观经济政策的优化

斯洛伐克政府实施了稳健的宏观经济政策，通过财政改革和货币政策的协调，保持了宏观经济的稳定，为金融市场改革提供了良好的经济环境。

斯洛伐克的金融市场改革通过一系列精心设计的策略和措施，成功地推动了该国金融体系的现代化和国际化。这些改革不仅加强了银行系统的稳健性，还促进了资本市场的发展，提高了金融监管的效率，并激发了金融科技的创新活力。随着金融市场改革的不断深入，斯洛伐克已成为中东欧地区金融稳定的典范，为国内外投资者提供了更加安全、高效的投资环境。展望未来，斯洛伐克有望继续

---

① 高潮. 斯洛伐克：小国家，大机会［J］. 中国对外贸易，2013（4）：84-85.

通过金融市场的深化改革，进一步提升其在全球金融市场中的竞争力，为国家的经济增长注入新的动力，同时为区域乃至全球的金融稳定作出更大的贡献。

七、斯洛文尼亚

在探讨斯洛文尼亚金融体系改革的学术讨论中，金融市场改革是一个不可忽视的研究重点。这一改革过程是斯洛文尼亚经济转型的关键环节，其目的在于通过一系列结构性调整，实现金融市场的高效运作与金融服务的普遍可获得性。斯洛文尼亚的金融市场改革涵盖了银行私有化、监管框架的现代化、资本市场的深化、金融产品的创新以及金融科技的融合等多个方面。这些改革措施的实施，旨在提高金融资源配置的效率，增强金融系统的稳定性和抗风险能力，同时促进经济的可持续增长。

斯洛文尼亚的金融市场改革是一个多方面的过程，主要目的是提升金融体系的稳定性、透明度和效率：

（一）监管体系的加强

在金融危机发生后，斯洛文尼亚直面现状，在不同方面采取了相关不同措施①。斯洛文尼亚加强了金融监管体系，提高了金融市场的透明度和稳定性。国际货币基金组织（IMF）和世界银行等国际金融机构的报告指出，斯洛文尼亚在财政制度改革方面取得了显著成效，财政赤字和债务负担持续下降。此外，斯洛文尼亚的银行监管体系得到了加强，尤其是在不良贷款率居高不下的情况下，银行体系稳健性承压得到了改善。

（二）多元化融资渠道

斯洛文尼亚政府推动了资本市场的发展，为企业提供了更多元化的融资渠道。通过改善法律和监管框架，斯洛文尼亚吸引了更多的外国直接投资（FDI），促进了资本市场的活跃。例如，根据中诚信国际的评级报告，斯洛文尼亚的信用水平在未来 12~18 个月将维持稳定，这得益于出口反弹和内需逐步恢复的带动，预计经济将稳步复苏。

（三）金融科技的推动

斯洛文尼亚政府支持金融科技创新，通过制定相关政策和提供资金支持，促进了金融科技企业的发展。金融科技的兴起为斯洛文尼亚金融市场带来了新的活

---

① 赵嘉政. 斯洛文尼亚应对金融危机［N］. 光明日报，2008-10-28（008）.

力，提高了金融服务的效率和可达性。政府的这种前瞻性策略有助于斯洛文尼亚金融市场适应数字化时代的要求，同时促进了金融包容性的提升。

八、克罗地亚

克罗地亚自独立以来，其金融体系改革一直是国家经济转型和欧洲一体化进程的关键组成部分。金融市场改革作为这一进程的核心，旨在构建一个更加开放、透明、高效的金融环境，以促进经济的稳定增长和国际竞争力的提升。这部分将探讨克罗地亚金融市场改革的主要措施，包括银行业的私有化和重组、金融监管体系的加强、资本市场的发展以及金融科技的融合等。

（一）加入欧元区和申根区

虽然金融危机降低了克罗地亚加入欧盟的意愿①，但是 2013 年克罗地亚加入欧盟，并在 2023 年 1 月 1 日正式成为欧元区的第 20 个成员国和申根区的第 27 个成员国。这一举措是克罗地亚金融体系改革的重要里程碑，它不仅促进了克罗地亚与欧盟的经济一体化，还为克罗地亚带来了经济利好和金融稳定。加入欧元区后，克罗地亚的货币库纳逐步被欧元取代，为该国的国际贸易和投资带来了便利。

（二）金融监管体系的强化

克罗地亚建立了较为完善的金融监管体系，以适应国际金融标准和欧盟的监管要求。通过引入国际货币基金组织（IMF）和世界银行的建议，克罗地亚加强了金融监管机构的效能，提升了立法透明度，并改善了商业许可程序，从而减少了行政管理对企业成本的影响。

（三）资本市场的发展

克罗地亚政府推动了资本市场的发展，通过改善法律和监管框架，吸引了更多的外国直接投资（FDI）。克罗地亚的资本市场改革还包括鼓励企业通过股票和债券市场进行融资，这有助于拓宽企业的融资渠道，降低融资成本。

这些改革措施的实施使得克罗地亚金融市场在稳定性、开放性和创新性方面取得了显著进步，为该国经济的持续增长和区域金融稳定奠定了坚实基础。展望未来，克罗地亚有望继续通过金融市场的深化改革，进一步提升其在全球金融市场中的竞争力。

---

① 赵嘉政. 金融危机降低克罗地亚入盟愿望［N］. 光明日报，2008-11-24（008）.

第三节　中东欧八国开放程度分析

中东欧八国金融体系市场化改革都伴随着金融体系的开放性改革，金融体系的开放性改革体现在以下三个方面：汇率形成机制改革、经常项目可兑换、资本项目可兑换。

一、汇率形成机制改革

汇率制度是指一国货币当局对本国汇率水平的确定、汇率变动方式等问题所作的一系列安排和规定。汇率制度不仅作为一种重要的金融制度，会对一国宏观经济产生广泛而重大的影响，汇率制度还是国际经济活动中重要的组成部分，它决定着财富在国际上的流动和分配，不同的汇率制度，如固定汇率制度、浮动汇率制度、特定货币的两层汇率制度和管制汇率制度，能够实现不同经济促进效果，并影响商品、服务的国际交换。

（一）波兰

波兰的汇率形成机制改革是其经济转型和融入欧洲及全球经济体系的重要部分[①]。波兰的汇率制度改革是在从计划经济向市场经济转型的过程中进行的。1991～1994 年，波兰根据布雷顿森林体系的规定，实行了单一的固定汇率制度，并允许进出口商自由买卖外国货币。1991 年 5 月，波兰的货币兹罗提出现显著贬值，这是波兰汇率制度改革的一个关键时间点。随后，波兰逐步过渡到更加灵活的汇率制度，以适应市场经济的要求和全球经济的变化。

波兰的汇率改革措施包括扩大汇率的波动范围、增强汇率的市场化程度，以及最终实现货币的自由浮动。这些措施有助于波兰提高货币政策的独立性，增强经济的适应性和竞争力，并为其后续加入欧盟和采用欧元打下了坚实的基础。通过这些汇率改革，波兰成功地提高了其货币政策的独立性，增强了经济的适应性和竞争力，并为其后续加入欧盟和采用欧元打下了坚实的基础。

---

① 刘旺霞. 波兰转轨以来汇率制度演变及启示 [J]. 山东行政学院　山东省经济管理干部学院学报，2010（5）：22-23.

（二）捷克

作为中东欧地区工业化转型的典范，捷克凭借雄厚的制造业根基在转型经济体中表现突出。20世纪80年代末，该国曾面临宏观经济失衡的挑战，但通过90年代私有化改革与贸易自由化政策，经济逐步复苏。2004年加入欧盟后，通过技术引进与产业升级战略实现质的飞跃，值得关注的是，2008年全球金融危机与后续欧债危机的连锁反应，导致其2010～2013年经济增速明显放缓，甚至出现负增长的情况，如图19-5所示。2014年触底反弹后，依托出口导向型产业复苏，捷克进入持续增长周期：2015年增速跃升至5.0%峰值，2017年更以5.2%增速领跑欧盟。2020年疫情冲击下GDP下降5.3%，但2021年强势反弹至4.0%，通胀率也稳定在1.2%的低位。由此可见，虽然捷克经济发展经历了多重挑战和转型，但是近年来捷克的国内生产总值还是保持着一定的稳定性。从产业构成分析，服务业占比达69.2%，形成传统制造业（汽车、机械）与新兴技术产业（环保科技、电子工程、生物制药）协同发展的多元格局，这种复合型产业结构为应对外部经济波动提供了有效缓冲①。

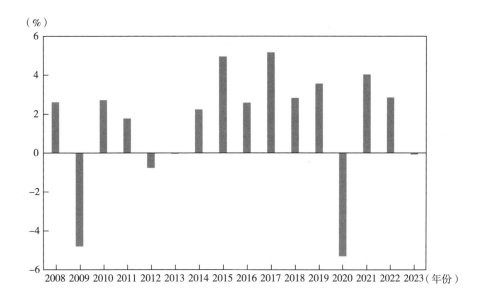

图19-5　2008～2023年捷克GDP增长率（年百分比）变化

资料来源：世界银行数据库。

---

① 任天舒，乔龙，刘优，等. 捷克共和国投资环境分析［J］. 对外经贸，2019（2）：20-23.

捷克的汇率形成机制改革经历了下面几个关键时期：

1. 20 世纪 90 年代初期

捷克斯洛伐克开始经济转轨，从中央计划经济向市场经济过渡。在这一时期，捷克实行了盯住一篮子货币的汇率制度，最初包括美元、德国马克等 5 种货币，浮动区间为±0.5%。

2. 1993 年

捷克成为独立国家后，调整了汇率制度，改为主要盯住德国马克和美元，权重分别为 65% 和 35%。

3. 1996 年

随着资本账户开放和金融自由化，捷克扩大了汇率的浮动区间至±7.5%，以应对资本流入带来的克朗升值压力。

4. 1997 年 5 月

捷克发生了货币危机，克朗对外贬值，捷克开始实行不事先设定干预目标的有管理的浮动汇率制度，汇率由市场供求决定。

5. 1998 年起

捷克中央银行开始实行通胀目标制的货币政策框架，将物价稳定作为货币政策的主要目标。

6. 2002 年 9 月

捷克中央银行在本币面临升值的压力下，完善了有管理的浮动汇率制度，进一步发挥市场在汇率形成中的决定性作用。这一时期，捷克中央银行减少了对外汇市场的干预，允许市场力量在更大程度上影响汇率。

7. 2002 年后

捷克中央银行外汇储备的月均增加量显著下降，显示市场干预力度减缓。尽管如此，克朗的升值趋势并未失控，捷克经济对外失衡问题趋于好转。

捷克的汇率改革体现了逐步向市场化过渡的策略，通过逐步扩大汇率弹性和减少政府干预，捷克成功地使汇率制度更加适应市场经济的需求，并且在一定程度上促进了宏观经济的稳定。这些改革措施为其他新兴市场国家的汇率调控方式改革提供了积极的借鉴意义。

（三）匈牙利

匈牙利的汇率形成机制改革是该国经济转型的关键组成部分，标志着从计划经济向市场经济的重要过渡。这些改革措施涉及了汇率制度的自由化、资本账户的开放以及货币政策的独立性，主要目的在于促进经济的稳定增长和国际竞争力的提升。

1. 汇率制度变革

匈牙利实施了从固定汇率到浮动汇率制度的过渡。在 20 世纪 90 年代初，匈牙利允许其货币福林（Forint）在更大程度上由市场供求决定其价值[①]。2001 年 10 月以来匈牙利福林汇率先后实行水平区间盯住和自由浮动制度。

2. 资本账户开放

匈牙利政府采取了一系列措施来开放资本市场，包括允许更多的外汇交易和资本流动。

3. 货币政策独立性

匈牙利中央银行开始实行独立的货币政策，以控制通货膨胀并促进经济增长。

4. 国际货币基金组织的角色

在改革过程中，匈牙利与国际货币基金组织（IMF）合作，后者提供了技术援助和贷款，以支持经济和货币改革。

匈牙利通过这些改革，逐步实现了货币福林的可自由兑换，并成功地将其金融体系与国际标准接轨，为后续加入欧盟和经济进一步融入全球市场奠定了基础。这些汇率政策的调整和改革措施不仅反映了匈牙利政府对经济全球化的积极响应，也展示了其在维护宏观经济稳定和推动经济发展方面的决心和努力。

（四）斯洛文尼亚

斯洛文尼亚的汇率形成机制改革与其经济转型和融入国际经济体系紧密相关。以下是斯洛文尼亚汇率形成机制改革的几个关键阶段：

1. 20 世纪 90 年代初期

斯洛文尼亚从前南斯拉夫独立后，开始实施市场经济改革，其中包括汇率制度的改革。在这一时期，斯洛文尼亚采用了管理浮动汇率制度，政府通过干预外汇市场来控制汇率波动。

2. 2001 年

斯洛文尼亚进一步放宽了对汇率的控制，允许汇率在更大范围内波动，以适

---

① 刘亚，张曙东，黄亭亭. 匈牙利汇率制度改革与启示 [J]. 广东金融学院学报，2009，24（3）：39-47.

应市场供求关系。这一措施增强了汇率的灵活性，促进了国际贸易和投资。

3. 2004 年

斯洛文尼亚加入欧盟，其汇率政策开始受到欧盟经济政策的影响①。斯洛文尼亚承诺逐步实现汇率稳定，并为未来加入欧元区做准备。

4. 2007 年

斯洛文尼亚正式加入欧元区，放弃了本国货币托卡尔，并开始使用欧元作为官方货币。这一步骤标志着斯洛文尼亚汇率形成机制的彻底转变，其汇率由欧洲中央银行（ECB）统一管理，实现了与欧元区成员国的货币一体化。

5. 2008 年金融危机后

与其他欧元区国家一样，斯洛文尼亚受到全球金融危机的影响。在这一时期，欧洲中央银行采取了一系列货币政策措施，包括降息和量化宽松，以稳定汇率和支持经济。

6. 近年来

斯洛文尼亚的汇率政策继续受到欧洲中央银行的指导，同时，斯洛文尼亚政府也在努力通过财政和经济改革来增强国家的竞争力和经济稳定性。

这些改革措施体现了斯洛文尼亚逐步融入国际经济体系的过程，并展示了其汇率政策从国家控制向市场导向和区域一体化的转变。通过这些改革，斯洛文尼亚成功地稳定了汇率，增强了经济的开放性和竞争力。

（五）保加利亚

保加利亚的汇率形成机制改革经历了几个重要阶段，逐步从固定汇率制度过渡到更加市场化的汇率制度。

1. 20 世纪 90 年代初期

保加利亚在经济转型的早期，面临着高通胀和经济不稳定的问题。在这一时期，保加利亚采取了固定汇率制度，以稳定经济和价格水平。

2. 20 世纪 90 年代中期

随着经济改革的深入，保加利亚开始考虑汇率制度的改革。1995 年，保加利亚中央银行（BNB）开始实施更加灵活的汇率政策，允许货币列弗（BGN）在一定范围内波动。

3. 1996 年

保加利亚进一步放宽了对汇率的控制，实现了经常项目下的货币可兑换，这

---

① 周继忠．欧盟东扩与中欧国家的货币汇率政策［J］．外国经济与管理，2004（7）：28-32+49.

是其汇率形成机制改革的重要一步。

4. 1997 年

CEIC Data 数据显示，保加利亚列弗对美元的汇率在 1997 年达到历史最高值 2.387USD/BGN，这可能反映了当时保加利亚经济改革和汇率政策调整的影响。

5. 2000 年

保加利亚继续推进汇率制度的市场化改革。2007 年，保加利亚加入欧盟，随后采取了一系列措施以满足欧盟的经济标准，包括进一步的汇率制度改革。

6. 2009 年

保加利亚正式加入欧洲汇率机制（ERM II），这是其准备加入欧元区的重要步骤。在 ERM II 框架下，保加利亚列弗的汇率与欧元挂钩，其波动范围限制在一定的狭窄区间内。

7. 2020 年

保加利亚继续维持与欧元挂钩的汇率制度，同时在国际货币基金组织（IMF）的监督下，保持了较高的外汇储备水平，以维护金融市场的稳定。

这些改革措施体现了保加利亚逐步放松对汇率的直接控制，增强汇率的灵活性，以及更好地融入欧洲和全球经济体系的努力。保加利亚的汇率改革与其宏观经济政策紧密协调，旨在促进经济稳定增长和金融体系的健康发展。

（六）罗马尼亚

罗马尼亚在经济转型期间，为了更好地融入全球经济体系并增强其金融市场的竞争力，实施了一系列汇率形成机制改革措施。这些措施包括货币列伊的可自由兑换、资本账户的开放、外汇市场的进一步发展、货币政策的现代化调控，以及银行系统的私有化和重组。这些改革的目的是为了促进跨境交易的便利性，吸引外国直接投资，以及提高罗马尼亚经济的灵活性和适应国际市场变化的能力。通过这些关键的金融改革步骤，罗马尼亚不仅增强了其货币政策的独立性，而且为国内企业和金融机构提供了更多的成长机会，同时也为个人和企业提供了更多样化的金融服务。罗马尼亚的汇率形成机制改革是其经济转型和融入欧洲经济体系的重要组成部分。以下是罗马尼亚汇率形成机制改革的关键措施：

1. 货币可自由兑换

罗马尼亚货币列伊（Leu）是一种可自由兑换的货币，可以在罗马尼亚的金融机构和兑换点与美元、欧元等主要货币互相兑换。

2. 资本账户开放

2003 年底，罗马尼亚开始放开资本账户的外汇长期流通业务，允许居民和非居民之间经常项目和资本项目的外汇业务自由进行。

3. 外汇市场发展

非居民有权获得、持有、使用以外汇表示的金融资产，可以在罗马尼亚银行开设外汇和本币账户，所持有的列伊和外汇可以在外汇市场上兑换。

4. 货币政策调控

罗马尼亚国家银行（BNB）作为中央银行，负责发行货币，并通过货币政策和汇率政策来维持物价稳定。

5. 汇率政策调整

罗马尼亚国家银行公布的数据显示，美元和欧元对列伊的平均比价在一定时期内有显著变化，反映了汇率政策的调整和市场供需关系的影响。

6. 金融监管加强

携带超过一定金额的外币出入境须向海关进行申报，这加强了对资本流动的监管。

这些措施共同构成了罗马尼亚汇率形成机制改革的框架，促进了金融市场的开放和货币政策的独立性，同时也为罗马尼亚经济的稳定增长和国际竞争力的提升奠定了基础。近年来，罗马尼亚经济呈现积极发展态势，政府实施税收优惠政策，大力吸引外资，营商环境也在全球排名中处于中上水平①。通过这些改革，罗马尼亚成功地将其金融体系与国际标准接轨，为后续加入欧盟和经济进一步融入全球市场创造了条件。

（七）斯洛伐克

斯洛伐克的汇率形成机制改革是该国经济转型和融入欧洲经济体系的重要一步。自 1993 年成为独立国家后，斯洛伐克开始实施一系列市场化改革，旨在建立一个更加稳定和开放的金融体系。经过多年的准备和努力，斯洛伐克最终在 2009 年加入了欧元区，采用了统一的货币——欧元，从而结束了其本国货币克朗的流通。这一历史性的转变不仅标志着斯洛伐克汇率政策的新时代，也体现了该国对于经济一体化和区域合作的承诺。通过这一改革，斯洛伐克的汇率形成机

---

① 杨超，祁欣，王志芳，等. 罗马尼亚产业投资环境与合作潜力 [J]. 国际经济合作，2018（7）：72-76.

制得到了根本性的稳定，同时，该国的货币政策也开始与欧洲中央银行的决策同步，为斯洛伐克带来了更加稳健的宏观经济环境和更广泛的国际合作机会。斯洛伐克的汇率形成机制改革主要经历了几个关键时期，逐步从固定汇率制度过渡到浮动汇率制度，并最终加入欧元区：

1. 20 世纪 90 年代初期

斯洛伐克在 1993 年成为独立国家后，开始实施自己的货币政策。在这一时期，斯洛伐克采用了固定汇率制度，通过国家银行干预外汇市场来维持汇率稳定。

2. 20 世纪 90 年代中期

斯洛伐克开始考虑汇率制度改革，以适应市场经济的需求。在 1995~1999 年，斯洛伐克逐步放宽了对汇率的控制，允许汇率在一定范围内波动，开始向更加市场化的汇率制度过渡。

3. 21 世纪初

斯洛伐克继续推进汇率制度改革。根据国际货币基金组织（IMF）的数据，2008 年 1 月，欧元对斯洛伐克货币的官方利率达到了 0.034 EUR/EUR，表明汇率制度逐渐向市场化靠拢。

4. 2009 年加入欧元区

斯洛伐克在 2009 年 1 月 1 日正式采用欧元作为官方货币，放弃了本国货币斯洛伐克克朗。这一举措标志着斯洛伐克汇率形成机制的根本性转变，其汇率政策由欧洲中央银行（ECB）统一管理，实现了与欧元区成员国的货币一体化。

5. 2009 年之后

作为欧元区成员国，斯洛伐克的汇率形成机制完全遵循欧元区的政策。斯洛伐克的汇率固定为 1 欧元兑换一定数量的斯洛伐克克朗，具体汇率由欧洲中央银行确定。

6. 2023 年

根据 CEIC Data 提供的数据，2023 年 5 月 1 日，斯洛伐克兑美元的汇率达到了 0.920 美元/欧元，相较于 2023 年 4 月 1 日的 0.912 美元/欧元有所增长。这一数据反映了斯洛伐克作为欧元区成员国，其汇率受到欧元区经济政策和全球市场变动的影响。

通过这些改革，斯洛伐克成功地融入了欧洲经济体系，并采取了更加稳定和可预测的汇率政策，为其经济稳定和增长提供了有力支持。

（八）克罗地亚

克罗地亚的汇率形成机制改革与其加入欧盟和采用欧元紧密相关。以下是克罗地亚汇率形成机制改革的关键阶段和特点：

1. 加入欧盟前的汇率政策

在 20 世纪 90 年代初期独立后，克罗地亚经历了战争和经济转型，其间采用了多种汇率制度，包括固定汇率和有管理的浮动汇率，以稳定经济和促进增长。

2. 准备加入欧盟

克罗地亚在申请加入欧盟的过程中，逐步调整了汇率政策，以符合欧盟的经济标准。这包括增强汇率的灵活性和确保金融市场的稳定性。

3. 采用欧元

克罗地亚于 2013 年 7 月 1 日正式成为欧盟成员国[①]，并在 2023 年初加入了欧元区，采用欧元作为官方货币。这一步骤标志着克罗地亚汇率形成机制的根本变化，其汇率政策由欧洲中央银行（ECB）统一管理。

4. 汇率机制的稳定与改革

在加入欧元区前，克罗地亚通过与其他国家的货币挂钩和市场干预来控制汇率波动。加入欧元区后，克罗地亚的汇率变得固定，与其他欧元区国家共享相同的货币政策。

5. 经济改革与税收政策

克罗地亚实施了一系列经济改革，包括税收改革，以提高经济效率和吸引外资。例如，2021 年起克罗地亚实施了第五轮税收改革，降低了个人所得税率和企业所得税率，预计减税 20 亿库纳，以刺激经济增长。

克罗地亚的汇率形成机制改革是其经济政策和国际地位变化的反映，通过这些改革，克罗地亚成功地融入了欧洲经济体系，并采取了更加稳定和可预测的汇率政策。

二、经常项目可兑换

在中东欧国家从计划经济向市场经济过渡的关键时期，金融体系的开放性改革成为促进经济发展和国际融合的重要措施[②]。波兰、捷克、匈牙利、斯洛文尼

---

① 刘海泉. 克罗地亚入盟后的机遇与挑战和中国"一带一路"战略 [J]. 上海对外经贸大学学报, 2015, 22（3）：36-44.

② 孔田平. 东欧经济转轨：进展、问题、经验与趋势 [J]. 东欧中亚研究, 1997（1）：23-32.

亚、保加利亚、罗马尼亚、克罗地亚和斯洛伐克等国在经常项目可兑换方面的改革尤为关键，这不仅涉及国家货币的自由兑换，还关系到国际贸易和投资的便利性。这些改革标志着这些国家金融市场的进一步开放，为外国投资者提供了更多机会，同时也为国内经济主体带来了更广阔的国际视野。通过经常项目可兑换，这些国家增强了与全球经济的联系，提升了本国货币的国际地位，促进了金融服务业的发展，为经济的现代化和全球化奠定了坚实基础①。

波兰在1995年实现了经常项目可兑换。根据国际货币基金组织（IMF）的第八条款，波兰接受了相关的义务，允许了经常项目下的货币自由兑换，这包括了货物和服务的跨境交易以及转移。这一改革是波兰金融体制转型的重要组成部分，它进一步刺激了外国资本流入波兰，同时也标志着波兰经济更加深入地融入了全球经济体系。

捷克在1995年10月1日起实现了经常账户下的自由兑换。这一改革是捷克从计划经济向市场经济过渡的一部分，也是捷克在经济转型过程中对外汇管理体制进行改革的重要步骤。经常账户下的自由兑换意味着捷克克朗在经常账户交易中可以自由兑换成其他货币，这包括了贸易和与贸易相关的运费、保费和佣金等非贸易经营性用汇。

匈牙利在1996年实现了经常账户下的自由兑换。这一改革是匈牙利经济转型的一部分，标志着该国从计划经济向市场经济过渡的关键步骤。经常账户下的自由兑换允许匈牙利福林在经常账户交易中自由兑换成其他货币，这包括了贸易和与贸易相关的运费、保费和佣金等非贸易经营性用汇。其他5个国家也相应实现了经常项目的自由兑换。

三、资本项目可兑换

经济全球化的背景下，众多新兴经济体开放了资本账户②。资本项目可兑换是金融体系开放性的关键环节，包括外国直接投资（FDI）和外国证券投资两部分。在中东欧国家中，波兰、捷克、匈牙利、斯洛伐克、保加利亚、罗马尼亚、斯洛文尼亚和克罗地亚的金融开放性改革，特别是在资本项目可兑换方面，展现了各自的特点和步骤。以下是这些国家在外国直接投资（FDI）和外国证券投资方面的改革：

---

① 张远立. 中东欧五国金融市场开放度情况简析［J］. 科技经济市场，2017（8）：99-101.
② 吴婷婷，高静，应尚军. 资本账户开放与货币危机——来自中东欧与独联体转轨国家的教训与启示［J］. 西南金融，2017（12）：11-17.

（一）外国直接投资（FDI）改革

1. 政策放宽与私有化

这些国家普遍减少了对外国直接投资的限制，并通过私有化计划引入外资①，以提高企业效率和竞争力。例如，波兰在 20 世纪 90 年代初通过"小私有化计划"和"大私有化计划"推进了中小和大型国有企业的私有化。

2. 立法与激励措施

为了吸引外资，这些国家制定了一系列投资法律，并提供税收优惠、土地使用权等激励措施。匈牙利政府为吸引外国投资，根据欧盟法律制定了一系列优惠政策，包括税收优惠和就业补贴。匈牙利吸引了宁德时代的投资，该项目投资总额达 73.4 亿欧元，是匈牙利历史上最大的一笔绿地投资，预计将提供 9000 个新就业岗位。

3. 投资审批程序简化

简化了外国投资的审批流程，提高了外国投资者的便利性。波兰允许非居民在波兰交易兹罗提和外汇，允许居民出国换汇，这体现了对资本流动的放宽。

（二）外国证券投资改革

1. 证券市场开放

这些国家允许外国投资者进入本国证券市场，包括股票和债券交易②。波兰在 1994 年允许非居民进入国内股票市场，这是其资本市场开放的早期步骤；斯洛伐克在 2002 年实行新的外汇法，取消了最后的外汇管制，允许斯洛伐克公民在国内开设银行账户，也允许斯洛伐克企业在国际市场进行债券交易；罗马尼亚在 2004 年加入欧盟后，继续推进金融市场的开放，包括允许外国投资者进入本国证券市场；克罗地亚在 2013 年加入欧盟后，继续推进金融市场的开放和资本项目的可兑换。

2. 金融工具创新

引入了新的金融工具，如衍生品和投资基金，为外国投资者提供了更多投资选择。斯洛文尼亚在 20 世纪 90 年代初期开始进行金融市场的改革，包括证券市场的开放和金融工具的创新。

---

① 朱晓中. 中东欧国家资本市场发展状况［J］. 欧亚经济，2015（6）：2-24+123.
② 孙熠. 中东欧国家证券市场发展路径——以资本账户自由化为视角［J］. 社会科学家，2014（11）：65-69.

3. 市场监管

建立了与国际标准接轨的金融市场监管体系，增强了市场的透明度和安全性。

4. 资本流动管理

虽然放开了资本流动，但在某些情况下，如短期资本流动可能对经济稳定构成威胁时，仍保留了一定的管制措施。

这些改革措施体现了中东欧国家在金融开放性改革中的积极努力，通过引入外资和提高金融市场的效率，促进了经济的增长和发展。

第四节　中东欧金融体系改革对中国的启示

在全球化的大背景下，金融体系的改革不仅是一个国家经济发展的重要组成部分，也是其参与国际竞争与合作的关键。波兰、捷克、匈牙利、斯洛伐克、保加利亚、罗马尼亚、斯洛文尼亚、克罗地亚这些中东欧国家的金融体系改革，为我们提供了丰富的经验和深刻的教训。这些国家在从计划经济向市场经济过渡的过程中，通过一系列金融改革措施，成功建立起了与国际接轨的金融体系。中国作为一个发展中的经济体，正处于深化金融改革的关键时期，中东欧国家的改革经验对中国具有重要的借鉴意义。本章旨在探讨中东欧国家金融体系改革的主要做法和经验，总结其特点并分析其对中国金融改革的启示，以期为中国金融体系的进一步完善提供参考和借鉴。通过深入分析，我们可以从中东欧国家的改革路径中汲取智慧，更好地应对当前及未来可能出现的各种挑战，推动中国金融市场的健康发展和经济的持续增长。

一、中东欧八国金融体系改革的特点

波兰、捷克、匈牙利、斯洛伐克、罗马尼亚、保加利亚、斯洛文尼亚和克罗地亚这些中东欧国家的金融体系改革具有以下几个显著特点：

（一）渐进性与阶段性

波兰、捷克、匈牙利、罗马尼亚、斯洛伐克、保加利亚、斯洛文尼亚和克罗地亚这些国家的金融体系改革体现了明显的渐进性与阶段性特点。在改革过程中，各国普遍采取了分步骤、逐步推进的策略，避免了改革带来的经济波动。例如，捷克通过证券私有化政策，将国有资产的价值主体以投资券形式平均分配给国民，这种渐进的私有化方式既促进了金融市场的发展，又增强了公众对改革的支持。波兰在经济改革中取消了指令性计划，转而强调计划调节与市场调节相结合的原则，逐步建立起与国际接轨的金融体系。匈牙利在金融改革中同样采取了渐进的方式，逐步放松对金融市场的管制，引入市场机制，促进了金融体系的现代化。这些国家的改革经验表明，金融改革需要与整体经济转型相协调，通过渐进的方式逐步推进市场化、国际化进程，同时注重风险管理，确保金融体系的稳定性和金融服务的有效性。

（二）私有化与市场自由化

在中东欧八国金融体系改革中，私有化与市场自由化是贯穿始终的显著特点。这些国家在摆脱中央计划经济体制的束缚后，通过立法和政策推动了金融机构的私有化[①]，包括将国有银行和其他金融机构转变为私有或股份制企业，从而引入市场机制和竞争，增强了金融体系的活力和效率。在私有化过程中，这些国家采取了不同的方式，如通过公开招标、股票市场上市或引入战略投资者等，以确保过程的透明度和公平性。同时，市场自由化措施包括放宽对外资银行的准入限制、取消不必要的行政管制、实施利率市场化和资本账户开放等，为国内外投资者提供了平等的竞争环境，促进了金融市场的深度和广度发展。这些改革共同促进了金融资源的有效配置，提高了金融部门的服务水平，为经济的稳定增长和结构调整提供了有力支持。捷克通过证券私有化政策，将国有资产的价值主体以投资券形式在国民中进行平均分配，而匈牙利在 2010 年后对一些战略性部门的企业实行了国有化，反映了在不同时期对私有化的不同态度和政策调整。

（三）中央银行与商业银行分离

这些国家在改革过程中明确了中央银行的职能，将其定位为负责货币政策的制定和执行，以及金融体系稳定性的维护者，从而与商业银行的商业运作和客户服务职能区分开来。例如，匈牙利在 1987 年的改革中实现了国家银行职能的分离，建立了现代意义上的中央银行系统，不再直接参与存放款业务，而是专注于价格稳定和金融监管。捷克和斯洛伐克在转型期间也采取了类似的措施，通过立法确立了中央银行的独立性，并赋予其监管金融市场和维护金融稳定的职责。这

---

① 刘军梅，张衡. 世界经济全球化与一体化视角下的中东欧银行业危机 [J]. 复旦学报（社会科学版），2010（5）：109-117.

种分离有助于提高金融政策的透明度和可信度，同时也增强了金融市场的纪律性，促进了金融体系的健康发展和国际融合。通过这一改革，这些国家的金融体系能够更加稳健地应对经济波动，有效地支持了经济转型和增长。为了建立市场化运作的商业银行体系，许多国家实现了中央银行和商业银行的分离。例如，1987 年匈牙利国家银行的改革，将国家银行的职能转变为中央银行，不再直接参与具体的存放款业务。

（四）金融监管体系的建立与完善

建立和完善金融监管体系是波兰、捷克、匈牙利、斯洛伐克、保加利亚、罗马尼亚、斯洛文尼亚和克罗地亚等国家的金融体系改革中的一个显著的特点。这些国家在从计划经济向市场经济过渡的过程中，逐步构建起与国际标准接轨的金融监管框架，以确保金融市场的稳定性和透明度。具体来说，这些国家通过立法确立了金融活动的规范，加强了对银行和其他金融机构的监管，提高了金融监管的专业性和独立性。例如，捷克在改革中强化了对银行业务的监管，以避免金融风险和增强银行系统的稳健性。匈牙利通过实施金融监管改革，提高了金融市场的效率和竞争力。斯洛文尼亚和克罗地亚等国家也在加入欧盟的过程中，按照欧盟的要求调整和改进了本国的金融监管体系。这些改革举措共同推动了金融体系的健康发展，增强了抵御外部冲击的能力，同时也为金融创新提供了更加坚实的基础。

（五）法律与政策支持

法律与政策支持的特点表现为一系列旨在确立金融市场规则、保护投资者权益、促进金融稳定和支持经济增长的法律框架和政策措施的建立与完善上。这些国家在转型期间通过立法确立了金融活动的规范，建立了与国际标准接轨的金融监管体系，确保了金融市场的透明度和公平性。在政策支持方面，各国政府通过制定激励措施和提供政策指引，鼓励了金融创新和金融机构的现代化，同时通过宏观经济政策的调控，为金融改革创造了稳定的经济环境。此外，这些国家还注重加强金融教育和提升公众的金融素养，以提高社会对金融改革的认知和参与度。通过这些法律和政策的支持，中东欧国家的金融体系改革能够更加顺利地推进，并逐步融入全球金融体系，实现金融市场的健康发展。

（六）经济结构调整

这些国家在改革过程中通过实施一系列金融政策和法律措施，推动了从传统的重工业和农业经济向更加多元化和市场化的经济体系转型。具体来说，金融改革支持了私营部门的发展，促进了中小企业的融资，加强了金融市场的基础设施建设，如股票市场和债券市场的建立和发展，以及提高了金融服务的效率和透明度。这些措施有助于经济中更具竞争力和创新能力的行业和企业获得必要的资金支持，加快了经济结构的调整步伐。同时，金融改革还伴随着对外资的开放，吸引了外国直接投资，促进了技术和管理经验的引进，进一步推动了经济结构的现代化和国际化。通过这些综合改革，中东欧国家实现了经济的稳定增长和金融体系的健康发展。

这些改革特点反映了中东欧国家在金融体系改革中的多样性和复杂性，同时也展现了它们在不同历史阶段对内外部挑战的响应和适应。

二、中东欧八国金融体系改革对中国的启示

（一）改革的渐进性与协调性

中东欧国家的金融改革通常采取渐进方式，强调改革的协调性，即政治、经济、法律等各方面改革措施的配套进行。中东欧国家金融体系改革的渐进性与协调性对中国的启示在于，改革不是一蹴而就的，而是一个需要分阶段、有序推进的过程。这些国家通过逐步放开市场、实施宏观经济稳定政策、推动银行体系改革和加强金融监管等措施，有效地避免了改革过程中可能出现的社会动荡和经济波动。对中国而言，意味着在推进金融改革时，应充分考虑本国的实际情况，设计合理的时间表和路线图，确保改革的连贯性和协调性。同时，中国的金融改革也需要与宏观经济政策、法律制度建设以及市场发展等其他领域改革相协调，形成统一的改革合力，以实现金融市场的稳定健康发展①。此外，中东欧国家的改革经验还启示中国，在金融开放和创新的同时应建立和完善金融监管体系，提高金融风险的识别、预警和处置能力，确保国家金融安全。中国可借鉴其经验，逐步推进金融改革，确保改革的平稳过渡和社会稳定。

（二）法律与监管框架的完善

波兰等国家的改革强调了建立和完善金融法律和监管框架的重要性。中东欧国家在金融体系改革中对法律与监管框架的完善提供了重要的启示，对中国而言，这意味着在推动金融改革和开放的过程中，必须同步强化法律和监管体系的

---

① 孙景宇，张璐．复苏与改革：中东欧尚未完结的转型之路——欧洲复兴开发银行 2010 年《转型报告》评述［J］．俄罗斯中亚东欧研究，2012（1）：60-67．

建设。这包括但不限于建立和完善金融法律法规，确保金融市场运作的合法性和规范性；设立有效的金融监管机构，提升监管能力，以应对金融市场的复杂性和多变性；以及加强对金融市场的监督和管理，预防和控制金融风险①。此外，中国可以借鉴中东欧国家的经验，通过法律手段保护投资者权益，促进公平竞争，同时建立金融纠纷解决机制，增强金融市场的透明度和可信度。通过这些措施，可以为金融市场的稳定和可持续发展提供坚实的法律基础和监管保障。中国在金融改革中也需加强法律建设，提升监管能力，确保金融市场的健康发展。

（三）注重市场多元化与开放性

中东欧国家在金融体系改革中注重市场多元化与开放性的实践对中国有着重要的启示。这些国家通过引入外资银行、发展股票和债券市场以及推动金融产品创新，实现了金融市场的多元化，增强了金融体系的活力和韧性。对中国而言，这表明在推进金融改革的过程中，应当鼓励多种形式的金融机构和金融活动，促进金融市场的开放和国际合作，以吸引更多的外资和国际先进的管理经验。同时，中国可以在确保国家金融安全的前提下，逐步放宽对外资金融机构的市场准入限制，提高金融市场的竞争力和效率。此外，通过市场多元化与开放性，可以更好地发挥金融市场在资源配置中的作用，促进金融服务实体经济的能力，为中国经济的高质量发展提供强有力的金融支持。捷克通过证券私有化政策促进了资本市场的发展。中国可以在此基础上进一步推动金融市场多元化，提高市场开放性，吸引外资，促进国内外金融机构的良性竞争。

（四）重视风险管理与金融安全

这些国家通过引入外资银行、发展股票和债券市场以及推动金融产品创新，实现了金融市场的多元化，增强了金融体系的活力和韧性。对中国而言，这表明在推进金融改革的过程中，应当鼓励多种形式的金融机构和金融活动，促进金融市场的开放和国际合作，以吸引更多的外资和国际先进的管理经验。同时，中国可以在确保国家金融安全的前提下，逐步放宽对外资金融机构的市场准入限制，提高金融市场的竞争力和效率。

（五）提高社会保障与促进公平

在转型期间，中东欧八国面临着经济结构的重大调整和社会问题，如失业和

---

① 孔田平. 国际金融危机背景下对中东欧经济转轨问题的再思考［J］. 国际政治研究，2010，31（4）：17-30+187.

贫富差距扩大，因此它们在改革中特别强调了社会保障体系的建立和完善。这表明在进行金融改革时，需要同步考虑和推进社会保障体系的建设，确保改革的社会成本得到合理分担，减少对社会弱势群体的不利影响。此外，中国应通过税收、转移支付等手段，促进收入分配的公平，防止改革过程中出现社会分化。同时，建立健全的社会保障网，包括养老、医疗、失业保险等，可以为社会成员提供基本保障，减少改革过程中的社会摩擦，增强社会的整体稳定性和包容性。通过这些措施，可以确保金融改革不仅促进经济发展，也实现社会的公平与和谐。波兰的社会政策并行改革减少了转型期的社会矛盾。中国在金融改革中也应注重社会保障体系的建设，确保改革成果的公平分配。

（六）促进国际合作与积极借鉴经验

中东欧国家的改革经验表明，国际合作在金融改革中发挥了积极作用。中东欧国家在金融体系改革中积极促进国际合作，并借鉴其他国家的经验，这一点对中国具有重要的启示意义。这些国家通过与国际金融组织合作、引入外资银行、参与国际金融标准制定等方式，不仅加速了本国金融市场的开放和现代化进程，还提高了金融体系的透明度和国际竞争力。对中国来说，这意味着在推进金融改革的过程中，应当积极开展国际交流与合作，学习借鉴成熟市场的先进经验和管理方法。同时，中国可以利用多边和双边合作机制，吸引国际资本和技术，推动金融市场的深化和创新。此外，中国还应参与全球金融治理体系的改革和建设，提升在国际金融事务中的话语权和影响力，为国内金融改革营造更加有利的外部环境。通过这些措施，可以确保中国金融体系改革既符合国际实际情况，又能适应国内实际情况，实现金融市场的健康发展和国际化。

（七）积极调整宏观经济政策的适应性

在中东欧国家的改革过程中，宏观经济政策的适应性调整对稳定经济至关重要。中东欧国家在金融体系改革中积极调整宏观经济政策以适应市场经济的要求，这一点对中国有着重要的启示。这些国家在转型期间通过实施紧缩的财政政策、合理调控货币供应以及推动税收和预算制度改革等措施，有效地稳定了宏观经济，为金融改革提供了坚实的基础。对中国而言，这表明在推进金融改革的同时，必须综合考虑宏观经济的稳定性，通过灵活运用宏观经济政策工具，平衡经济增长、通货膨胀和金融稳定之间的关系。此外，中国应在保持宏观经济政策连续性和稳定性的基础上，根据国内外经济环境的变化，适时调整政策的方向和力度，以适应经济发展的新常态。通过这种适应性的宏观经济政策调整，可以为金融体系改革创造一个更加有利的经济环境，促进经济结构的优化和升级，实现经济的长期健康发展。中国需在金融改革中保持宏观经济政策的灵活性，及时应对内外部经济变化。

（八）银行业结构调整

中东欧国家在金融体系改革中对银行业结构的调整为中国提供了宝贵的经验。这些国家通过实施银行私有化、引入外资银行、发展多元化金融机构等措施，增强了银行业的竞争力和效率，同时提升了金融系统的稳定性和抗风险能力。对中国而言，这意味着在深化金融改革的过程中，需要优化银行业务结构，推动国有银行改革，提高其公司治理水平和市场竞争力。同时，中国应鼓励和规范民间资本进入银行业，促进金融机构多元化，增强金融创新能力。此外，中国还应加强银行业监管，防范金融风险，确保银行业的健康稳定发展，为中国经济发展提供更加坚实的金融支持。通过这些措施，可以促进中国金融市场的开放和国际化，提升金融服务实体经济的效率和质量。捷克等国家的银行业改革强调了结构调整和竞争力提升。中国在金融改革中也需优化银行业务结构，提高银行体系的效率和服务实体经济的能力。

通过借鉴中东欧国家金融体系改革的经验，中国可以在确保金融稳定的前提下，有效推进金融体系的改革与发展，实现金融市场的开放、多元化和国际化。同时，也要注意风险控制和金融安全，保障改革的平稳和社会的公平正义。

第二十章

中东欧国家数字经济竞争力比较研究[①]

第一节　中东欧国家数字人力资本竞争力比较

一、信息通信技术人才短缺、储备不足

2021 年，欧盟 54% 的居民具备基本的数字技能，与其 2030 年 80% 的目标仍然相距甚远，但各成员国间差距较大，其中，荷兰和芬兰该比例已达到 79%，而罗马尼亚、保加利亚和波兰等国家则低于 50%，仍有大部分欧盟居民缺乏相应的数字技能。2022 年，欧盟约有 940 万 ICT 专家，较 2012 年增长 57.8%，但仍然无法满足企业需求。一项调查显示，约有 62.8% 的企业报告很难招募到合适的 ICT 员工，其中，大中型企业（72.2% 和 63.7%）较小企业（59.9%）更为艰难，斯洛文尼亚（78%）和捷克（77%）3/4 以上的企业遇到类似困难[②]。欧盟成员国 ICT 人员占全部就业人员比重为 4.5%，中东欧国家中仅爱沙尼亚、斯洛文尼亚和捷克高于这一比例，分别为 6.2%、4.8% 和 4.6%。人才储备方面，爱沙尼亚、罗马尼亚和捷克 ICT 专业毕业生占比均超过 5%，显著高于欧盟 3.9% 的平均水平（见图 20-1）。此外，ICT 就业人员存在巨大的性别差异，2022 年欧盟

[①]　为扩大比较样本，本章采用的中东欧概念包括 17 个国家，即除之前开放型转型经济体八国以外，还有希腊、立陶宛、拉脱维亚、爱沙尼亚、阿尔巴尼亚、塞尔维亚、黑山、北马其顿和波黑。

[②]　欧盟委员会，EU companies face difficulties in hiring ICT experts，https：//ec.europa.eu/eurostat/。

男性 ICT 在职人员比重较 2018 年略有下降，但该比例仍然达到 80.9%，捷克这一比例甚至高达 90%，保加利亚和罗马尼亚女性比例较高，分别为 28.2% 和 26%。综合来看，爱沙尼亚 ICT 就业和毕业生占比均居中东欧国家之首，仅次于欧盟成员国的瑞典和芬兰。

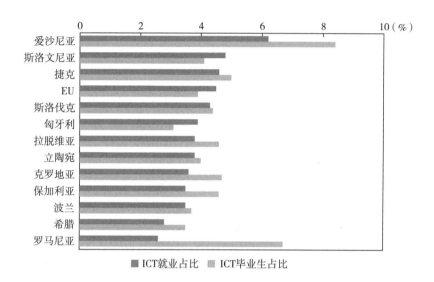

图 20-1　2022 年中东欧国家技术人员就业比例及 ICT 专业毕业生占比

注：捷克指标为 2021 年数据。

资料来源：欧盟委员会，The Digital Economy and Society Index，https：//digital-agenda-data.eu/datasets/desi。

二、民众数字技能城乡分化：城市显著高于乡镇

2021 年，欧盟 16～74 岁人口中仅有 26% 拥有的数字技能高于基本水平。其中，城市居民拥有高于基本数字技能水平的比例较高（33%），而城镇和郊区以及农村地区居民，高于基本数字技能的比例较低，分别仅为 24% 和 20%。其中，克罗地亚拥有较高数字技能的居民占比显著高于欧盟平均水平，而维谢格拉德集团四国中，无论是城市、城镇还是农村地区，捷克拥有高于基本数字技能的居民比例均居四国之首，保加利亚该比例（除城市地区外）尚且低于非欧盟成员的北马其顿（见图 20-2）。

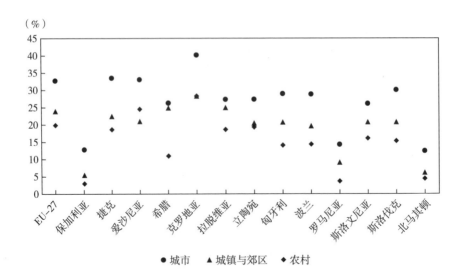

图 20-2　2021 年中东欧国家高于基本数字技能居民占比

资料来源：欧盟统计局，https://ec.europa.eu/eurostat/。

　　上述总体数字技能指标为以下五类技能，即信息与数据素养、沟通与协作、数字内容创作、安全技能和解决问题能力的综合性指标。中东欧国家居民在各细分领域拥有的数字技能情况如图 20-3 所示。从中可以看出，匈牙利、爱沙尼亚和捷克居民在"信息与数据素养"领域具有很强的优势，其城市中拥有较高技能的人才比例超过 85%，远高于欧盟 73.8% 的比重。与此相对，匈牙利和北马其顿在"沟通与协作"方面优势突出，而波兰和保加利亚则居于中东欧国家末位。纵观五大数字技能领域，中东欧各国居民在"数字安全"领域的技能最为薄弱，除克罗地亚和捷克外，其他国家拥有高于基本数字安全技能的居民占比均低于欧盟平均水平，其中，保加利亚农村居民该比例仅为 9.45%，远低于欧盟 36.7% 的水平。此外，各国在"数字内容创作"方面存在巨大的数字鸿沟，即城市居民拥有高于基本技能的人口比例远超过农村地区的居民，匈牙利这一差距达到26.7%，希腊和保加利亚该比例之差分别达到 23.4% 和 22.7%，均高于欧盟16 个百分点的平均差距。综上所述，无论是从综合指标来看，还是从五类具体指标领域分析，各国居民的数字技能均存在严重的城乡分化现象，城市居民中拥有高于基本数字技能的人口比例更高。中东欧欧盟成员国中，保加利亚和罗马尼亚居民的数字技能较为欠缺。

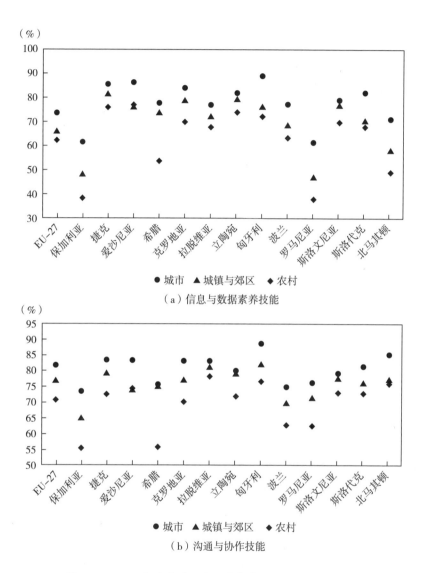

（a）信息与数据素养技能

（b）沟通与协作技能

图 20-3　2021 年中东欧国家民众各类数字技能情况比较

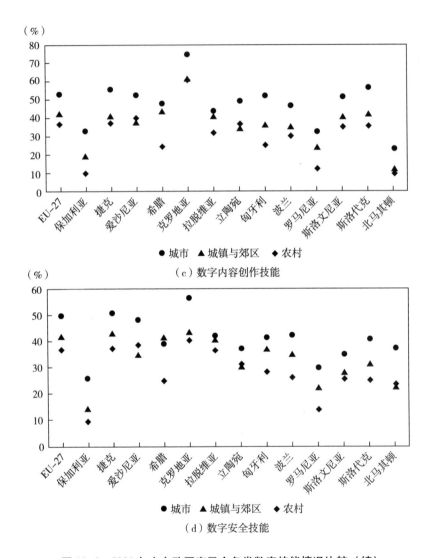

（c）数字内容创作技能

● 城市　▲ 城镇与郊区　◆ 农村

（d）数字安全技能

● 城市　▲ 城镇与郊区　◆ 农村

图 20-3　2021 年中东欧国家民众各类数字技能情况比较（续）

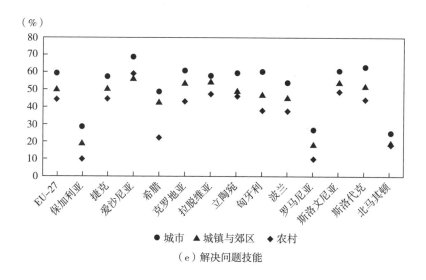

（e）解决问题技能

图 20-3　2021 年中东欧国家民众各类数字技能情况比较（续）

资料来源：欧盟统计局，https：//ec. europa. eu/eurostat/。

三、中小企业在职技术培训远落后于大企业

在职培训对于员工提高或掌握新的 ICT 技术至关重要。信息通信技术培训适用于企业内部所有员工，而不仅仅是 ICT 专业人员。2022 年，欧盟 22.4% 的企业为所有员工提供了培训，以提高雇员的 ICT 相关技能。这一比例在大企业中达到 69.5%，几乎是小企业（17.7%）的 4 倍。其中，81.2% 的斯洛文尼亚大企业为其员工提供了相关培训，位居中东欧国家之首，其次为波兰（80.3%）、捷克（79.9%）、拉脱维亚（71.8%）和匈牙利（70.7%），均高于欧盟平均水平，而尚未入盟的塞尔维亚（60%）和波黑（45.3%）这一比例甚至高于保加利亚（41%）、希腊（38.3%）和罗马尼亚（36.4%）。此外，不同规模的企业为员工提供 ICT 培训的比例存在巨大差异，图 20-4 显示了除黑山外，中小型企业提供培训的比例远低于大企业，雇员人数不足 50 人的小企业为员工提供 ICT 培训的比例不足 1/5（斯洛文尼亚和黑山除外），因此，各国企业规模及政府对企业提供员工技术培训的激励政策将对各国人力资本积累产生深远的影响。

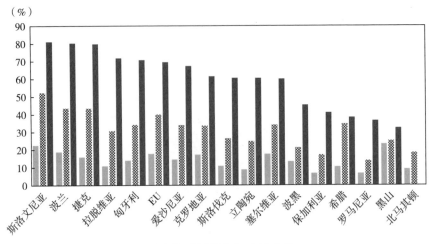

图 20-4　2022 年中东欧国家为员工提供 ICT 培训的各类型企业占比

注：大中小型企业雇员人数分别为 250 人及以上、50~249 人和 10~49 人。

资料来源：欧盟统计局，https：//ec.europa.eu/eurostat/。

第二节　中东欧国家数字基础设施比较

一、固定宽带覆盖率高于移动宽带

2021 年，中东欧国家固定宽带覆盖率普遍高于移动宽带，捷克、匈牙利、爱沙尼亚、希腊和斯洛伐克五国的固定宽带覆盖率位居前五位，均超过 80%，其中，捷克固定宽带覆盖率更是高达 84%，数字基础设施得分 52.7，在欧盟 27 国中排名第 17 位，较上年第 22 位显著提升，但其得分仍然低于欧盟平均水平（59.9）。与之相对，斯洛文尼亚、波兰、罗马尼亚和保加利亚四国的移动宽带覆盖率超过固定宽带，其中，斯洛文尼亚家庭移动宽带覆盖率甚至超过 92%，远高于欧盟 58.2% 的平均水平（见图 20-5），这在一定程度上解释了近年来斯洛文尼亚固定宽带覆盖率一直呈下降趋势的原因。目前来看，移动宽带仍然是固定宽带的重要补充服务，欧盟家庭中有 13% 仅通过移动技术访问互联网，其中，拉脱维亚（24%）、波兰（23%）、罗马尼亚（22%）和保加利亚（21%）仅使用移动宽带的家庭占比领先其他中东欧国家。

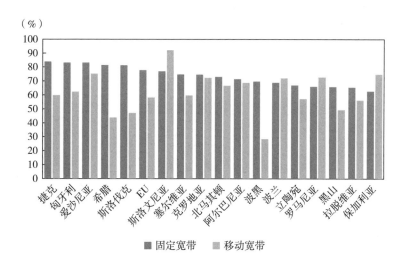

图 20-5　2021 年中东欧国家居民宽带覆盖率

资料来源：欧盟统计局，https：//ec. europa. eu/eurostat/。

二、宽带服务价格高企，阻碍部分国家高速宽带普及

本部分采用宽带价格指数比较各国宽带服务价格水平，该指数涵盖了固定宽带、移动宽带和混合宽带服务，综合 30 多个不同宽带速度和服务内容的较具有代表性的服务产品，指数值介于 0~100，其中，100 表示价格最低，即一国，指数值越接近 100，表明该国可以最低价格提供几乎所有的宽带服务。图 20-6 显示，罗马尼亚、立陶宛、波兰和保加利亚的宽带价格最低，而克罗地亚和希腊则是最贵的。尽管克罗地亚已加速铺设光纤宽带提高网速，但受制于当地较高的光纤服务价格，民众并未充分利用高速宽带服务，速度 100 Mbps 及以上的固定宽带使用率仅为 16%，大大低于欧盟 41% 的平均水平。另外，2021 年 12 月，克罗地亚网络产业监管局（HAKOM）的一项调查显示，很多人并未意识到光纤高速网络带来的好处，因此，缺乏转向购买光纤网络服务的激励[1]。尽管如此，海

---

① https：//www. hakom. hr/hr/ispitivanje-korisnickih-navika-najvazniji-su-brzina-interneta-cijena-kval-itetna-sluzba-za-korisnike-i-brzi-otklon-kvara/9228.

洋、运输和基础设施部仍然将现有资金投资于发展高速网络的供给方，而不是有效提高使用率的需求方。

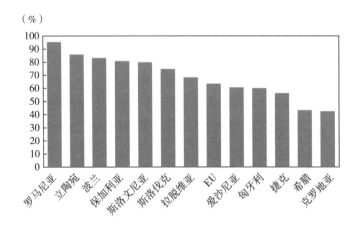

图 20-6　中东欧国家宽带价格指数

资料来源：欧盟委员会，The Digital Economy and Society Index，https：//digital-agenda-data. eu/data-sets/desi。

对未安装宽带家庭进行的调研显示，如图 20-7 所示，阻碍黑山（15.7%）、克罗地亚（13.9%）和匈牙利（12.5%）三国居民订购宽带服务的最主要因素是较高的宽带服务费用和设备成本，而对于捷克、匈牙利、爱沙尼亚、希腊、克罗地亚、罗马尼亚和拉脱维亚七国而言，民众出于认为网络内容有害等理由不愿订购宽带服务，其中，捷克接近 15% 的家庭因同一理由未使用宽带。此外，与其他国家相比，克罗地亚、黑山和匈牙利居民更注重隐私保护和网络安全。因此，各国政府在出台刺激数字基础设施需求方政策时，应结合阻碍数字基础设施推广普及的最主要因素发力，如 2022 年 2 月，斯洛文尼亚通过了《促进数字包容性法案》（The Promotion of Digital Inclusion Act），包括一系列促进数字化、提高大众数字技能的举措。

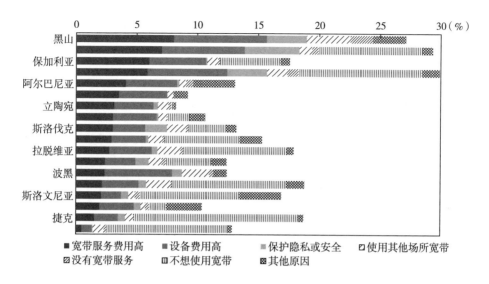

图 20-7　中东欧国家居民家庭不安装宽带原因

资料来源：欧盟统计局，https：//ec. europa. eu/eurostat/。

第三节　中东欧国家数字技术融合比较

一、拥有网站的企业占比增长，功能以提供产品及价格信息为主

各国企业越来越重视在互联网上发布企业产品的相关信息，因此，企业网站功能趋于多样化，包括在线订购、产品目录与信息、订单跟踪、产品定制和社交媒体链接等。2021 年，欧盟 78%的企业拥有专属网站，较 2019 年增加了 1 个百分点，其中，塞尔维亚（84.5%）、斯洛文尼亚（83.3%）和捷克（82.8%）超过 4/5 的企业拥有网站，高于欧盟平均水平，但保加利亚（51.9%）和罗马尼亚（51.2%）仅有约一半的企业拥有网站（见图 20-8），与其他中东欧欧盟成员国仍存在较大差距。其中，斯洛文尼亚在数字技术融合方面表现突出，在欧盟国家中排名第 9，位居中东欧国家之首。斯洛文尼亚至少具有基本数字水平的中小企业占比为 55%，与欧盟平均水平持平。在提供电子发票（58%）、使用 ICT 技术促进环境可持续性方面（74%）的表现远高于欧盟平均水平，较后者分别高出

26 个百分点和 8 个百分点。虽然电子信息共享企业占比从 33% 增长到 36%，但仍低于欧盟平均水平（38%）①。

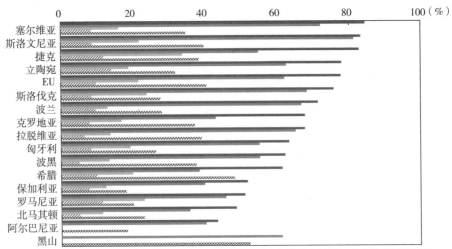

图 20-8 中东欧国家企业网站建设及其功能

资料来源：欧盟统计局，https://ec.europa.eu/eurostat/。

二、超过 1/3 的企业使用 ERP 软件，信息通信业居首

企业内部电子商务融合指企业内部不同职能部门之间以电子方式自动共享信息，以此简化流程、提高效率。融合可以各种形式实现，其中之一是利用公共数据库将各种软件应用程序进行数据链接，最常见的是使用单一模块化软件应用程序 ERP（Enterprise Resource Planning）。ERP 应用程序旨在促进信息流动，提升企业多个职能部门之间内外部信息管理能力。其特点之一是以模块形式交付，而模块又集成了企业计划、采购、营销、销售、客户关系、财务和人力资源等一系列流程。2021 年，欧盟使用 ERP 应用程序的企业占比达到 38%，较 2019 年增加两个百分点。立陶宛（44.8%）和拉脱维亚（38.9%）高于欧盟平均水平，捷克（37.7%）和斯洛文尼亚（35.8%）接近欧盟平均水平。其中，中东欧欧

---

① 欧盟委员会，Digital Economy and Society Index（DESI）2022-Slovenia，第 12 页。

盟成员国保加利亚（21.8%）、匈牙利（20.9%）和罗马尼亚（16.8%）远低于欧盟平均水平，甚至低于非欧盟成员国波黑（26.3%）和塞尔维亚（22.3%）（见图20-9）。

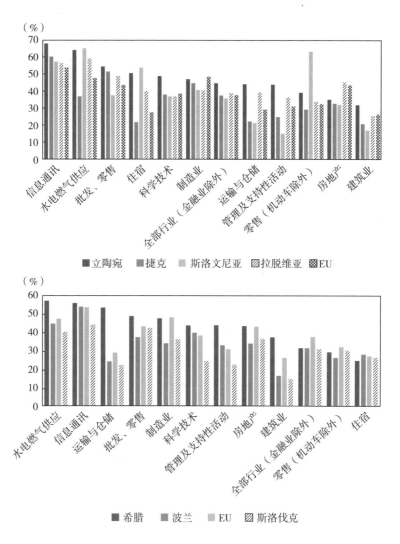

图 20-9　按行业划分使用 ERP 软件的企业

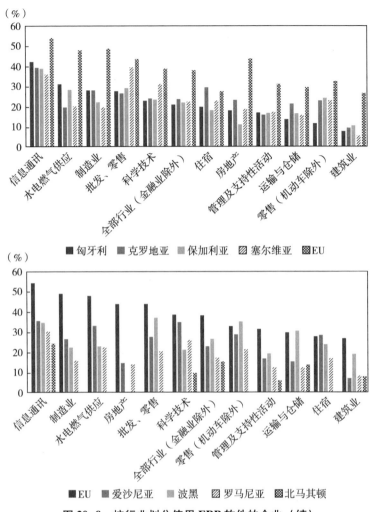

图 20-9　按行业划分使用 ERP 软件的企业（续）

注：波黑房地产业数据缺失，北马其顿制造业、水电燃气、批发零售等六个行业数据缺失。

资料来源：欧盟统计局，https：//ec. europa. eu/eurostat/。

　　不同经济部门的比较显示，2021 年欧盟信息通信行业一半以上的企业使用 ERP（54%）。此外，制造业（49%）、水电燃气供应（48%）、批发零售贸易（46%）以及房地产业（44%）使用 ERP 的企业占比均高于 40%，而住宿（28%）和建筑业（26%）这一比例则最低。其中，捷克（60.2%）、斯洛文尼亚（57.3%）和希腊（56.4%）信息通信企业使用 ERP 的比例均高于欧盟平均水平，斯洛文尼亚水电燃气供应（65.3%）、零售贸易（机动车除外）（63.7%）和住宿

（54%）企业使用 ERP 的比例显著高于欧盟平均水平，分别较后者高出 18 个百分点、31 个百分点和 26 个百分点。此外，希腊的运输与仓储（53.8%）和管理与支持性服务（44.1%）企业使用 ERP 的比例居中东欧各国之首，分别较欧盟平均水平高出 24 个百分点和 13 个百分点（见图 20-9）。

三、近 1/3 企业使用运营型 CRM 软件，黑山居中东欧国家之首

企业通过准确定位客户需求进行市场营销，以最大化其利润。因此，越来越多的企业使用客户关系管理软件（Customer Relationship Management，CRM）来管理其客户信息，使其成为重要的数字化转型载体。CRM 软件通过改善客户服务和客户关系来提高销售业绩，如使用 CRM 软件可以提供更为便利的投诉机制，在潜在问题发生之前即可识别问题，同时促进客户沟通和预测客户偏好。该软件的应用提高了客户忠诚度，带来长期客户满意度的提升，进而降低营销成本并增加销售额。2021 年，欧盟企业使用 CRM 的比例为 35%，较 2019 年略增长 2 个百分点。

CRM 软件依据其使用目的不同，可分为两种类型，即运营型 CRM 和分析型 CRM。前者专注于管理和自动化业务流程，如销售、营销和客户服务，通常包括潜在客户和商机管理、营销活动管理以及客户服务与支持等功能，而后者则专注于分析和报告客户数据，如客户行为和偏好，通常包括数据挖掘、预测分析和客户细分等功能。如图 20-10 所示，2021 年约有 34% 的欧盟企业使用运营型 CRM，仅有 19% 的企业使用分析型 CRM，来确定客户偏好和行为模式，用于策划吸引消费者的促销活动，或通过使用替代分销渠道优化市场渗透率，大型企业使用分析型 CRM 的比例（46%）几乎是小型企业（17%）的 3 倍。黑山（23%）、波兰（21%）和阿尔巴尼亚（20%）使用分析 CRM 软件的企业比例高于欧盟平均水平，但仍与马耳他（31%）和西班牙（29%）存在较大差距。中东欧国家使用运营 CRM 的企业占比均低于欧盟平均水平，仅有黑山（33%）和波兰（32%）与之接近，与欧盟成员国比利时（53%）、荷兰（51%）和奥地利（46%）相距甚远，中东欧国家企业数字化转型之路任重道远。

四、使用云服务企业占比稳步增长，以收发邮件和文件存储为主

2021 年，欧盟 41% 的企业使用云计算服务，较上年增长 5 个百分点，企业主要使用云服务进行电子邮件系统托管和存储文件。除罗马尼亚和北马其顿外，

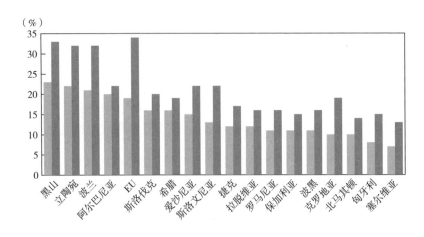

■ 分析类CRM　■ 运营类CRM

图 20-10　按行业划分使用 ERP 软件的企业

资料来源：欧盟统计局，https：//ec. europa. eu/eurostat/。

其他中东欧国家使用云服务的企业占比均有不同程度的提高，其中，捷克、斯洛伐克和塞尔维亚上升最快，涨幅均超过 10 个百分点，捷克更是接近 15 个百分点，达到 43.8%，超过欧盟平均水平。当然各国之间存在显著的差异，同为欧盟成员的希腊（22%）、罗马尼亚（14%）和保加利亚（13%）三国只有不足 25% 的企业使用该类服务，不仅远远落后于瑞典（75%）、芬兰（75%）和荷兰（65%）等北欧国家，甚至不足捷克和斯洛文尼亚的 1/3（见图 20-11）。

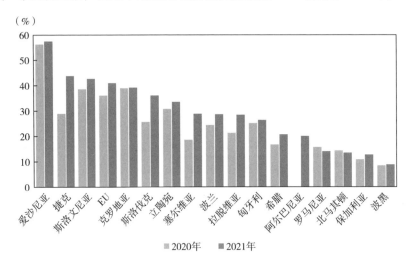

■ 2020年　■ 2021年

图 20-11　2020~2021 年中东欧各国企业云计算服务使用情况

资料来源：欧盟统计局，https：//ec. europa. eu/eurostat/。

进一步考察使用云服务的企业发现，云计算服务可以满足企业 ICT 方面各类商业需求，欧盟 2/3 以上的企业（66%）使用云来存储文件，61% 的受访者表示将其用于办公软件，利用云提供安全软件应用程序和托管数据库的企业分别占 58% 和 46%，捷克和斯洛文尼亚利用安全软件应用的企业比例更高，分别达到 78.1% 和 72.1%。此外，借助云端服务器，企业还可以访问更复杂的终端客户软件应用程序，用于财务/会计（47%）、管理客户信息（CRM）（27%）以及规划流程和资源（ERP）（24%）。另有约 24% 的企业主要利用高性能云计算平台的算力来运行其内部商业软件程序，以及 21% 的企业购买云计算服务进行应用程序的开发与测试，这一比例在希腊高达 34.2%。纵观中东欧国家中非欧盟成员国，使用各类云服务的企业占比，波黑均居于五国之首（见表 20-1）。

表 20-1　2021 年中东欧企业各类型云计算服务的使用　　　　单位：%

国家/地区	电子邮件	存储文件	办公软件	安全软件应用	财务/会计软件	企业数据库托管	CRM应用软件	计算能力	ERP应用软件	应用程序开发或测试平台
EU	79.1	66.3	61.3	58.3	47.3	45.7	26.7	23.9	23.5	20.9
保加利亚	79.7	67.7	60.2	44.4	31.8	54.8	20.7	21.2	23.9	20.7
捷克	80.7	62.3	85.4	78.1	51.7	31.7	17.0	10.9	19.3	7.0
爱沙尼亚	77.5	65.0	68.1	44.3	74.8	26.0	19.3	31.6	18.9	16.9
希腊	84.1	65.0	70.5	55.4	35.7	46.9	32.9	40.0	28.3	34.2
克罗地亚	88.3	72.3	61.5	65.1	52.4	54.1	20.4	22.8	17.8	22.1
拉脱维亚	79.0	54.3	57.1	41.0	35.6	49.1	17.0	22.1	14.8	17.1
立陶宛	80.4	58.4	50.5	51.5	46.4	42.0	17.4	33.4	12.9	22.3
匈牙利	72.1	61.3	61.1	45.1	40.5	43.8	20.5	31.5	17.7	16.5
波兰	78.6	41.0	63.8	41.4	30.0	26.6	17.3	10.4	21.7	14.5
罗马尼亚	80.4	58.4	58.5	52.3	43.8	50.4	26.8	22.0	29.9	21.5
斯洛文尼亚	73.4	65.7	65.6	72.1	38.0	43.0	21.0	28.4	25.5	22.7
斯洛伐克	87.6	60.5	64.9	68.5	51.9	39.1	28.4	25.2	15.8	17.5
波黑	83.7	65.5	62.1	57.6	48.9	54.6	27.4	32.5	28.0	30.9
黑山	64.2	51.7	57.6	38.9	48.6	50.6	20.9	—	17.9	14.6
北马其顿	65.9	45.2	47.6	28.3	41.0	39.9	17.0	21.1	25.7	26.6
塞尔维亚	76.7	51.7	46.4	34.5	41.9	36.9	13.8	17.1	19.3	13.8

资料来源：欧盟统计局，https://ec.europa.eu/eurostat/。

　　企业对云计算服务的依赖程度可以通过其使用云服务的复杂性来表示，依据企业使用的云服务类别，可以将服务划分为基础、中级和复杂服务三大类，至少使用一种复杂服务的企业被归类为高度依赖云服务的企业①。如图 20-12 所示，捷克（36.9%）、斯洛文尼亚（34.1%）、克罗地亚（31.4%）和爱沙尼亚（31.2%）四国 30% 以上的企业至少使用一种复杂服务，因此，以上四国高度依赖云服务。在使用云计算服务的企业中，73% 的企业高度依赖云，即至少使用一种复杂的云服务，捷克（84.2%）、克罗地亚（80.3%）、斯洛文尼亚（79.8%）和斯洛伐克（78.8%）四国的该比例高于欧盟平均水平。此外，约 10% 的企业使用中级云服务，15% 的企业仅依赖基础性云服务。

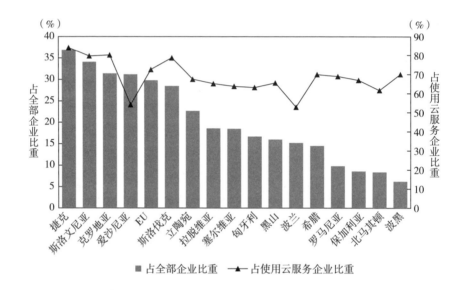

图 20-12　2021 年中东欧各国企业高度依赖云服务占比

资料来源：欧盟统计局，https：//ec. europa. eu/eurostat/。

五、中东欧国家 AI 使用以大企业为主，占比仍显著低于西欧国家

　　人工智能是引领新一轮科技革命和产业变革的重要驱动力，正深刻改变着人

---

　　①　基础性云服务包括电子邮件、办公软件、存储文件或利用云算力运行企业内部软件；中级云服务包括财务或会计软件、ERP 应用软件和 CRM 应用软件；复杂云服务包括安全软件应用程序、托管企业数据库或使用应用程序开发或测试平台。

们的生产、生活和学习方式。人工智能的迅速发展可以带来更安全清洁的运输、更高效的制造、更便宜且可持续的能源等。2021 年，欧盟 7.9%的企业至少使用了一种 AI 技术①，斯洛文尼亚这一比例达到 11.7%，位居中东欧国家首位，这与其加速数字化进程密切相关，2022 年 1 月，斯洛文尼亚通过了《2021-2030 年经济数字化转型战略》，该战略重点投资领域包括人工智能、物联网、大数据、区块链、量子计算和 5G 等，旨在大力发展有助于推动经济增长、提升国家竞争力的先进技术②。尽管如此，该比例仍显著低于丹麦（23.9%）、葡萄牙（17.3%）和芬兰（15.8%）等西欧国家。中东欧欧盟成员国中波兰（2.9%）、希腊（2.6%）和罗马尼亚（1.4%）该比例不足 3%，非欧盟成员国中阿尔巴尼亚（3.7%）使用 AI 技术的企业占比超过保加利亚（3.3%）和匈牙利（3.0%），黑山（3.3%）紧随其后③。

图 20-13 显示，使用 AI 技术的大型企业占比远高于中小型企业。2021 年，欧盟使用 AI 技术的大中小型企业比例分别为 28.5%、12.8%和 6.4%。这种差异

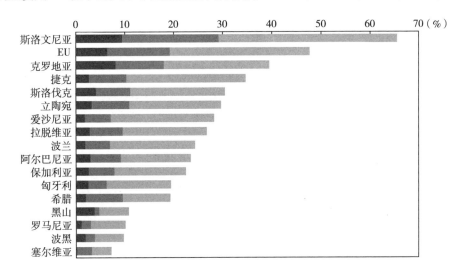

图 20-13 2021 年中东欧国家各类型企业至少使用一种 AI 技术占比

资料来源：欧盟统计局，https：//ec. europa. eu/eurostat/。

---

① 这里 AI 技术包括文本挖掘、语音识别、自然语言生成、图像识别与处理、机器学习、自主机器人、自动驾驶和无人机等。

② 欧盟委员会，Digital Economy and Society Index（DESI）2022-Slovenia，第 13 页。

③ 欧盟统计局，https：//ec. europa. eu/eurostat/databrowser/view/ISOC_EB_AI。

主要归因于企业实施人工智能技术的复杂性、规模经济（即规模经济较大的企业可以从人工智能技术应用中受益更多）或成本（即大型企业更具备投资人工智能的经济实力）。斯洛文尼亚三类企业（36.4%、19.8%和9.4%）使用 AI 技术的比例均高于欧盟平均水平，克罗地亚、捷克和斯洛伐克领先于其他中东欧国家，其中，克罗地亚至少使用一种 AI 技术的小企业占比（8.1%）超过欧盟平均水平。

六、使用文本挖掘、图像识别技术为主，确保 ICT 安全和市场营销为主要目的

欧盟企业使用不同类型的人工智能技术，如图 20-14 所示，企业常用的人工智能技术包括工作流程自动化或决策辅助技术（虚拟助手）、文本挖掘和用于数据分析的机器学习（深度学习）。2021 年，使用以上三类人工智能技术的企业占比分别为 2.9%、2.7% 和 2.5%，其次为语音识别和图像识别与处理技术，占比分别为 2.3% 和 2.2%。使用自然语言生成和自动驾驶技术的企业更少，仅占 1% 左右。进一步区分企业规模，发现大企业主要使用流程自动化的虚拟助手（15%）和机器学习技术（13%），而很少使用自然语言生成技术（5%）。

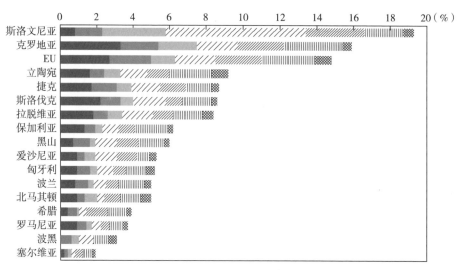

图 20-14　2021 年中东欧各国企业使用的 AI 技术占比

资料来源：欧盟统计局，https：//ec. europa. eu/eurostat/。

　　中东欧国家各类型企业常用的 AI 技术为文本挖掘和图像识别与处理技术，其中，斯洛文尼亚 7.6% 的企业使用图像识别技术，居欧洲各国之首，克罗地亚（3.3%）、斯洛伐克（2.2%）和捷克（1.7%）企业使用最多的技术为文本挖掘。此外，克罗地亚数字技术融合方面在欧盟国家中排名第 14 位，其复苏和恢复基金（Recovery and Resilience Plan，RRP）将通过数字代金券、数字化补贴和为中小企业数字化提供融资等多项措施，促进人工智能技术的发展。

　　企业利用人工智能技术要实现的目标并不相同。表 20-2 显示，2021 年，欧盟 24% 的企业使用人工智能技术旨在实现 ICT 安全，即利用机器学习检测和防止网络攻击，斯洛文尼亚和罗马尼亚这一比例甚至高达 68% 和 49%。此外，欧盟 23.5% 的企业使用机器学习和虚拟助手进行自动规划来组织管理流程，中东欧国家中北马其顿（38.3%）和塞尔维亚（32.2%）两国的该比例较高，相对而言，欧盟仅有不足 9% 的企业利用 AI 技术进行人力资源管理。匈牙利（45.3%）、波兰（39.8%）和斯洛伐克（31.7%）三国企业使用 AI 技术最主要的目的是进行市场营销，提升市场占有率，而希腊企业使用 AI 技术改进生产流程的比例则高达 39.1%。与小企业相比，大企业更倾向于利用 AI 技术首先确保 ICT 安全（39%），而后将其用于生产过程（33%）和提升物流绩效（18%）。

表 20-2　企业使用 AI 技术的目的　　　　　　　　　　单位：%

国家/地区	ICT 安全	生产流程	企业组织	市场营销	企业管理	物流	HRM
斯洛文尼亚	68.0	25.4	13.7	26.4	20.3	8.6	2.7
罗马尼亚	49.0	28.3	31.7	38.4	29.6	19.2	26.7
捷克	37.4	27.0	34.2	26.2	11.4	10.2	7.3
希腊	36.6	39.1	21.7	37.9	9.2	10.2	1.3
立陶宛	30.3	31.1	34.3	27.7	20.0	12.9	12.2
拉脱维亚	29.7	25.4	30.7	26.9	39.9	11.3	13.8
EU	24.0	19.7	23.5	22.0	15.1	9.6	8.4
克罗地亚	21.6	15.2	15.1	16.2	11.5	4.8	1.6
塞尔维亚	20.6	27.9	32.2	16.3	32.1	10.2	8.0
爱沙尼亚	20.4	27.2	29.6	33.2	15.2	16.4	4.9
波兰	20.4	26.9	27.0	39.8	19.8	13.2	11.1
匈牙利	19.8	37.3	24.9	45.3	25.2	13.9	14.1
斯洛伐克	18.8	18.6	19.2	31.7	6.2	7.4	2.6

国家/地区	ICT 安全	生产流程	企业组织	市场营销	企业管理	物流	HRM
黑山	16.1	7.3	9.7	9.7	0	0	7.3
保加利亚	14.9	17.3	18.0	25.8	13.7	13.6	12.7
北马其顿	—	30.0	38.3	18.4	12.0	24.2	19.5

注：此处占比为达到某一目的的企业与至少使用一种 AI 技术企业之比。
资料来源：欧盟统计局，https：//ec.europa.eu/eurostat/。

七、物联网使用落后于西欧国家，主要用于确保财产安全

物联网是指通过各种信息传感器、射频识别技术、定位系统、红外感应器、激光扫描器等装置与技术，实时采集需要监控、连接、互动的物体或过程，采集其声、光、热、电、位置等各种信息，通过网络接入，实现对物品和过程的智能化感知、识别和管理。物联网设备和系统包括智能电表、恒温器、灯具、报警系统、烟雾探测器、门锁、摄像头、传感器和射频识别（RFID）标签连接到基站，可通过互联网进行远程控制和管理。2021 年，欧盟 29% 的企业使用物联网设备或系统，其中，绝大多数企业（72%）使用摄像头或智能报警系统等设备来确保其经营场所的安全，其次，30% 的企业使用智能电表和智能灯具来优化其能源消耗，另有 24% 的企业使用传感器来实时监控设备状态，以进行及时维护。

斯洛文尼亚、阿尔巴尼亚和捷克三国使用物联网的企业占比高于欧盟平均水平，分别达到 49%、35% 和 31%，但物联网在其他中东欧国家并未普及，如波兰（19%）、爱沙尼亚（17%）、保加利亚（15%）和罗马尼亚（11%）使用物联网技术的企业则不到 20%（见表 20-3）。企业多使用物联网用以改进业务流程、降低成本并提高效率，其中，大企业（56%）更倾向于使用智能电表或恒温器等设备管理其能源消耗，实时监控设备状态（44%）和生产流程（36%），使用物联网技术进行以上操作的大型企业比例是小企业的 2 倍。进一步考察不同行业企业物联网技术使用情况发现，无论是零售贸易（79%）还是运输仓储（61%）业，确保其财产安全都是首要任务，而住宿（48%）和房地产（45%）则更注重能源消耗管理，水电燃气供应（34%）和制造业（32%）则主要进行生产流程的管控[①]。

---

① 欧盟统计局，https：//ec.europa.eu/eurostat/databrowser/view/isoc_eb_iot。

表 20-3　企业使用物联网技术的用途　　　　单位：%

国家/地区	使用物联网企业占比	财产安全	能源消费管理	状态维护	其他	物流管理	生产流程	客户服务
		占使用物联网企业比重						
斯洛文尼亚	49	77	39	8	5	37	24	1
阿尔巴尼亚	35	—	—	—	—	—	—	—
捷克	31	83	30	37	12	13	21	12
EU	29	72	30	24	24	22	17	13
拉脱维亚	28	70	25	23	4	29	22	20
立陶宛	28	79	26	27	23	31	20	18
斯洛伐克	27	85	33	25	15	31	21	13
克罗地亚	23	83	39	25	19	8	12	20
希腊	22	92	44	32	32	28	17	30
匈牙利	22	60	22	17	27	38	16	21
塞尔维亚	20	51	36	13	39	21	5	14
波兰	19	61	26	32	14	62	16	16
爱沙尼亚	17	70	35	26	23	28	20	16
北马其顿	17	72	—	—	25	28	9	—
波黑	17	54	25	11	35	20	24	12
保加利亚	15	76	16	20	25	28	17	20
罗马尼亚	11	82	29	25	25	41	18	23

资料来源：欧盟统计局，https：//ec.europa.eu/eurostat/。

八、网站（应用程序）销售占据主导地位，但 EDI 销售额占比更高

2012~2021 年，欧盟进行电商销售的企业占比从 2012 年的 16.4% 增至 2021 年的 22.8%，同期，电商销售额增加了 4.5 个百分点，从 13.1% 上升至 17.6%。从事电商销售的企业规模存在较大差异，2021 年大型企业中接近一半（44.1%）进行网上销售，且网上销售额占总销售额超过 1/5（23.1%），与之相对，仅有 20.8% 的小企业从事线上销售，且销售额仅为总销售额的 7.9%[①]。企业既可以通过网站或应用程序进行网络销售，也可以通过电子数据交换（EDI）信息以自动化方式进行，或同时使用以上两种方式。2021 年，立陶宛

[①]　欧盟统计局，https：//ec.europa.eu/eurostat/databrowser/view/isoc_ec_esels。

（37.6%）、克罗地亚（29.7%）、塞尔维亚（28%）和斯洛文尼亚（25.9%）进行电商销售的企业占比位居中东欧国家前列，而波兰（17%）、保加利亚（14.9%）和罗马尼亚（11.2%）则垫底（见图20-15）。

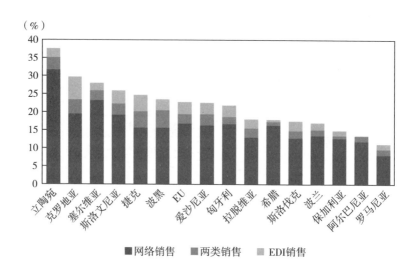

图20-15　2021年中东欧各国企业的电商销售方式分解

资料来源：欧盟统计局，https://ec.europa.eu/eurostat/。

对电商销售形式进行分解，发现欧盟16.8%的企业仅使用网站或应用程序进行网络销售，只进行EDI销售的企业占3.4%，而同时使用以上两种销售渠道的企业占2.6%，由此可知，网络销售已成为欧盟成员国进行电商销售的主要模式。其中，仅通过网站或应用程序接收电子订单的企业比例从塞尔维亚（23.2%）、克罗地亚（19.5%）和斯洛文尼亚（19.2%），到斯洛伐克（12.8%）、保加利亚（12.7%）和罗马尼亚（8.1%），各国企业越来越积极提供网站或应用程序，便利消费者线上下单。

从克罗地亚（6.3%）、捷克（4.5%）和斯洛文尼亚（3.6%），到尚且不到1%的希腊（0.6%），尽管仅通过电子数据交换（EDI）方式进行销售的企业占比远低于网络销售方式，与之形成鲜明对照的是销售额所占比例，2021年，欧盟企业17.6%的总营业额来自电商销售，其中，EDI类交易占总营业额的11.3%，该比例近乎为网络交易（占总营业额6.3%）的2倍。捷克（21.4%）、斯洛伐克（17%）和匈牙利（13.1%）三国EDI交易额占比超欧盟平均水平，捷克企业来自电商销售的收入（29.9%）接近总销售额的 1/3（见图 20-16）。分行业来看，欧盟网络销售额占比最高的是住宿业，达到总销售额的 31.6%，其次为信息通信（15.5%）和零售贸易（10.5%），而 EDI 销售实现的销售额占比最高的是制造业（18.4%）和水电燃气供应（16.0%）。

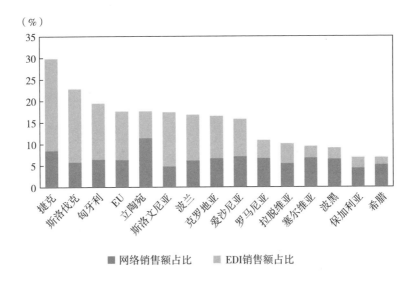

图 20-16　2021 年中东欧各国企业的电商销售额分解

资料来源：欧盟统计局，https：//ec. europa. eu/eurostat/。

九、B2C 销售额占比较低，跨境网络销售有待提升

2021 年，网络销售额占企业总销售额的 6.3%，其中，3.4% 来自其他企业和公共机构（B2BG），2.8% 来自私人消费者（B2C）。罗马尼亚和捷克网络销售份额中来自私人消费者的比重较高，分别为 4.2% 和 3.6%，但斯洛文尼亚（1.5%）、保加利亚（1.6%）和匈牙利（1.6%）的 B2C 份额较低[①]。电子商务不仅使企业能够将经济活动扩展到国界之外，而且可以使企业和消费者更容易对产品和价格进行比较，从而重塑欧洲单一市场。2021 年，欧盟几乎所有进行网络销售的企业（19.4%）都向本国客户销售了产品（18.5%），仅有 8.1% 的企业向其他欧盟成员国进行了网络销售。其中，黑山（15.6%）、克罗地亚（12.1%）、斯洛文

---

① 欧盟统计局，https：//ec. europa. eu/eurostat/databrowser/view/isoc_ec_evals。

尼亚（11.2%）和捷克（10%）进行跨境网络销售的企业占比均超过10%，相比
之下，罗马尼亚（2.4%）和保加利亚（4.6%）这一比例最低（见图20-17）。

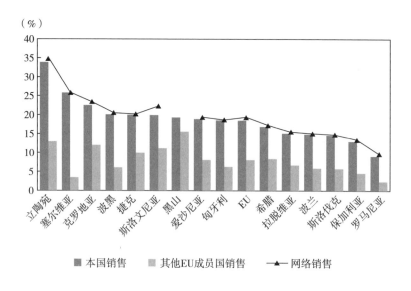

图20-17　2021年中东欧各国企业跨境网络销售情况

资料来源：欧盟统计局，https：//ec.europa.eu/eurostat/。

第四节　中东欧国家数字公共服务建设情况

一、保加利亚和罗马尼亚电子政务系统普及率较低

欧盟公共服务数字化目标是到2030年，所有关键的公共服务都应提供在线
服务方式，所有公民都可以访问他们的电子病历，而且80%的公民应使用电子
ID。调查显示，在过去12个月内，16~74岁群体中51%的民众通过互联网使用
政府部门或公共服务部门提供的线上服务。公民大多使用电子政务系统进行纳税
申报、出具官方文件（如身份证、出生证明）、公共教育服务（如公共图书馆、
中小学或大学入学信息）、公共卫生服务（公立医院）等，其中，爱沙尼亚

（78%）、匈牙利（70%）和斯洛文尼亚（63%）使用电子政务系统的居民占比远超欧盟平均水平（51%），而保加利亚（19%）和罗马尼亚（14%）比例最低（见图20-18）。

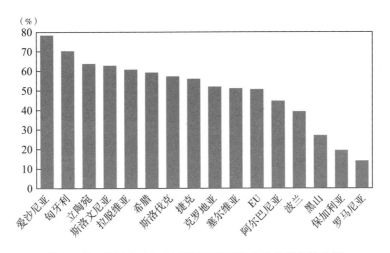

图20-18　2021年16～74岁居民使用线上公共服务的比例

资料来源：欧盟统计局，https：//ec.europa.eu/eurostat/。

二、线上健康服务以健康信息搜索为主

伴随着欧洲老龄化问题日渐突出，公民对保健服务的需求与日俱增，各国政府致力于为本国居民提供更安全、高质量的数字保健服务。2021年，欧盟16～74岁公民中有24%曾在线访问过他们的个人健康记录，33%通过网站与医生预约访问时间，52%在网上查询健康相关的信息。其中，匈牙利（68%）、捷克（62%）和立陶宛（62%）三国网上搜索健康相关信息的公民比例最高，其次为在线访问个人健康记录，北马其顿（50%）和波黑（45%）使用该项服务的居民占比居中东欧国家前列，除匈牙利（36%）外，中东欧国家居民通过在线方式预约医生服务的比例普遍低于欧盟平均水平，更是远低于芬兰（65%）等北欧国家。最常用的访问在线服务的程序是使用用户名和密码登录，其次为输入通过手机短消息接收的验证码，最后用户还可以选择通过其他社交媒体账号登录的方式，欧盟使用以上三种方式登录的居民分别占比约73%、45%和35%。捷克（86%）、斯洛文尼亚（81%）和斯洛伐克（77%）居民更偏好用户名和密码的登录方式，相对而言，匈牙利（49%）和波兰（40%）民众更倾向于使用社交媒体账号直接登录（见图 20-19）。

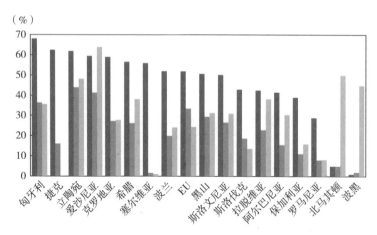

图 20-19　2021 年 16~74 岁居民使用线上健康服务的比例

资料来源：欧盟统计局，https：//ec. europa. eu/eurostat/。

三、与公民相比，企业享受更为便利的数字公共服务

欧盟企业享受更为便利的数字公共服务，目前，企业需要的公共服务中 91%
都可以在线办理，而公民个人服务这一比例仅为 77%，尽管企业与公民在跨境线
上服务领域享受的数字公共服务差距最小，但与电子文件、电子 ID 等其他服务
相比，跨境线上服务占比仅略高于 50%，个人可以线上办理的跨境服务占比甚至
更低，仅为 45%，因此，各级政府在跨境服务方面仍有较大的改进空间。此外，
企业用户（89%）比个人用户（73%）可以获取和提交更多在线文档，而且 82%
的企业服务信息已预先填写完成，公民服务中这一比例仅有 61%（见图 20-20）。

中东欧国家政府提供的数字服务差异巨大，除波罗的海三国外，捷克公民所
需的公共服务，如新生婴儿申报等，大部分可以线上完成，线上公共服务评分
75. 4 分，略高于欧盟平均值 74. 6 分的水平，其他中东欧国家均低于欧盟平均水
平，其中，保加利亚（58. 6 分）、波兰（57. 3 分）、希腊（52. 4 分）和罗马尼
亚（44. 2 分）四国评分不足 60[①]。中东欧国家的企业和公民对政府数字服务评分

---

① 　此处评分值为 0~100，最低分数为 0，最高分数为 100。以企业在线服务为例，该指标包括新建企
业或企业日常经营过程中所需的一系列政府服务，如果大部分服务可以通过一站式在线完成，则评分较
高，反之，如果线上仅提供相关信息，但需要线下完成业务受理，则评分较低。

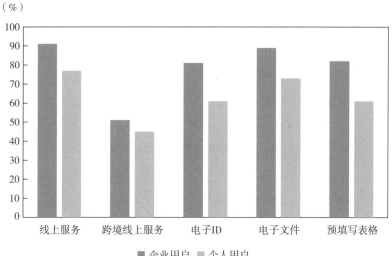

图 20-20 2021 年欧盟成员国线上服务比例

资料来源：欧盟委员会，eGovernment Benchmark 2022-Insight Report。

与欧盟整体趋势基本一致，即大多数国家企业享受了更为便捷的线上服务，但克罗地亚、希腊和罗马尼亚三国公民评价高于企业用户，此外，罗马尼亚预填写表格评分不足 20，可见，希腊和罗马尼亚政府公共服务数字化进程远落后于其他中东欧国家（见图 20-21）。

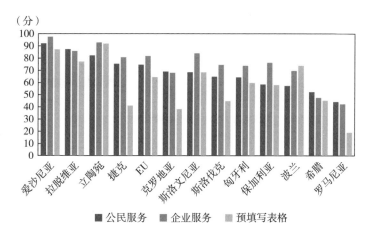

图 20-21 2021 年中东欧国家线上服务评分

资料来源：https：//digital-decade-desi. digital-strategy. ec. europa. eu/datasets/desi-2022/。

四、地方政府数字化程度落后于中央政府

欧盟各国公民和企业家因满足不同需求与地方、省级或中央政府打交道，但各级政府数字化程度不同，除少数几国外，多数国家中央政府数字化程度显著高于地方和省级政府，而省级政府又优于地方政府。如图 20-22 所示，在中央政府提供的所有服务中，84%可以通过线上完成，而省级和地方政府这一比例分别为71%和60%。这一差距在电子 ID 和电子表格方面进一步扩大，中央政府提供的线上服务中，接近74%的服务用户可通过电子 ID 登录，但省级和地方政府提供的线上服务中分别仅有37%和33%可使用电子 ID。各级政府电子文件使用情况与此类似，中央政府、省级政府和地方政府电子表格使用率分别为83%、49%和44%。省级和地方政府数据再利用情况远落后于中央政府，由于用户使用其他服务时的相关信息已被系统记录，因此，中央政府74%的线上表格中涉及的相关信息已经预先填写完成，但省级和地方政府仅有41%和33%的表格被预填写。当然，丹麦、冰岛和荷兰等少数几个欧盟国家是例外，以及中东欧国家中波兰和斯洛伐克的地方政府数字化程度略高于中央政府，而地方政府较高的数字化水平往往预示着整体上一国较强的电子政务服务能力。

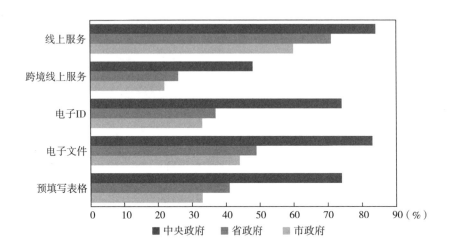

图 20-22 2021 年欧盟成员国各级政府线上服务比例

资料来源：欧盟委员会，eGovernment Benchmark 2022-Insight Report。

第五节　中东欧国家整体数字竞争力比较

一、欧盟数字化转型政策与进展

近年来，欧盟相继出台多项计划文件，鼓励成员国进行数字化转型。2021 年 3 月，欧盟委员会正式发布《2030 数字指南针：欧洲数字十年之路》（2030 Digital Compass：the European way for the Digital Decade）计划（以下简称《数字指南针》），该计划提出 12 项数字化目标，以降低欧盟对外来技术的依赖，捍卫欧盟"数字主权"。其后，2021 年 9 月 15 日，欧盟委员会通过提案"数字十年之路"（Path to the Digital Decade），以促进其成员国数字化转型。围绕数字技术熟练人员和高技能数字专家、安全和高性能的可持续数字基础设施、商业数字化转型、公共服务数字化四个方面，《数字指南针》计划制定了 12 个具体指标，如具备基本 IT 技能成年人占比达到 80%、信息和通信技术专家数量达到 2000 万人、达到数字强度平均水平的中小企业数量占比 90% 以上、独角兽企业（估值 10 亿美元）数量翻倍到 244 家、关键公共服务 100% 覆盖公民与企业等[①]。2022 年 12 月 15 日，欧盟委员会主席、欧洲议会和理事会主席签署了《欧洲数字权利和原则宣言》（European Declaration on Digital Rights and Principles）（以下简称《宣言》），《宣言》体现了欧盟对安全和可持续的数字化转型的承诺，符合欧盟的核心价值观和基本权利，反映了欧盟及其成员国的共同政治承诺，有利于实现 2030 年《数字指南针》计划的目标[②]。

2023 年 3 月，欧盟委员会发布了其 2023～2024 年数字欧洲计划的工作方案及预算编制，概述未来几年有关关键信息技术的政策重点，欧盟将投入 1.13 亿欧元用于改善云服务安全性、创设人工智能实验及测试设施，以及提升各个领域的数据共享水平。欧盟将进一步增强其核心人工智能能力（Core Artificial Intelli-

---

[①] 《2030 Digital Compass：the European way for the Digital Decade》，https：//eufordigital.eu/library/2030-digital-compass-the-european-way-for-the-digital-decade/.

[②] European Commission，《European Declaration on Digital Rights and Principles》，https：//digital-strategy.ec.europa.eu/en/library/european-declaration-digital-rights-and-principles.

gence Capacities），并将其作为公私部门数字化转型的主要动力。网络安全是欧盟数字化转型的核心，欧盟将持续加强其应对网络安全事件及风险的能力，进一步保证数字产品供应链的安全性。欧盟将投资 3500 万欧元用于建设网络安全应急机制，将资助关键实体开展网络安全审计，帮助欧盟网络储备（European Cyber Reserve）组织应对网络事件，并于 4 月提出《网络团结法案》（Cyber Solidarity Act），建立由欧盟各国和跨境安全运营中心（SOC）组成的欧洲网络护盾（Cyber Shield），以及由可信赖和经过认证的私营企业参与组建的欧盟"网络安全预备队"，建立网络应急机制，进一步提升识别和应对网络安全事件的能力。

以上法案与政策的实施有力促进了欧盟各国的数字化转型，欧盟委员会 2023 年 9 月发布的《数字十年状况》报告全面审视了数字化转型的进展，以增强欧盟的数字主权、弹性和竞争力。如图 20-23 所示，在数字基础设施方面，2030 年目标是实现 5G、千兆网、光纤到户率 100% 覆盖，目前，5G 网络覆盖率超过 80%，但千兆网覆盖率仅为 41%，远低于 100% 的目标，半导体产业占全球产值占比为 10%（目标 20%），目标部署 10000 个气候中性的高度安全边缘/云节点，以确保企业能够以几毫秒的低延迟方式快速访问数据服务，目前边缘节点数量为 0；在企业数字化转型方面，2030 年目标 75% 的欧洲企业使用云计算、大数据和人工智能，90% 以上的中小企业至少达到基本数字化水平，并通过扩大创新规模、改善融资渠道，使独角兽公司数量翻一番，对照以上目标，企业使用大数据和人工智能技术的比例仍然较低，仅实现目标的 19% 和 11%，独角兽企业 249 家；在培养具有数字技能的公民和高度熟悉技能的数字专业人员方面，ICT 专家数量尚未达到目标（2000 万）的 50%；相比而言，公共服务数字化进展较快，欧洲公民和企业的重要公共服务已接近实现 100% 在线服务的目标。

二、中东欧国家数字竞争力分析

（一）数字竞争力评价指标体系

自 2014 年起，欧盟委员会每年发布《数字经济与社会指数》（Digital Economy and Society Index，DESI）报告，以监测成员国在数字领域的进展。该报告包括各成员国数字发展概况和专题章节，确定优先行动领域，并提供关键数字政策领域的分析与改进措施。本节对中东欧各国数字竞争力的评价以《数字经济与社会指数》报告为依据，该报告采取包括人力资本、数字基础设施、数字技术融合

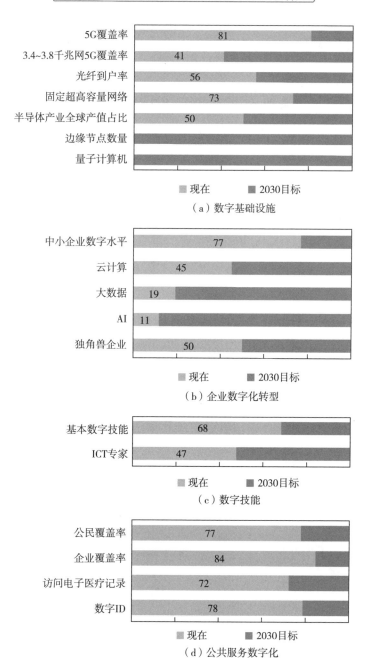

图 20-23　2022 年欧盟数字化转型进展（2030 年目标实现占比）

资料来源：欧盟委员会：Report on the state of the digital decade 2023。

和数字公共服务四个一级指标，及其下设的二级指标和三级指标构建评价体系，具体指标体系及各部分权重如表 20-4 所示。

表 20-4　DESI 数字竞争力评价指标体系

一级指标	得分权重（%）	二级指标	得分权重（%）	三级指标
人力资本	25	数字技能	50	具备基本数字技能人员占比
				具备超过基本数字技能人员占比
				具备数字内容创作技能人员占比
		ICT 专家	50	15~74 岁 ICT 专家占就业人员比重
				ICT 专家中女性占比
				提供 ICT 培训的企业占比
				ICT 毕业生占比
数字基础设施	25	固定网络设施	25	订购固定宽带家庭占比
				订购网速 100M 以上固定宽带家庭占比
				订购网速 1G 以上固定宽带家庭占比
		高速网络设施	25	下载速度 30M 以上覆盖率
				固定超高容量网络（VHCN）覆盖率
				光纤到户率
		移动宽带	40	5G 频谱
				5G 覆盖率
				移动网络覆盖率
		宽带价格	10	宽带价格指数（分值：0~100）
数字技术融合	25	数字密度	15	至少使用 4 种数字技术的中小企业占比
		企业数字化	70	使用 ERP 软件包进行电子信息跨部门共享
				社交媒体使用率
				大数据
				云计算
				AI 使用
				采用 ICT 技术支持环境可持续发展
				开具电子发票企业占比
		电子商务	15	进行网上销售的中小企业占比
				电子商务营业额
				从事跨境电子商务中小企业占比

续表

一级指标	得分权重（%）	二级指标	得分权重（%）	三级指标
数字公共服务	25	电子政务	100	使用电子政务系统的互联网用户占比
				预填写表格（分值：0~100）
		数字化服务		公民数字化服务（分值：0~100）
				企业数字化服务（分值：0~100）
		开放数据		开放数据政策
				开放数据的政治、社会和经济影响
				国家开放数据门户

资料来源：欧盟委员会：Digital Economy and Society Index（DESI）2022。

（二）数字竞争力评价结果与分析

根据欧盟委员会发布的《数字经济与社会指数》（Digital Economy and Society Index，DESI）报告，如表20-5数据显示，斯洛文尼亚数字经济竞争力居中东欧国家之首，且综合得分超过欧盟平均水平。从其四个分项指标得分情况来看，2022年斯洛文尼亚数字技术融合得分较其他三个分项指标得分偏低，其次为人力资本指标，该项指标低于欧盟平均水平，且该项指标也低于位居第二位的捷克和第三位的克罗地亚。总体排名居第二位的捷克，人力资本与欧盟平均水平持平，数字基础设施较欧盟仍存在较大差距，而位居第三位的克罗地亚的人力资本和数字技术融合程度略高于欧盟平均水平，但数字基础设施与公共服务则相对落后。

表20-5 数字竞争力各指标得分

国家	综合	人力资本	数字基础设施	数字技术融合	数字公共服务
斯洛文尼亚	53.4	11.1	15.0	10.0	17.4
EU	52.3	11.4	15.0	9.0	16.8
捷克	49.1	11.4	13.2	8.5	16.1
克罗地亚	47.5	13.0	12.0	9.2	13.4
匈牙利	43.8	9.6	14.4	5.4	14.4
斯洛伐克	43.4	11.0	12.5	7.0	13.0
波兰	40.5	9.3	11.6	5.7	13.9
希腊	38.9	10.0	12.4	6.7	9.8

续表

国家	综合	人力资本	数字基础设施	数字技术融合	数字公共服务
保加利亚	37.7	8.1	12.7	3.9	13.0
罗马尼亚	30.6	7.7	13.8	3.8	5.3

资料来源：https：//digital-agenda-data. eu/datasets/desi/indicators。

　　从变化趋势角度来看，过去 5 年，数字竞争力较为落后的国家中，波兰和希腊政府对数字化转型更为重视，借助欧盟基金的支持，其数字经济与社会指数得分大幅提高。如图 20-24 所示，希腊该指数分值由 2017 年的 22.4 提高至 38.9，已超过保加利亚，摆脱后两名的位置，与此同时，波兰得分由 2017 年的 24.9 提升至 40.5，进一步扩大了相对于罗马尼亚取得的优势地位。纵观各国情况，中东欧国家中仅斯洛文尼亚一国得分一直居于欧盟平均水平之上，但与欧盟平均水平相比的优势在过去几年中却缩小了。

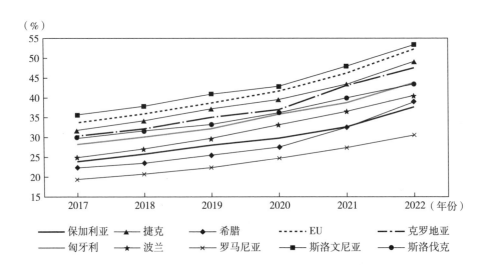

图 20-24　中东欧国家 DESI 指数变化

资料来源：https：//digital-decade-desi. digital-strategy. ec. europa. eu。

参考文献

［1］段小茜，陈媛．英国、波兰维护金融稳定的经验做法和启示［J］．中国金融，2004（17）：61-62.

［2］冯彦明．中东欧国家银行体制改革的经验与启示［J］．银行家，2008（11）：96-98.

［3］傅晨，王亮，张凡．农地私有化：捷克与斯洛伐克个案及其启示［J］．湖南农业大学学报（社会科学版），2009，10（5）：65-68.

［4］高潮．罗马尼亚：入盟展现投资机遇［J］．中国对外贸易，2008（5）：72-75.

［5］龚方乐．捷克、丹麦的货币政策与金融监管［J］．浙江金融，2003（5）：5-9.

［6］龚猎夫．斯洛文尼亚——中东欧经济转轨最成功的国家［J］．国际问题研究，1996（2）：44-47.

［7］黄润中，单昕欣，胡奇玮．波兰金融业及其监管的演变与启示［J］．广西金融研究，2003（5）：22-25.

［8］蒋楚云．商业银行和非银行金融机构合作的探讨［J］．商场现代化，2014（29）：171-172.

［9］姜琍．捷克与斯洛伐克政治、经济和外交转型比较［J］．欧洲研究，2010，28（1）：99-118+161-162.

［10］任天舒，乔龙，刘优，等．捷克共和国投资环境分析［J］．对外经贸，

2019（2）：20-23.

[11] 孔田平. 东欧经济转轨：进展、问题、经验与趋势 [J]. 东欧中亚研究，1997（1）：23-32.

[12] 孔田平. 国际金融危机背景下对中东欧经济转轨问题的再思考 [J]. 国际政治研究，2010，31（4）：17-30+187.

[13] 廖明，葛志立. 俄罗斯、匈牙利、捷克经济转轨的经验与教训 [J]. 俄罗斯中亚东欧市场，2004（2）：18-25.

[14] 刘超. 制度变迁：国有独资银行的内生性垄断及其解决途径 [J]. 江西社会科学，2007（12）：113-117.

[15] 刘海泉. 克罗地亚入盟后的机遇与挑战和中国"一带一路"战略 [J]. 上海对外经贸大学学报，2015，22（3）：36-44.

[16] 刘军梅，张衡. 世界经济全球化与一体化视角下的中东欧银行业危机 [J]. 复旦学报（社会科学版），2010（5）：109-117.

[17] 刘万明. 金融转型比较研究：中东欧与独联体转轨国家 [J]. 云南财经大学学报，2010，26（5）：67-74.

[18] 刘旺霞. 波兰转轨以来汇率制度演变及启示 [J]. 山东行政学院 山东省经济管理干部学院学报，2010（5）：22-23.

[19] 刘亚，张曙东，黄亭亭. 匈牙利汇率制度改革与启示 [J]. 广东金融学院学报，2009，24（3）：39-47.

[20] 高潮. 斯洛伐克：小国家，大机会 [J]. 中国对外贸易，2013（4）：84-85.

[21] 饶远. 匈牙利数字经济发展现状与合作机遇 [J]. 数字经济，2023（Z1）：2-9

[22] 苏德金，李乾文. 法治视角下波兰国家审计推进腐败治理的路径研究 [J]. 南京审计学院学报，2014，11（6）：104-112.

[23] 孙景宇，张璐. 复苏与改革：中东欧尚未完结的转型之路——欧洲复兴开发银行2010年《转型报告》评述 [J]. 俄罗斯中亚东欧研究，2012（1）：60-67.

[24] 孙熠. 中东欧国家证券市场发展路径——以资本账户自由化为视角 [J]. 社会科学家，2014（11）：65-69.

[25] 谭鹏万. 匈牙利转轨时期的银行业改革 [J]. 外国经济与管理，

2003（6）：41-44.

[26] 王博，刘忠瑞. 中印金融体系改革、发展与功能比较研究 [J]. 金融监管研究，2017（12）：35-51.

[27] 吴婷婷，高静，应尚军. 资本账户开放与货币危机——来自中东欧与独联体转轨国家的教训与启示 [J]. 西南金融，2017（12）：11-17.

[28] 徐坡岭，陈旭. 中东欧国家 2008 年资本骤停的原因及对中国的启示 [J]. 欧亚经济，2014（1）：23-38.

[29] 徐坡岭，张鲁平. 国际金融危机冲击下中东欧国家经济走势分析 [J]. 俄罗斯研究，2009（3）：55-67.

[30] 徐长生. 捷克与斯洛伐克经济转型比较研究 [J]. 浙江万里学院学报，2017，30（5）：1-5.

[31] 杨超，祁欣，王志芳，等. 罗马尼亚产业投资环境与合作潜力 [J]. 国际经济合作，2018（7）：72-76.

[32] 张娇. 金融创新助力制造业高质量发展的路径研究 [J]. 企业改革与管理，2024（6）：117-119.

[33] 张琳，陈宏. 中东欧十六国投资环境分析——兼论中国企业投资策略 [M]. 上海：格致出版社，2017.

[34] 张颖. 剧变后保加利亚的经济危机及摆脱危机的措施 [J]. 苏联东欧问题，1991（5）：66-70.

[35] 张远立. 中东欧五国金融市场开放度情况简析 [J]. 科技经济市场，2017（8）：99-101.

[36] 张振家，刘洪钟. 中东欧国家银行主导型金融结构的形成与调整 [J]. 金融理论探索，2019（1）：54-63.

[37] 庄起善，吴玮丽. 为什么中东欧国家是全球金融危机的重灾区？[J]. 国际经济评论，2010（2）：29-39+4.

[38] 赵嘉政. 金融危机对克罗地亚影响加深 [N]. 光明日报，2008-11-04（8）.

[39] 赵嘉政. 斯洛文尼亚应对金融危机 [N]. 光明日报，2008-10-28（008）.

[40] 赵嘉政. 金融危机降低克罗地亚入盟愿望 [N]. 光明日报，2008-11-24（008）.

［41］赵连杰．浅析匈牙利金融体制改革［J］．苏联东欧问题，1988（3）：61-64.

［42］赵雪林．对中东欧转轨 20 年的几点看法——以保加利亚为案例的分析［J］．俄罗斯东欧中亚研究，2013（2）：36-40+95.

［43］周继忠．欧盟东扩与中欧国家的货币汇率政策［J］．外国经济与管理，2004（7）：28-32+49.

［44］朱晓中．中东欧转型 20 年［M］．北京：社会科学文献出版社，2013.

［45］朱晓中．中东欧国家资本市场发展状况［J］．欧亚经济，2015（6）：2-24+123.

［46］商务部对外投资和经济合作司，《对外投资合作国别（地区）指南（克罗地亚（2023 年版））》。

［47］商务部对外投资和经济合作司，《对外投资合作国别（地区）指南（斯洛文尼亚（2023 年版））》。

［48］商务部对外投资和经济合作司，《对外投资合作国别（地区）指南（匈牙利（2023 年版））》。

［49］商务部对外投资和经济合作司，《对外投资合作国别（地区）指南（捷克（2023 年版））》。

［50］商务部对外投资和经济合作司，《对外投资合作国别（地区）指南（保加利亚（2023 年版））》。

［51］商务部对外投资和经济合作司，《对外投资合作国别（地区）指南（罗马尼亚（2023 年版））》。

［52］商务部对外投资和经济合作司，《对外投资合作国别（地区）指南（斯洛伐克（2023 年版））》。

［53］商务部对外投资和经济合作司，《对外投资合作国别（地区）指南（波兰（2023 年版））》。

［54］中华人民共和国中央人民政府．综述：中东欧"一带一路"项目不断取得进展．2022 年 8 月 2 日．https：//www.gov.cn/xinwen/2022-08/02/content_5704023.htm。

［55］《背景资料：克罗地亚入盟大事记》，载人民网，http：//world.people.com.cn/n/2013/0630/c1002-22023087.html。

［56］《克罗地亚正式加入欧元区和申根区》，载人民网—人民日报，http：//world. people. com. cn/n1/2023/0103/c1002－32598340. html。

［57］《中国同克罗地亚的关系》，载中华人民共和国外交部，https：//www. fmprc. gov. cn/web/gjhdq＿676201/gj＿676203/oz＿678770/1206＿679306/sbgx＿679310/。

［58］《中国同斯洛文尼亚双边关系》，载中华人民共和国外交部，http：//newyork. fmprc. gov. cn/gjhdq＿676201/gj＿676203/oz＿678770/1206＿679738/sbgx＿679742。

［59］《2024 年 4 月 15 日外交部发言人林剑主持例行记者会》，载中华人民共和国外交部，https：//www. fmprc. gov. cn/fyrbt＿673021/202404/t20240415＿11281890. shtml。

［60］《斯洛文尼亚农业情况介绍》，载农业农村部对外经济合作中心，ht-tp：//www. fecc. agri. cn/ggxxfu/ggxxfw_tzdt/201803/t20180326_323764. html。

［61］《保加利亚国家概况》，载中国外交部，https：//www. mfa. gov. cn/web/gjhdq_676201/gj_676203/oz_678770/1206_678916/1206x0_678918/。

［62］《"17+1 合作"和"一带一路"框架内中国与保加利亚经贸合作》，载中国社会科学院俄罗斯东欧中亚研究所，http：//euroasia. cssn. cn/kycg/lw/202102/t20210226_5314002. shtml。

［63］《罗马尼亚农业投资政策法律环境概况》，载农业农村部对外经济合作中心，http：//www. fecc. agri. cn/ggxxfu/ggxxfw_tzdt/202007/t20200727_357979. html。

［64］中国—中东欧研究院，"中东欧国家周报"，2021 年 9 月，https：//china-cee. eu/wp-content/ uploads/2023/03/Slovakia_202109 CN_Economy. pdf。

［65］《中国同斯洛伐克的关系》，载中华人民共和国外交部，https：//www. fmprc. gov. cn/ web/gjhdq_676201/ gj_676203/oz_678770/1206_679714/ sbgx_679718/。

［66］中国科学院科技战略咨询研究院，"欧盟发布《2030 数字指南针：欧洲数字十年之路》"，2021 年 8 月 9 日，http：//www. casisd. cn/zkcg/ydkb/kjqykb/2021/202105/202108/t20210809_6155230. html。

［67］《中国同匈牙利的关系》，载中华人民共和国外交部，https：//www. fmprc. gov. cn/web/gjhdq_676201/gj_676203/oz_678770/1206_679858/sbgx_679862/。

［68］光明日报. 匈牙利："向东开放"遇见"一带一路". 2023 年 10 月 24 日. https：//news. gmw. cn/2023－10－24/content_36913589. htm。

［69］中国银行. 中国银行与匈牙利政府签署系列合作协议. 2017 年 1 月 24 日. https：//www. bank-of-china. com/aboutboc/bi1/201701/t20170124_8525113. html。

［70］中华人民共和国商务部. 匈牙利外商投资补贴政策简介. 2021 年 7 月 2 日. http：//hu. mofcom. gov. cn/article/ztdy/202107/20210703172553. shtml。

［71］AgriBussinessGlobal，"欧盟委员会启动欧盟共同农业政策网络"，2022 年 10 月 6 日，https：//www. agribusinessglobal. com/zh/。

［72］Bulgaria：Food and Agricultural Import Regulations and Standards Export Certificate Report，U. S. Department of Agriculture，https：//fas. usda. gov/data/bulgaria-food-and-agricultural-import-regulations-and-standards-export-certificate-report-0.

［73］Common Agricultural Policy，https：//agriculture. ec. europa. eu/common-agricultural-policy_en.

［74］Csaba Lentner. East of Europe，West of Asia Historical Development of Hungarian Public Finances from the Age of Dualism to the Present ［M］. Paris：L'Harmattan Publishing，2020.

［75］2030 Digital Compass：The European way for the Digital Decade. https：//eufordigital. eu/wp-content/uploads/2021/03/2030-Digital-Compass-the-European-way-for-the-Digital-Decade. pdf.

［76］Hungary to host World Export Development Forum，https：//abouthungary. hu/news-in-brief/hungary-to-host-world-export-development-forum.

［77］Hungary is pushing for a simpler，"more farmer-friendly" Common Agricultural Policy（CAP）in the EU，https：//abouthungary. hu/news-in-brief/hungary-is-pushing-for-a-simpler-more-farmer-friendly-common-agricultural-policy-cap-in-the-eu.

［78］Ministerstvo hospodárstva Slovenskej republiky，"STRATÉGIA HOSPODÁRSKEJ POLITIKY SLOVENSKEJ REPUBLIKY DO ROKU 2030"，June 2017，https：//www. economy. gov. sk/uploads/files/zNWXbB54. pdf.

［79］OECD Economic Surveys：Romania 2022，https：//www. oecd-ilibrary. org/sites/f13f88df-en/index. html？itemId=/content/component/f13f88df-en.

［80］Recovery plan for Europe，https：//commission. europa. eu/strategy-and-policy/recovery-plan-europe_en.

〔81〕 The World Bank in Bulgaria, World Bank, https: //www. worldbank. org/ en/country/bulgaria/overview#1.

〔82〕 The Digital Economy and Society Index (DESI), https: //digital-strategy. ec. europa. eu/en/policies/desi.

〔83〕 Wang Z, Wei S J, YU X, et al. Characterizing Global Value Chains: Production Length and Upstreamness 〔R〕. National Bureau of Economic Research, 2017, No. w23261.

〔84〕 Wang Z, Wei S J, YU X, et al. Measures of Participation in Global Value Chains and Global Business Cycles 〔R〕. National Bureau of Economic Research, 2017, No. w23222.

〔85〕 Where does the EU money go? To small-and middle-sized farming businesses, https: //abouthungary. hu/blog/where-does-the-eu-money-go-to-small-and-middle-sized-farming-businesses.